Uni-Taschenbücher 1063

UTB
FÜR WISSEN
SCHAFT

Eine Arbeitsgemeinschaft der Verlage

Wilhelm Fink Verlag München
Gustav Fischer Verlag Jena und Stuttgart
Francke Verlag Tübingen und Basel
Paul Haupt Verlag Bern · Stuttgart · Wien
Hüthig Verlagsgemeinschaft
Decker & Müller GmbH Heidelberg
Leske Verlag + Budrich GmbH Opladen
J. C. B. Mohr (Paul Siebeck) Tübingen
Quelle & Meyer Heidelberg · Wiesbaden
Ernst Reinhardt Verlag München und Basel
F. K. Schattauer Verlag Stuttgart · New York
Ferdinand Schöningh Verlag Paderborn · München · Wien · Zürich
Eugen Ulmer Verlag Stuttgart
Vandenhoeck & Ruprecht in Göttingen und Zürich

Udo Rauchfleisch

Testpsychologie

Eine Einführung in die Psychodiagnostik

3., völlig neu bearbeitete Auflage

Vandenhoeck & Ruprecht Göttingen · Zürich

Über den Autor: 1942 in Osnabrück geboren. Ab 1962 Studium der Psychologie und Promotion zum Dr. rer. nat. an der Universität Kiel. Seit 1970 klinischer Psychologe an der Psychiatrischen Universitätspoliklinik Basel; psychoanalytische Ausbildung am Institut für Psychoanalyse und Psychotherapie in Freiburg. 1978 Habilitation im Fach „Klinische Psychologie", Professor für Klinische Psychologie an der Universität Basel. Publikationen u. a.: „Medizinische Psychologie" (zusammen mit R. Battegay); „Die Schizophrenie in unserer Gesellschaft. Forschungen zur Schizophrenielehre 1966–1972" (zusammen mit G. Benedetti); „Handbuch zum Rosenzweig Picture-Frustration Test (PFT)", Band 1 und 2; „Dissozial"; „Nach bestem Wissen und Gewissen"; „Handwörterbuch der Psychiatrie" (zusammen mit R. Battegay, J. Glatzel und W. Pöldinger); „Psychoanalyse und theologische Ethik"; „Mensch und Musik"; „Der Thematische Apperzeptionstest in Diagnostik und Therapie"; „Robert Schumann. Leben und Werk"; „Gewalttätige Kinder"; „Allgegenwart von Gewalt".

Die Deutsche Bibliothek – CIP-Einheitsaufnahme

Rauchfleisch, Udo:
Testpsychologie : eine Einführung in die Psychodiagnostik /
Udo Rauchfleisch. – 3., völlig neu bearb. Aufl. – Göttingen :
Vandenhoeck und Ruprecht, 1994
(UTB für Wissenschaft : Uni-Taschenbücher ; 1063)
ISBN 3-8252-1063-4 (UTB) kart.
ISBN 3-525-03502-0 (Vandenhoeck & Ruprecht) kart.
NE: UTB für Wissenschaft / Uni-Taschenbücher

Druck und Bindung: Hubert & Co., Göttingen

UTB-Bestellnummer: ISBN 3-8252-1063-4

Inhalt

Geleitwort

Dem Interessierten, der sich in die experimentell-psychologische Methodik sowie die damit verbundene Denk- und Arbeitsweise gründlich einarbeiten möchte, bietet das Werk von Udo Rauchfleisch eine umfassende Orientierung über die Testpsychologie. Systematisch und anregend vermittelt der Autor einen Überblick über die psychologischen und statistischen Grundlagen der psychodiagnostischen Verfahren. Besonders wertvoll sind die eingehenden und doch kurz gefaßten Besprechungen der im deutschen Sprachbereich gebräuchlichsten psychodiagnostischen Tests sowie der dazugehörigen Instruktionen. Aus seiner reichen klinischen Erfahrung heraus gibt der Autor ferner einerseits Hinweise über den Umgang mit tiefenpsychologischen Befunden und andererseits für die Abfassung eines entsprechenden Berichtes oder Gutachtens. Menschlich besonders ansprechend ist sein Hinweis, daß zu einem sachgemäßen Umgang mit experimentell-psychologischen Befunden auch das Gespräch des Untersuchers mit dem Probanden über die Resultate gehört. Ob es ein Kind oder ein Erwachsener ist, immer hat die getestete Person ein Anrecht darauf, die Resultate in adäquater Weise zu erfahren und darüber mit dem Testpsychologen eingehend zu diskutieren, damit sie sie zu bewerten und emotional zu verarbeiten vermag. Ich bin überzeugt, daß dieses Buch eine bisher empfundene Lücke auffüllen und jenen helfen wird, die sich möglichst kurz und umfassend in den Bereich der Testpsychologie einarbeiten möchten.

Prof. Dr. R. Battegay

Vorwort zur 1. Auflage

Der mit der diagnostischen Literatur einigermaßen vertraute Leser mag dieses Buch mit einem gewissen Zweifel zur Hand nehmen. Er wird sich vielleicht - in Anbetracht des von *Lienert* (1969) aufgestellten Nebengütekriteriums der "Nützlichkeit" (s. unter 5.2.5) - fragen, ob es wirklich eines weiteren Werkes über testpsychologische Probleme bedarf. Einerseits hören wir in der Kontroverse über die "Krise der Diagnostik" (*Lang*, 1975; *Pulver* et al., 1978) gewichtige Argumente gegen den Einsatz von Tests überhaupt. Andererseits könnte man einwenden, daß dem interessierten Leser doch bereits genügend Handbücher und Kompendien zur Verfügung stünden, in denen er sich über die verschiedenen Verfahren informieren könne.

Das vorliegende Buch will bewußt nicht ein weiteres Werk dieser Art sein. Tatsächlich geben die schon bestehenden Kompendien einen guten Überblick über das Gebiet der Psychodiagnostik als Ganzes, und die Handanweisungen zu den einzelnen Tests informieren hinreichend über spezielle Probleme ihrer Auswertung und Interpretation. Das vorliegende Buch hat ein anderes Ziel. Es ist entstanden aus der Ausbildungstätigkeit des Autors im Rahmen der Universität und in der Post-graduate-Ausbildung. Dabei zeigt sich immer wieder, daß zwar eine Fülle von - z.T. hochspezialisierten - Lehrbüchern und Kompendien vorliegt, es aber an einer allgemeinen Einführung in die Psychodiagnostik fehlt. Bei der Empfehlung von Literatur sieht sich der Ausbilder im Bereich der Testpsychologie deshalb zumeist gezwungen, eine Vielzahl einzelner Kapitel aus den verschiedensten Handbüchern und einige - häufig sehr spezielle Themen behandelnde - Werke über Testtheorie und Testkonstruktion anzugeben, die vom Leser z.T. bereits recht umfassende allgemeinpsychologische und statistische Kenntnisse verlangen.

Das vorliegende Buch möchte dem an testpsychologischen Problemen interessierten Leser eine erste Orientierung geben. Um die Einarbeitung in die Materie zu erleichtern, werden jeweils am Ende eines oder mehrerer, inhaltlich eng zusammengehörender Unterkapitel unter dem Stichwort "pro memoria" die wichtigsten Begriffe noch einmal rekapituliert und definiert. Im ersten Teil des Buches sollen zunächst einige allgemeine Probleme (wie das der Sprache in der Psychodiagnostik, die verschiedenen

Fehlerquellen im diagnostischen Prozeß und die Voraussetzungsfreiheit testpsychologischer Verfahren) ausführlicher besprochen werden, da sie mir von großer Bedeutung zu sein scheinen, sonst häufig aber - wenn überhaupt - nur am Rande diskutiert werden. Dieser Teil des Buches umfaßt ferner Ausführungen über den Aufgabenbereich der Psychodiagnostik, über die Phasen des diagnostischen Prozesses, über die Gütekriterien und über die Konstruktion eines Tests. Schließlich soll ein Exkurs über den Projektionsbegriff einige Probleme aufzeigen, die sich bei den sogenannten projektiven Verfahren ergeben.

In einem zweiten Teil soll ein Überblick über die im deutschen Sprachbereich gebräuchlichsten Tests gegeben werden. Diese Ausführungen können keinen Anspruch auf Vollständigkeit erheben. Es wird lediglich darum gehen können, dem Leser einen ungefähren Überblick über die große Zahl testpsychologischer Verfahren zu geben und anhand einiger Beispiele die diagnostischen Möglichkeiten dieser Tests zu demonstrieren. Der an speziellen Problemen interessierte Leser muß auf die einschlägigen Handbücher (*Heiss*, 1964; *Brickenkamp*, 1975; *Schmidtchen*, 1975; *Hiltmann*, 1977) sowie auf die verschiedenen Fachzeitschriften (vor allem auf die Zeitschrift "Diagnostica") verwiesen werden. Im zweiten Teil werden, neben den gebräuchlichsten Tests im engeren Sinne, auch das graphologische Verfahren sowie verschiedene Methoden zur Erfassung sozialer Prozesse erwähnt. Ferner werden wir die Erhebung der Anamnese schildern sowie die Abfassung des Untersuchungsberichts und den Umgang mit psychologischen Befunden diskutieren. Im dritten Teil des Buches sollen schließlich einige Probleme der Ausbildung in testpsychologischer Diagnostik behandelt werden.

Das vorliegende Buch wäre sicher nicht zustande gekommen ohne die vielfältigen Anregungen und das wohlwollende Interesse, das Herr Prof. Dr. *Raymond Battegay* an meiner Arbeit genommen hat. Er hat freundlicherweise auch das Manuskript kritisch durchgesehen und mir wertvolle Anregungen gegeben. Ihm, dem ich mich freundschaftlich verbunden fühle, sei deshalb an dieser Stelle ganz besonders gedankt. Dank gebührt ferner meinen Kolleginnen und Kollegen sowie den Studenten, bei deren Aus- und Weiterbildung ich wesentliche Erfahrungen sammeln konnte. Viele der in diesem Buch behandelten Probleme haben sich für mich erst in der Diskussion mit ihnen deutlicher artikuliert und haben mich gezwungen, mich bewußter mit den betreffenden Fragen auseinanderzusetzen.

Für die Übernahme der Sekretariatsarbeiten danke ich Frau E. *Sinniger* und Fräulein *I. Franz*. Sie haben durch die speditive und sorgfältige Erledigung wesentlich zum Entstehen dieses Buches beigetragen.

Schließlich gilt mein Dank auch meiner Frau, mit der ich die verschiedensten diagnostischen Probleme diskutiert habe. Sie hat mir durch ihre große psychodiagnostische Erfahrung immer wieder Denkanstöße sowie für meine Arbeit fruchtbare Hinweise gegeben und hat das Manuskript dieses Buches kritisch durchgesehen.

Vorwort zur 3. Auflage

Auch wenn wir in der Psychodiagnostik auf eine relativ große Zahl von bewährten, seit vielen Jahren gebräuchlichen Verfahren zurückgreifen können, befinden wir uns jedoch auch in diesem Wissenschaftszweig in einem steten Veränderungsprozeß. Die Entwicklung im Bereich der Testpsychologie führte in den vergangenen Jahren vor allem dazu, daß einige alte Verfahren überarbeitet worden sind und sich nun in "neuem Gewand" präsentieren, während andere Tests erstmals auf dem Markt erscheinen.
Schon bei der 2. Auflage des vorliegenden Testkompendiums stand ich vor der Frage, ob nicht eine umfassende Überarbeitung notwendig wäre. Auf Wunsch des Verlages habe ich mich indes zu einer unveränderten Neuauflage entschlossen und habe neben der Korrektur von Fehlern und Mißverständnissen, die in der 1. Auflage zu verzeichnen waren, lediglich im Nachwort auf einige - wenige - Änderungen hinweisen können. Als sich nun die Notwendigkeit einer 3. Auflage ergab, schien es mir nicht länger vertretbar zu sein, die "Testpsychologie" unverändert herauszugeben. Ich habe das Manuskript deshalb gründlich überarbeitet und den Text aktualisiert, wobei die Hauptänderungen die Kapitel über die Intelligenzverfahren (Kap. 8.1) und über die Entwicklungstests (Kap. 8.2) betreffen. Aber auch bei den Persönlichkeitsfragebögen (Kap. 9.1) und bei den psychodiagnostischen Methoden bei sozialpsychologischen Untersuchungen (Kap. 10) waren etliche Änderungen notwendig.
Ich hoffe, daß auch die 3. Auflage dieses Kompendiums Studierenden und anderen, die sich in die Testpsychologie einarbeiten und sich über die wichtigsten Methoden informieren wollen, eine Hilfe ist.

Udo Rauchfleisch

I. Kapitel: Die Grundlagen der psychodiagnostischen Verfahren

1. Einleitung

Das Bestreben, die Vielfalt der individuellen Erscheinungen des Menschen in eine systematische Ordnung zu bringen, ist sehr alt. Bereits aus der Antike sind uns Typologien, etwa die von *Theophrast* (372-287 v. Chr.), bekannt, d.h. Versuche, Klassifikationsschemata zu entwerfen, nach denen sich das menschliche Verhalten ordnen läßt. In unserem Jahrhundert waren es vor allem die Untersuchungen des Psychiaters *E. Kretschmer* (1921), der auf die Affinität zwischen dem Körperbau und Eigenheiten des Charakters hinwies. Im gleichen Jahr, in dem *Kretschmers* Werk erschien, veröffentlichte auch *C.G. Jung* (1950) seine Typologie. Andere Typologien wurden in den 50er Jahren mit Hilfe statistischer (insbesondere faktorenanalytischer) Verfahren im anglo-amerikanischen Bereich (s. *R.B. Cattel*, 1950) entworfen. Allen diesen Versuchen liegt der Wunsch zugrunde, die Vielfalt menschlichen Verhaltens, Denkens und Fühlens unter bestimmte Leitbegriffe zu bringen. Das Ziel ist, die tiefer - "dahinter" - liegenden Verhaltensradikale zu bestimmen.

Kritisch ist gegen die Typologien eingewendet worden (*Strunz*, 1960), daß ein solcher Typus immer nur als Brennpunkt, als Korrelationskonzentrat, verstanden werden könne, das vollendet relativ selten verifizierbar sei. Der einzelne Mensch sei immer *weniger*, als in einem solchen Typenbild inhaltlich gegeben sei. Diese "Idealtypen" würden immer nur annäherungsweise verwirklicht. Das Individuum sei aber zugleich immer auch *mehr*, weil beim Entwurf eines solchen Typenbildes von allen typenindifferenten Merkmalen abstrahiert werde. Schließlich müsse kritisch eingewendet werden, daß jeder Mensch einen plastischen Kern der Persönlichkeit besitze, der allen typologischen Überlegungen, soweit sie das Verhalten in der Zukunft betreffen, eine Grenze setze.

Diese kritischen Bemerkungen zu den verschiedenen Typenlehren gelten in gewisser Weise auch für die testpsychologische Diagnostik. Auch hier ist es das Ziel des Untersuchers, die Verhaltensradikale zu bestimmen, die ihm einerseits das bisherige Verhalten eines Individuums verständlich machen und ihm andererseits gestatten sollen, Vorhersagen für die Zukunft

abzugeben. Wir werden uns noch ausführlicher mit den Problemen der Vorhersagbarkeit und der diagnostischen Klassifizierung zu beschäftigen haben (siehe unter 5.1.3).
Test-ähnliche Prüfungen finden wir bereits in vorwissenschaftlicher Zeit, etwa die folgende von *Hofstätter* (1957a) erwähnte, im 7. Buch der Richter im Alten Testament berichtete Auswahl der Kämpfer für die Schlacht gegen die Midianiter:

"Und er führte das Volk hinab ans Wasser. Und der Herr sprach zu Gideon: Wer mit seiner Zunge Wasser leckt, wie ein Hund leckt, den stelle besonders; desgleichen, wer auf seine Knie fällt, zu trinken. ... Und der Herr sprach zu Gideon: Durch die dreihundert Mann, die geleckt haben, will ich euch erlösen und die Midianiter in deine Hände geben; aber das andere Volk laß alles gehen an seinen Ort" (Richter 7, 5 und 7).

Im wissenschaftlichen Bereich taucht der Begriff des psychologischen Tests erstmals 1890 bei *James McKeen Cattell* in seinem Werk "Mental Tests and Measurements" auf. Neben ihm ist vor allem der englische Wissenschaftler *Sir Francis Galton* (1822-1911) als Mitbegründer der Psychologischen Diagnostik zu nennen. *Galton* gründete 1882 in London ein Institut, in dem er sich vor allem mit experimentellen Untersuchungen über die Sinnesschärfe, die Reaktionszeit etc. beschäftigte. Am Beginn der europäischen Testpsychologie stand dann vor allem der Franzose *Alfred Binet*, der im Jahre 1905 zusammen mit seinem Landsmann *Jules Simon* sorgfältig ausgearbeitete Testreihen zur Erfassung der Intelligenz bei Schulkindern entwickelte. 1912 definierte *W. Stern* den Intelligenzquotienten als Verhältnis von Intelligenz- zu Lebensalter. Während des ersten Weltkrieges wurden in den USA umfangreiche Rekrutenuntersuchungen mit den sogenannten "Group Examination Alpha and Beta" an ca. 2 Millionen Probanden durchgeführt. Auch in Europa entwickelte sich ein zunehmendes Interesse an der Testdiagnostik. Es wurde eine große Zahl verschiedener Verfahren konzipiert, ohne daß damals allerdings die theoretischen Grundlagen gesichert gewesen wären. Immerhin erbrachten diese Untersuchungen eine Fülle empirischer Resultate und wirkten sich dadurch befruchtend auf die weitere Entwicklung der Psychodiagnostik aus. In den 20er und 30er Jahren erfreuten sich vor allem die metrischen Verfahren zur Erfassung spezifischer Fähigkeiten einer großen Beliebtheit. Man sprach damals von "Psychometrie" und sogar von einer "Psychotechnik". Ziel dieser Diagnostiker war, die Vielfalt von *Teilfunktionen* im menschlichen Seelenleben möglichst exakt zu erfassen.
Schon früh aber erhob sich auch Kritik an einer solchen Zerlegung der Persönlichkeit in Teilfunktionen. Vor allem von der Gestaltpsychologischen Schule (*Ehrenstein*, 1942; *Köhler*, 1947; *Wertheimer*, 1960; *Koffka*,

1962 und andere) wurde kritisch eingewendet, daß das Ganze *mehr* als die Summe seiner Teile sei, d.h daß bei auch noch so exakter Beschreibung der einzelnen Funktionen das Gesamt der Persönlichkeit letztlich nicht erfaßt werden könne. Neben den verschiedenen allgemeinen und speziellen Intelligenz- und Leistungstests wurden zunehmend sogenannte "Persönlichkeitsverfahren" entwickelt, in denen sich die Persönlichkeit als ganze darstellen sollte, d.h. der intellektuelle und der affektive Bereich, das Sozialverhalten, spezifische Konflikte usw. Bei diesen Verfahren standen vor allem qualitative Aspekte im Vordergrund. Der Untersucher war nicht so sehr, wie bei den psychometrischen Verfahren, an einer quantitativen Erfassung interessiert. Die Persönlichkeit kann sich innerhalb eines Gesamtrahmens, der durch die vorgegebenen Testreize abgesteckt ist, nach verschiedenen Richtungen entfalten (*Heiss*, 1950, spricht bei solchen Verfahren deshalb von "Entfaltungstests"). Das Ziel dieser Persönlichkeitsverfahren ist, nicht mehr lediglich Teilfunktionen, sondern das *Funktionsgefüge* der Persönlichkeit zu erfassen.
Mit dieser Gegenüberstellung von Verfahren zur Prüfung allgemeiner und spezieller Fähigkeiten einerseits und von Tests zur Beschreibung der Persönlichkeit als ganze mit ihrer spezifischen Dynamik und ihrer Affektivität andererseits sind die beiden großen Gruppen von psychologischen Tests umrissen. Obwohl in der diagnostischen Literatur im einzelnen keine Einigkeit über die Klassifikation dieser Verfahren besteht, stimmen doch die meisten Autoren in dieser groben Unterteilung in Intelligenz- und Leistungstests einerseits und Persönlichkeitsverfahren andererseits überein.

pro memoria 1

1882 *Sir Francis Galton:* Gründung eines psychologischen Instituts in London.
1890 *James McKeen Cattell:* erstmals Begriff "psychologischer Test" ("Mental Tests and Measurements").
1905 *Alfred Binet* und *Jules Simon:* Testreihen zur Erfassung der Intelligenz.

2. Allgemeine Probleme der testpsychologischen Diagnostik

In diesem Kapitel sollen vor allem vier Problembereiche besprochen werden, die bei der testpsychologischen Diagnostik von großer Bedeutung sind. Zunächst soll das Problem der Sprache in der Psychodiagnostik diskutiert werden. Wir werden uns einmal damit auseinandersetzen müssen, daß die Kommunikation in der testpsychologischen Literatur zum Teil deshalb erheblich erschwert ist, weil die Testautoren ihre je eigene Terminologie verwenden und dadurch dem Benutzer ihrer Verfahren zum Teil große Verständnisschwierigkeiten bereiten. Ferner soll die Rolle der Sprache für die Formulierung testpsychologischer Befunde kurz diskutiert werden. Auch hier kommt es nicht selten zu großen Verständnisschwierigkeiten, wenn etwa in Befunden, die an psychologische Laien gerichtet sind (z.B. an Gerichte, Lehrer usw.), eine dem Adressaten unbekannte fach- (wenn nicht sogar test-) spezifische Terminologie verwendet wird. In einem zweiten Teil dieses Kapitels sollen dann einige wichtige "Fehlerquellen" der testpsychologischen Erfassung und Interpretation des menschlichen Verhaltens diskutiert werden. Im dritten Teil wollen wir uns mit der Frage beschäftigen, ob überhaupt eine "voraussetzungsfreie" Psychologie möglich ist, und dieses Problem am Beispiel verschiedener, zum Teil erheblich voneinander abweichender Intelligenzkonzepte exemplifizieren. Das vierte Unterkapitel schließlich gilt den typischen Merkmalen der diagnostischen Situation und den daraus sich ergebenden Konsequenzen.

2.1 Das Problem der Sprache in der Testpsychologie

Jeder Wissenschaftszweig benötigt zur Beschreibung der von ihm untersuchten Gegenstände und Zusammenhänge eine ihm eigene Terminologie. Es sind meist Fachausdrücke, die nur in dem jeweiligen Wissenschaftszweig angewendet werden. Auch im Bereich der Testpsychologie kennen wir eine solche fachspezifische Terminologie, und wir werden uns später noch eingehender mit diesem Problem auseinandersetzen müssen. Umgekehrt aber können wir in der Psychologie das (einzigartige) Phänomen beobachten, daß eine Fülle von umgangssprachlichen Ausdrücken mit ihrem "Hof" von Bedeutungsgehalten in die Fachsprache aufgenommen worden ist.
Diese Übernahme von umgangssprachlichen Ausdrücken in die Fachsprache erleichtert nun aber keineswegs die Kommunikation, wie man vielleicht annehmen könnte. Die Sprache der wissenschaftlichen Psychologie

verliert zum Teil sogar gerade dadurch ihre kommunikative Funktion. Es werden beispielsweise Begriffe aus der Umgangssprache entlehnt, die im Fachbereich eine völlig andere Bedeutung erhalten. Zum Teil wirkt sich aber auch, das Verständnis erschwerend, die Tatsache aus, daß verschiedene Autoren (z.B. bei verschiedenen Persönlichkeitskonzepten) unter einem und demselben Begriff nicht dasselbe verstehen. Wir denken in diesem Zusammenhang etwa an Resultate aus transkulturellen Untersuchungen, beispielsweise zum Begriff der "Schizophrenie": ein Vergleich zwischen dem Gebrauch dieser Diagnose in den USA und in Europa (*Benedetti* et al., 1975) zeigt, daß in den USA die Diagnose der Schizophrenie wesentlich weiter als in Europa gefaßt wird. Ferner ist auch zu denken an den Bedeutungsgehalt umgangssprachlicher Ausdrücke, was z.B. bei der Übersetzung von Persönlichkeitsfragebögen eine wesentliche Rolle spielen kann. Zu erinnern ist in diesem Zusammenhang an die Untersuchungen von *Hofstätter* (1957b), etwa zum Bedeutungsgehalt der Worte "Einsamkeit" und "Lonesomeness": In den USA zeigte der Begriff "Lonesomeness" eine starke Affinität zur Angst, während die deutsche Übersetzung "Einsamkeit" eher eine Konnotation mit "Stolz" und "Größe" aufwies.
Man könnte aus solchen Überlegungen den Schluß ziehen, daß es am sinnvollsten wäre, für jeden Test eine spezifische, nur ihm eigene Terminologie zu verwenden. Dieser Weg ist auch von einer großen Zahl von Testautoren beschritten worden. Er hat allerdings keineswegs die Kommunikation zwischen dem Testautor und den Testbenutzern verbessert. Im Gegenteil! Die für einen bestimmten Test spezifische Terminologie ist nicht nur zum Teil schwerfällig und dem Leser ungewohnt. Vielmehr erinnert sie teilweise fast an Neologismen und wirkt auf den Testbenutzer eher verwirrend.

So spricht z.B. *Rosenzweig* in seinem Picture-Frustration Test von den Aggressionsrichtungen "Extrapunitivität", "Intropunitivität" und "Impunitivität" sowie von den Reaktionstypen "Obstacle-Dominance", "Ego-Defense" und "Need-Persistence". Im Rorschach'schen Formdeuteversuch wird zwischen "koartierten", "koartativen", "ambiäqualen", "introversiven" und "extratensiven" Erlebnistypen unterschieden. Im Farbpyramiden-Test von *Heiss* schließlich erfahren wir, daß sich im Farbton orange eine spezifische Form der Erregbarkeit niederschlage, die um die individuellen und "leibnahen" Bedürfnisse des Individuums zentriert sei. In der weiteren Verrechnung der Farbtöne wird in diesem Test von einem "Stimulationssyndrom", einem "Normsyndrom", einem "Unbuntsyndrom", von "Dämpfungswerten" und "Gegenwerten" gesprochen. Hinzu kommen zu errechnende "Konstanzziffern", eine "Wechselziffer" und eine "Meideziffer". Ich habe hier nur willkürlich einige Beispiele für eine zumindest sehr eigenwillige Terminologie zitiert, ohne daß damit die betreffenden Verfahren prinzipiell kritisiert werden sollen.

Eine Konsequenz aus der Situation, daß jeder Testautor eine nur für sein Verfahren spezifische Terminologie verwendet, wäre, fachpsychologische Wörterbücher zu erstellen, die als Nachschlagwerke dienenkönnten. In jedem Fall aber sieht sich der Diagnostiker, der sich in ein bestimmtes Testverfahren einarbeiten möchte, großen Schwierigkeiten gegenüber. Einerseits sind bei solchen Wortneuschöpfungen die verwendeten Begriffe nicht schon von der Umgangssprache her mit einem unkontrollierbaren Hof von zum Teil schillernden Bedeutungen umgeben. Andererseits aber bleibt eine solche streng testspezifische Terminologie sehr abstrakt, schwerfällig und verhindert oft geradezu die Kommunikation selbst unter Fachleuten. Will man sich über die Grenzen eines bestimmten Testverfahrens hinaus verständigen, so bedarf es in diesem Falle zuvor einer Übersetzung der testspezifischen Ausdrücke in eine allgemeinpsychologische Terminologie.

Es sei in diesem Zusammenhang noch auf ein anders Phänomen hingewiesen: Eine nicht geringe Zahl von psychologischen Termini haben Eingang in die Umgangssprache gefunden, dort aber zum Teil einen ausgesprochen negativen Charakter erhalten. Wir denken hier etwa an Ausdrücke wie "hysterisch" oder "narzißtisch". Diese ursprünglich aus der Tiefenpsychologie in die Umgangssprache übernommenen Begriffe werden im Alltagsleben zumeist in abwertendem Sinne verwendet. In der Tiefenpsychologie hingegen ist mit diesen Begriffen keinerlei Wertung verbunden. Im Falle der Hysterie wird signalisiert, daß ein ödipaler Konflikt mit den dafür typischen Triebkonflikten und Verarbeitungsmechanismen vorliegt. Der Begriff des Narzißmus hat selbst im Bereich der Tiefenpsychologie zum Teil erheblich voneinander abweichende Interpretationen erfahren, je nach dem Konzept des jeweiligen Autors (*Freud*, 1914; *Jacobson*, 1964; *Kohut*, 1973; *Kernberg*, 1979; *Battegay*, 1991). Auch hier bieten sich also unter Umständen erhebliche Verständnisschwierigkeiten, z.B. für den Studenten, der im Rahmen seiner diagnostischen Ausbildung bei den verschiedenen Testverfahren auf solche in der Umgangssprache mit einem anderen Sinn behafteten Begriffe stößt.

Ferner ist folgendes zu bedenken: Ein Test wird ja, abgesehen von Lehrzwecken, stets mit dem Ziel durchgeführt, anschließend die Resultate einer Person (z.B. dem behandelnden Arzt, dem Lehrer, dem Probanden selbst) oder einer staatlichen Instanz (z.B. bei strafrechtlichen oder zivilrechtlichen Gutachten, bei Begutachtungen für Versicherungen etc.) mitzuteilen, oder der diagnostisch tätige Psychologe möchte die Testbefunde anschließend im Rahmen einer Beratung mit dem Probanden selbst besprechen. In jedem Fall aber steht der Diagnostiker vor der Aufgabe, seine Befunde in irgendeiner Form mitzuteilen und unter Umständen schriftlich zu fixieren. Auch hier erhebt sich nun häufig die Schwierigkeit, die aus der Testuntersuchung gewonnenen Resultate in eine Sprache zu übersetzen, die dem Adressaten verständlich ist, ohne daß aber in einer solchen Darstellung Begriffe verwendet werden, die für den Empfänger eines solchen Berichtes mit einem Sinn behaftet sind, der nicht den Intentionen des Untersuchers entspricht.

Das Problem der sprachlichen Darstellung einer testpsychologischen Befunderhebung ist in der Praxis oft schwer zu lösen bzw. wird häufig kaum beachtet. Viele Diagnostiker formulieren ihre Befunde aus den verschiedenen Testverfahren in der jeweils vom Testautor verwendeten Terminologie. Dadurch erhalten die Interpretationen häufig einen sehr uneinheitlichen, den nicht mit den einzelnen Testverfahren vertrauten Leser geradezu verwirrenden Eindruck. Solche Darstellungen sollten unbedingt vermieden werden. Der diagnostisch tätige Psychologe müßte sich auch schon im Rahmen seiner Ausbildung möglichst früh bemühen, sich von der testspezifischen Terminologie zu lösen und - auch für den eigenen Gebrauch - zumindest eine allgemeinpsychologische Sprache zu verwenden. Bei der Weiterleitung von Befunden an andere Personen sollte dann auf jeden Fall dem Verständnis des Adressaten Rechnung getragen werden. Falls Fachausdrücke unumgänglich sind, sollten diese genau definiert werden. Dabei sollte gerade bei den Begriffen, die in die Umgangssprache Eingang gefunden haben, darauf geachtet werden, daß sie, wie oben am Beispiel der Hysterie und des Narzißmus ausgeführt, nicht einen verzerrten, von der Fachsprache abweichenden Sinn erhalten. Am besten vermeide man überhaupt Fachterminologie, wenn Berichte an psychologische Laien weitergegeben werden.

Es soll noch auf ein Problem eingegangen werden, mit dem wir uns als Diagnostiker vor allem in den letzten Jahren vermehrt konfrontiert sehen - zumindest ist es verstärkt in unser Bewußtsein getreten: Es betrifft die psychodiagnostische Abklärung von *Menschen, die aus anderen Kulturen stammen*. Bei ihnen stellen die Schwierigkeiten in der sprachlichen Verständigung nur die offensichtlichsten, wenn auch keineswegs leicht zu lösenden Probleme dar. Hinzu kommen die kulturellen Unterschiede, die wir oft kaum richtig zu erfassen vermögen, und die damit zusammenhängenden von unseren sozialen Bedingungen abweichenden Formen und Inhalte der schulischen und beruflichen Ausbildung, bis hin zu fundamentalen Unterschieden in den Welt- und Menschenbildern.

Der Einsatz von Dolmetschern bietet in solchen Situationen oft die einzige Möglichkeit, sich sprachlich zu verständigen. Doch ist damit noch keineswegs gewährleistet, daß wir wirklich in einen Dialog mit unseren Klienten treten können. Wieweit dies gelingt, hängt von verschiedenen

Faktoren ab: von der Erfahrung der Dolmetscher mit der Übersetzung psychologisch-psychiatrischer Explorationen und mit ihrer Fähigkeit, nicht nur die gesprochenen Worte genau zu übersetzen, sondern den Gesprächspartnern auch den Sinn des Gesagten zu vermitteln, insbesondere uns, die oft kaum Kenntnis vom religiösen, kulturellen und sozialen Hintergrund der aus außereuropäischen Ländern stammenden Patienten besitzen, deren Mitteilungen zu interpretieren und uns auf Besonderheiten in den Formulierungen, aber auch im Hinblick auf das mimische und gestische Verhalten hinzuweisen; wieweit ein solches mit Hilfe von Dolmetschern geführtes Gespräch gelingt, hängt außerdem auch von unserer Erfahrung mit derartigen Situationen zusammen, mit unserer Kenntnis der Kultur, aus welcher der betreffende Klient stammt, sowie mit unserer Fähigkeit und Bereitschaft, uns in Patient und Dolmetscher einzufühlen und von ihnen zu lernen.

Die Situation wird nochmals komplizierter, wenn es nicht nur um eine Exploration, sondern um die Durchführung psychodiagnostischer Tests geht. Die Hauptprobleme liegen hier vor allem darin, daß wir im allgemeinen über keine Tests verfügen, die an den Kulturbereich, aus dem unser Klient stammt, adaptiert sind, d.h. wir konfrontieren die Klienten mit einem Testmaterial, das ihnen überhaupt nichts "sagt", weil es in ihrer Kultur irrelevant ist oder eine völlig andere Bedeutung besitzt. Hinzu kommt, daß wir vielen ausländischen Patienten mit unseren Tests auch insofern nicht gerecht zu werden vermögen, als wir keine für sie zutreffenden Normen besitzen. Führt man trotz dieser gravierenden Probleme Tests mit solchen Klienten durch, so muß man sich darüber klar sein (und dies im Bericht oder in der mündlichen Beratung auch explizit zum Ausdruck bringen), daß die Verständigungsschwierigkeiten sprachlicher Art und die kulturellen Unterschiede sich verzerrend auf die Resultate ausgewirkt haben und daß wir aus diesem Grunde nur Aussagen hypothetischen Charakters machen können.

pro memoria 2.1

Erschwerung der fachlichen Kommunikation durch:

1. Aufnahme umgangssprachlicher Begriffe in die Fachsprache
2. Übernahme psychologischer Termini in die Umgangssprache
3. transkulturelle Unterschiede bei Verwendung der gleichen Begriffe, besondere Schwierigkeiten bei der Untersuchung von Klienten aus anderen Kulturen.

2.2 Fehlerquellen in der testpsychologischen Diagnostik

Es soll im folgenden von einer Reihe von Fehlerquellen die Rede sein, deren sich der Diagnostiker möglicherweise zunächst kaum bewußt ist. Wir wollen in diesem Kapitel nicht die meßtechnischen Fehler der verschiedenen Verfahren behandeln. Diese werden im Kapitel über die Reliabilität und die Konstruktion eines Tests diskutiert. Während die meßtechnischen Fehler bis zu einem gewissen Grade kontrolliert werden können, sind die Fehlerquellen, die im vorliegenden Kapitel behandelt werden sollen, wesentlich subtiler und entziehen sich häufig unserer Kontrolle.

Aus einer Fülle von Untersuchungen aus dem Bereich der allgemeinen Psychologie und der Sozialpsychologie wissen wir heute, daß die Wahrnehmung, d.h. also auch die Registrierung eines Testverhaltens durch einen Untersucher, kein passiver Vorgang, nicht lediglich die Abbildung von Außenreizen ist. Die Vertreter der "Social Perception"-Schule haben überzeugend gezeigt, daß die Wahrnehmung vielmehr ein sehr aktiver Vorgang ist, in den die subjektive Befindlichkeit des Wahrnehmenden und eine Fülle sozialer Aspekte eingehen (*Bruner* et al., 1948; *Graumann*, 1956; hinsichtlich der Resultate neuerer kognitionspsychologischer Forschungsansätze s. auch *Neisser*, 1974, und *Klix*, 1976). Die Social Perception-Theorie (dieser Begriff ist unübersetzt geblieben) wies vor allem auf die "*soziale Mitbedingtheit* des Wahrnehmens" hin (*Graumann*, 1956). Nach *Bruner* und *Postman*, den bekanntesten Vertretern dieser Forschungsrichtung, wird die Wahrnehmung als dreiphasiger Vorgang verstanden: Der Organismus geht zunächst mit einer Hypothese an die Situation heran, verschafft sich dann durch Hereinnahme von Information Aufschluß über die Umwelt, und prüft in einem dritten Schritt den Aufschluß nach. "Wahrnehmung wird also als eine Art Kompromiß gesehen zwischen dem, was der Mensch wahrzunehmen erwartet, und dem, was ihm zum Wahrnehmen dargeboten wird" (*Bruner* et al., 1948).

Die den Wahrnehmungsvorgang mitbedingenden Faktoren sind nach *Graumann*: Die *Selektion* von Umweltreizen aufgrund der mehr oder weniger stark ausgeprägten Hypothesen des Wahrnehmenden, die *Organisation* bzw. sinnvolle Gestaltung dieses selegierten Materials, die *Akzentuierung* der relevant erscheinenden Anhaltspunkte für die Hypothesen und schließlich die *Fixierung* im Sinne einer Tendenz zur habituellen Bekräftigung von Erwartungen.

Eine neue Richtung der Social Perception-Schule befaßt sich vor allem mit der Wahrnehmungsabwehr und der unterschwelligen Wahrnehmung sowie im Bereich der sogenannten "Person Perception" mit der Wahrnehmung von Interaktionen, mit sozialen Stereotypen, Sympathien und Antipathien, Rolleneffekten, sozialen Erwartungen und ihrem Einfluß auf die Wahrnehmung (*Secord* et al., 1964; *Seliger*, 1970). Im Zusammenhang mit der uns hier interessierenden Frage, wie die Prozesse beschaffen sind, die sich verzerrend auf die diagnostische Wahrnehmung auswirken können, sei speziell auf Untersuchungen der Person Perception-Schule über die Wahrnehmungsabwehr hingewiesen. Nach *Secord* et al. (1964) umfaßt die Wahrnehmungsabwehr drei Prozesse: 1. Emotional beunruhigende oder das Individuum bedrohende Reize haben eine höhere Erkennungsschwelle als neutrale, 2. Die beunruhigenden Reize rufen Ersatzwahrnehmungen hervor, und 3. Solche kritischen Reize können trotzdem emotionale Reaktionen hervorrufen. Eine andere Form der Wahrnehmungsabwehr stellt die Vermeidungsreaktion dar, indem durch einen Lernprozeß dem Wahrnehmenden "gefährlich" erscheinende Reize der Umwelt von vornherein vermieden werden.

Wenn wir uns fragen, inwieweit die geschilderten Prozesse sich auch verzerrend auf die Wahrnehmung des diagnostisch tätigen Psychologen auswirken können, so ist zu bedenken, daß die geschilderten Wahrnehmungsverzerrungen keine pathologischen, sondern *normalpsychologische Prozesse* sind. Die Umweltreize bilden sich nicht nur passiv im Wahrnehmenden ab, sondern auch der Diagnostiker strukturiert seine Umwelt aufgrund von Vorinformationen, Erwartungen, emotionalen Faktoren etc. und nimmt sie unter diesem Gesichtswinkel wahr.

Neben diesen von der Social- bzw. der Person Perception-Schule untersuchten Beeinflussungen der Wahrnehmung ist eine Reihe weiterer "Fehlerquellen" beschrieben worden, die auch im Bereich der Psychodiagnostik wirksam werden können. Es ist zunächst der bekannte, von *Thorndike* (1920) beschriebene "*Halo-Effekt*" (Hof-Effekt). Damit wird die Tendenz des Beobachters bezeichnet, aufgrund einzelner hervorstechender Merkmale oder im voraus bekannter Tatsachen ein Gesamturteil abzugeben. Überläßt man sich dieser Tendenz in unkritischer Weise, so kann es zu den sprichwörtlichen "Schwarz-Weiß-Zeichnungen", zu einem generalisierenden Urteil kommen.

Des weiteren ist ein "*Error of central tendency*" ("Irrtum des Mittelwertes") von *Hofstätter* (1957a) beschrieben worden. Gemeint ist damit die Tendenz des Beobachters zur Annäherung des Bildes an einen uncharakteristischen Mittelwert. Der Beurteiler vermeidet extreme Urteile, und es kommt zu "Grau-in-Grau-Zeichnungen".

Eine weitere Fehlerquelle, die der *Projektion*, wurde bereits von *Freud* (1911) in seiner Studie über die Paranoia beschrieben. Der in dieser Arbeit von *Freud* entwickelte sogenannte "klassische Projektionsbegriff" beinhaltet bekanntlich, daß eine Eigenschaft, die das Ich bedroht, nicht in der eigenen Person gesehen wird, sondern einem Objekt der Außenwelt zugeschrieben wird. Bei *Freud* selbst finden wir aber in der erwähnten Arbeit und später in "Totem und Tabu" (1913) bereits eine zweite, weitere Fassung des Projektionsbegriffes. Hier läßt *Freud* ausdrücklich den Abwehraspekt fallen und formuliert: "Wenn wir die Ursachen gewisser Sinnesempfindungen wie die anderer nicht in uns selbst suchen, sondern sie nach außen verlegen, so verdient auch dieser normale Vorgang den Namen einer Projektion" (1911). Es kann also auch zu einer Projektion ohne einen intrapsychischen Konflikt kommen. *Anna Freud* (1964) sieht in der Projektion einen Abwehrmechanismus des Ich, der aber nicht nur bei schweren psychopathologischen Zuständen zu finden ist, sondern auch von psychisch gesunden Menschen eingesetzt wird. Es soll an dieser Stelle nicht ausführlicher auf den Projektionsbegriff eingegangen werden. Die mit diesem Konstrukt und den projektiven Verfahren verbundenen Probleme werden in einem separaten Kapitel noch ausführlicher behandelt (siehe unter 7.).

Cronbach (1960) führte den sogenannten "*Generosity Error*" (Generositätsirrtum) ein, mit dem er die Tendenz des Beurteilers bezeichnet, in den meisten Fällen eine zu gute Beurteilung abzugeben. Zu dieser Fehlerquelle werden vor allem Persönlichkeiten neigen, die im aggressiven Bereich gehemmt sind und deshalb nicht wagen, etwas (vermeintlich) "Schlechtes" über eine andere Person zu sagen.

Unter dem "*Logical Error*" (logischer Irrtum) versteht man nach *Hasemann* (1964) die Tendenz des Beurteilers, Merkmalen, die er für logisch zusammengehörig ansieht, auch ähnliche Wertungen zuteil werden zu lassen. Der Diagnostiker, der sich unkritisch dieser Tendenz überläßt, wird zwar in ihrem Ablauf sehr logisch aufgebaute Befunde vorlegen. Die aber ebenso (u.U. sogar besonders) interessanten Widersprüche und Unklarheiten wird er aus seiner Darstellung eliminieren.

Schließlich sind sogenannte "*Einstellungsfehler*" beschrieben worden. Dazu gehört der von *Murray* (1938) erwähnte "*Contrast Error*" (Kontrast-Irrtum). Dieser Begriff besagt, daß der Beurteiler der zu untersuchenden Person seiner eigenen Wesensart gegenteilige Eigenschaften oder gegenteilige Ausprägungen von Merkmalen beilegt. Ferner gehört zu den Einstellungsfehlern die *identifikatorische Annahme* des Beurteilers, die von ihm beurteilten Personen seien genauso geartet wie er selbst (*Guilford*, 1954).

Der Leser mag erstaunt sein angesichts der Fülle von Fehlerquellen, die seine diagnostische Arbeit beeinträchtigen können. Es erhebt sich die Frage, ob und gegebenenfalls auf welche Weise wir die beschriebenen

Fehlerquellen eliminieren können, oder ob wir resignierend eingestehen müssen, daß die testpsychologisch gewonnenen Resultate mehr über den Untersucher als über den Untersuchten aussagen. Diese Frage läßt sich nicht eindeutig und prinzipiell beantworten. Immer wird die "persönliche Gleichung" des Testleiters eine wichtige Rolle im Prozeß der Diagnostik spielen. Immerhin steht uns aber in der wissenschaftlich fundierten Psychodiagnostik eine Reihe von Methoden zur Verfügung, mit deren Hilfe wir das Ausmaß der Verzerrungen reduzieren und mögliche gravierende Fehler auch bis zu einem gewissen Grade kontrollieren können.
Bei diesem Bemühen stehen uns prinzipiell zwei Methoden zur Verfügung: Wir werden einerseits bemüht sein, möglichst standardisierte, auf ihre Objektivität, Reliabilität und Validität geprüfte Testverfahren einzusetzen. Andererseits werden wir ein großes Gewicht legen müssen auf eine fundierte, vor allem praxisorientierte diagnostische Ausbildung, in der auch die Selbsterfahrung - z.B. in einer analytisch orientierten Selbsterfahrungsgruppe (*Battegay*, 1973) - einen gewichtigen Platz einnimmt. Die Probleme, die sich bei der Ausbildung in testpsychologischer Diagnostik ergeben, sollen in Kapitel III noch diskutiert werden.
Im jetzigen Zusammenhang sei vor allem auf die große Bedeutung der *Selbsterfahrung* hingewiesen. Aus der Beschreibung der möglichen Fehlerquellen geht hervor, daß sich viele Gefahren besser meistern lassen, wenn der Testleiter eigene Mangelerfahrungen und Konflikte sowie daraus erwachsene, bisher unbewußte Tendenzen im Rahmen einer Selbsterfahrung bei sich kennengelernt und durchgearbeitet hat. Er ist dann eher in der Lage, die für ihn spezifischen Gefahren zu vermeiden, bzw. ist sensibler geworden, die zwischen dem Testleiter und dem Untersuchten ablaufenden interaktionellen, zum Teil unbewußt determinierten Prozesse kritisch zu reflektieren und sich seines eigenen "Schattens" bewußt zu werden (*Rauchfleisch*, 1992a). Er kann dadurch Fehler bei der Aufnahme und Interpretation von Tests leichter vermeiden und (im Sinne der aus der Psychoanalyse bekannten Analyse der Gegenübertragung) seine eigenen Gefühle und Reaktionen auf den Untersuchten sogar als diagnostisches Hilfsmittel einsetzen. Gerade im Verlauf der Durchführung projektiver Verfahren - zum Teil durch das Untersuchungsmaterial angeregt, zum Teil aber auch infolge der länger dauernden Nähe zwischen Untersuchtem und Untersucher - entfalten sich nach Beobachtungen verschiedener Autoren (siehe z.B. *Schafer*, 1956; *Jappe* et al., 1965; *Vogel*, 1970, 1992) *Übertragungs-* und *Gegenübertragungsprozesse*, die ihren Niederschlag einerseits in den Testantworten und in den an den Versuchsleiter gerichteten Bemerkungen, andererseits aber auch in den Gefühlen finden, die der entsprechende Proband im Untersucher auslöst.

Dieser *dynamische Aspekt* der Diagnostik erscheint mir gerade im Hinblick auf die immer wieder geführte Diskussion über die "Krise der Diagnostik" wichtig (s. *Lang*, 1975; *Pulver*, 1975; *Rieben* et al., 1975; *Pulver* et al., 1978; sowie die Diskussionsbemerkungen in der Schweizer Zeitschrift für Psychologie Band 34, 1975, und Band 35, 1976). Die Kritiker, die wie *Lang* (1975; oder auch früher schon *Westmeyer*, 1972) die Diagnostik in einem unlösbaren zweifachen Dilemma, dem "Machtdilemma" und dem "Validitätsdilemma" (*Lang*, 1975), sehen, möchten die Person des Untersuchers als Unsicherheitsfaktor eher ausschalten. Der Versuch, die Fülle dessen, was in der Testsituation zwischen Proband und Untersucher vor sich geht, psychodynamisch zu verstehen, wird von diesen Autoren überhaupt nicht unternommen. Ihre Kritik richtet sich gegen die vermeintliche "Subjektivität" und übersieht dabei - aufgrund ihres offenbar eher statischen Persönlichkeitsmodells -, daß gerade die dynamischen Prozesse für die Diagnostik von eminenter Bedeutung sind (s. hierzu auch *Schmid*, 1975). Mit Recht richtet deshalb *Spörli* (1976) die Forderung an die psychologische Ausbildung: "Auch eine noch so verfeinerte Psychometrie ist keine Alternative für kommunikative Sensibilisierung!". So wird die Diskussion um die "Krise der Diagnostik" unversehens zur - allerdings sehr berechtigten - Frage nach der Überprüfung des Psychodiagnostikers auf seine "Validität" hin (*Landolf*, 1976).

pro memoria 2.2

1. Fehlerquellen:
   1.1 "Soziale Mitbedingtheit des Wahrnehmens" (Social Perception), Determinierung durch Selektion, Organisation, Akzentuierung, Fixierung
   1.2 Wahrnehmungsabwehr und unterschwellige Wahrnehmung (Person Perception)
   1.3 Halo-Effekt: "Schwarz-weiß-Zeichnung"
   1.4 Error of Central Tendency: "Gau-in-grau-Zeichnung"
   1.5 Projektion: a) eine das Ich bedrohende Eigenschaft wird einem Objekt der Außenwelt zugeschrieben, b) Hinausverlegen auch ohne intrapsychischen Konflikt
   1.6 Generosity Error: zu gute Beurteilung
   1.7 Logical Error: Erwähnung von Merkmalen nur, soweit sie sich logisch einordnen lassen
   1.8 Einstellungsfehler: a) Contrast Error, b) identifikatorische Annahme von Ähnlichkeiten zwischen Untersucher und Proband
2. Reduzierung von Fehlinterpretationen durch:
   2.1 Verbesserung von Objektivität, Reliabilität und Validität des Tests
   2.2 praxisorientierte diagnostische Ausbildung, inkl. Selbsterfahrung
   2.3 Sensibilisierung für Dynamik von Übertragung und Gegenübertragung

2.3 Zum Problem der Voraussetzungsfreiheit testpsychologischer Verfahren

Das Ideal einer jeden empirischen Wissenschaft ist es, voraussetzungsfrei an die Beobachtung ihres Forschungsgegenstandes herantreten zu können. Es fragt sich nun, ob - abgesehen von den im Kapitel 2.2 beschriebenen Fehlerquellen - im Rahmen der testpsychologischen Diagnostik überhaupt eine solche Voraussetzungsfreiheit gegeben ist. Immer wieder haben Testautoren den Versuch unternommen, sogenannte "kulturfreie" Tests zu konstruieren. Stets haben aber später Nachuntersuchungen gezeigt, daß die Kulturunabhängigkeit eines solchen Verfahrens nur eine relative ist. Gewiß gehen beispielsweise in den Progressiven Matrizentest von *Raven* (1971) weniger kultur- und schichtspezifische Faktoren ein als etwa in den Hamburg-Wechsler-Intelligenztest für Erwachsene (HAWIE) oder in die verschiedenen auf *Binet* zurückgehenden Testreihen. Aber auch beim Progressiven Matrizentest kann man nur von einer relativen Kulturunabhängigkeit sprechen. Ein Ausweg aus diesem Dilemma bietet sich dergestalt an, daß man für die verschiedenen Tests Normen erstellt, die den kulturellen ebenso wie den sozioökonomischen Aspekten (z.B. Alter, Geschlecht, Schichtzugehörigkeit usw.) Rechnung tragen.
Bei der Frage nach der Voraussetzungsfreiheit der testpsychologischen Diagnostik erhebt sich aber noch ein weiteres Problem. Wir haben es bekanntlich in der Psychologie, namentlich im Bereich der testpsychologischen Diagnostik, in der Regel mit Konstrukten zu tun, mit mehr oder weniger hypothetischen Annahmen über psychische Prozesse (s. zu diesem Problem auch die Ausführungen von *Brandstätter*, 1970). Solche Konstrukte sind beispielsweise "Angst", "Frustrationstoleranz", "Affektlabilität" und "Verarbeitungsfähigkeit", aber auch etwa "Intelligenz", "Abstraktionsfähigkeit" usw. Bei allen diesen Konstrukten können wir nicht davon ausgehen, daß wir absolut eindeutig definierbare Phänomene vor uns haben, die Allgemeinverbindlichkeit beanspruchen könnten. Je nach der theoretischen Position finden sich zum Teil große Divergenzen zwischen verschiedenen Autoren, die ein und dasselbe Phänomen untersuchen.
Für den Bereich der Testdiagnostik bedeutet diese Tatsache eine weitere Erschwerung. Der sich in einen Test A einarbeitende Leser kann nicht davon ausgehen, daß beispielsweise mit dem in diesem Test laut Manual erfaßten Konstrukt "Angst" diesselbe Art von Angst gemeint ist, die sich in einem Test B niederschlägt. Konkret bedeutet dies: Die mit dem Rorschach'schen Formdeuteverfahren erfaßte Angst ist nicht unbedingt identisch mit der Art von Angst, wie sie mit den Cattel'schen Anxiety-Tests

geprüft werden soll oder wie sie sich etwa im Thematischen Apperzeptionstest (TAT) von *Murray* (1943) niederschlägt.
Das geschilderte Problem betreffend die Voraussetzungsfreiheit einer psychologischen Diagnostik soll am Beispiel der Intelligenztests, diesen bisher wohl am besten standardisierten und auf ihre Gütekriterien hin geprüften Verfahren exemplifiziert werden. Man könnte bei einer oberflächlichen Betrachtung des Problems geneigt sein anzunehmen, daß es keinerlei Schwierigkeiten bei der Erfassung der Intelligenz geben sollte. Um so mehr mag es den Leser, der sich in die verschiedenen Intelligenzverfahren einarbeitet, überraschen, wenn er auf zum Teil weit voneinander abweichende Intelligenzdefinitionen, d.h. also auch auf völlig verschiedenartig konzipierte Intelligenztests, stößt. Um die damit verbundenen Probleme deutlicher erscheinen zu lassen, sollen im folgenden einige Intelligenzdefinitionen referiert werden, welche die Grundlage für verschiedene Intelligenztests bilden. Von den diesen Verfahren zugrunde liegenden Konzepten hängt es dann jeweils ab, ob unter dem Konstrukt "Intelligenz" eher abstrakt-logisches Denken, Allgemeinbildung, Gedächtnisfunktionen, Merkfähigkeit, soziale Anpassungsfähigkeit oder andere Aspekte verstanden werden. Es ist deshalb unbedingt notwendig, daß die Testautoren bei einem Intelligenzverfahren, das sie vorlegen, eine genaue Definition dessen geben, was sie in diesem Test unter Intelligenz verstehen.

Betrachten wir zunächst einen der am weitesten verbreiteten Intelligenztests, den *Hamburg-Wechsler-Intelligenztest für Erwachsene* (HAWIE), ein Verfahren, das auf die Wechsler-Bellevue-Intelligenzskalen zurückgeht. *Wechsler* (1964) definiert Intelligenz als die "*zusammengesetzte oder globale Fähigkeit des Individuums, zweckvoll zu handeln, vernünftig zu denken und sich mit seiner Umwelt wirkungsvoll auseinanderzusetzen*". Im Zentrum dieser Definition steht der *Globalbegriff der Intelligenz. Wechsler* ist der Ansicht, daß die Intelligenz Teil eines größeren Ganzen ist, Teil der Gesamtpersönlichkeit, und nur in Wechselwirkung mit den verschiedensten anderen, auch nicht-intellektuellen Faktoren gesehen werden kann. Von dieser Annahme, daß es, neben allgemeinen und spezifischen intellektuellen Fähigkeiten, auch nicht-intellektuelle Faktoren der Intelligenz gebe, geht die Konzeption des Wechsler'schen Intelligenzverfahrens aus: Der HAWIE besteht aus einem Verbal- und einem Handlungsteil und prüft in den 11 Untertests verschiedene Fähigkeiten und Funktionen, wobei neben der Allgemeinbildung, der Konzentrations- und Merkfähigkeit, dem abstrakt-logischen Denken und der intellektuellen Beweglichkeit auch Aspekte der sozialen Anpassungsfähigkeit und das Umgehen mit verschiedenen Materialien erfaßt werden.
Die Wechsler-Intelligenzskalen beruhen auf der sogenannten Zwei-Faktoren-Theorie von *Spearman* (1904). *Spearman* postulierte einen Generalfaktor der Intelligenz ("general factor"), eine allgemeine Fähigkeit, die allen Intelligenzleistungen zugrunde liegt. Ferner nahm er an, daß es daneben spezifische Fähigkeiten gibt, die zwar auf der allgemeinen intellektuellen Kapazität beruhen, sich jedoch in spezifischen Fähigkeiten

niederschlagen. Der nach diesem Konzept konstruierte HAWIE zeigt denn auch mittelhohe Korrelationen der Resultate aus den einzelnen Untertests mit dem Gesamtergebnis, d.h. jeder Untertest soll bis zu einem gewissen Grade die Allgemeinbefähigung, den "general factor", erfassen. Außerdem hat *Wechsler* bei der Konstruktion seines Intelligenzverfahrens darauf geachtet, daß die Korrelationen zwischen den einzelnen Untertests nur mittlere Höhe erreichen. Das heißt, es werden mit jeder dieser Aufgabengruppen auch spezifische Fähigkeiten geprüft, die ihrerseits wieder von der allgemeinen intellektuellen Kapazität getragen werden.

Ein anderes Konzept - und damit eine völlig andere Auffassung von der Intelligenz - liegt dem *Intelligenz-Struktur-Test* (IST) von *Amthauer* (1955, 1973) zugrunde. *Amthauer* definiert in seinem Verfahren das Konstrukt "Intelligenz" als "*eine strukturierte Ganzheit von seelisch-geistigen Fähigkeiten, die in Leistungen wirksam werden und den Menschen befähigen, als Handelnder in seiner Welt bestehen zu können*" (1955). Der Autor betrachtet die Intelligenz als eine Sonderstruktur mit einer hierarchischen Ordnung. Während im HAWIE die dynamischen Aspekte der Intelligenz besonders berücksichtigt werden, steht im IST der Strukturgesichtspunkt im Vordergrund. Das *Amthauer*'sche Verfahren wurde nicht auf einer explizit genannten Faktorentheorie der Intelligenz aufgebaut, steht aber formal der Gruppenfaktorentheorie von *Thurstone* (1938) nahe. Dieser Autor postulierte relativ unabhängig voneinander bestehende Intelligenzfaktoren, sogenannte "primary mental abilities". Bei der Auswahl der Aufgabengruppen im IST ging *Amthauer* von zwei Kriterien aus:

1. Es sollten möglichst hohe Korrelationen der einzelnen Aufgabengruppen mit dem Gesamtergebnis bestehen, und
2. Die verschiedenen Untertests sollten möglichst wenig miteinander korrelieren, um weitgehend voneinander unabhängige "primäre Fähigkeiten" im Sinne *Thurstones* zu erfassen.

Bei einer anderen Gruppe von Intelligenzverfahren - als Beispiel seien die in den USA recht gebräuchlichen "*Differential Aptitude Tests*" (DAT) genannt - geht es überhaupt nicht mehr (wie z.B. beim HAWIE und auch beim IST) um die Bestimmung eines Gesamtwertes für die intellektuelle Begabung, sondern es werden voneinander unabhängige, isolierte Leistungsbereiche geprüft. Das Ziel der entsprechenden Testautoren ist, die verschiedenen, als voneinander unabhängig gedachten Fähigkeitsbereiche in faktorenanalytisch möglichst "reiner" Form zu erfassen. Bei der Konstruktion solcher Verfahren wird insbesondere darauf geachtet, daß eine nur möglichst geringe Korrelation zwischen den verschiedenen Untertests besteht. Die Autoren bezeichnen ihre Testbatterien als "differentielle Begabungstests". *Bennett*, *Seashore* und *Wesman* (1952) definieren in ihrem Verfahren Begabung als "*die Fähigkeit einer Person zum Erlernen bestimmter Fertigkeiten oder noch allgemeiner als die Fähigkeit zum Lernen*". Entsprechend dieser Definition werden, im Gegensatz zum HAWIE und zum IST, in den acht Aufgabengruppen dieses Verfahrens sehr spezielle Fertigkeiten geprüft (z.B. rechnerische Fertigkeiten, verbales Denken, Raumbeziehungen, Schreibgeschwindigkeit etc.).

Wieder andere Autoren geben zum Teil ähnliche, zum Teil aber auch erheblich von den zitierten Definitionen abweichende Umschreibungen von dem, was sie unter dem Konstrukt "Intelligenz" verstehen. So umschrieb *W. Stern* bereits 1912 die Intelligenz als "*die allgemeine Fähigkeit, das Denken bewußt auf neue Forderungen einzustellen, die allgemeine geistige Anpassungsfähigkeit an neue Aufgaben und Bedingungen des Le-*

bens". Nach *Aloys Wenzl* (1934) besteht das Wesen der Intelligenz in der *Fähigkeit zur Erfassung und Herstellung von Bedeutungen, Beziehungen und Sinnzusammenhängen. Rohracher* (1960) schließlich distanziert sich ausdrücklich von einem Verständnis der Intelligenz als einem Konglomerat verschiedener Fähigkeiten und definiert: "*Intelligenz ist der Leistungsgrad der psychischen Funktionen bei ihrem Zusammenwirken in der Bewältigung neuer Situationen*".

Wie aus dem Gesagten ersichtlich, bestehen selbst zwischen Autoren, die von einem faktorenanalytischen Ansatz ausgehen, keine Übereinstimmungen in ihren Intelligenzkonzepten. Während *Spearman* (1904) neben einem Generalfaktor verschiedene spezifische Faktoren annimmt, postuliert *Thurstone* (1941) die folgenden 7 "primary mental abilities": Sprachliches Verständnis (verbal comprehension), Wortflüssigkeit (word fluency), Umgang mit Zahlen (number), Raumvorstellung (space), Gedächtnis (memory), Auffassungsgeschwindigkeit (perceptual speed) und schlußfolgerndes Denken (reasoning). Auf dieser faktorenanalytischen Konzeption *Thurstones* entwickelte dann *Horn* (1962) sein Leistungsprüfsystem (s. unter 8.1.2.5). Nach *Meili* (1961) beruhen die intellektuellen Leistungen auf vier Faktoren, die er mit "Komplexität", "Flüssigkeit", "Ganzheit" und "Plastizität" bezeichnet. Der von ihm entwickelte "Analytische Intelligenztest" (AIT) trägt diesem Konzept Rechnung (1971). Der in seiner Theorie *Spearman* nahestehende englische Faktorenanalytiker *Vernon* (1950) eliminiert den g-Faktor und teilt die Tests dann in 2 Kategorien ein, welche die folgenden beiden Gruppenfaktoren definieren: 1) v:ed, d.h. Tests verbaler Art, deren Leistungen schulisch bedingt sind, 2) k:m, d.h. Aufgaben von praktisch-mechanisch-räumlich-physikalischer Natur. *Cattell* (1971) vertritt das Konzept einer hierarchisch angeordneten Faktorenstruktur der Intelligenz. *Guilford* (1967) führt in seinem "Structure-of-Intellect-Model" eine Liste von 120 verschiedenen Intelligenzfaktoren an.
Eine weitere Schwierigkeit ergibt sich dadurch, daß die Intelligenz im Verlaufe der Entwicklung des Individuums und auf den verschiedenen Intelligenzniveaus voneinander abweichende Organisationsformen zeigt. Die von *Lienert* (1960, 1961) im Anschluß an *Garrett* (1938, 1946) formulierte "*Differenzierungshypothese*" besagt, daß die Intelligenz nicht über alle Altersstufen hinweg eine invariante Größe bleibt. Vielmehr kommt es im Verlaufe des Lebens zu einer Zunahme mehr oder weniger unabhängiger Teilfunktionen, d.h. (im Modell der *Spearman*schen Zwei-Faktorentheorie) zu einer Verschiebung von der Allgemeinintelligenz (g-Faktor) zu den spezifischen Fähigkeiten (s-Faktoren). Als Ursache solcher Veränderungen müssen wir die Reifung des Organismus sowie Lernprozesse und lebensgeschichtlich bedingte Erfahrungen annehmen.

Wewetzer (1958) wies ferner nach, daß sich auch bei gleichem Alter, aber unterschiedlichem Intelligenzniveau voneinander abweichende Organisationsformen der Intelligenz finden ("*Divergenzhypothese*"): Probanden mit niedrigerem Intelligenzniveau zeigten einen höheren Anteil an der allgemeinen Intelligenz (komplexerer g-Faktor), während besser Begabte in ihren Leistungen mehr spezifische Fähigkeiten erkennen ließen.

Daß diese Resultate nicht nur für die Intelligenz, sondern auch beispielsweise für die musikalische Begabung Gültigkeit haben, konnten wir in einer eigenen Untersuchung nachweisen: Bei einem Vergleich von Volks- und lernbehinderten Sonderschülern hinsichtlich verschiedener musikalischer Fähigkeiten ergab sich bei den besser Begabten eine differenziertere Faktorenstruktur (*Rauchfleisch*, 1969). Interessanterweise scheinen derartige Strukturunterschiede auch zwischen psychisch Gesunden und Kranken zu bestehen. In einer Untersuchung an psychisch Gesunden, Alkohol- und Medikamentenabhängigen und Neurotikern mit verschiedenen Intelligenz- und Persönlichkeitsverfahren erhielten wir bei den psychisch unauffälligen Probanden größere Funktionskomplexe (einen stärker ausgeprägten g-Faktor), während sich bei den psychisch Kranken eine Aufspaltung in eine größere Zahl von Einzelfaktoren fand (*Rauchfleisch*, 1971, 1972). Man könnte diesen Befund im Sinne der von *Freud* (1923) postulierten "Triebentmischung" des Neurotikers als empirischen Hinweis auf eine stärker ausgeprägte Dissoziation beim psychisch Kranken interpretieren. Während der Gesunde eine flexiblere Struktur aufweist, in der einzelne Funktionen durch andere vertreten werden können, zeichnet sich, nach unseren Befunden zu urteilen, die Persönlichkeit des psychisch Kranken durch größere Rigidität und eine Dissoziationsneigung aus.

Schon der kurze Überblick über die verschiedenen faktorenanalytischen Konzepte und die darauf beruhenden Tests zeigt, daß wir uns im Bereich der Intelligenzdiagnostik (diesem scheinbar so gesicherten Forschungsgegenstand) im Grunde auf recht unsicherem Boden bewegen. Wenn aber schon bei der Definition der Intelligenz keine Einigkeit besteht - um wieviel schwieriger ist es dann, ein einigermaßen verläßliches Konzept anderer psychischer Prozesse, etwa der Angst, der Frustrationstoleranz, der Affektlabilität usw. zu erarbeiten.
Aufgrund der beschriebenen Divergenzen zwischen den verschiedenen theoretischen Positionen muß beim gegenwärtigen Stand der psychologischen Forschung von jedem Testautor gefordert werden, daß er eine möglichst präzise Beschreibung dessen gibt, was er mit seinem Test erfassen möchte. Es reicht, wie wir am Beispiel der Intelligenzverfahren gezeigt haben, nicht aus, daß bei einem bestimmten Verfahren lediglich gesagt wird, mit diesem Test solle "*die* Intelligenz" oder "*die* Angst" erfaßt werden. Vielmehr sollte der Autor genau definieren, welchen Aspekt der Intelligenz, der Angst etc. er mit seinem Test prüfen möchte, und nachweisen, daß sein Test zur Bestimmung dieses Merkmals geeignet ist.

pro memoria 2.3

1. Abhängigkeit der Testresultate von kulturellen und sozioökonomischen Faktoren
2. Schwierigkeit der Erfassung psychologischer Konstrukte (hypothetische Annahmen, abhängig von der theoretischen Ausgangsposition)
3. Intelligenzkonzepte und -Hypothesen
   3.1 Zwei-Faktoren-Theorie der Intelligenz (*Spearman*): Allgemeinfaktor und spezifische Faktoren (z.B. HAWIE)
   3.2 Multiple Faktorentheorie: Primärfaktoren der Intelligenz (*Thurstone*) (z.B. IST, DAT)
   3.3 Differenzierungshypothese (*Garret, Lienert*): Altersabhängigkeit der Intelligenzstruktur
   3.4 Divergenzhypothese (*Wewetzer*): Abhängigkeit der Intelligenzstruktur vom Intelligenzniveau

2.4 Merkmale der diagnostischen Situation

Lange Zeit wurde den spezifischen Merkmalen der diagnostischen Situation mit ihren interaktionellen Aspekten wenig Aufmerksamkeit geschenkt. Die wichtigste Zielvorstellung war - in Analogie zum naturwissenschaftlichen Experiment -, möglichst objektive und reliable Tests zu konstruieren und standardisierte Untersuchungsbedingungen zu schaffen. Alle Faktoren, die sich nicht in diesem Sinne kontrollieren ließen, wurden als Störvariablen betrachtet, die es möglichst auszuschalten galt. Man war sich allenfalls der Probleme von Simulation, Dissimulation und sozialer Erwünschtheit bewußt, versuchte aber auch den Einfluß dieser und anderer situativer und motivationaler Determinanten möglichst klein und kontrollierbar zu halten.

Eine genauere Untersuchung der wichtigsten Merkmale der diagnostischen Situation zeigte jedoch, daß die hier wirksamen Faktoren sich oft nicht eliminieren oder kontrollieren lassen und keineswegs nur Störungen darstellen. Wichtig hingegen ist es, sich des Einflusses dieser Faktoren bewußt zu sein und sie unter Umständen auch diagnostisch zu nutzen. Nach *Spitznagel* (1982) zeichnen sich die diagnostischen Situationen über alle Unterschiede spezieller Art hinweg durch die folgenden vier Merkmale aus: die Asymmetrie in bezug auf die Selbstenthüllung, die Vertraulichkeit, das Wissen beobachtet zu werden und die Tatsache, daß die diagnostische Situation eingebettet ist in ein weiteres soziales Feld.

2.4.1 Asymmetrie in bezug auf die Selbstenthüllung

Ziel jeder diagnostischen Situation ist es, daß ein Experte mit Hilfe seines Wissens einen Beitrag zur Lösung der Probleme seines Klienten leistet. Dabei besteht per definitionem eine Asymmetrie in bezug auf den Informationsaustausch, indem dem Untersucher zugestanden wird, Fragen auch zu intimen Details aus dem Leben des Klienten zu stellen, und vom Probanden erwartet wird, daß er offen darüber Auskunft gibt. Diese Art der Interaktion steht im Gegensatz zu den sonst üblichen sozialen Regeln, wonach man sich vor allem nahen Bekannten anvertraut und persönliche Informationen gegenseitig austauscht, d.h. im Rahmen einer symmetrischen Beziehung. Je nach Grundpersönlichkeit und Art deı psychischen Erkrankung, aber auch bedingt durch die voneinander abweichenden Regeln in den verschiedenen sozialen Schichten, stellt die in der diagnostischen Situation geforderte Asymmetrie für einen Teil von Klienten kein wesentliches Problem dar. Für andere hingegen liegt gerade hier eine große Kommunikationsbarriere, die es zu beachten und etwa bei der Interpretation von Testresultaten zu berücksichtigen gilt.

2.4.2 Vertraulichkeit

Gewiß dürfen unsere Klienten davon ausgehen, daß wir die Mitteilungen, die sie uns machen, vertraulich behandeln. Dazu sind wir nicht zuletzt auch durch die von den Psychologenvereinigungen der verschiedenen Länder entworfenen ethischen Richtlinien verpflichtet (vgl. *Rauchfleisch*, 1982). Im Unterschied zu anderen (vor allem privaten) Kommunikationsformen zeichnet sich die diagnostische Situation jedoch dadurch aus, daß die Klienten in der Regel nicht die Freiheit haben, sich einer Person gegenüber zu eröffnen, die ihr volles Vertrauen besitzt. Sie sehen sich in den privaten psychologischen Praxen oder in den Institutionen vielmehr mit Fachleuten konfrontiert, die ihnen bisher völlig fremd waren, und sie besitzen im allgemeinen auch nicht die Möglichkeit, unter verschiedenen Psychologinnen und Psychologen eine Vertrauensperson auszuwählen und sich dieser zu eröffnen. Wiederum reagieren verschiedene Klienten ganz unterschiedlich auf diese Situation. Doch ist es wichtig, daß wir uns als Diagnostiker der hier wirksam werdenden Prozesse (etwa in Gestalt von Übertragung und Gegenübertragung) bewußt sind und die auftretenden Kommunikationsmuster unter Umständen diagnostisch verwerten.

2.4.3 *Das Wissen, beobachtet zu werden*

Es mag trivial erscheinen, das Wissen des Klienten, vom Testleiter beobachtet zu werden, als ein besonderes Merkmal der diagnostischen Situation zu bezeichnen. Doch ist dies keineswegs eine Banalität, sondern ein Umstand, der etliche - auf den ersten Blick vielleicht nicht zu vermutende - Konsequenzen besitzt. In das Wissen der Klienten, vom Untersucher beobachtet zu werden, gehen u.a. Vorinformationen ein, welche die Probanden aus anderen Quellen (im stationären Bereich: von Mitpatienten, im ambulanten Setting: von Familienmitgliedern oder Bekannten, aber auch aus den Massenmedien) über Testuntersuchungen erhalten haben. Außerdem registrieren ja nicht nur wir Untersucherinnen und Untersucher das Verhalten der Klienten, sondern diese beobachten auch uns und ziehen ihre Schlüsse aus unserem Verhalten. So übt beispielsweise die Tatsache, daß wir bei einer Reihe von projektiven Verfahren neben den sprachlichen auch alle averbalen Äußerungen der Klienten (auch solche, die ihnen selbst unwichtig zu sein scheinen) notieren, einen nicht zu unterschätzenden Einfluß auf das Testverhalten aus. Auch andere Signale, die wir - vielleicht nur vermeintlich - geben, werden von den Klienten oft als Hinweise empfunden, wir zögen aus unseren Beobachtungen bestimmte Schlüsse, und diese (uns zumeist gar nicht bekannten) Vermutungen determinieren wiederum in irgendeiner Weise das Testverhalten der Klienten.

2.4.4 *Die diagnostische Situation als Teil eines weiteren sozialen Feldes*

Schließlich müssen wir unseren Kontakt zum Klienten auch in einem weiteren sozialen Kontext sehen. Diese Dimension beinhaltet so verschiedene Dinge wie das Wissen des Probanden und seine emotionale Einstellung bezüglich der Tätigkeit von Psychologen im allgemeinen oder die divergierenden Vorstellungen, welche Klienten sich von den Institutionen bilden, in denen wir arbeiten (so bestehen im Hinblick auf die Vorannahmen und Erwartungen unserer Klienten beispielsweise große Unterschiede je nachdem, ob wir in einer Strafanstalt, in der privaten Praxis, in einer psychiatrischen Institution oder in einer Berufsberatungsstelle arbeiten). Nicht zuletzt gehört zum weiteren Feld, in das die diagnostische Situation eingebettet ist, auch das Selbstverständnis der Psychologinnen und Psychologen, bis hin zum anthropologischen Hintergrund, der ihr berufliches Handeln und ihre Beziehungen zu Vertretern anderer Fächer bestimmt. Gerade weil diese Faktoren ihre Wirkung oft indirekt entfalten und schwer kontrollierbar sind, kommt es in besonderem Maße darauf an, sie selbstkritisch zu reflektieren und sich über ihren Einfluß auf unsere Beziehung zu den Klienten klarzuwerden.

pro memoria 2.4

1. Asymmetrie in bezug auf die Selbstenthüllung
2. Vertraulichkeit
3. Wissen beobachtet zu werden
4. Diagnostische Situation als Teil eines weiteren sozialen Feldes.

3. Aufgabenbereich und Ziel der Psychodiagnostik

Die testpsychologische Diagnostik hat in den letzten Jahrzehnten eine starke Ausdehnung ihres Anwendungsbereiches gefunden. Testuntersuchungen werden bei den verschiedensten Fragestellungen angewendet, und es scheint manchmal, daß im Grunde kein Lebensbereich mehr übrig geblieben ist, in den Tests nicht Eingang gefunden hätten. Die Testdiagnostik ist heute nicht mehr beschränkt auf Untersuchungen in den psychiatrischen Kliniken und Ambulatorien, auf die Erziehungs-, Lebens- und Berufsberatung. Sie findet Einsatz in der Personalauslese, bei der Untersuchung von alten Menschen und von Kleinkindern, bei den verschiedenen somatischen Erkrankungen, Invaliditätsbeurteilungen, im militärischen Bereich, bei Prüfungen der Fahrtauglichkeit, bei straf- und zivilrechtlichen Begutachtungen und bei einer Fülle weiterer Fragestellungen.

Mitunter entsteht dabei allerdings der Eindruck, daß sich die Testdiagnostik heute deshalb einer so großen Beliebtheit und Verbreitung erfreut, weil man hofft, sich durch den Einsatz von Tests einer persönlichen Entscheidung entziehen zu können. Mit einem Test soll dann quasi "objektiv" nachgewiesen werden, daß z.B. dieser oder jener Ausbildungsgang einem bestimmten Expl. nicht angemessen sei, oder die Unsicherheit bei manchen anderen Entscheidungen soll - vermeintlich - aufgehoben werden.

So wichtig einerseits die testpsychologische Diagnostik ist, so sehr muß andererseits davor gewarnt werden, unkritisch psychologische Tests einzusetzen und von den Resultaten dieser Verfahren "Wunder" zu erwarten. Bei noch so gut geeichten und nach den verschiedensten Richtungen geprüften Verfahren bestehen auch heute noch so viele Unsicherheiten, daß es einer sehr sorgfältigen Handhabung bei ihrer Durchführung und Interpretation bedarf. Dieser Hinweis sollte allerdings nicht in dem Sinne mißverstanden werden, als ob wir völlig auf die testpsychologische Diagnostik verzichten sollten. Der gezielte Einsatz und die kritische, auf einem fundierten Fachwissen basierende Handhabung dieser Verfahren vermag vielmehr dem Diagnostiker wichtige Informationen zu liefern. Sicher aber sollte beim Einsatz von Tests garantiert sein, daß die Autonomie des Untersuchten nicht verletzt wird und daß die nicht unbeträchtlichen ethischen Probleme bei der Durchführung von Tests und beim Umgang mit den Befunden beachtet werden (Rauchfleisch, 1982, 1992c; vgl. Kapitel 12).

Die vielfältigen Aufgaben, denen sich der diagnostisch tätige Psychologe heute gegenübersieht, lassen sich in die folgenden 6 Problembereiche gliedern: 1) Einsatz psychologischer Tests zur Erstellung eines allgemeinen Persönlichkeitsbildes, 2) Verwendung psychologischer Tests bei differentialdiagnostischen Fragen, 3) Abklärung des Ausmaßes psychischer (speziell intellektueller) Beeinträchtigungen bei hirnorganisch geschädigten Patienten, 4) Bestimmung der (allgemeinen und speziellen) Leistungsfähigkeit und der beruflichen Eignung, 5) Einsatz psychologischer Tests und Beobachtungsmethoden im Rahmen der Sozialpsychologie. Diese Gliederung ist willkürlich. Überschneidungen und Kombinationen zwischen den verschiedenen Bereichen zeigen sich an vielen Stellen. Sinn einer solchen Unterteilung ist aber, gewisse Akzente zu setzen und damit einige wesentliche Funktionen der psychologischen Diagnostik darzustellen.

3.1 Einsatz psychologischer Testverfahren zur Erstellung eines allgemeinen Persönlichkeitsbildes

In den verschiedensten Bereichen seiner Tätigkeit wird der Psychologe immer wieder mit Probanden konfrontiert, die straf-, zivil- oder versicherungsrechtlich begutachtet werden müssen. Bei derartigen Begutachtungen bietet sich in der Regel der Einsatz psychologischer Tests an, mit dem Ziel, ein allgemeines Persönlichkeitsbild des Expl. zu entwerfen. Es gilt, Aussagen über die Intelligenz, die Affektivität und den sozialen Kontakt zu gewinnen und die innerseelische Dynamik mit Hilfe von Testverfahren zu objektivieren. Auf diese Weise soll ein möglichst umfassendes Bild der Persönlichkeit entworfen werden. Wenn auch immer eine Reihe von Gefühlen, Einstellungen und Motiven nicht eruierbar sein wird, gelingt es in der Regel mit Hilfe einer "Testbatterie", d.h. einer Anzahl verschiedener Tests, die in einer oder mehreren Sitzungen durchgeführt und deren Ergebnisse dann zusammengefaßt interpretiert werden, die Struktur einer Persönlichkeit darzustellen und Fragen zur intellektuellen Begabung zu beantworten. Derartige relativ umfassende Persönlichkeitsbeschreibungen sind von besonderer Bedeutung bei strafrechtlichen Gutachten, wenn z.B. nach der Zurechnungsfähigkeit gefragt wird, d.h. nach der Fähigkeit des Betreffenden, "das Unrecht seiner Tat einzusehen oder gemäß seiner Einsicht in das Unrecht der Tat zu handeln" (§ 10, Schweizer Strafgesetzbuch). Auch bei der Frage der Anordnung von richterlichen Maßnahmen, beispielsweise im Sinne der Auferlegung einer regelmäßigen ambulanten psychiatrischen Behandlung, ist eine eingehende testpsychologische Untersuchung (woraus sich auch Hinweise auf affektive und intellektuelle Motivierungen und Entwicklungsmöglichkeiten des zu Begutachtenden ergeben) von großer Bedeutung. Schließlich werden solche umfassenden Persönlichkeitsbilder oftmals auch bei Abklärungen in Erziehungs- und Berufsberatungsstellen erhoben.

3.2 Verwendung psychologischer Tests bei differentialdiagnostischen Fragen

Von psychodiagnostischer Seite kann auch ein Beitrag zur Beantwortung differentialdiagnostischer Fragen geleistet werden. Zum Beispiel sollen Tests helfen, zwischen psychogenen Beschwerden und psychoorganischen Störungen nach Schädeltraumen zu differenzieren. Es ist in diesen Fällen wichtig, die durch Anamnese und Exploration gewonnenen Eindrücke durch eine gezielte testpsychologische Untersuchung zu objektivieren, das Ausmaß der Störung abzuschätzen und Kompensationsmöglichkeiten aufzuzeigen.

Auch bei der Abgrenzung zwischen einer neurotischen Fehlentwicklung und einem (prä-)psychotischen Zustand vermögen insbesondere die projektiven Testverfahren oftmals nützliche Hinweise zu liefern. Doch sollte man aus einem einzigen Verfahren und einem Testbefund allein nie eine Psychose diagnostizieren! Es sind zwar beispielsweise in der Literatur zum Rorschach'schen Formdeuteversuch immer wieder Syndrome beschrieben worden, die - mit mehr oder weniger Wahrscheinlichkeit - als gewichtige Hinweise auf das Vorliegen einer Schizophrenie gewertet wurden (*Kuhn*, 1940; *Katz*, 1941; *Binswanger*, 1944; *Bohm*, 1967, 1975). Es muß jedoch ausdrücklich davor gewarnt werden, die Diagnose einer Psychose - selbst beim Vorliegen solcher Syndrome - allein aus einem Test heraus zu stellen. Immerhin kann aber ein derartiger Testbefund unser Augenmerk vielleicht erstmals auf Seiten der Persönlichkeit lenken, die vorher unbeachtet geblieben sind, und wir können aufgrund dieser

Hinweise nun unter Umständen gezielter abklären, ob eine psychotische Störung oder eine neurotische Entwicklung vorliegt.
Von testpsychologischer Seite können wir bei neurotischen und psychotischen Patienten vor allem wichtige Informationen über die Ich-Stärke bzw. die Tragfähigkeit der Ichstruktur sowie über unbewußte Konflikte, frühe emotionale Mangelerfahrungen und Dynamismen der betreffenden Persönlichkeit erhalten. Es sind dies Hinweise, die uns beispielsweise prognostische Aussagen erleichtern, bei Fragen nach der Indikation einer Psychotherapie wichtig sein und genaueren Aufschluß über die Konfliktthematik eines Patienten geben können (*Cohen*, 1960). Auf die Bedeutung von Übertragungs- und Gegenübertragungsprozessen für die testpsychologische Abklärung wurde bereits (siehe unter 2.2.) hingewiesen.

3.3 Abklärung des Ausmaßes psychischer (speziell intellektueller) Beeinträchtigungen bei hirnorganisch geschädigten Patienten

Häufig untersucht man Patienten mit einem psychoorganischen Syndrom mit psychologischen Tests um abzuklären, in welchem Ausmaß bestimmte psychische (insbesondere intellektuelle) Funktionen geschädigt sind. Dabei haben wir die Erfahrung gemacht, daß es vorteilhaft ist, diese Patienten möglichst nach Verlauf eines halben oder eines ganzen Jahres noch einmal testpsychologisch zu untersuchen. Es wird dann sichtbar, inwieweit Ausfälle fortbestehen oder sich ausgeweitet haben, und welche Bereiche wieder voll funktionstüchtig sind. Gerade in den letzten Jahren hat man solchen Untersuchungen vermehrt Beachtung geschenkt und sich bemüht, Versuchsanordnungen und statistische Prüfmethoden zu entwikkeln, mit deren Hilfe derartige Verlaufsuntersuchungen (beispielsweise auch im Rahmen von Therapiekontrollen) quantitativ durchgeführt werden können. Dieser unter der Bezeichnung "*Einzelfalldiagnostik*" bekannte methodische Ansatz wirft eine Reihe von Problemen auf, die hier allerdings nicht ausführlich behandelt werden können. Es muß auf die Monographie von *Huber* (1973) sowie auf die Arbeiten von *Davidson* et al. (1969) und *Shapiro* (1966) verwiesen werden.
Bei der Untersuchung von Patienten mit psychoorganischem Syndrom verschiedener Ätiologie geht es zumeist um eine der folgenden Fragen:

a) Der psychische Status soll zu einer bestimmten Zeit fixiert werden. Nach Ablauf einer gewissen Zeit (z.B. nach einer Shunt-Operation, nach Rehabilitationsmaßnahmen etc.) können durch einen Vergleich mit dem ersten Befund Besserungen bzw. Verschlechterungen objektiviert werden.

b) Die geschädigten und die nicht geschädigten Funktionen sollen zwecks Einleitung geeigneter Rehabilitationsmaßnahmen ermittelt werden.
c) Der Einfluß der Schädigung auf die Arbeitsfähigkeit und die Eignung für andere Tätigkeiten (z.B. das Führen eines Motorfahrzeuges und ähnliches) sollen objektiviert werden.

Bei allen diesen Untersuchungen wird es immer um eine doppelte Blickrichtung gehen: Einerseits gilt es, das Ausmaß und die Art der Schädigung zu eruieren, andererseits sollen Kompensationsmöglichkeiten und Ressourcen der betreffenden Persönlichkeit aufgezeigt werden.

3.4 Bestimmung der (allgemeinen und speziellen) Leistungsfähigkeit und der beruflichen Eignung

Weite Verbreitung haben psychologische Tests in schulpsychologischen Diensten, bei der Ausbildungs- und Berufsberatung sowie in der Personalauslese gefunden. In diesen Bereichen steht vor allem die Frage nach der (allgemeinen und/oder speziellen) Leistungsfähigkeit, nach der jetzt realisierten Begabung und nach der Intelligenzkapazität, soweit erfaßbar, sowie nach der Prüfung spezifischer, für die verschiedensten Tätigkeiten notwendiger Fähigkeiten im Vordergrund. Gerade auf diesen Gebieten ist in den letzten Jahrzehnten sehr viel Forschungsarbeit geleistet worden, und die Vertreter dieser Richtungen haben sich bemüht, ihre Vorhersagen auf einen möglichst soliden, empirisch überprüften Boden zu stellen. Auf die damit zusammenhängenden Probleme werden wir noch ausführlicher im Kapitel über die verschiedenen allgemeinen und speziellen Leistungstests eingehen.

3.5 Der Einsatz psychologischer Tests bei wissenschaftlichen Untersuchungen

Große Bedeutung kommt den testpsychologischen Verfahren als standardisierten Meßinstrumenten auch bei vielen wissenschaftlichen Untersuchungen im Humanbereich zu. Wir denken hier in erster Linie an Untersuchungen aus dem Bereich der Pharmakopsychologie (s. *Dittrich*, 1974) sowie an Studien, in denen beispielsweise Gruppenprozesse quantifiziert, der Erfolg psychotherapeutischer Bemühungen kontrolliert und die Auswirkungen verschiedener psychischer und körperlicher Erkrankungen auf den betroffenen Menschen untersucht werden sollen. Bei allen diesen

Fragestellungen können mit Erfolg psychologische Testverfahren eingesetzt werden.
Probleme können sich bei diesen Untersuchungen manchmal dadurch ergeben, daß für solche speziellen Fragestellungen zum Teil keine geeichten Testverfahren vorliegen und sich der Untersucher gezwungen sieht, selbst einen entsprechenden Test zu konstruieren. Leider verzichten die Autoren in diesen Fällen häufig darauf, die von ihnen verwendeten Instrumente einer sorgfältigen Prüfung (zumindest hinsichtlich Objektivität, Reliabilität und Validität) zu unterziehen. Ferner fehlen dann zumeist auch verläßliche Normen. Immerhin geben die verschiedenen diagnostischen Handbücher und Testkompendien (*Heiss*, 1964; *Brickenkamp*, 1975, 1983, 1986; *Schmidtchen*, 1975; *Hiltmann*, 1977; *Groffmann* et al., 1982, 1983; *Rauchfleisch*, 1993) doch einen recht guten Überblick über die bereits vorliegenden Verfahren und deren Güte. Häufig wäre es vermeidbar, einen neuen, wenig gesicherten Test zu konstruieren, wenn sich die Untersucher rechtzeitig und sorgfältig nach bereits bestehenden Testverfahren umsähen. Es wäre deshalb angezeigt, möglichst ausführliche Register der verschiedenen Tests mit Angaben über ihren Anwendungsbereich zu publizieren. Sehr instruktiv könnte beispielsweise eine jährlich erscheinende Übersicht über die in deutscher Sprache erhältlichen Tests und die jeweils dazu in der Berichtsperiode publizierte Sekundärliteratur sein (vielleicht analog den jährlich in den USA erscheinenden "Mental Measurements Yearbooks", z.B. *Buros*, 1953).

3.6 Einsatz von Interviewtechniken und Beobachtungsmethoden im Rahmen der Sozialpsychologie

Zu den psychodiagnostischen Verfahren im weiteren Sinne müssen wir auch die verschiedenen standardisierten Inteviewtechniken und Beobachtungsmethoden zählen, die vor allem im Bereich der Sozialpsychologie Anwendung finden. Es soll später noch ausführlicher auf diese Verfahren eingegangen werden. Sie können dem Untersucher helfen, die inter- und intragruppalen Prozesse, die Einstellungen, Stereotype und Meinungen zu den verschiedensten sozialpsychologisch relevanten Themen zu objektivieren. Auch bei transkulturellen Untersuchungen sind Tests angewendet worden. Unter anderem haben uns gerade diese Untersuchungen gelehrt, daß ein psychologischer Test im Grunde niemals kulturunabhängig sein kann. Darüber hinaus haben wir aus diesen Arbeiten aber auch eine Fülle von Informationen über die Ausbildung kulturspezifischer Verhaltensformen unter den verschiedenen kulturellen und sozioökonomischen Bedingungen erhalten.

pro memoria 3.1-3.6

Einsatz von einzelnen Tests und Testbatterien:

1. Zur Erstellung eines allgemeinen Persönlichkeitsbildes (Erfassung intellektueller und affektiver Seiten der Persönlichkeit)
2. Bei differentialdiagnostischen Fragen
3. Zur Objektivierung hirnorganischer Störungen (geschädigter und nicht-geschädigter Funktionen)
4. Zur Abklärung der Leistungsfähigkeit und der beruflichen Eignung
5. Bei wissenschaftlichen Untersuchungen
6. Im Rahmen sozialpsychologischer Untersuchungen (Interviewtechniken, Verhaltensbeobachtung)

4. Grundlagen des psychologischen Tests

4.1 Das Wesen des psychologischen Tests

Wenn wir mit *Anastasi* (1969) einen *Test* als ein "*im wesentlichen objektives und standardisiertes Maß einer Stichprobe von Verhaltensweisen*" definieren, das eine Messung des diagnostisch relevanten Verhaltens ermöglichen soll, so genügt ein solches Verfahren im Grunde in allen wesentlichen Aspekten den Kriterien des psychologischen Experiments.

Wilhelm Wundt formulierte 1886 das psychologische Experiment folgendermaßen: "Das Experiment besteht in einer Beobachtung, die sich mit der willkürlichen Einwirkung des Beobachters auf die Entstehung und den Verlauf der zu beobachtenden Erscheinungen verbindet". Diesem Kriterium der *Willkürlichkeit* fügte *Wundt* 1908 noch die Aspekte der *Wiederholbarkeit* und der *Variierbarkeit* der zu untersuchenden Vorgänge hinzu. Ein psychologisches Experiment zeichnet sich demnach dadurch aus, daß 1) der Untersucher die Möglichkeit haben muß, willkürlich auf bestimmte, von ihm ausgewählte Phänomene einzuwirken, 2) die Untersuchung unter gleichen Bedingungen wiederholbar ist, d.h. es darf nicht ein nur einmal hervorrufbares Ereignis sein, das nicht auch noch ein zweites Mal provozierbar wäre, 3) die Versuchsbedingungen vom Untersucher systematisch variiert werden können.
Diese drei von *Wundt* für das psychologische Experiment aufgestellten Kriterien sollten auch bei den modernen Testverfahren erfüllt werden. Bei der Besprechung der verschiedenen Tests werden wir auf diese Fragen noch im einzlenen eingehen.

In der diagnostischen Literatur konnte bisher noch keine Einigkeit in der Frage nach der Klassifikation der psychologischen Tests erzielt werden. Häufig wird zwischen psychometrischen Tests einerseits und projektiven Verfahren andererseits differenziert. Mit *Michel* (1964, 1982) können wir als Kennzeichen der psychometrischen Tests hervorheben, daß sie eine *Messung* des diagnostisch relevanten Verhaltens ermöglichen sollen, d.h. die *quantitative* Bestimmung der relativen Position, die ein Individuum hinsichtlich eines oder mehrerer psychischer Merkmale innerhalb der Population, der es angehört, einnimmt. Die sogenannten projektiven Verfahren weichen zwar unter Umständen formal nicht wesentlich von den psychometrischen Tests ab. Inhaltlich aber besteht der Hauptunterschied darin, daß es Verfahren sind, bei denen der tiefenpsychologische Mechanismus der Projektion eine zentrale Rolle spielt. Wir können hier nicht ausführlicher auf die Diskussion der theoretischen Grundlagen der projektiven Verfahren eintreten. Sie werden im Kapitel 7 ausführlicher diskutiert werden.

Eine Reihe von Autoren klassifiziert die Testverfahren nach dem *Testmedium*. Es wird unterschieden zwischen Papier- und Bleistift-Tests, Manipulations- oder Materialbearbeitungsverfahren, Bildtests, apparativen Tests usw. Ein anderes Schema geht von der Verwendung der *Sprache* aus und differenziert zwischen verbalen und nicht-verbalen Verfahren. Die Art der Testbeantwortung erlaubt die Einteilung in Verfahren mit *freier Testbeantwortung* (Tests, bei denen der Proband selbst eine Antwort finden muß) und solche mit *gebundener Testbeantwortung* (z.B. Tests mit Richtig-falsch-Antworten, Multiple-choice-Methode usw.). Ferner kann man die Verfahren in *Individual- und Gruppentests* unterteilen. Nach der Anzahl der durch den Test erfaßten Dimensionen können *ein-* und *mehrdimensionale Tests* bzw. *Einzeltests* und *Testbatterien* unterschieden werden.

Irle (1956) differenziert zwischen allgemeinen Intelligenztests, Fähigkeits-/Begabungstests, Kenntnis-/Leistungstests und Persönlichkeitstests. Eine ähnliche Einteilung haben *Anastasi* (1969) und *Cronbach* (1960) gewählt. In dem von *Heiss* herausgegebenen Handbuch der "Psychologischen Diagnostik" (1964) wird zwischen den beiden großen Bereichen "Fähigkeitstests" und "Persönlichkeitstests" unterschieden, ebenso in der Enzyklopädie der Psychologie (*Groffmann* et al., 1982, 1983), während *Brickenkamp* (1975) in seinem "Handbuch psychologischer und pädagogischer Tests" eine Dreiteilung in Leistungstests, psychometrische Persönlichkeitstests und Persönlichkeits-Entfaltungsverfahren vornimmt. Im Rahmen unserer Darstellung wollen wir uns an der von *Heiss* (1964) vorgeschlagenen Einteilung in *Fähigkeitstests* und *Persönlichkeitsverfahren* orientieren.

pro memoria 4.1

1. Test: "Ein im wesentlichen objektives und standardisiertes Maß einer Stichprobe von Verhaltensweisen" (*Anastasi*)
2. 3 Kriterien des psychologischen Experiments (*W. Wundt*):
   2.1 Willkürlichkeit
   2.2 Wiederholbarkeit
   2.3 Variierbarkeit
3. Psychometrische Verfahren: Tests mit quantitativer Bestimmung der relativen Position, die ein Individuum hinsichtlich eines oder mehrerer psychischer Merkmale innerhalb der Population, der es angehört, einnimmt.
4. Projektive Verfahren: Tests, beruhend auf dem Konzept der Projektion (s. 7).
5. Klassifikation der Tests nach Testmedium, Art der Testbeantwortung, Individual-/ Gruppentest, Dimensionalität etc. Unterscheidung von "Fähigkeits-" und "Pesönlichkeitstests".

4.2 Phasen des diagnostischen Prozesses

Bei jeder Testdurchführung lassen sich sechs Phasen des diagnostischen Prozesses unterscheiden: 1. Das vorbereitende Gespräch, 2. Die Planung der psychodiagnostischen Untersuchung, 3. Die Provokation des Verhaltens, 4. Die Registrierung des Testverhaltens, 5. Die Auswertung und 6. Die Interpretation der Befunde und die Urteilsbildung.

4.2.1 Das vorbereitende Gespräch

Am Beginn jeder psychodiagnostischen Abklärung steht ein ausführliches Gespräch mit dem Probanden. Es verfolgt verschiedene Ziele, die wichtigsten sind: gegenseitiges Kennenlernen, Klärung der Auftragssituation, Entscheidung, ob und gegebenenfalls auf welche Weise der Auftrag vom Psychologen erfüllt werden kann, gemeinsames Festlegen des Vorgehens sowie Formulierung von Hypothesen, aufgrund derer der Diagnostiker eine Auswahl von bestimmten Testverfahren trifft.
Es mag wie eine Banalität erscheinen, ausdrücklich darauf hinzuweisen, wie wichtig es ist, daß Klient und Diagnostiker sich vor Beginn der eigentlichen Testuntersuchung gegenseitig etwas besser kennenlernen. Wir Professionelle sind daran gewöhnt, in unserer Tätigkeit mit den verschiedensten Menschen konfrontiert zu werden und uns auch innerhalb kurzer Zeit auf neue Gesprächspartner einzustellen. Ganz anders hingegen ist es im allgemeinen für die Klienten: Sie stehen aufgrund von Lebensproble-

men, angesichts von Begutachtungen oder bei Abklärungen anderer Art häufig unter einem großen inneren, z. T. auch unter äußerem Druck und sehen sich, wenn sie schließlich den Weg zu uns gefunden haben, einem ihnen völlig fremden Menschen gegenüber, dem sie wie selbstverständlich sehr persönliche Dinge mitteilen sollen (vgl. Kapitel 2.4.1 und 2.4.2). In dieser Situation ist es wichtig, durch das gegenseitige Kennenlernen wenigstens die größten Barrieren abzubauen und ein möglichst angstfreies Untersuchungsklima zu schaffen.

Das Vorgespräch dient aber noch einem weiteren Zweck: Wenn uns Klienten von sich aus mit einer bestimmten Fragestellung aufsuchen, aber auch wenn sie uns von Vertretern anderer Institutionen und Berufe zur psychodiagnostischen Abklärung zugewiesen werden, hat es zwar oft den Anschein, als ob sie eine einigermaßen realistische Vorstellung vom Ablauf der bevorstehenden Untersuchung besäßen und sich darüber klar wären, was sie von uns erwarten können und was nicht. Bespricht man diese Fragen jedoch sorgfältiger mit ihnen, so stößt man vielfach auf Fehlerwartungen, Hoffnungen und Ängste, die ihre Ursache z.T. in falschen Vorinformationen haben, z.T. aber auch durch spezifische Persönlichkeitsfaktoren der Klienten bedingt sind. Das der Testuntersuchung vorgeschaltete Gespräch bietet hier die Möglichkeit, die durch das Untersuchungsangebot ausgelösten Gefühle zu erhellen und mit den Klienten zusammen ein klares Auftragsverhältnis zu definieren. Gewiß lassen sich in einer solchen ersten Begegnung tiefsitzende Ängste und illusionäre Erwartungen nicht völlig beseitigen. Es ist dem Untersucher aber durchaus möglich, sich ein genaueres Bild von den hintergründig wirksamen Gefühlen zu machen, sie durch Konfrontation mit der Realität ein stückweit abzubauen und die Mitarbeitsbereitschaft der Klienten auf diese Weise zu stärken. Die Erfahrung zeigt, daß die spätere Testuntersuchung umso störungsfreier verläuft, je umfassender und realistischer die Klienten über Sinn, Zweck, Möglichkeiten und Grenzen der Abklärung informiert worden sind.

In diesem Zusammenhang ist es wichtig, den Klienten den Untersuchungsablauf so transparent wie möglich zu machen und gemeinsam das Ziel der diagnostischen Abklärung zu definieren. Auch der Hinweis auf das spätere Beratungsgespräch, das (sofern die Klienten es wünschen) zu jeder Testuntersuchung gehört, sollte gleich zu Beginn gegeben werden (vgl. Kapitel 12.2). Zum einen signalisieren wir den Klienten damit, daß wir sie als Partner ernst nehmen und ihnen die sie ja ganz persönlich betreffenden Informationen nicht vorenthalten werden (dies selbstverständlich auch im Rahmen von Begutachtungen oder Aufträgen anderer zuweisender Stellen). Zum anderen vermeidet man es durch Verweis auf die spätere Beratung, daß die Klienten während der Untersuchung selber im-

mer wieder danach fragen, welche Schlüsse wir aus diesem oder jenem Testverfahren zögen und wie wir sie jetzt beurteilten.
Ein weiterer Zweck des Vorgesprächs ist schließlich, daß der Diagnostiker aufgrund anamnestischen Angaben (vgl. Kapitel 11) und des gemeinsam definierten Auftragsverhältnisses Hypothesen entwickeln kann (und diese u.U. dem Probanden auch mitteilt), die mit Hilfe der Testuntersuchung verifiziert, verworfen oder modifiziert werden sollen.

4.2.2 Die Planung der psychodiagnostischen Untersuchung

Nach dem vorbereitenden Gespräch gilt es für den Psychologen zu überlegen, auf welche Weise sich die an ihn gestellten Fragen beantworten lassen. Dies bedeutet, wenn wir uns für den Einsatz von Tests entscheiden, daß wir uns Gedanken darüber machen müssen, mit Hilfe welcher Verfahren wir die relevanten Informationen gewinnen können.
Dabei lassen sich zwei verschiedene Wege beschreiten: Wir können im Sinne von *Makrostrategien* aus den uns zur Verfügung stehenden Tests, deren Durchführung und Interpretation uns geläufig ist, diejenigen Verfahren auswählen, die sich nach unserer Erfahrung am besten zur Beantwortung der gestellten Fragen eignen. So kann man sich beispielsweise eine Testbatterie für die Untersuchung von psychoorganischen Erkrankungen oder eine Batterie für die Diagnostik emotioneller Störungen zusammenstellen. Diese Art des Vorgehens bei der Planung von Untersuchungen wird in der diagnostischen Praxis am häufigsten verwendet.
Es ist aber auch möglich, *Mikrostrategien* einzusetzen. Hier führen wir nicht ganze Tests im herkömmlichen Sinne (etwa den Hamburg-Wechsler-Intelligenztest oder das Freiburger Persönlichkeitsinventar) durch, sondern konfrontieren den Klienten nur mit einzelnen Items oder einer kleineren Itemmenge und entscheiden dann aufgrund der dadurch provozierten Reaktionen, welche weiteren Items vorgelegt werden sollen. Solche Mikrostrategien basieren in der Regel auf Computerprogrammen, mit deren Hilfe dem Klienten, entsprechend seinen Reaktionen, ganz bestimmte Items präsentiert werden. Bei solchen pyramidalen Itemanordnungen entscheidet das Programm vor jedem weiteren Schritt, ob die bisher ermittelte Information schon zur Beantwortung der Eingangsfrage ausreicht, oder welches Item als nächstes noch vorgelegt werden soll. Diese Art von computergestützter Diagnostik wird bisher eher selten bei psychologischen Abklärungen verwendet. Der Vorteil eines solchen Vorgehens liegt zweifellos darin, daß jeder Schritt im diagnostischen Prozeß weitgehend individuell auf den Probanden zugeschnitten ist und die Untersuchung nur so lange fortgesetzt

wird, bis die zur Entscheidung notwendigen Informationen vorliegen. Diese unbestreitbaren Vorteile dürfen jedoch - vor allem wenn es um die Anwendung im klinischen Bereich geht - nicht über die "Schattenseiten" einer solchen Art von Untersuchung hinwegtäuschen: Es besteht leicht die Gefahr, eine im wahrsten Sinne des Wortes "technische", seelenlose Psychologie zu betreiben, die sich allein am Kriterium der exakten Meßbarkeit orientiert, alle Beziehungsaspekte aber bewußt auszuklammern sucht.

4.2.3 Provokation des Testverhaltens

Durch eine bestimmte Reizkonfiguration, die einem Probanden vorgelegt wird (eine bestimmte Testaufgabe, eine Auswahl an Farben, eine Rorschach-Tafel usw.) soll beim Probanden ein diagnostisch relevantes Verhalten provoziert werden. Entsprechend den drei oben erwähnten, von *Wundt* aufgestellten, klassischen Kriterien eines psychologischen Experiments (Willkürlichkeit, Wiederholbarkeit, Variierbarkeit) ist es in dieser Phase der Provokation des Verhaltens wichtig, daß die Versuchsbedingungen möglichst streng standardisiert sind. Diese Standardisierung bezieht sich einerseits auf das Testmaterial (z.B. stets die gleichen Testaufgaben, die gleichen Bildtafeln usw.) und auf die Instruktion (d.h. alle Probanden sollten möglichst auf die gleiche Weise instruiert werden, was sie zu tun haben), andererseits aber auch auf die Art und Weise der Darbietung (z.B. sollen die Testaufgaben stets in gleicher Reihenfolge gegeben werden, wie etwa bei den Untertests des Hamburg-Wechsler-Intelligenztests für Erwachsene oder beim Rorschach-Test). Auch wenn man noch so bemüht ist, die Testbedingungen möglichst konstant zu halten, gibt es doch eine recht große Zahl von Faktoren, die schwer oder unter Umständen gar nicht kontrollierbar sind. Umso wichtiger ist es aber, solche Störfaktoren im Auge zu behalten, und sich jeweils zu überlegen, inwieweit sie sich auf das Testresultat eines Probanden ausgewirkt haben könnten.
Im folgenden sollen einige solche (z.T. schwer kontrollierbare) Faktoren kurz diskutiert werden.

Wir haben oben die Forderung aufgestellt, daß die *Instruktion* in streng *standardisierter* Form dem Probanden zu geben sei (bei vielen Verfahren aus dem Bereich der Berufsberatung und der Intelligenzdiagnostik wird eine *wörtliche* Darbietung der Instruktion verlangt). Dabei müssen wir uns allerdings - gerade in Anbetracht der sprachlichen Probleme in der Psychodiagnostik (s. 2.1) - fragen, ob wirklich im strengen Sinne standardisierte Bedingungen vorliegen, wenn wir eine Instruktion jedem Probanden mit den gleichen Worten geben. Eine Standardisierung wäre in diesem Falle nur gewährleistet, wenn jeder Proband die Instruktion auch tatsächlich in gleicher Weise verstünde. Da wir aber aus der Sozial- und Entwicklungspsychologie wissen, daß das Sprachverständnis sehr weitgehend determiniert wird durch alters- und geschlechsspezifische sowie durch kulturelle und sozioökonomische Faktoren, kann eine Standardisierung selbst durch wörtliche Festlegung der Instruktion nur bedingt erreicht werden.

Auch wenn wir uns bemühen, *äußere Störfaktoren* während der Testuntersuchung möglichst auszuschalten, so kann es doch niemals gelingen, gleichsam eine "keimfreie" Testsituation herbeizuführen. Abgesehen davon, daß eine solche sterile Atmosphäre wohl nur bei wissenschaftlichen Untersuchungen, etwa in einem Laboratorium, mit freiwillig sich zur Verfügung stellenden Probanden vertretbar wäre, kann es niemals gelingen, die vielfältigen äußeren Störfaktoren, wie Lichtintensität, Lärm und klimatische Einflüsse, völlig zu eliminieren. Zu diesen äußeren Störfaktoren müssen wir auch die unvermeidlichen kleinen "Pannen" zählen, die während einer Testuntersuchung auftreten können (beispielsweise den Umstand, daß ein Bleistift bricht, daß eine andere Person überraschend das Untersuchungszimmer betritt oder daß dem Probanden ein Teil des Testmaterials aus der Hand rutscht).

In der Phase der gezielten Provokation eines bestimmten Testverhaltens können ferner die vielfältigen *innerpsychischen und somatischen Bedingungen* einer strengen Standardisierung entgegenwirken. Wenn man aus dem beobachteten Testverhalten Rückschlüsse auf die Persönlichkeit eines Probanden ziehen will, setzt man voraus, daß der Expl. sich in einer für ihn "normalen" psychischen und körperlichen Verfassung befindet. Man läßt nicht selten außer acht, daß augenblickliche Sorgen, die physische Befindlichkeit, Tagesschwankungen etc. sich auf das Testergebnis - je nach dem verwendeten Verfahren mehr oder weniger stark - auswirken können. Es ist deshalb wichtig, daß man sich, bevor man eine testpsychologische Untersuchung durchführt, durch ein kurzes Gespräch zumindest ein ungefähres Bild von der augenblicklichen Befindlichkeit des Probanden macht. In der Regel möchten wir ja mit den Testverfahren überdauernde Verhaltensbereitschaften und Konflikte eruieren und, abgesehen von speziellen Skalen zur Erfassung der augenblicklichen Befindlichkeit, nicht temporäre Stimmungen oder kurzdauernde Leistungsschwankungen erfassen. Es ist deshalb wichtig, im vorgeschalteten Gespräch auch zu erfragen, ob der Proband zur Zeit unter Medikamenteneinfluß steht, oder Alkohol oder Drogen zu sich genommen hat.

In engem Zusammenhang mit den zuletzt erwähnten innerpsychischen Bedingungen eines Probanden steht die Bedeutung der *vorangegangenen Tätigkeit* für das zu erhebende Testverhalten. Es geht hier nicht nur um relativ grobe Auswirkungen (z.B. einer zuvor ausgeübten, ermüdenden Arbeit), sondern etwa auch um die Reihenfolge, in der die verschiedenen Tests durchgeführt werden. So dürfte beispielsweise die Durchführung des Rorschachschen Formdeuteverfahrens unmittelbar nach Aufnahme des Farbpyramidentests (*Heiss* et al., 1975) ungünstig sein, da durch den Farbpyramidentest die Aufmerksamkeit des Expl. speziell auf die Farbkomponente gerichtet worden ist. Es ist zu erwarten, daß in einem solchen Falle im Rorschach-Test vermehrt Farbantworten auftreten. Bekannt sind auch gegenseitige Beeinflussungen z.B. zwischen dem thematischen Apperzeptionstest (TAT) und dem Rorschach'schen Formdeuteverfahren: Werden zunächst die TAT-Tafeln gegeben, auf denen zumeist Menschen dargestellt sind, so kommt es im später durchgeführten Rorschach-Test zu einer Erhöhung der Anzahl von Menschendeutungen. Schließlich ist daran zu denken, daß es ungünstig ist, zunächst einen Leistungstest durchzuführen und anschließend ein projektives Verfahren (z.B. den Rorschach-Test oder den TAT), bei dem Leistungsaspekte keine Rolle spielen, sondern sich der Proband frei seiner Phantasie überlassen soll. Eine gewisse Lösung in diesem Dilemma könnte darin liegen, daß man bestimmte Testbatterien (mit einer vorgegebenen Reihenfolge der verschiedenen Verfahren) als ganze standardisierte und eichte. Man könnte dann nicht nur die Validität eines einzelnen Tests, sondern dieses Tests an der für ihn bestimmten Stelle innerhalb der Batterie prüfen.

Einen großen Einfluß auf die Testuntersuchung hat die *Motivation* des Probanden. In zahlreichen experimentellen Untersuchungen konnte nachgewiesen werden, daß z.B. bei einer Intelligenzuntersuchung ein echtes eigenes Interesse einen sehr großen Einfluß auf das Testergebnis auszuüben vermag. Umgekehrt wirken sich emotional belastende, speziell entmutigende Bedingungen nachteilig auf Testleistungen aus. Bei einer Reihe von Testuntersuchungen kann man zwar mit einer guten Motivation des Probanden sicher rechnen, z.B. wenn dem Expl. sehr daran gelegen ist, eine von ihm gewünschte Arbeitsstelle zu erhalten, oder wenn er ein großes eigenes Interesse daran hat, seine Fähigkeiten möglichst objektiv abklären zu lassen (z.B. wenn ein Patient mit einem posttraumatischen psychoorganischen Syndrom nach Rehabilitationsmaßnahmen gerne erfahren möchte, ob sich seine Leistungsfähigkeit wieder verbessert hat). Völlig andere motivationale Bedingungen hingegen können im Falle einer straf-, zivil- oder versicherungsrechtlichen Begutachtung vorliegen. In diesen Fällen kann es passieren, daß der Proband überhaupt nicht oder in nur sehr geringem Maße motiviert ist, sich leistungsmäßig voll einzusetzen und offen über seine Persönlichkeit Auskunft zu geben. Eine solche Haltung muß sich nicht unbedingt in der Tendenz niederschlagen, die Testergebnisse absichtlich zu verfälschen. Vielmehr kann sich eine mangelnde Motivation an und für sich - dem Probanden selbst unbewußt - beeinträchtigend auf die Testresultate auswirken. Da wir im allgemeinen keine speziellen Verfahren zur Erfassung der augenblicklichen Motivation einsetzen können, bleibt uns nur die Möglichkeit, in einem der Testuntersuchung vorgeschalteten Gespräch mit dem Probanden den Sinn einer solchen Untersuchung zu besprechen und ihn möglichst gut für die bevorstehende Testung zu motivieren.

Eng mit dem Aspekt der Motivation hängt die Frage zusammen, ob ein Proband möglicherweise *absichtlich die Testreaktion zu verfälschen* versucht. Meiner Erfahrung nach geschieht das nur außerordentlich selten. Wichtig ist, vorher mit dem Probanden den Sinn der Testuntersuchung zu besprechen und zu versuchen, ihn darauf vorzubereiten. Die Motivierung des Probanden gelingt in der Regel auch bei strafrechtlichen Begutachtungen, bei denen man unter Umständen nicht von vornherein damit rechnen kann, daß der Proband bereit ist mitzuarbeiten. Wenn ein guter affektiver Rapport mit dem zu Begutachtenden hergestellt wird, kann man ihn zumeist auch motivieren, ehrlich über sich Auskunft zu geben.

Eine andere Gruppe von Patienten kann gelegentlich Schwierigkeiten bereiten. Es sind Patienten, die zu einer versicherungsrechtlichen Begutachtung geschickt werden, unter Umständen sogar mit dem Vermerk, es lägen "Begehrungstendenzen" oder sogar eine "Rentenneurose" vor. Abgesehen von der Problematik des Begriffs "Rentenneurose" (d.h. eine neurotische Entwicklung mit einem hohen sekundären Krankheitsgewinn, den der Betroffene in Form einer dauernden finanziellen Unterstützung beizubehalten sucht) sollte man sich bei diesen Patienten hüten, allzu leichtfertig anzunehmen, sie simulierten gewisse Störungen beim Durchführen eines Tests. Häufig liegen diskrete Störungen vor, die sich z.B. neurologisch nicht sicher objektivieren lassen. Der Patient begegnet dann, besonders bei mehrfachem Arztwechsel, zunehmendem Mißtrauen und gerät seinerseits in die Situation eines Menschen, der glaubt, mit allen Mitteln zeigen zu müssen, daß er leide. Er meint dann vielleicht ein Leiden demonstrieren zu müssen, das zwar tatsächlich besteht, sich aber unter Umständen nicht eindeutig objektivieren läßt. Bei der psychologischen Untersuchung mag ein solcher Patient dann annehmen, er müsse auch hier nun sehr deutlich seine Schwierigkeiten demonstrieren. So kann es zu einer Aggravation seiner Störungen kommen, die allzu leicht als bloße "Simulation" abgetan wird. Gerade bei diesen Patienten ist es wichtig, sie in einem vorbereitendem Gespräch möglichst optimal für die testpsychologische Untersuchung zu motivieren.

Bei der Konstruktion von Tests hat man sich immer wieder bemüht, solchen absichtlichen *Verzerrungstendenzen entgegenzuwirken.* Es sind einerseits spezielle "Offenheits-" oder "Lügenskalen" entwickelt worden (z.B. im MMQ, MMPI und Freiburger Persönlichkeitsinventar). Andererseits hat man versucht, solchen Tendenzen durch den Einsatz sogenannter "objektiver" Persönlichkeitstests (im Sinne *Fahrenbergs*, 1964) entgegenzuwirken. Bei diesen objektiven Tests werden perzeptive, psychomotorische und kognitive Leistungen sowie vegetativ-nervöse Reaktionsweisen zum Zweck einer Persönlichkeitsdiagnostik verwendet, wobei dem Untersuchten der Zusammenhang dieser Testaufgaben mit dem daraus zu interpretierenden Verhalten nicht einsichtig ist. Schließlich kann man, wenn man die Vermutung hat, daß ein Proband ein bestimmtes Testverhalten simuliert, auch auf Verfahren zurückgreifen (vor allem auf projektive Tests), deren Befundsyndrome der Proband nicht kennt (bei einer fraglichen organischen Schädigung könnte z.B. der Rorschach-Test eingesetzt werden, und man würde prüfen, ob sich hier die dem Probanden in der Regel nicht bekannten organischen Zeichen finden).

Die Tatsache, daß Testverfahren in immer weiteren Bereichen eingesetzt werden, hat allerdings auch zu einer Gegenreaktion geführt. So ist vor einigen Jahren ein sogenannter "Testknacker" (*Paczensky*, 1976) erschienen, ein Buch, das einen potentiellen Probanden darüber aufklären möchte, wie er in den verschiedenen Tests reagieren müsse, damit er ein gutes Resultat erreiche und als affektiv und sozial unauffällig erscheine. Dieses Buch richtet sich - wahrscheinlich mit Recht - gegen die Neigung, allzu "testgläubig" solche Verfahren bei vielen Entscheidungen gerade im Bereich der Personalauslese einzusetzen. Abgesehen davon, daß in dem erwähnten "Testknacker" eine Fülle falscher Informationen gegeben wird, erscheint aber dieses sicher verständliche Bemühen, einen potentiellen Stellenbewerber zu warnen, insofern sehr problematisch, als Probanden, die sich einer psychologischen Abklärung im Rahmen einer Klinik und einer für ihre Gesundheit wichtigen Untersuchung unterziehen, durch eine solche "Aufklärung" unter Umständen ein schlechter Dienst geleistet ist. Auch aus diesem Grunde ist es wichtig, daß der Untersucher vor der Durchführung eines Tests mit dem Probanden ein vorbereitendes Gespräch führt.

Es muß schließlich noch das Problem der *Testangst* erwähnt werden. Für viele Probanden hat die Testsituation mehr oder weniger "Examenscharakter", und sie reagieren dementsprechend mit der Angst zu versagen. Diese Aussage gilt nicht nur für Intelligenzprüfungen und Untersuchungen im Rahmen der Personalauslese. Mit der Testangst muß man vielmehr bei allen Probanden rechnen, sei es daß sie befürchten, gewisse Leistungsdefizite würden nun sichtbar, sei es daß sie sich scheuen, über gewisse Konflikte

Auskunft zu geben, oder sei es eine eher diffuse Angst, einem anderen Menschen Einblick in die eigene Persönlichkeit zu gewähren. Es ist selbstverständlich, daß eine ausgeprägte Testangst sich sowohl beeinträchtigend auf die intellektuellen Leistungen eines Probanden auswirken kann, als auch die Eruierung der affektiven Situation des Untersuchten erschwert. Wie bereits bei der Frage der Motivation erwähnt, kann man der Testangst wohl nur durch eine gute Vorbereitung des Probanden auf die Untersuchung entgegenwirken. Wenn die Angst dann immer noch sehr stark ist und den betreffenden Probanden daran hindert, seine Fähigkeiten optimal zu entfalten, so ist dieser Umstand allerdings nicht nur ein Störfaktor, sondern ein diagnostisch wichtiger Hinweis auf die Persönlichkeit des Expl. Aus solchen Testresultaten kann man selbstverständlich nicht auf das Intelligenzpotential des betreffenden Probanden schließen. Wohl aber gibt das Resultat Auskunft darüber, in welchem Maße ein Expl. seine Fähigkeiten einzusetzen vermag.

Ferner stellt sich die Frage, in welchem Maße die Testergebnisse durch ein *allgemeines Testtraining* beeinflußt werden können. Diese Probleme wurden in den 50er Jahren vor allem in England diskutiert (*James*, 1953; *Wiseman* et al., 1953; *Yates*, 1953), nachdem im großen Umfang Tests zur Auslese von Schülern für weiterführende Schulen eingeführt worden waren. Es zeigte sich, daß im Sinne der Lernpsychologie tatsächlich ein generalisierendes Lernen erfolgte, d.h. eine Übertragung der in einem Test gesammelten Erfahrungen auf einen anderen Test. Es kam zu gewissen Steigerungen der Testleistungen, allerdings in Abhängigkeit von einer Reihe anderer Faktoren, wie Art und Umfang der Vorbereitung, Art des Tests, Lernfähigkeit des Schülers etc.

Schließlich muß noch auf die Bedeutung der *sozialen Situation*, auf die *Art der Beziehung zwischen Untersucher und Proband*, für das Zustandekommen eines Testverhaltens hingewiesen werden. In diesen Problembereich gehören die gegenseitigen bewußten und unbewußten Erwartungen, die Frage nach Sympathie und Antipathie, die Untersucher und Untersuchter einander entgegenbringen, und die Frage nach der gefühlsmäßigen Atmosphäre, in der eine Testuntersuchung durchgeführt wird. Wir sind bereits oben (siehe unter 2.2.) auf Übertragungs- und Gegenübertragungsprozesse eingegangen, die während einer Testuntersuchung ablaufen. Es sei hier nochmals darauf hingewiesen, daß die Gegenübertragungsprozesse - solange sie vom Untersucher selbstkritisch gehandhabt werden können - nicht Störfaktoren darstellen, sondern ein diagnostisches Hilfsmittel sein können.

Es mag erschrecken, von einer solchen Fülle von Faktoren zu hören, die sich störend auf die Testuntersuchung auswirken können. Wie ausgeführt, bestehen bei einigen dieser Bedingungen zwar Möglichkeiten, ihnen bis zu einem gewissen Grade entgegenzuwirken. Andere Faktoren hingegen sind wenig kontrollierbar und können häufig selbst nach einem guten vorbereitenden Gespräch nicht eliminiert werden. Das will nicht heißen, daß wir deshalb völlig auf Testuntersuchungen verzichten müßten, wie Kritiker der Psychodiagnostik bisweilen fordern. Wir sollten uns allerdings der besprochenen Probleme bewußt sein und bei der Untersuchung eines Probanden versuchen, den Stellenwert der verschiedenen Störmöglichkeiten in eben dieser Persönlichkeit abzuschätzen und bei der Interpretation der Befunde zu berücksichtigen.

4.2.4 Registrierung des Testverhaltens

In der vierten Phase des diagnostischen Prozesses geht es um die Registrierung des Testverhaltens. Sicher kann niemals (vielleicht abgesehen von Videoaufnahmen) das gesamte Verhalten eines Probanden registriert werden. Der Diagnostiker ist in der Regel auch nicht interessiert daran, eine Fülle von Verhaltensdaten zu erfassen. Es kommt ihm eher darauf an, die für eine bestimmte Fragestellung und ein bestimmtes Testverfahren *relevanten* Verhaltensweisen zu registrieren.

Je nach Test fixiert der Proband selbst die Daten, die bei ihm erhoben werden sollen (z.B. Ankreuzen von Antwortmöglichkeiten in einem Fragebogen oder Schreiben von Geschichten zu TAT-Tafeln etc.), oder der Versuchsleiter protokolliert das Testverhalten (z.B. schriftliche Fixierung der Antworten zu den Rorschach-Tafeln, Eintragung der Lösungen in das HAWIE-Testformular etc.). Schließlich können zur Registrierung der Reaktionen auch Kamera, Tonband- und die verschiedenen anderen Registriergeräte eingesetzt werden (z.B. Video-Aufnahmen, Fotos von Szenen, die mit dem Sceno-Test gebaut worden sind, Einsatz von Reaktionsgeräten mit automatischen Zählvorrichtungen etc.). Wichtig für alle diese Registriermethoden ist, daß ihre *Objektivität* gewährleistet ist. Wir verstehen mit *Lienert* (1969) unter Objektivität "den Grad, in dem die Ergebnisse eines Tests unabhängig vom Untersucher sind". Das heißt, wenn das Testverhalten nicht durch ein Gerät registriert wird, so müssen genaue Regeln der Registrierung vorgegeben sein, damit jeder Testleiter ein und dasselbe Testverhalten, und zwar in identischer Weise, fixiert. Die entsprechenden Angaben müssen im Testmanual aufgeführt sein.

Ferner muß auch die *Reliabilität*, d.h. die Zuverlässigkeit des Tests als Meßinstrument garantiert sein. Mit *Lienert* (1969) verstehen wir unter Reliabilität "den Grad der Genauigkeit, mit dem ein Test ein bestimmtes Persönlichkeits- oder Verhaltensmerkmal mißt, gleichgültig, ob er dieses Merkmal auch zu messen beansprucht". Wir werden später (unter 5.1.1 und 5.1.2) noch ausführlicher auf die Objektivität und Reliabilität eingehen. An dieser Stelle sei nur darauf hingewiesen, daß das Testverhalten so registriert werden muß, daß man bei wiederholter Durchführung des Tests an einem Probanden zu gleichen Ergebnissen kommt.

4.2.5 Phase der Auswertung

In dieser Phase werden die registrierten Verhaltensdaten in einer Art aufgearbeitet, die später eine Interpretation der Befunde ermöglicht. Die

Auswertung kann bei den verschiedenen Testverfahren erheblich voneinander abweichende Komplexitätsgrade aufweisen. Einerseits haben wir Tests, bei denen einfache Häufigkeitsbestimmungen vorgenommen werden (z.B. Anzahl der richtig nachgesprochenen Zahlen im Untertest "Zahlennachsprechen" aus dem HAWIE oder Bestimmung der Anzahl von "Ja"- bzw. "Nein"-Antworten im Freiburger Persönlichkeitsinventar). Andererseits erfordern manche projektive Verfahren komplexe Signierungen, wobei zum Teil eine einzige Antwort nach verschiedenen Gesichtspunkten verschlüsselt wird (z.B. im Rosenzweig Picture-Frustration Test, im Rorschach'schen Formdeuteverfahren oder bei der, allerdings nicht sehr gebräuchlichen, Signierung von TAT-Geschichten).
Je nach dem Komplexitätsgrad eines solchen Auswertungssystems erfordern die Tests eine mehr oder weniger lange Einarbeitungszeit, bevor ein Untersucher diese Verfahren lege artis auswerten kann.
Erstes Ziel der Auswertung ist, einen "Extrakt" aus den registrierten Verhaltensdaten zu ziehen. Bei Tests, die sich quantitativ auswerten lassen, erhalten wir in der Regel zunächst einen oder mehrere numerische Kennwerte, z.B. Rohwerte in den elf HAWIE-Untertests, Häufigkeiten bei den verschiedenen Signierungszeichen des Rosenzweig Picture-Frustration Tests oder die Anzahl von zutreffenden Antworten auf den verschiedenen Skalen eines Persönlichkeitsfragebogens. In einem zweiten Schritt werden bei solchen, psychometrischen Kriterien genügenden Tests die Rohwerte dann mit den Resultaten verglichen, die an einer repräsentativen Population gewonnen worden sind und dem Testbenutzer in Form von Normen zur Verfügung stehen. Die Testrohwerte werden dementsprechend in Standardwerte transformiert, anhand derer sich die Position des Individuums im Verhältnis zum Vergleichskollektiv ablesen läßt. Wir werden später (s. unter 6.4) noch ausführlicher auf die Testeichung und Normierung eingehen. Häufig werden die Standardwerte auf verschiedene Altersgruppen, auf die beiden Geschlechter, unter Umständen auch auf sozioökonomische Parameter bezogen. Auf die spezifischen Probleme, die sich bei der Auswahl repräsentativer Vergleichsgruppen ergeben, soll noch ausführlicher eingegangen werden (s. unter 6.4) In der Phase der Auswertung spielt, wie schon bei der Registrierung des Testverhaltens, die Objektivität, d.h. hier die Unabhängigkeit der Auswertung von der Person des Auswerters, eine zentrale Rolle. Bei gutkonstruierten Tests sollten in der Handanweisung Angaben zur Auswertungsobjektivität zu finden sein.

4.2.6 Die Interpretation der Befunde und die Urteilsbildung

Aus dem aufbereiteten Datenmaterial sollen in der sechsten Phase des diagnostischen Prozesses nun die Schlußfolgerungen gezogen werden. Auch bei diesem Schritt sollte die Objektivität (d.h. verschiedene Interpreten sollten zum gleichen Ergebnis kommen) gewährleistet sein. Das zentrale Problem bei der Interpretation eines Tests liegt aber in der Frage, welches Merkmal das Verfahren erfaßt bzw. ob aufgrund eines bestimmten Testsyndroms mit hinreichender Sicherheit etwas über einen bestimmten psychischen Sachverhalt ausgesagt werden kann. Hiermit ist die Frage nach der Validität eines Tests angeschnitten, die im Grunde *die* zentrale Frage der Psychodiagnostik ist. Wir werden im Kapitel 5.1.3 ausführlicher die damit zusammenhängenden Probleme behandeln.
Diese Phase des diagnostischen Prozesses stellt an den Diagnostiker die höchsten Anforderungen. Hat er sich in den Phasen der Provokation und der Registrierung des Testverhaltens lediglich strikt an die in der Testhandanweisung gegebenen Richtlinien zu halten, und bietet auch die Auswertungsphase bei einer gewissen Vertrautheit mit dem verwendeten Test keine allzu großen Schwierigkeiten, so stellt die Interpretation der Befunde den Diagnostiker häufig vor große Probleme. Er muß die Fülle von Einzelinformationen verarbeiten, miteinander in Beziehung setzen, gewichten und zu den Fragen, die an ihn gestellt sind, Stellung nehmen. Es ist diese Interpretationsphase, in der sich die oben (s. unter 2.2) beschriebenen "Fehlerquellen" besonders störend bemerkbar machen können, wenn sich der Diagnostiker ihrer nicht bewußt ist.
Die letzte Phase der Urteilsbildung, in welcher der Diagnostiker anhand seiner Untersuchungsergebnisse dem Ratsuchenden Entscheidungshilfen geben oder selbst Entscheidungen treffen soll, stellt einen komplexen Prozess dar, zu dessen Verständnis verschiedene Modelle entwickelt worden sind (z.B. statistische, deskriptive, normative). Die damit zusammenhängenden Probleme sind von *Jäger* (1982), *Leichner* (1978), *Mattenklott* (1992) und *Westmeyer* (1972) diskutiert worden. *Mattenklott* (a.a.O.) hat insbesondere darauf hingewiesen, daß die wissenschaftlich betriebene Urteilsbildung eng gebunden ist an die Konzeption von Theorien, welche es dem Diagnostiker erlauben, die beobachtbaren Indikatoren mit den latenten Determinanten des Erlebens und Verhaltens zu verknüpfen.

pro memoria 4.2.1 - 4.2.6

1. Vorbereitendes Gespräch: Klärung des Auftrags, gegenseitiges Kennenlernen, Abbau unrealistischer Erwartungen und Ängste
2. Planung der Testuntersuchung: Makro- und Mikrostrategien

3. Provokation des Testverhaltens:
   3.1. Standardisierung des Testmaterials, der Instruktion und der Darbietung
   3.2 Mögliche Störfaktoren: semantische Probleme, äußere Störfaktoren, innerpsychische und somatische Bedingungen, vorangegangene Tätigkeiten, Motivation, absichtliche Verfälschung der Testreaktionen, Testangst, Testtraining, (soziale) Beziehung zwischen Untersucher und Proband
4. Registrierung des Testverhaltens: Probleme der Fixierung des relevanten Verhaltens
5. Auswertung: Bestimmung von Kennwerten, Signierung, Vergleich der individuellen Testreaktionen mit Normwerten
6. Interpretation und Urteilsbildung: diagnostische Schlußfolgerungen aus dem aufbereiteten Datenmaterial

5. Die Gütekriterien eines psychologischen Tests

Die zunehmende Erfahrung mit psychologischen Tests hat gezeigt, daß nicht willkürlich irgendeine, dem Untersucher relevant erscheinende Testaufgabe gegeben und aus deren Beantwortung ohne weiteres eine diagnostische Schlußfolgerung gezogen werden kann. Da ein wissenschaftlich fundierter psychologischer Test als Meßinstrument betrachtet wird, muß er einer Reihe von Ansprüchen genügen. Sie werden als "Gütekriterien" bezeichnet. Mit *Lienert* (1969) differenzieren wir zwischen den drei Hauptgütekriterien "Objektivität", "Reliabilität" und "Validität" und den Nebengütekriterien "Normierung", "Zulänglichkeit", "Vergleichbarkeit", "Ökonomie" und "Nützlichkeit". Zu diesen sieben Aspekten sollten sich im Manual eines Tests stets erläuternde Angaben finden, da erst diese Informationen dem Testbenutzer ermöglichen, die Güte des Verfahrens abzuschätzen. Nicht nur für einzelne Tests, sondern auch für Testbatterien bzw. Testprofile können diese Gütekriterien erstellt werden (*Cronbach* et al., 1965; *Lienert*, 1969).

5.1 Die Hauptgütekriterien

5.1.1 Die Objektivität

Die Objektivität gilt im Rahmen der klassischen Testtheorie als ein wichtiges Kriterium für die Güte eines Tests. Allerdings herrscht keine Einigkeit in der Definition dieses Begriffes. Während beispielsweise *Eysenck* (1958), *Cattell* (1957) und *Fahrenberg* (1964) Tests als objektiv bezeichnen, wenn sie für den Probanden undurchschaubar, d.h. nicht willkürlich verfälschbar, sind, bezeichnet *Rasch* (1966) die Unabhängigkeit der Aussagen über getestete Personen von den Testaufgaben (Items) und die Unabhängigkeit der Relationen zwischen den Items von der Analysenstichprobe als "spezifische Objektivität" (wir werden im Kapitel 5.4 kurz auf das *Rasch'sche* Modell eingehen). Von einigen Autoren wird die Objektivität fälschlicherweise als "Interrater-Reliabilität" bezeichnet.

Wilde (1951) vertritt die Auffassung, daß jedes Verfahren in der psychologischen Diagnostik als objektiv gelten könne, das von einer Reihe von Beurteilern in identischer Weise gedeutet und beurteilt werde. Eine ähnliche Definition finden wir bei *Lienert* (1969), der unter Objektivität den Grad versteht, "in dem die Ergebnisse eines Tests unabhängig vom Untersucher sind". Im Sinne dieser Definition, der auch wir uns anschließen möchten, muß man zwischen einer Objektivität der Testdurchführung, der Auswertung, der Interpretation und wohl auch der Empfehlungen unterscheiden, welche die verschiedenen Testleiter aufgrund ihrer Resultate geben.

Die *Durchführungsobjektivität* läßt sich vor allem dadurch erhöhen, daß die Instruktion für den Testbenutzer möglichst genau festgelegt und die Untersuchungssituation selbst soweit wie möglich standardisiert ist. Hinweise darauf, wie die geforderte Standardisierung auszusehen hat, sollten unbedingt im Testmanual gegeben werden. Daß eine wörtlich festgelegte Instruktion allerdings nicht vollständige Durchführungsobjektivität garantieren kann, wurde bereits bei den Ausführungen über die Bedeutung der Sprache in der Diagnostik erwähnt (s. 2.1).

Die *Auswertungsobjektivität* ist bei Leistungstests und bei Fragebögen, in denen die Richtung der Aufgabenbeantwortung festgelegt ist, praktisch vollkommen verwirklicht. Dasselbe gilt für Tests, deren Aufgaben nach dem Multiple-Choice-System zu beantworten sind. Wesentlich schwieriger hingegen ist die Auswertungsobjektivität bei Tests mit freier Aufgaben- oder Fragenbeantwortung bzw. bei den projektiven Verfahren zu garantieren, die (wie beispielsweise der Rorschach-Test oder der Rosenzweig Picture-Frustration Test) eine zum Teil komplizierte Signierung erfordern.

Die sogenannte *Interpretationsobjektivität* schließlich betrifft den Grad der Unabhängigkeit der Interpretation des Testergebnisses von der Person des interpretierenden Untersuchers. Auch bei diesem Aspekt ist es wichtig, daß im Testmanual möglichst genaue Hinweise darüber gegeben werden, wie ein bestimmtes Testverhalten zu interpretieren ist (z.B. welcher Symptomwert den Untertests im HAWIE zukommt, oder welche diagnostischen Schlüsse aus den verschiedenen Testsyndromen des Rorschach'schen Formdeuteverfahrens gezogen werden können). Selbst wenn

man auf der Ebene der Durchführung und der Auswertung vollkommene Objektivität erreicht hat, ist es, zumindest bei den komplexeren Testverfahren, in der Regel schwierig, auch eine möglichst hohe Interpretationsobjektivität zu erreichen.
Im allgemeinen wird als Kennwert der Objektivität der Korrelationskoeffizient benutzt, der den Grad des Zusammenhanges zwischen zwei oder mehreren Auswertern beschreibt. Manche Autoren geben auch den Prozentsatz übereinstimmender Signierungen bzw. Interpretationen bei einem Vergleich zwischen zwei oder mehreren Versuchsleitern an.

5.1.2 Die Reliabilität

Neben der Objektivität stellt die Reliabilität eines der wichtigsten Gütekriterien dar. Nach der Definition von *Ekman* (1955) können wir die Reliabilität als Genauigkeit beschreiben, "mit der ein Test mißt, was er faktisch mißt, ohne Rücksicht darauf, was dieses ist". Eine ähnlich weitgefaßte Definition, der auch wir uns anschließen möchten, gibt *Lienert* (1969), der unter der Reliabilität (Zuverlässigkeit) eines Tests den "Grad der Genauigkeit versteht, mit dem er ein bestimmtes Persönlichkeits- oder Verhaltensmerkmal mißt, gleichgültig, ob er dieses Merkmal auch zu messen beansprucht". Es geht demnach bei der Reliabilität nicht um inhaltliche Aspekte, sondern um die *formale Exaktheit* der Merkmalserfassung.

Der Terminus "Reliabilität" hat, ähnlich wie derjenige der Objektivität, in der psychologischen Literatur verschiedene Definitionen gefunden. Einige Autoren sprechen an Stelle von Reliabilität von "Zuverlässigkeit" (z.B. *Wilde*, 1951), andere von "Verläßlichkeit" (*Hofstätter*, 1953a) oder von "Stabilität" (*Meili*, 1961). Wieder andere verstehen, worauf insbesondere *Horst* (1971) hinweist, Reliabilität als "Homogenität". Als weitere Komplizierung kommt hinzu, daß die nach den verschiedenen Reliabilitätskonzepten bestimmten Koeffizienten unterschiedlichen Aussagegehalt besitzen. Den Versuch einer grundlegenden Klärung in dieser verwirrenden Vielfalt haben *Cronbach* (1947, 1960) und *Thorndike* (1951) unternommen.

Man kann im Rahmen der klassischen Testtheorie drei Reliabilitätskonzepte (mit ihren je spezifischen Erfassungsmethoden) unterscheiden:
1. Das Stabilitätskonzept,
2. Das sogenannte "item-sampling-concept"
3. Das Homogenitätskonzept.

Beim *Stabilitätskonzept* wird die sogenannte "*Retest-Reliabilität*" bestimmt, d.h. die gleichen Probanden werden mehrmals (in der Regel zweimal) mit dem gleichen Test untersucht. Man bestimmt dann den

Grad der Übereinstimmung zwischen den beiden Meßwertreihen mit Hilfe eines Korrelationskoeffizienten. Die praktische Anwendbarkeit dieser Methode erfährt bei psychologischen Fragestellungen allerdings eine gewisse Begrenzung dadurch, daß möglicherweise die erste Testdurchführung den vom Test erfaßten Persönlichkeitsbereich verändert (z.B. indem der Proband bei der zweiten Testaufnahme Antworten gibt, die seinen Erinnerungen an die erste Untersuchung entsprechen). *Horst* (1971) meint jedoch, daß dieses Argument oft zu Unrecht verwendet werde, zumal, wie auch *Dieterich* (1973) anführt, die Wirksamkeit eines Gedächtnisfaktors im allgemeinen lediglich zu einer Über-, nicht aber zu einer Unterschätzung der Stabilität des Tests führen könne. Trotz dieser Bedenken darf man die Retest-Reliabilität als eine der wichtigsten Reliabilitätsschätzungen bezeichnen.

Bei den Untersuchungen an klinischen Stichproben ist zu berücksichtigen, daß bei psychisch gestörten Probanden häufig höhere Merkmalsfluktuationen und z.T. erhebliche Schwankungen von einem Tag zum anderen auftreten, wodurch die Reliabilität eingeschränkt werden kann (*Sarris* et al., 1974). Ferner ist die Höhe des Korrelationskoeffizienten von der Dauer des zeitlichen Intervalls zwischen den Testaufnahmen abhängig, d.h. von der Stabilität des Verhaltensmerkmals, das mit dem Test erfaßt werden soll. Im Extremfall wäre es bei einem instabilen Merkmal, das sich im Verlaufe der Zeit deutlich verändert, möglich, daß man bei jeder Testaufnahme den "wahren" Wert erfaßte, aber die durch den Korrelationskoeffizienten ausgedrückte Reliabilität zahlenmäßig sehr gering bliebe. In der Regel kann angenommen werden, daß sich bei kurzen Zeitintervallen die erfaßten Merkmale weniger ändern als bei größeren Zeitabständen zwischen den beiden Untersuchungen. Im letzteren Falle wären demnach niedrigere Reliabilitätskoeffizienten zu erwarten.

Die Bestimmung der Retest-Reliabilität ist bei einer Reihe von Verfahren, insbesondere bei den projektiven Tests, häufig die einzige anwendbare Methode zur Bestimmung der Stabilität des betreffenden Verfahrens, bietet sie doch die Möglichkeit, auch bei solchen Tests, für die keine Parallelformen vorliegen oder die sich nicht in zwei äquivalente Hälften unterteilen lassen, einigermaßen verläßliche Reliabilitätsschätzungen vorzunehmen.

Das sogenannte "*item-sampling-concept*" beruht auf der Überlegung, daß man auch zu mehreren Messungen ein und desselben Merkmals kommen kann, indem man verschiedene Tests einsetzt, die eben dieses gleiche Merkmal erfassen. Die hier verwendete Methode ist das sogenannte "*Paralleltest-Verfahren*". Voraussetzung zu seiner Anwendung ist, daß eine äquivalente Parallelform des zu prüfenden Tests vorliegt - eine Be-

dingung, die nur in seltenen Fällen erfüllt wird. Große Bedeutung kommt hier der Frage zu, wann eine "Parallelität" als gewährleistet betrachtet werden darf. Die Autoren stellen unterschiedliche Anforderungen, wie ein Vergleich der Ausführungen von *Wilks* (1946), *Horst* (1971), *Lienert* (1969) und anderen erkennen läßt (s. hierzu auch die Kritik an der klassischen Testtheorie in Kapitel 5.4). Kritisch kann bei Verwendung des Paralleltest-Verfahrens, wie beim Retest, ein möglicher Wiederholungseffekt angeführt werden, da die Durchführung von weitgehend identischen Tests im Grunde einer Testwiederholung gleichkommt.
Beim dritten der genannten Reliabilitätskonzepte, dem *Homogenitätskonzept*, kommen verschiedene *Halbierungsverfahren* zur Anwendung. Der Vorteil eines solchen Vorgehens liegt darin, daß nur eine einmalige Testdurchführung notwendig ist. Voraussetzung jedoch ist, daß der Test in faktoriell gleichwertige Hälften geteilt werden kann.
Dabei ist die Art der vorgenommenen Halbierung von Bedeutung. Prüft man z.B. die *erste gegen die zweite Hälfte* eines Tests, so ist ein solches Vorgehen nur dort sinnvoll, wo garantiert ist, daß die Items der ersten Testhälfte faktoriell gleichwertig im Verhältnis zu denen der zweiten Hälfte sind. Diese Bedingung ist im Grunde nur bei solchen Verfahren erfüllt, die aus gleichschweren Aufgaben bestehen (Schnelligkeits-, "speed"-Test). Bei Leistungstests mit Aufgaben von zunehmender Schwierigkeit (Niveau- oder "power"-Test) und bei den projektiven Verfahren hingegen ist die Anwendung dieser Halbierungstechnik nicht möglich, da die erste und die zweite Hälfte nicht faktoriell gleichwertige Teile darstellen. Bei einigen Verfahren (z.B. beim Rorschach'schen Formdeuteverfahren oder beim Rosenzweig Picture-Frustration Test) erwartet man gerade Änderungen im Verlaufe der Testdurchführung und verwertet diese Informationen diagnostisch.
Häufig wird eine andere Halbierungsmethode, nämlich die Teilung nach Testitems mit geradzahliger und ungeradzahliger Ordnungsnummer ("*even-odd*"), verwendet. Auch hier wird vorausgesetzt, daß die durch diese Aufsplitterung in zwei "Untertests" erhaltenen Meßwertreihen faktoriell gleichwertige "Paralleltests" sind. Immerhin ist diese Methode auch bei Niveautests (mit ansteigender Aufgabenschwierigkeit) anwendbar, da bei einer solchen Halbierung eine bessere Durchmischung von schweren und leichten Aufgaben in jedem Teil garantiert ist.
Unter das Homogenitätskonzept kann noch eine zweite ähnliche Methode, nämlich die Analyse der *Interitem-Konsistenz*, subsumiert werden. Dieser von *Kuder* et al. (1937) bzw. *Richardson* et al. (1939) entwickelte Ansatz stellt eine Verallgemeinerung des Halbierungsverfahrens dar. Für die Reliabilitätsschätzung werden hier alle zur Verfügung stehenden In-

formationen über die Konsistenz des Testverhaltens von Item zu Item verwertet. Der Gesamttest wird als in so viele Teile aufgegliedert gedacht, wie Items vorhanden sind. Daraus ergibt sich, daß dieses Verfahren nur dann sinnvoll anwendbar ist, wenn ein Test faktoriell homogen ist, d.h. wenn *alle* Items (zumindest annähernd) dieselbe faktorielle Struktur aufweisen. Die von *Kuder* und von *Richardson* vorgelegten Formeln 20 und 21 zur Bestimmung der Interitem-Konsistenz sind von anderen Autoren modifiziert und weiterentwickelt worden (*Guilford*, 1954; *Lord*, 1955; *Saupe*, 1961, und andere).
Wie bereits erwähnt, lassen sich im allgemeinen nicht alle diese Methoden bei ein und demselben Test anwenden. Je nach dem Testkonzept ist unter Umständen nur eine bestimmte Art der Reliabilitätsschätzung möglich. Wir haben bereits darauf hingewiesen, daß zum Beispiel bei den projektiven Verfahren in der Regel Halbierungstechniken kaum Anwendung finden können (abgesehen vielleicht von Verfahren wie dem Rosenzweig Picture-Frustration Test, bei dem auch eine Halbierung nach even-odd-Prinzipien durchgeführt werden kann). Bei diesen Tests kann eine Reliabilitätsbestimmung in der Regel am besten nach der Retest-Methode vorgenommen werden. Auf jeden Fall sollte der Testautor im Manual mitteilen, nach welcher Methode er die Reliabilität seines Tests geprüft hat.
Reliabilitätsschätzungen sind bei vielen Verfahren auf zwei Ebenen möglich: 1) Auf der *Item-Ebene* (z.B. beim Rosenzweig Picture-Frustration Test Bestimmung des Grades der Übereinstimmung zwischen einer ersten und einer zweiten Testaufnahme bei jeder der 24 Bildsituationen), und 2) Auf einer *syndromalen Ebene* (z.B. Bestimmung des Grades der Übereinstimmung für den Gesamtwert eines Intelligenzverfahrens, einer bestimmten Auswertungskategorie für den gesamten Test etc.). Da die Reaktionen auf die einzelnen Testitems stets gewissen Schwankungen unterworfen sind, müssen wir in der Regel bei Reliabilitätsprüfungen auf der Item-Ebene niedrigere Koeffizienten erwarten als bei Schätzungen der Reliabilität auf syndromaler Ebene.

5.1.3 Die Validität

Das wohl wichtigste, zugleich aber empirisch am schwierigsten überprüfbare Gütekriterium stellt die Validität dar. Unter Validität verstehen wir den "Grad der Genauigkeit, mit dem dieser Test dasjenige Persönlichkeitsmerkmal oder diejenige Verhaltensweise, das (die) er messen soll oder zu messen vorgibt, tatsächlich mißt" (*Lienert*, 1969). Manche Autoren verwenden statt des international gebräuchlichen Terminus Validität

auch den Begriff "Gültigkeit". Mangelnde Validität kann durch mangelnde Reliabilität oder mangelnder Zulänglichkeit des Tests, aber auch durch mangelnde Reliabilität des Validitätskriteriums bedingt sein. Die Reliabilität ist somit eine notwendige, nicht jedoch hinreichende Bedingung für die Validität. Weist ein Test eine niedrige Reliabilität auf, so können aus den Testresultaten nur unsichere diagnostische Schlußfolgerungen gezogen werden. Eine hohe Reliabilität sagt indes noch nichts darüber aus, ob bzw. mit welcher Genauigkeit ein Test inhaltlich das Persönlichkeitsmerkmal mißt, das er zu erfassen beabsichtigt.
Eine Überprüfung der Validität eines Tests setzt - und darin liegt das Hauptproblem - voraus, daß sich empirisch faßbare Kriterien finden lassen, zu denen die Testreaktionen in Beziehung gesetzt werden können. Daß bei diesem Ausgangspunkt eine Validierung der sogenannten projektiven Verfahren besonders große Probleme aufwirft, liegt auf der Hand, wenn man bedenkt, daß viele (tiefen-) psychologische Konstrukte, auf die man sich bei ihrer Validierung stützt, selbst oft vieldeutig und zum Teil so komplex sind, daß sie sich kaum empirisch erfassen lassen.

Man hat sich im Rahmen der internationalen Diskussion über die Möglichkeiten von Validitätsbestimmungen auf vier Validitätsarten geeinigt, und zwar die *logische Validität* (content validity), die *Übereinstimmungsvalidität* (concurrent validity), die *Vorhersagevalidität* (predictive validity) und die *Konstruktvalidität* (construct validity). Einige Autoren unterscheiden noch eine *interne* (internal) von einer *externen* (external), eine *faktorielle* (factorial) und eine "*curriculare Validität*" (curricular validity). *Dieterich* (1973) möchte den zuletzt genannten Begriff lieber durch den der "*repräsentativen Validität*" ersetzen. Er versteht darunter den Nachweis, daß der von einem Test erfaßte Gegenstand ein Teilbereich des tatsächlich zu Erfassenden ist, d.h. daß das Testmaterial eine repräsentative Stichprobe des angezielten Merkmalsbereichs darstellt. *Lienert* (1969) differenziert zwischen einer *inhaltlichen*, einer *kriterienbezogenen* und einer *Konstruktvalidität. Klauer* (1984) diskutiert Probleme der *Kontentvalidität*, die dadurch bestimmt ist, daß die Items eines Tests repräsentativ für eine zuvor definierte Grundgesamtheit von Items sind.

Im Rahmen unserer Ausführungen können wir nicht auf eine weitere terminologische Diskussion der verschiedenen Validitätskonzepte eintreten. Man kann die vielen vorgeschlagenen Arten von Validitätsbestimmungen in die folgenden beiden großen Gruppen unterteilen:

1. Die *Korrelation mit einem Kriterium*. Dazu gehören Prüfungen der Übereinstimmungs- und der Vorhersagevalidität. Mit *Lienert* (1969) können wir zwischen einer inneren und einer äußeren Validität unterscheiden. *Lienert* spricht von einer *inneren Validierung*, wenn der zu prüfende Test mit anderen, als valide anerkannten Tests, die dasselbe Persönlichkeitsmerkmal erfassen, korreliert wird. Eine *äußere Validie-*

rung liegt hingegen vor, wenn eine "äußere", als objektiv bewertete Kriteriumsleistung oder ein Schätzurteil (z.B. eine Diagnose, der Berufserfolg, das Realverhalten eines Probanden etc.) mit dem Testresultat korreliert wird. Bei dem Validitätskonzept der "Korrelation mit einem Kriterium" wird nach der Enge des Zusammenhanges zwischen dem Testverhalten und dem (jetzigen oder zukünftigen) Verhalten gefragt, über das Aussagen gemacht werden sollen. Wie bereits erwähnt, liegt das Hauptproblem bei diesem Ansatz darin, daß es häufig außerordentlich schwerfällt, für den zu prüfenden Test geeignete, einwandfreie (d.h. selbst reliable und valide) Kriterien zu finden. Die damit zusammenhängenden sehr komplizierten Probleme werden ausführlich in den Arbeiten von *Kelly* und *Fiske* (1951), *Wherry* (1957), *Ryans* (1957) diskutiert (siehe zu diesem Problem auch die Ausführungen von *Dieterich*, 1973).

2. Eine zweite Methode ist die der sogenannten *Konstruktvalidierung*. Dieser Begriff erscheint erstmals in den "Technical Recommendations" der Amerikanischen Psychologenvereinigung APA (1954). *Cronbach* und *Meehl* (1955) haben dann eine ausführliche Darstellung gegeben. Die daraufhin in den USA lebhaft geführte Diskussion hat *Hörmann* (1961) im deutschen Sprachgebiet aufgenommen.
Das Wesen der Konstruktvalidierung liegt darin, daß psychologische "Konstrukte", d.h. komplexe Fähigkeiten oder Eigenschaften (siehe auch die Diskussion bei *Schneewind*, 1969) im Rahmen eines theoretischen Bezugssystems ("nomological network") auf ihre Zusammenhänge mit dem zu prüfenden Test untersucht werden. Die Konstrukte werden "nicht auf Beobachtbares reduziert (wie es z.B. bei einer operationalen Definition geschieht), sondern so in ein '*nomological network*' hineingebaut, daß Voraussagen - und zwar exakt prüfbare Voraussagen - über Beobachtbares möglich werden" (*Hörmann*, 1961). Aufgrund der Resultate aus empirischen Prüfungen kann es notwendig werden, den theoretischen Ansatz zu modifizieren und neue Hypothesen aufzustellen, die dann wiederum geprüft werden müssen. In einem solchen "Prozeß der sukzessiven Approximation" (*Hörmann*, 1961) kann es dann gelingen, den zu prüfenden Test immer fester in das theoretische Bezugssystem einzuordnen. Je dichter das "nomological network" geknüpft ist, desto größer ist die Evidenz, daß ein Test tatsächlich den Merkmalsbereich erfaßt, den er erfassen soll.
Die Verfahren, die von den verschiedenen Autoren (z.B.. *Cronbach* et al., 1955; *Loevinger*, 1957; *Campell*, 1957; *Anastasi*, 1961; *Michel*, 1964; *Dieterich*, 1973 und andere) zur Konstruktvalidierung genannt werden, sind äußerst mannigfaltig. Für das Gebiet der Eignungsdia-

gnostik hat *Triebe* (1973, 1975) eine sequentielle Strategie (in Form einer Einbeziehung von Training, Aus- und Fortbildungsmaßnahmen in den Prozeß der Eignungsfeststellung) vorgeschlagen. Ein solcher dynamischer Ansatz könnte vermutlich auch für Validierungen von Tests im klinischen Bereich fruchtbar gemacht werden.

Im folgenden soll paradigmatisch ein Katalog von theoretischen und empirischen Maßnahmen angeführt werden, den *Dieterich* (1973) zusammengestellt hat.
Zu den theoretischen Maßnahmen zählt er die Rubriken 1. bis 4.:

1. Die sprachliche Vereinbarung über den Bedeutungsumfang des Konstrukts.
2. Die Einordnung des Konzepts in eine bestimmte theoretische Schule.
3. Die inhaltliche, logische oder phänomenologische Analyse der Testelemente.
4. Überprüfungen der Inhaltsvalidität und der inneren Konsistenz des Tests.

Bei Punkt 4 überschneiden sich die theoretischen und die empirischen Maßnahmen. Das ist auch bei den folgenden Punkten der Fall:

5. Die Analyse interindividueller Unterschiede in den Testresultaten.
6. Die Analyse individueller Veränderungen bei wiederholter Durchführung mit und ohne Variation der Durchführungsbedingungen.
7. Die Feststellung von Gruppenunterschieden (z.B. Extremgruppenvergleiche, Alters- und Geschlechtsdifferenzen, Unterschiede im Zusammenhang mit soziokulturellen Veränderungen etc.).
8. Überlegungen und Feststellungen, inwieweit response-sets das Testergebnis verfälschen können.

Wichtige empirische Maßnahmen sind:

9. Die Ermittlung von Korrelationen mit Außenkriterien.
10. Die Ermittlung von Korrelationen mit Tests von ähnlichem Geltungsbereich.
11. Die Ermittlung von Korrelationen mit Beurteilungsskalen (ratings).
12. Die Ermittlung von Korrelationen mit solchen Kriterien oder Tests, zu denen laut Vereinbarungen keine Korrelationen bestehen dürften (dies entspricht der Forderung nach "discriminant validity").
13. Überprüfung von Altersdifferenzen.
14. Es wurde auch die Forderung erhoben, daß jeder Konstrukt-Test mit einem Intelligenz-Test korreliert werden solle. Ebenso sinnvoll wäre eine Korrelierung mit Angsttests (speziell mit Tests zur Erfassung von Prüfungsangst).
15. Die Faktorenanalyse des Tests gemeinsam mit Kriteriumsvariablen.

Dieser Katalog von Validierungsmethoden kann keinen Anspruch auf Vollständigkeit erheben. Er steckt aber immerhin das weite Spektrum dessen ab, was bei Validierungsuntersuchungen berücksichtigt werden muß. Wie aus den Ausführungen hervorgeht, gestaltet sich die Prüfung der Validität häufig als außerordentlich schwierig. Soweit man Außenkriterien oder andere Tests einbezieht, muß deren Reliabilität und Validität gesichert sein. Das fällt, wie erwähnt, insbesondere schwer bei den projektiven Verfahren, die sich zumeist auf tiefenpsychologische Konzepte stützen, deren Validität häufig nur schwer zu prüfen ist.

5.2. Die Nebengütekriterien

5.2.1 Die Normierung eines Tests

Unter Testnormierung versteht man, daß über einen Test Angaben vorliegen sollen, welche die Einordnung des individuellen Prüfergebnisses in ein Bezugssystem ermöglichen. Bei der Erfassung einer Eichstichprobe, auf deren Resultaten solche Normen basieren, können sich erhebliche Schwierigkeiten ergeben. Wir werden später, bei den Ausführungen über die Konstruktion eines psychologischen Tests (s. unter 6.4) ausführlicher auf diese Probleme eingehen. Ein Test, der für die Routinediagnostik und nicht nur für wissenschaftliche Untersuchungen (bei denen es in der Regel nur um den Vergleich von Gruppen geht) eingesetzt werden soll, bedarf in jedem Fall einer Normierung. Die Art der Normen wird sich jeweils nach der Art des zu erfassenden Testverhaltens und dem Grad seiner Quantifizierbarkeit richten müssen, wodurch das Skalenniveau determiniert wird. Auf verschiedene Normen und ihre Bedeutung soll ebenfalls später (unter 6.4) ausführlich eingegangen werden.

5.2.2 Die Zulänglichkeit

Manche Autoren (z.B. *Lienert*, 1969) erwähnen als ein Nebengütekriterium die Zulänglichkeit. *Hofstätter* (1953b) verwendet für diesen Aspekt der Validität den Begriff "diagnostische Valenz". Es ist der Grad der Angemessenheit des Tests für die Erfassung eines bestimmten Persönlichkeitsmerkmals. Gemeint ist damit, daß der Inhalt des Tests repräsentativ für das zu erfassende Phänomen sein soll. Eine quantitative Bestimmung dieses Gütekriteriums ist nicht üblich.

5.2.3 Die Vergleichbarkeit

Ein Test ist nach *Lienert* (1969) dann vergleichbar, wenn:
1. eine oder mehrere Parelleltestformen vorhanden sind oder
2. validitätsähnliche Tests verfügbar sind.

Das Nebengütekriterium der Vergleichbarkeit umfaßt also einerseits eine intraindividuelle *Reliabilitätskontrolle*, indem man einen bestimmten Probanden mit den beiden Paralleltestformen untersucht und die Ergebnisse vergleicht. Andererseits ist bei einem Vergleich mit validitätsgleichen oder -ähnlichen Tests eine intraindividuelle *Validitätskontrolle* möglich, indem man den gleichen Probanden mit diesen beiden Tests untersucht und die Ergebnisse miteinander in Beziehung setzt.

5.2.4 Die Ökonomie

Die von *Lienert* (1969) aufgestellten Kriterien der Ökonomie sind: 1. kurze Durchführungszeit, 2. wenig Materialverbrauch, 3. einfache Handhabung, 4. Durchführung als Gruppentest und 5. schnelle und bequeme Auswertbarkeit. Gerade hinsichtlich der Ökonomie bestehen zwischen den gebräuchlichen Tests zum Teil große Unterschiede. Es liegen einerseits Verfahren vor, die für die Durchführung und auch für die Auswertung den Diagnostiker zeitlich nur wenig in Anspruch nehmen (z.B. der Aufmerksamkeits-Belastungstest d2). Andererseits erfordern die projektiven Persönlichkeitsverfahren mit ihren zum Teil schwierigen Signierungssystemen in der Regel, abgesehen von einer längeren Durchführungszeit (z.B. beim TAT), eine zeitaufwendigere Auswertung (z.B. der Rorschach-Test) und sind häufig nicht als Gruppentest durchführbar.

5.2.5 Die Nützlichkeit

Ein Test ist nach *Lienert* (1969) dann nützlich, "wenn er ein Persönlichkeitsmerkmal mißt, für dessen Untersuchung ein praktisches Bedürfnis besteht". Dieses Nebengütekriterium mag trivial erscheinen, da in jedem Falle nur ein solcher Test konzipiert und in den Handel gebracht werden sollte, der ein relevantes Persönlichkeitsmerkmal erfaßt. Betrachtet man aber die Fülle von Verfahren, die in den Testlisten der Verlage angeboten werden und über die in der Literatur berichtet wird, so scheint mir das Kriterium der Nützlichkeit allerdings keineswegs immer erfüllt. Es fragt sich in diesem Zusammenhang auch, ob es sinnvoll ist, stets wieder neue Verfahren zu konstruieren und auf den Markt zu bringen, oder ob es nicht besser wäre, ein bereits bestehendes Verfahren, mit dem unter Umständen schon viel empirisches Material gewonnen werden konnte, zu überarbeiten und unter Einbeziehung der bisher bekannten Resultate zu modifizieren. Man könnte dadurch im Sinne des Kriteriums "Nützlichkeit" vermeiden, daß Verfahren zur Erfassung eines Persönlichkeitsmerkmals entwickelt würden, das mit einer Reihe anderer, bereits bestehender Tests ebenso gut - wenn nicht sogar besser - untersucht werden könnte.

5.3 Die Beziehung zwischen den Gütekriterien

Lienert (1969) hat in graphischer Form die wechselseitige Abhängigkeit der drei Hauptgütekriterien Objektivität, Reliabilität und Validität folgendermaßen dargestellt:

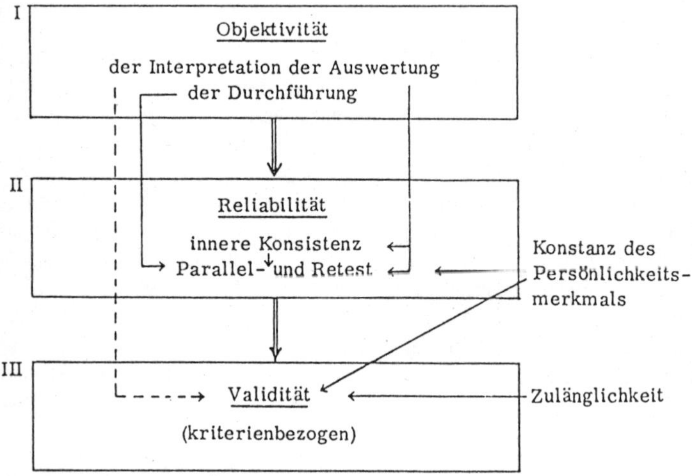

Aus diesem Schema ist ersichtlich, daß die Objektivität eine Grundvoraussetzung für die Reliabilität oder die Validität eines Verfahrens darstellt. Ein Test, der hinsichtlich seiner Durchführung, seiner Auswertung oder seiner Interpretation dem Testleiter allzu großen Spielraum läßt und bei dem die "interpersonelle Übereinstimmung" zwischen verschiedenen Versuchsleitern nur gering ist, kann keine ausreichende Reliabilität aufweisen. Die Reliabilität ihrerseits ist zwar eine wichtige Voraussetzung, nicht aber eine Garantie für ausreichende Validität. Ein Test kann zwar ein exaktes Meßinstrument sein (hohe Reliabilität), ohne aber das Merkmal, das er erfassen möchte, tatsächlich zu erfassen (geringe Validität). Besitzt ein Test umgekehrt eine hohe Validität, so muß er notwendigerweise auch hohe Objektivität, innere Konsistenz und Zulänglichkeit besitzen.

Lienert (1969) weist noch darauf hin, daß ein Test mit einer ausreichenden Validität und einer geringen inneren Konsistenz eine hohe Zulänglichkeit besitzen muß. Ein solcher Test habe ausgezeichnete Verbesserungschancen, da man die Konsistenz testtechnisch im allgemeinen leicht erhöhen könne, während man gegenüber einem Mangel an Zulänglichkeit im Grunde machtlos sei. Die Reliabilität läßt sich bei einem solchen Verfahren beispielsweise durch eine Testverlängerung oder durch eine Erhöhung der Objektivität (z.B. indem man genauere Auswertungsinstruktionen gibt) oder durch eine Veränderung der Aufgabenschwierigkeit (siehe hierzu Kapitel 6.3) verbessern. Ein Test mit geringer Reliabilität eignet sich bestenfalls zum Vergleich von Gruppen hinsichtlich des zu untersuchenden Merkmals, nicht hingegen für eine individuelle Differenzierung. Ein Test, der zwar hinsichtlich seiner Durchführung, seiner Auswertung und seiner Interpretation Objektivität beanspruchen kann, aber nur geringe Reliabilität und geringe Validität aufweist, ist praktisch wertlos. Man muß in einem solchen Fall ein völlig neues Instrument konzipieren und das angezielte Persönlichkeitsmerkmal sowie seine Erfaßbarkeit noch einmal kritisch reflektieren.

pro memoria 5.1.1.-5.3

1. Hauptgütekriterien:
   1.1 *Objektivität*: Grad, in dem die Ergebnisse eines Tests unabhängig vom Untersucher sind (Durchführungs-, Auswertungs-, Interpretationsobjektivität)
   1.2 *Reliabilität*: Grad der formalen Exaktheit, mit dem ein Test ein bestimmtes Merkmal mißt (Retest-Reliabilität, Paralleltest-Verfahren, Halbierungsmethoden, Bestimmung der Interitem-Konsistenz)
   1.3 *Validität*: Grad der inhaltlichen Genauigkeit, mit dem ein Test ein Merkmal, das er erfassen will, tatsächlich mißt (Korrelation mit einem Kriterium, innere und äußere Validierung; Konstruktvalidierung)
2. Nebengütekriterien: Normierung, Zulänglichkeit, Vergleichbarkeit, Ökonomie, Nützlichkeit
3. Beziehung zwischen den Gütekriterien: Objektivität Voraussetzung für Reliabilität und Validität. Reliabilität wichtige Voraussetzung, aber nicht Garantie für ausreichende Validität

5.4 Kritik an der klassischen Testtheorie

Es wurden bisher die wichtigsten Methoden der sogenannten klassischen Testtheorie dargestellt. Sie basiert auf einer spezifischen Meßtheorie, und ihre axiomatischen Voraussetzungen können mit *Dieterich* (1973) in den beiden folgenden Konzepten zusammengefaßt werden:
Das erste Konzept beinhaltet die Annahme, daß sich ein beobachteter Meßwert aus einem "wahren Wert" und einem "Fehlerwert" zusammensetzt. Diesem Axiom entspricht eine Definition von Reliabilität als Quotient aus der Varianz der wahren Werte und der Varianz der beobachteten Werte (siehe hierzu *Gulliksen*, 1950, und *Lienert*, 1969).
Die zweite Grundannahme der klassischen Testtheorie können wir mit

Raatz (1968) als "Konzept einer äquivalenten Messung" bezeichnen. Aus diesem Konzept ergibt sich eine Definition der Reliabilität als Korrelation zweier Paralleltests (siehe auch unsere Ausführungen unter 5.1.2).
Gegen diese Grundannahmen der klassischen Testtheorie haben sich nun aber, verstärkt in den vergangenen 10 Jahren, wiederholt kritische Stimmen erhoben. Dabei wird eine Reihe von Argumenten ins Feld geführt, die wir in unserer Übersicht nur kurz zitieren können, ohne ausführlicher auf sie einzugehen. Wir stützen uns bei unserer Darstellung vor allem auf die Ausführungen von *Fischer* (1968) und *Dieterich* (1973). Dem Leser, der sich in die nicht-klassische Testtheorie einarbeiten möchte, sei die Lektüre der "Psychologischen Testtheorie" von *Fischer* (1968) empfohlen.
Ein erstes, kritisch gegen die klassische Testtheorie vorgebrachtes Argument weist auf folgendes hin: Sowohl das Konzept des wahren Wertes und des Fehlerwertes als auch das Konzept der äquivalenten Messung setzten voraus, daß ein und dasselbe Merkmal wiederholt gemessen werden müsse, ohne daß Wiederholungseinflüsse die prinzipielle Vergleichbarkeit mehrerer Messungen des gleichen Objekts in Frage stellten. Diese Voraussetzung sei allerdings in ihrer absoluten Form nicht realisierbar. Ferner sei auch eine andere Voraussetzung dieser Axiome nicht unbedingt gewährleistet, nämlich die Zufälligkeit der Fehlervarianz und die Unabhängigkeit der Fehlerwerte von den wahren Werten. Auch sei im Grunde nicht geklärt, was man unter "Äquivalenz" oder "Parallelität" verstehen könne. Es herrsche zumindest Unklarheit darüber, wie streng man hinsichtlich der geforderten Kriterien sein solle. Erste Lösungsversuche dieser Probleme unternahmen *Cronbach* et al. (1963). Auf diese Konzepte, die auf varianzanalytischen Verfahren aufbauen, kann allerdings hier nicht weiter eingegangen werden.
Eine weitere Schwierigkeit der klassischen Testtheorie liegt darin, daß häufig Unklarheiten über das in einem Test verwendete Skalenniveau besteht. *Dieterich* (1973) weist vor allem darauf hin, daß die klassische Testtheorie einerseits durch einen - nicht unbedingt gerechtfertigten - Induktionsschluß das Skalenniveau festlege. Andererseits sei aber die Umkehrung der Schlußfolgerung, nämlich die Annahme, Meßergebnisse, die normal verteilt seien, müßten auch auf Intervallskalenniveau interpretierbar sein, noch weniger legitim. Zudem sei die Verteilungsform stets abhängig von der Schwierigkeit der Items und ihrer Aneinanderreihung.
Die erwähnte Tatsache, daß die Ergebnisse, die Probanden in einem Test erzielen können, nicht unabhängig von den Itemparametern sind (die Testscores sind niedriger, wenn die Itemschwierigkeiten hoch sind, und höher, wenn die Schwierigkeiten gering sind), hat zu einer ernstzunehmenden Kritik an der klassischen Testtheorie geführt. Da man nicht von

der Verteilungsform der Testergebnisse auf die Verteilungsform der Merkmale schließen könne, sei somit auch der Schluß nicht berechtigt, daß die Normalverteilung von Testergebnissen das Intervallskalenniveau des Tests garantiere. Aus diesem Grunde haben die Kritiker der klassischen Testtheorie sich bemüht, in ihren neuen theoretischen Ansätzen die Unabhängigkeit von Item- und Personparametern zu gewährleisten, wie es beispielsweise im Modell von *Rasch* geschehen ist (siehe hierzu *Fischer*, 1968). Ferner ist wiederholt auf den Nachteil hingewiesen worden, der daraus erwächst, daß alle Kennwerte des Tests von der jeweiligen Population abhängig sind. Mittelwert und Streuung hängen somit von der Auswahl der Eichstichprobe ab. Schließlich haben sich schwerwiegende Probleme für die klassische Testtheorie aus der Beobachtung ergeben, daß man häufig nicht die Validität eines Verfahrens insgesamt bestimmen kann, sondern daß erhebliche Unterschiede hinsichtlich der Validität zwischen verschiedenen Teilpopulationen bestehen (z.B. Unterschiede zwischen der Validität bei den verschiedenen sozioökonomischen Schichten, bei den beiden Geschlechtern, bei verschiedenen Altersgruppen, bei besser oder weniger Begabten etc.).

Aus den hier nur kurz skizzierten kritischen Überlegungen an der klassischen Testtheorie heraus haben verschiedene Autoren versucht, neue Modelle zu entwerfen. Abgesehen von den "latent-trait-Modellen" von *Lazarsfeld* (1950, 1959) und dem "conjoint measurement" von *Luce* et al. (1964) und *Tverski* (1965), hat das in den 60er Jahren entwickelte Modell von *Rasch* Beachtung gefunden. Es versucht vor allem den beiden Hauptschwierigkeiten der klassischen Testtheorie eine Alternative entgegenzustellen, indem es zum einen die Item- und Personparameter trennt und zum anderen die Unabhängigkeit der Testergebnisse von einer Vergleichspopulation zu garantieren sucht. Wir können hier nicht ausführlicher auf die recht komplizierte *Rasch*'sche Methode eingehen und verweisen auf die Originalarbeiten von *Rasch* (1960, 1966, 1967) sowie auf die ausführliche Diskussion seiner Theorie bei *Fischer* (1968, 1978).

Mit der Einführung des Rasch-Modells können allerdings keineswegs alle Probleme der Testtheorie als gelöst betrachtet werden. *Dieterich* (1973) weist beispielsweise auf die begriffliche Unklarheit im Zusammenhang mit der Frage hin, ob eine Variable im *Rasch*'schen Sinne noch eine Variable ist, die gemessen werden soll, und ob diese Variable eine Vorhersageleistung für konkrete, in der Zukunft stattfindende Ereignisse bringen kann (was ja ein zentrales Bestreben der testpsychologischen Praxis ist). Auch das Validitätsproblem bleibt insofern offen, als nichts über die Dimensionalität eines nach dem Rasch-Modell konstruierten Tests bekannt sei. Wir wüßten lediglich, daß Homogenität im Sinne der lokalen stochastischen Unabhängigkeit vorliege, könnten aber keine Aussagen über die Dimensionalität eines solchen Tests machen.

pro memoria 5.4

1. Kritik an der klassischen Testtheorie:
   1.1 an der Definition der Reliabilität als Quotient aus der Varianz der wahren Werte und der Varianz der beobachteten Werte
   1.2 am Konzept einer äquivalenten Messung
2. Postulat der Unabhängigkeit von Item- und Personenparametern und Versuch, die Unabhängigkeit der Testergebnisse von einer Vergleichspopulation zu gewährleisten.

6. Die Konstruktion eines psychologischen Tests

Die Prüfung eines Tests hinsichtlich der Haupt- und Nebengütekriterien stellt innerhalb der Entwicklung eines psychologischen Tests erst den letzten Schritt dar. Wir wollen nun die davor liegenden Schritte der Konstruktion eines Testverfahrens diskutieren. Es werden Fragen behandelt werden, die sich mit der Art der verwendeten Testaufgaben beschäftigen. Wir werden uns ferner mit der Testanweisung und dem Aufgabenbewertungsplan sowie mit Regeln für den sprachlichen Aufbau von Aufgaben zu beschäftigen haben und einige grundsätzliche Probleme der sogenannten Aufgabenanalyse erörtern. Schließlich werden wir auch noch kurz auf die mit der Testeichung, insbesondere mit Fragen der Auswahl einer Eichstichprobe, zusammenhängenden Probleme eingehen. Im Rahmen unserer Ausführungen kann es dabei nur um einen Überblick gehen. Den an speziellen Problemen interessierten Leser müssen wir auf die einschlägige Literatur zu diesem Thema (insbesondere die Ausführungen von *Lienert*, 1969), verweisen.

Der Konstruktionsphase kommt insofern eine besondere Bedeutung zu, als sich in diesem Stadium bereits entscheidet, wie verläßlich die Resultate sind, die man mit dem betreffenden Verfahren später erhebt. Es bedarf sorgfältiger Überlegungen, wie die einzelnen Testelemente (die einzelnen Fragen, die Testaufgaben etc.) formuliert werden, und diese einzelnen Testelemente müssen sodann einer genauen Analyse unterzogen werden. Zum Teil sind dazu recht komplizierte Verfahren und statistisch aufwendige Methoden entwickelt worden, die heute dank der modernen Computertechnik jedoch in der Regel ohne größere Schwierigkeiten zu meistern sind. Der Testbenutzer sollte sich aber in jedem Fall anhand entsprechender Angaben im Testmanual über diese Daten informieren, da er erst dadurch abschätzen kann, wie verläßlich (formal und inhaltlich) das von ihm verwendete Verfahren ist.

6.1 Verschiedene Arten der Testbeantwortung

Man kann die verschiedenen psychodiagnostischen Verfahren differenzieren nach der Art der Aufgabenbeantwortung in Tests mit freier und in solche mit gebundener Aufgabenbeantwortung. Häufig werden in den allgemeinen und speziellen Leistungstests, bei denen "richtige" und "falsche" Lösungen möglich sind, gebundene Aufgabenbeantwortungen bevorzugt. Auch bei den Persönlichkeitsfragebogen sind vorgegebene Antwortmöglichkeiten üblich. Anders hingegen ist es bei den projektiven Verfahren, bei denen überwiegend eine freie Aufgabenbeantwortung verwendet wird. Dem Probanden wird ein bestimmtes Reizmaterial vorgelegt, und er ist gehalten, in ihm aufsteigende Assoziationen verbal mitzuteilen oder zeichnerisch darzustellen (z.B. Geschichten zu den TAT-Bildern zu assoziieren, Deutungen zu Rorschach-Klecksen zu geben oder die im Wartegg-Zeichentest vorgegebenen Anfangszeichen in einer Zeichnung fortzuführen). Im folgenden sollen die verschiedenen Arten der Aufgabenbeantwortung diskutiert werden.
Von einer *gebundenen Aufgabenbeantwortung* sprechen wir nach *Lienert* (1969) dann, wenn dem Probanden mehrere Möglichkeiten, die ihrerseits festgelegt sind, für die Beantwortung vorgeschlagen werden. Er ist an diese "gebunden". Im Gegensatz dazu hat er bei einer *freien Aufgabenbeantwortung* die Möglichkeit, Form und Inhalt der Antwort nach Ermessen zu wählen.

Die gebundene Aufgabenbeantwortung wird in vielen Persönlichkeitsfragebögen, aber auch bei allgemeinen und speziellen Leistungstests, mit Aufgaben vom Typ der *Richtig-falsch-Antwort* verwendet. Der Proband hat zu entscheiden, ob er eine vorgegebene Feststellung als richtig oder falsch empfindet. Die Aufgabe selbst kann in Form einer *Frage* oder einer *Feststellung* gegeben werden.
Eine vielfach verwendete Art der gebundenen Aufgabenbeantwortung ist ferner die sogenannte *Multiple-Choice-Aufgabe* (Mehrfach-Wahl-Aufgabe). Der Proband kann hier unter mehreren zur Wahl gestellten Antwortmöglichkeiten diejenigen aussuchen, die er für richtig, für zutreffend oder annehmbar hält. Auch hier können die Aufgaben in Frage- oder Feststellungsform gegeben werden. Sie enthalten meist nur eine einzige "richtige" Antwort. Sind mehrere Antworten möglich, so spricht man von *Mehrfach-Antwort-Aufgaben.*
Bei manchen Persönlichkeitsfragebögen wird nicht nur gefragt, ob ein bestimmtes Persönlichkeitsmerkmal vorliegt oder nicht, sondern es interessiert auch die Ausprägung

dieses Merkmals. Die entsprechenden Feststellungen werden in Form sogenannter *Stufen-Antwort-Aufgaben* gestellt. Als Beispiel diene ein Item aus dem Giessen-Test:

Ich habe den Eindruck,
ich bin eher ungeduldig 3 2 1 0 1 2 3 eher geduldig

Eine speziell bei Prüfungen des Wissensstandes gebräuchliche Aufgabenform ist die sogenannte *Zuordnungs-Aufgabe*. Hier müssen die beiden Elemente einer Aufgabe - das Problem und die Lösung, die Frage und die Antwort - zusammengefügt, einander "zugeordnet" werden. *Lienert* (1969) zitiert das folgende Beispiel aus einem Test über Kenntnisse aus der Literaturgeschichte:

	Wer hat was geschrieben?	Antwortbogen
1. Die Räuber	a) Goethe	1. a ~~b~~ c d e
2. Der grüne Heinrich	b) Schiller	2. a b c ~~d~~ e
3. Schulmeisterlein Wuz	c) Freytag	3. a b c d ~~e~~
4. Werthers Leiden	d) Keller	4. ~~a~~ b c d e
5. Soll und Haben	e) Jean Paul	5. a b ~~c~~ d e

In begrenztem Umfang finden schließlich auch sogenannte *Umordnungs-Aufgaben* bei psychodiagnostischen Verfahren Verwendung. Bei solchen Aufgaben wird der Proband aufgefordert, Buchstaben, Worte oder Figuren entsprechend einer ursprünglichen Ordnung umzustellen. Ein bekanntes Beispiel einer solchen Umordnungs-Aufgabe ist der HAWIE-Untertest "Bilderordnen", bei dem dem Probanden eine Bildfolge in falscher Reihenfolge vorgelegt wird und er diese Bilder zu einer sinnvollen Folge umordnen soll.

Die gebundene Aufgabenbeantwortung bietet gegenüber der freien Aufgabenbeantwortung zweifellos den Vorteil einer wesentlich größeren Objektivität bei der Auswertung solcher Tests. Es ist bei einem Verfahren, das nach dieser Art konstruiert worden ist, eindeutig, was als "richtige" oder "falsche" Antwort gewertet wird, oder was der Proband für seine Persönlichkeit als zutreffend oder nichtzutreffend empfindet. Die Übereinstimmung zwischen verschiedenen Auswertern wird vollkommen sein. Der Diagnostiker muß dabei allerdings in Kauf nehmen, daß individuelle Stellungnahmen oder selten auftretende Merkmale mit einem nach diesen Kriterien konzipierten Verfahren nicht erfaßt werden können. Häufig aber sind gerade die statistisch selten auftretenden Merkmale oder ungewöhnliche Antworten diagnostisch von großer Bedeutung.
Es ist dies ein Argument, das z.B. gegen die Verwendung einer Multiple-Choice-Variante des Rosenzweig Picture-Frustration Tests angeführt wurde. In einer solchen Multiple-Choice-Form könnten nur die üblichsten Antworten vorgegeben werden, während die diagnostisch zumindest ebenso wichtigen ungewöhnlichen Antworten nicht berücksichtigt wären. Auch

beim *Rorschach*schen Formdeuteversuch sind solche Multiple-Choice-Varianten diskutiert worden, ohne daß sich aber eine solche Form - aus verständlichen Gründen - hätte durchsetzen können. Die Verwendung einer gebundenen Aufgabenbeantwortung ist, wie die wenigen zitierten Beispiele zeigen mögen, vor allem indiziert im Bereich der Intelligenz- und Leistungstests sowie bei einer Reihe von Persönlichkeits- und Interessenfragebögen. Bei den meisten der projektiven Verfahren hingegen sind wir auf eine freie Aufgabenbeantwortung angewiesen.

Die *freie Aufgabenbeantwortung* ist dadurch gekennzeichnet, daß der Proband nach freiem Ermessen die gestellte Aufgabe verbal oder nichtverbal beantworten soll. Innerhalb dieser Beantwortungsart können zwei Typen unterschieden werden: Die Ergänzungs-Aufgabe, auch Schlüsselwortergänzungs-Aufgabe genannt, und der Kurzaufsatz.

Aufgaben vom Typ der *Ergänzungs-Aufgabe* finden sich in vielen Intelligenz-Verfahren, etwa zur Erfassung des Wissensumfangs (z.B. im Untertest "Allgemeines Wissen" im HAWIE). Aber auch die Aufgabe, das an einer Zeichnung Fehlende zu nennen (wie im Untertest "Bilderergänzen" aus dem HAWIE), oder die Einfügung des zu einer Zahl gehörigen Symbols (beim Zahlensymbol-Test aus dem HAWIE) gehört zum Typ der Ergänzungs-Aufgabe. Sie stellt die einzige Form der freien Aufgabenbeantwortung dar, die in streng standardisierten Tests möglich ist, ohne daß die Objektivität oder Reliabilität eines solchen Verfahrens dadurch beeinträchtigt würde.

Wesentlich schwieriger hingegen ist die Kontrolle der Objektivität und Reliabilität bei der zweiten Art der freien Aufgabenbeantwortung, dem sogenannten *Kurzaufsatz*: Aufgaben dieses Typs werden in den gebräuchlichen Intelligenz- und Leistungsverfahren in der Regel kaum verwendet. Bei den projektiven Tests, insbesondere bei den thematischen Apperzeptions-, den Formdeute- und den verbalen Ergänzungsverfahren, hingegen ist die freie Beantwortung weit verbreitet. Das Problem bei dieser Art von Beantwortung liegt darin, die Objektivität der Auswertung bei den erhobenen Befunden zu garantieren. Diesen Schwierigkeiten versuchte man durch Signierungssysteme zu begegnen, mit deren Hilfe die Äußerungen des Probanden verschlüsselt werden (z.B. Rorschachverfahren, Rosenzweig Picture-Frustration Test, TAT).

Bei der Verwendung eines solchen Signierungssystems nimmt man allerdings einen Informationsverlust in Kauf, der die Erhöhung der Objektivität letztlich nicht aufwiegt. Aus diesem Grunde haben sich die verschiedenen zum TAT konzipierten Signierungssysteme in der Praxis nicht durchsetzen können.

pro memoria 6.1

1. Gebundene Testbeantwortung (Vorteil: größere Objektivität):
   1.1 Multiple-Choice-Aufgabe
   1.2 Stufen-Antwort-Aufgabe
   1.3 Zuordnungs-Aufgabe
   1.4 Umordnungs-Aufgabe
2. Freie Testbeantwortung:
   2.1 Ergänzungs-Aufgabe
   2.2 Kurzaufsatz

6.2 Die Testinstruktion und Probleme der sprachlichen Formulierung der Testaufgaben

Bei der Konstruktion eines psychologischen Tests kommt der Ausarbeitung der Testinstruktion eine große Bedeutung zu. Von der Verständlichkeit dieser Anweisungen wird es später abhängen, ob die Testaufgaben tatsächlich im Sinne des Untersuchers verstanden und bearbeitet werden. Mit *Lienert* (1969) können wir drei Arten von Testanweisungen unterscheiden: 1: Die generelle, 2. Die spezielle und 3. Die separate Testanweisung.

In der *generellen Testanweisung* werden dem Probanden vor Beginn der Testdurchführung Informationen über den Test bzw. über die Beantwortung der Aufgaben gegeben. Möglichst sollten in dieser Anweisung auch Übungsbeispiele enthalten sein, durch deren Lösung der Proband zeigen kann, daß er die Instruktion verstanden hat und sie zu befolgen vermag.
Von dieser generellen ist die *spezielle Testanweisung* zu unterscheiden. Sie wird dann gegeben, wenn sich ein Test aus mehreren Gruppen (Untertest) mit in sich homogenen Aufgaben zusammensetzt. Es bestehen zwei Möglichkeiten der Anweisungsvorgabe:

1) Die Anweisung für die verschiedenen Testteile kann ausschließlich schriftlich erfolgen. Entweder wird das Lesen der Instruktion in die Gesamttestzeit einbezogen, wobei hier die Auffassungsschnelligkeit hinsichtlich der Anweisung in den Gesamtpunktwert mit eingeht. Oder der Proband erhält eine Extrazeit zum Lesen der Instruktion und geht erst auf ein besonderes Zeichen hin zur Bearbeitung des nächsten Untertestes weiter.
2) Eine andere Möglichkeit von Spezialanweisung (die z.B. im Intelligenz-Struktur-Test von *Amthauer* verwendet wird) besteht darin, die Instruktion schriftlich zu geben und durch nachfolgende Beispiele zu erläutern. Die Zeit, die zum Verständnis der Instruktion und zur Bearbeitung der Beispiele benötigt wird, ist frei und geht nicht mit in die Gesamtbewertung ein.

Relativ selten wird die *separate Testanweisung* verwendet. Das Wesen dieser Instruktion ist, daß zu jeder einzelnen Aufgabe eine separate Anweisung gegeben werden muß, wie es z.B. bei den Kleinkinder- und Entwicklungstests geschieht. Es sind in der Regel Verfahren, die sich durch eine große Heterogenität der Aufgabeninhalte auszeichnen. Auch die Formulierung dieser separaten Testanweisung muß möglichst streng standardisiert werden.

Halten wir uns das, was oben (siehe unter 2.1) über die Bedeutung der Sprache in der Psychodiagnostik ausgeführt wurde, vor Augen, so ist einleuchtend, daß die Wahl und insbesondere die Formulierung der Instruktion und der Übungsbeispiele sehr bedeutungsvoll ist. Hinsichtlich der Übungsbeispiele ist es wichtig, daß z.B. bei einem Intelligenzverfahren auch die schwächsten Probanden nicht entmutigt wrden. Die Aufgaben müssen ferner eindeutig sein und dürfen keine Zweifel am Lösungsweg bestehen lassen.
Wie aus einer Fülle von Untersuchungen, insbesondere aus sozialpsychologischen Interviews, bekannt ist, kommt der sprachlichen Formulierung der Testaufgaben eine große Bedeutung zu. Es ist wiederholt darauf hingewiesen worden, daß Begriffe, die mehrere Bedeutungen haben oder nur einem kleinen Teil der Probanden bekannt sein dürften, vermieden werden sollen. Ferner sollten Aufgaben nicht inhaltlich überladen werden, und es sollte ihnen nur *ein* sachlicher Gedanke zugrunde liegen. Ferner sollten möglichst nur positive Anweisungen, Aussagen und Fragen verwendet werden, insbesondere keine doppelten Negationen (wie sie sich zum Teil noch bei Tests finden, die aus dem Amerikanischen übersetzt worden sind). Schwierig kann es manchmal auch sein, die richtige Länge einer Instruktion abzuschätzen. Wir kennen einerseits Verfahren, die außerordentlich lange Instruktionen haben (z.B. der Aufmerksamkeits-Belastungs-Test d2). Andererseits sollten die Instruktionen aber auch nicht derart kurz sein, daß sie vieldeutig sind und zu Mißverständnissen Anlaß geben. Immer sollte man bei der Ausarbeitung einer Instruktion auch darauf bedacht sein, die Testszeit nicht unnötig zu verlängern.
Bei der Konstruktion eines psychologischen Tests hat es sich als fruchtbar erwiesen, die konzipierten Aufgaben zunächst im Rahmen einer Pilot-Studie Probanden vorzulegen und sie bei der Bearbeitung zu beobachten, eventuell auch direkt zu befragen, wie sie die Aufgaben verstanden und die gesamte Untersuchung empfunden haben. Häufig erhält man durch solche Voruntersuchungen und Befragungen sehr viel Informationen für eine sinnvolle Überarbeitung der Testaufgaben. Wir werden im Kapitel über die Interviewtechniken (10.4) noch einmal auf Fragen der Formulierung von Testaufgaben eingehen.

pro memoria 6.2

1. Testinstruktion:
   1.1 generelle
   1.2 spezielle
   1.3 separate
2. Bedeutung der sprachlichen Formulierung der Testaufgaben und der Instruktionen

6.3 Die Aufgabenanalyse

Hat man eine Reihe von Items zusammengestellt, von denen man glaubt, daß sie zur Erfassung eines bestimmten Persönlichkeitsmerkmals geeignet sind, so bedarf es anschließend einer sorgältigen Analyse dieser Aufgaben (*Item-Analyse*). Die Item-Analyse besteht aus der Berechnung verschiedener statistischer Kennwerte, die Auskunft über den Grad der Eignung geben und zeigen sollen, welche Testelemente als nicht geeignet ausgeschieden bzw. verbessert werden müssen. Es geht in diesem Stadium der Testkonstruktion also um die *Item-Selektion*. Die dabei verwendeten Methoden sind mannigfaltig. Am häufigsten werden (abgesehen von der Objektivität und Validität) der Schwierigkeitsindex, der Trennschärfenkoeffizient sowie die Item-Interkorrelation bestimmt. Wir können im folgenden nicht ausführlich diese, zum Teil rechnerisch recht komplizierten Methoden besprechen. Es sollen nur kurz die wichtigsten Begriffe der Aufgabenanalyse behandelt werden. Detailliertere Abhandlungen finden sich vor allem bei *Lienert* (1969), *Dieterich* (1973) und anderen.
Einer der am häufigsten verwendeten Kennwerte ist der sogenannte *Schwierigkeitsindex*. Unter der Schwierigkeit einer Aufgabe versteht man den relativen Anteil der Probanden der Analysenstichprobe, die das Item im Sinne des zu messenden Merkmals beantworten. Bei Leistungstests heißt das: Wieviel Prozent der Probanden geben eine richtige Lösung der Aufgabe? Bei Persönlichkeitsfragebögen, bei denen eigentlich weder richtige noch falsche Antworten vorkommen, wohl aber zustimmende oder ablehnende, zählt als "richtige" Antwort diejenige, die den angezielten Merkmalsbereich anspricht. Schwierige Aufgaben, die einen niedrigen Schwierigkeitsindex erreichen, sind also solche, die nur relativ wenige Probanden lösen können bzw. (bei Persönlichkeitsfragebögen) nicht in der Richtung auf den angezielten Merkmalsbereich hin beantworten. Leichte Aufgaben hingegen, die von vielen Probanden "gelöst" werden, erhalten einen zahlenmäßig hohen Index.

Es ist in der Literatur wiederholt diskutiert worden, wie hoch der Schwierigkeitsindex einer Aufgabe optimal sein sollte. Die Antwort darauf hängt jeweils von der Art des zu prüfenden Tests ab. Reine Schnelligkeitstests (wie z.B. der Pauli-Test oder der Aufmerksamkeits-Belastungstest) bestehen in der Regel aus sehr leichten Aufgaben, die untereinander etwa gleiche Schwierigkeit aufweisen sollten. Bei reinen Niveau-Tests ohne Zeitbeschränkung (z.B. beim Progressiven Matrizentest von *Raven*) sollten die Schwierigkeitsindizes über einen möglichst weiten Bereich streuen. Die Aufgaben sollten nach zunehmender Schwierigkeit angeordnet sein (*Raven* spricht deshalb von einem "progressiven", d.h. zunehmend schwieriger werdenden Matrizentest). Die meisten Testverfahren sind jedoch weder reine Niveau- noch reine Schnelligkeitstests. Bei solchen kombinierten Verfahren hat es sich als sinnvoll erwiesen, wenn die Schwierigkeitsindizes etwa alle gleich (mittelhoch) sind, am besten um einen Wert von etwa 0,5 schwanken.

Als *Trennschärfe* können wir die Korrelation eines Items mit dem Gesamttestwert definieren. Ein hoher Trennschärfenindex besagt demnach, daß die entsprechende Aufgabe deutlich zwischen Probanden differenziert, die ein bestimmtes Item in der einen oder in der anderen Richtung beantworten. Ein Trennschärfenindex um 0 hingegen bringt zum Ausdruck, daß dieses Item zur diagnostischen Differenzierung nichts beiträgt. Während wir beim Schwierigkeitsindex nur *formal* fragen, wieviel Prozent der Probanden eine Aufgabe lösen, geht es beim Trennschärfenindex um den *inhaltlichen* Aspekt der Differenzierung. Aus dem Gesagten ergibt sich, daß die Trennschärfenindizes bei den Items, die man zu einem Test zusammenfaßt, möglichst hoch sein sollen. *Lienert* (1969) informiert ausführlich über die verschiedenen Selektionstechniken, bei denen zum Teil Schwierigkeit und Trennschärfe simultan als Auswahlkriterium verwendet werden.
Eine dritte häufig verwendete Methode der Aufgabenanalyse ist die *Item-Interkorrelation*. Durch eine solche Interkorrelation der Items eines Untertests oder einer Persönlichkeitsfragebogenskala erhält der Untersucher Informationen über den Grad der *Homo-* oder *Heterogenität*. Mit Hilfe einer faktorenanalytischen oder Cluster-analytischen Verrechnung der Daten kann in einem weiteren Schritt, falls gewünscht, versucht werden, verschiedene, voneinander unabhängige Dimensionen herauszuarbeiten. Auf diese Weise kann dann z.B. aus einem großen Item-pool ein Persönlichkeitsfragebogen konstruiert werden, mit dem verschiedene, voneinander mehr oder weniger unabhängige Persönlichkeitsdimensionen erfaßt werden (wie es beispielsweise beim Freiburger Persönlichkeitsinventar geschehen ist).

pro memoria 6.3

1. Schwierigkeitsindex: relativer Anteil der Probanden, die das Item im Sinne des zu messenden Merkmals beantworten (formaler Aspekt)
2. Trennschärfenindex: Korrelation eines Items mit dem Gesamttestwert (inhaltlicher Aspekt)
3. Item-Interkorrelation: zur Überprüfung der Homogenität des Tests.

6.4 Die Testeichung

Nachdem die einzelnen Testaufgaben hinsichtlich Schwierigkeit, Trennschärfe, Item-Interkorrelation und anderen Parametern geprüft worden sind und man aufgrund von Voruntersuchungen auch Informationen über die Objektivität, Reliabilität und Validität sowie über die oben (5.2) besprochenen Nebengütekriterien erhalten hat, steht man vor der schwierigen Aufgabe der Testeichung. Es geht in diesem Stadium der Testkonstruktion darum, dem Benutzer Richtwerte, *Normen*, an die Hand zu geben, zu denen er die bei einem Probanden erhobenen Befunde in Relation setzen und dadurch interpretieren kann. Das Vergleichskollektiv, das der Testeichung zugrunde gelegt wird, sollte eine hinsichtlich verschiedener Parameter repräsentative Stichprobe sein. Wir stehen damit vor den beiden zentralen Fragen einer jeden Testeichung: 1. Hinsichtlich welcher Parameter muß unsere Eichstichprobe Repräsentativität aufweisen, und 2. Wie kann man bei einem relativ kleinen Stichprobenumfang eine gute Repräsentativität hinsichtlich dieser Kriterien erreichen?
Bei einem relativ engen Geltungsbereich eines zu konstruierenden Tests ist die Frage der Repräsentativität in der Regel nicht allzu schwierig zu beantworten. Wenn wir beispielsweise die Belastbarkeit (wie sie mit dem Aufmerksamkeits-Belastungs-Test von *Brickenkamp* erfaßt wird) bei 10-jährigen Kindern prüfen wollen, so ist selbstverständlich, daß wir in unsere Eichstichprobe ausschließlich 10Jährige aufnehmen. Wir werden ferner darauf achten, daß sich unsere Eichstichprobe zu gleichen Teilen aus Mädchen und Knaben zusammensetzt und (falls wir Unterschiede in der Belastungsfähigkeit zwischen städtischer und ländlicher Bevölkerung vermuten können) auch Kinder aus städtischem und ländlichem Milieu in unserer Eichstichprobe vertreten sind.
Ungleich schwieriger hingegen ist beispielsweise die Konstruktion eines allgemeinen Intelligenztests, der bei der gesamten Erwachsenenbevölkerung eingesetzt werden kann. Wir müssen in einem solchen Falle nicht nur eine bestimmte Altersgruppe, sondern die verschiedenen Altersstufen berücksichtigen, müssen wiederum darauf achten, daß beide Geschlechter

in unserer Stichprobe vertreten sind, müssen Probanden aus verschiedenen sozialen Schichten und Berufsgruppen aufnehmen und sollten schließlich auch berücksichtigen, daß Probanden aus städtischem und ländlichem Milieu vertreten sind. Dieses fingierte Beispiel zeigt bereits, daß eine Repräsentativität umso schwieriger erreicht werden kann, je weiter der Geltungsbereich eines Tests sein soll. Wir stehen damit vor der zweiten der oben gestellten Fragen, nämlich wie man bei einem relativ kleinen Stichprobenumfang gute Repräsentativität erreichen kann.
Es muß vorausgeschickt werden, daß nicht nur die große Zahl von erfaßten Probanden die Güte einer Eichstichprobe ausmacht. Wie wir ausgeführt haben, ist zumindest ebenso wichtig, eine hinsichtlich verschiedener Parameter repräsentative Stichprobe zu erheben. Es sind - vor allem im Rahmen von Untersuchungen zur Erforschung der öffentlichen Meinung - zwei Methoden entwickelt worden: 1. Die Erhebung einer Gebietsstichprobe und 2. Die Erfassung einer Quotenstichprobe.

Eine *Gebietsstichprobe* wird in der Weise organisiert, daß man ein Land oder einen bestimmten Bezirk in Bereiche aufteilt, von denen jeder einem Mitarbeiter des Eichungsstabes übergeben wird. Jeder Mitarbeiter erhält genaue Anweisungen und einen entsprechenden Schlüssel, nach dem er bestimmte Personen einer bestimmten Ortschaft oder eines bestimmten Landesteiles aufzusuchen und zu testen hat. Eine solche Gebietsstichprobe ist erfahrungsgemäß sehr verläßlich, sie ist jedoch auch mit erheblichem Mehraufwand verbunden, verglichen mit der Organisierung von Quotenstichproben. Aus diesem Grund wird eine reine Gebietsstichprobe bei der Eichung von Tests nur relativ selten verwendet.
Bei der Erhebung einer *Quotenstichprobe* wird zunächst das Populationsverhältnis der für den Test relevanten Parameter (Alter, Geschlecht, sozioökonomischer Status etc.) ermittelt und der Plan für die Zusammensetzung der Eichstichprobe dementsprechend konzipiert. Jedem Mitarbeiter des Eichstichprobenteams wird eine bestimmte Region zugeteilt, und er wählt, dem aufgestellten Schlüssel entsprechend, willkürlich Probanden aus, die er testet. Häufig wird diese Methode der Quotenstichprobe modifiziert: Man untersucht zunächst alle erreichbaren Probanden, sammelt die Testresultate und gruppiert erst später nach verschiedenen Quotengesichtspunkten. In diesem Falle spricht man von einer *sekundären Quotenstichprobe*.

Die wichtigsten Auswahlkriterien sind für Erwachsene im allgemeinen das Alter, das Geschlecht, die Schulbildung, der berufliche Status, die Wohngegend (Stadt- bzw. Landbevölkerung) und die Einkommensklasse. Bei Kindern und Jugendlichen, die zumeist im Rahmen von Schulen erfaßt werden können, spielen in erster Linie Alter und Geschlecht, ferner der Schultyp und schließlich die Wohngegend, eventuell auch die Berufe der Eltern eine wichtige Rolle.

Es ist indes in der Regel sehr schwierig, eine wirklich für die Gesamtbevölkerung repräsentative Stichprobe zu erhalten, da gewöhnlich bestimmte Personengruppen schwerer als andere zu erfassen sind. Hinzu kommt, daß es auch außerordentlich schwer fällt, ein wirklich für die Gesamtbevölkerung repräsentatives und für eine Testeichung relevantes Bevölkerungsmodell zu finden. Die in den staatlichen statistischen Jahrbüchern aufgeführten Zahlen der Bewohner in den verschiedenen Gemeinden können wir beispielsweise nicht ohne weiteres für die Prüfung der Frage verwenden, ob eine bestimmte Stichprobe hinsichtlich ihrer Verteilung auf ländliches, klein- und großstädtisches Milieu der Gesamtbevölkerung entspricht. Denken wir an die vielen Randgemeinden in der Nähe der Großstädte, so wird deutlich, daß allein die Einwohnerzahl nicht unbedingt etwas über die soziologische Struktur der Gemeinde aussagt.

Bei der Verwendung von Tests im klinischen Bereich steht nicht immer die Frage im Vordergrund, ob ein Klient von der wie auch immer definierten "Norm" abweicht. Mitunter wissen wir bereits aufgrund von Vorgeschichte, Exploration und anderen Untersuchungen, daß intellektuelle oder emotionale Störungen vorliegen. Von Interesse ist dann nicht, nochmals mit Hilfe von Tests festzustellen, *daß* jemand im Hinblick auf bestimmte Persönlichkeitsdimensionen Auffälligkeiten aufweist. Diagnostisch relevant ist vielmehr festzustellen, *welcher Art* diese Störungen sind. Um diese Frage beantworten zu können, benötigen wir indes keine an der Durchschnittsbevölkerung gewonnenen Normen, sondern Vergleichswerte von verschiedenen klinischen Gruppen (beispielsweise Referenzwerte von Depressiven, geistig Behinderten, Schizophrenen, Neurosekranken etc.). Einige - allerdings eher wenige - Verfahren liefern solche klinischen Normen und bieten damit Möglichkeiten zu besonders differenzierten Aussagen. Als Beispiele seien unter den Fähigkeitstests die "Testbatterie für geistig behinderte Kinder" (s. Kap. 8.1.2.7), unter den Persönlichkeitsfragebögen das "Freiburger Persönlichkeitsinventar" (s. Kap. 9.1.2) genannt.

Im Rahmen unserer Ausführungen können wir nicht ausführlich auf die verschiedenen Möglichkeiten der Normenerstellung eingehen. Je nach Skalenniveau der betreffenden Daten können Quartilnormen, Transformationen der Rohwerte in eine z-Skala, Überführungen der Rohwerte in T- oder in Stanine-Normen vorgenommen werden. Das Ziel solcher Transformationen ist, den Mittelwert und die Streuung einer Normalverteilung zu verändern, ohne daß sich die relative Position eines Probanden in der Verteilung ändert. In Abbildung 1 (S. 82) sind Zusammenhänge zwischen verschiedenen Normenskalen und der *Gauß*schen Normalverteilung graphisch dargestellt.

Die Transformation normalverteilter Skalen kann durch Einführung einer multiplikativen oder additiven Konstante erfolgen. Nicht-normalverteilte Rohwertverteilungen müssen, bevor sie in Standardwerte transformiert werden können, durch Manipulation der Maßzahlklassenbreiten normalisiert werden. Über die Methoden solcher Transformationen unterrichten *Lienert* (1969) und *Dieterich* (1973).

Bei der Transformierung der Roh- in Normwerte sollte allerdings stets beachtet werden, daß die Differenziertheit der Normenskala der Differenziertheit des zu erfassenden Persönlichkeitsmerkmals entsprechen sollte. Es ist nicht sinnvoll, ein relativ grobes Merkmal anhand einer sehr differenzierten Normenskala zu messen. Bei vielen Persönlichkeitstests sind z.B. die T-Normen eine allzu differenzierte Skala. Gut bewährt haben sich seit einigen Jahren die Stanine-Normen. "Stanine" ist eine Kombination aus den Worten "standard" und "nine", d.h. es ist eine Standardwert-Skala mit Werten zwischen 1 und 9 (s. Abb. 1). Der Durchschnittsbereich liegt zwischen den Werten 4 und 6. Wie aus Abbildung 1 hervorgeht, liegen unter der Normalverteilungskurve zwischen diesen Punkten 54% aller Fälle. Solche Stanine-Normen sind bei Persönlichkeitsfragebögen (z.B. beim Freiburger Persönlichkeitsinventar), aber auch vereinzelt bei projektiven Verfahren (z.B. beim Rosenzweig Picture-Frustration Test) entwickelt worden.

pro memoria 6.4

1. Normen: Vergleichswerte, zu denen die bei einem Probanden erhobenen Befunde in Beziehung gesetzt werden.
2. Probleme der Repräsentativität der Eichstichprobe (Kriterien: Alter, Geschlecht, Schulbildung, beruflicher Status, Wohngegend usw.)
3. Stichprobenerhebung:
   3.1 Gebietsstichprobe
   3.2 Quotenstichprobe (ev. sekundäre Quotenstichprobe)

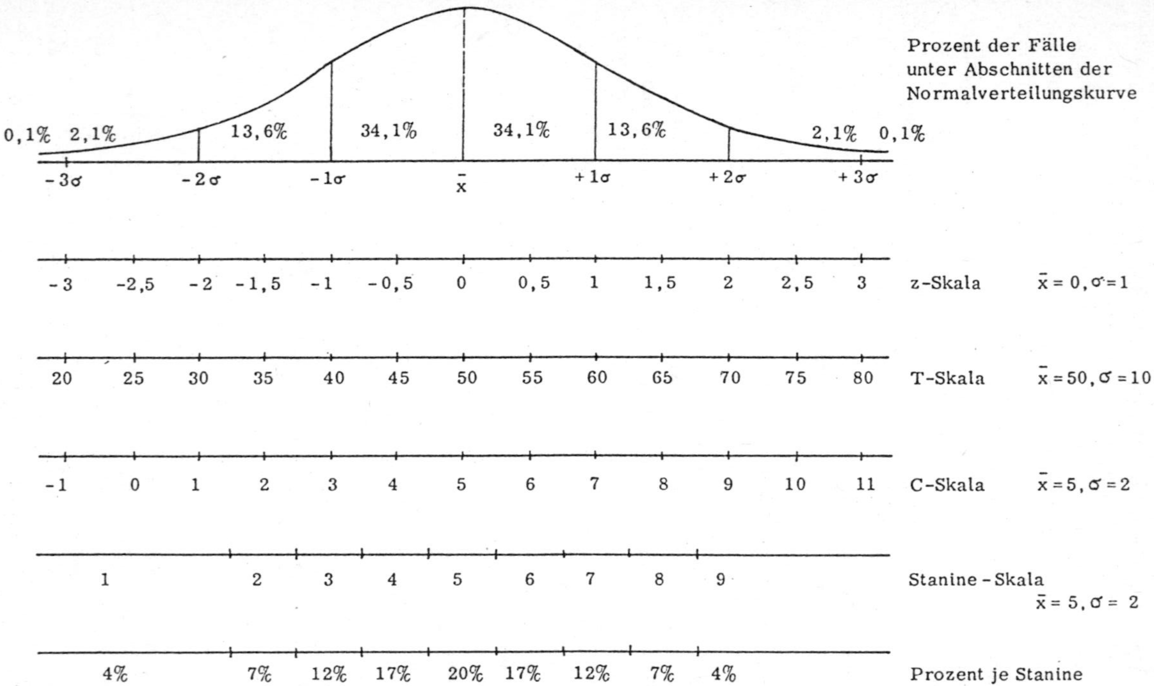

Abbildung 1: Zusammenhang zwischen verschiedenen Normenskalen und der *Gauß*'schen Normalverteilung

7. Zum Konzept der Projektion. Überlegungen zu den theoretischen Grundlagen der "projektiven Verfahren"

Neben der großen Zahl von allgemeinen und speziellen Leistungstests haben - zumindest im Bereich der klinischen Psychologie - vor allem die "projektiven Verfahren" weite Verbreitung gefunden. Zu Tests dieser Art gehören, neben dem Rorschach'schen Formdeuteverfahren und den verschiedenen Arten der Thematischen Apperzeptionstests (*Murray*, 1935), auch der Rosenzweig Picture-Frustration Test und verschiedene andere verbale Ergänzungsverfahren (z.B. auch der Düß-Fabel-Test). Alle diese Untersuchungsmethoden werden unter dem Stichwort "projektive Tests" zusammengefaßt. Es erscheint mir deshalb wichtig, sich auf die theoretischen Grundlagen zu besinnen und sich zu fragen, worin der "projektive" Charakter dieser Tests besteht. Es stellt sich damit die Frage nach dem Projektionsbegriff in der Psychodiagnostik.

Wir stoßen dabei auf das merkwürdige Phänomen, daß sich die projektiven Verfahren zwar von Anfang an größter Beliebtheit erfreuten und in der klinischen Diagnostik weite Verbreitung fanden, d.h. auch eine Fülle von empirischem Material über sie vorliegt, das ihnen zugrundeliegende Konzept der Projektion aber häufig von den Testautoren nicht kritisch diskutiert wurde. Man setzte große Erwartungen in diese Verfahren, da man hoffte, mit ihrer Hilfe mehr als sonst über die intrapsychische Welt eines Individuums zu erfahren und vor allem Einblick in die innerseelische Dynamik des Untersuchten zu gewinnen. Während mit den früher bekannten Tests lediglich relativ eng umschriebene Persönlichkeitsbereiche (vornehmlich die intellektuellen Fähigkeiten) erfaßt werden konnten, sah man nun die Möglichkeit, mit Hilfe der projektiven Verfahren ein *Gesamtbild der Persönlichkeit* zu entwerfen. Der Psychodiagnostiker wollte nicht mehr nur einzelne Elemente des Seelenlebens analysieren, sondern die Persönlichkeit in ihrer Ganzheit, mit ihren bewußten und unbewußten Wünschen, Vorstellungen, Motiven und Ängsten, mit ihrer innerseelischen Dynamik, erfassen.

Schon ein grober Überblick über die Literatur zum Projektionsbegriff in der Psychodiagnostik läßt eine geradezu verwirrende Fülle von Definitionen und Auffassungen sichtbar werden. Die theoretischen Positionen weichen dabei in einem solchen Ausmaß voneinander ab, daß eigentlich die weitere Verwendung des Begriffs "projektive Verfahren" erstaunlich ist. Ironisch kommentieren *Murstein* et al. (1969) denn auch in ihrem Sammelreferat diesen Sachverhalt mit den Worten: Dieser Begriff habe mehr Interpretationen erfahren als das Lächeln der Mona Lisa. Es kann im folgenden nicht darum gehen, eine verbindliche Theorie der projektiven Tests darzulegen. Vielmehr sollen lediglich einige der Hauptprobleme aufgezeigt werden, die sich aus den verschiedenen Projektionskonzepten ergeben, und es soll versucht werden, aus diesen Überlegungen einige Schlußfolgerungen für die projektiven Verfahren zu ziehen.

Daß der Projektionsbegriff in der Psychodiagnostik eine derartige Vielfalt aufweist, ist umso erstaunlicher, als sich dieses psychologische Konstrukt von einer recht präzis formulierten Aussage *Freud*s herleitet, dem sogenannten "*klassischen Projektionsbegriff*". Dieser Begriff beinhaltet bekanntlich, daß eine Eigenschaft, die das Ich bedroht, nicht in der eigenen Person gesehen wird, sondern einem Objekt der Außenwelt zugeschrieben wird. *Freud* erwähnt diesen Mechanismus vor allem im Zusammenhang mit der Paranoia (1911).

Ferner beschreibt er auch die phobische Konstruktion als eine echte "Projektion" der Triebgefahr ins Reale: "Das Ich benimmt sich so, als ob ihm die Gefahr der Angstentwicklung nicht von einer Triebregung, sondern von einer Wahrnehmung her drohte, und darf darum gegen diese äußere Gefahr mit den Fluchtversuchen der phobischen Vermeidung reagieren" (*Freud*, 1915). Nach *Nunberg* (1971) kommt die Projektion "auf dem Wege von Verschiebungen zustande", und zwar in Gestalt einer Verschiebung des Ich auf das Objekt. Eine Reihe von Autoren (z.B. *Jelgersma*, 1926; *Healy* et al., 1930; *Kaufman*, 1934; *Noyes*, 1934; *Warren*, 1934; *Hoffman*, 1935; *Knight*, 1940; *Shaffer*, 1945; *Symonds*, 1949; *Anderson*, 1951; *Schafer*, 1954) schließt sich der ersten *Freud*schen Definition weitgehend an.

Ähnlich sieht überigens auch *Jung*, in dessen Werk die Projektion eine zentrale Rolle spielt, den Ursprung von störenden Projektionen im "Schatten", jener "dunklen Hälfte der Seele, derer man sich je und je durch Projektion entledigt hat" (*Jung*, 1944). Nach *Jung* (1950) hat aber die Projektion auch wesentlichen Anteil an der Einfühlung. Mit der Anwendung projektiver Mechanismen auf den Vorgang der Empathie erweitert *Jung* allerdings seine Definition der Projektion wesentlich über die "klassische" *Freud*sche Bedeutung hinaus.

Bei *Freud* selbst finden wir ebenfalls eine zweite, weitere Fassung des Projektionsbegriffes. Er läßt ausdrücklich den Abwehraspekt fallen und formuliert: "Wenn wir die Ursachen gewisser Sinnesempfindungen wie die anderer nicht in uns selbst suchen, sondern sie nach außen verlegen, so verdient auch dieser normale Vorgang den Namen einer Projektion" (1911). Auch in seiner Schrift "Totem und Tabu" (1913) verweist *Freud* darauf, daß die Projektion nicht unbedingt einen Abwehraspekt enthalten muß und auch ohne intrapsychische Konflikte zustande kommt.

Diese zweite, weitere Fassung des Projektionsbegriffs hatte *Frank* (1948, 1960), der Nestor der projektiven Diagnostik, vor Augen, als er erstmals 1939 in einem Vortrag und später in seinem Buch "Projective Methods" (1948) von den projektiven Verfahren als von Methoden sprach, "welche die Persönlichkeit dadurch untersuchen, daß sie die Versuchsperson einer Situation gegenüberstellen, auf welche die Versuchsperson entsprechend der Bedeutung reagiert, die diese Situation für sie besitzt" (1948). - Nach *Revers* et al. (1968) war allerdings nicht *Frank*, sondern *Murray* der erste, der bereits 1938 den Terminus "Projektive Verfahren" verwendete. - *Frank* (1948) führt aus, das Wesen eines projektiven Verfahrens liege darin, daß es etwas hervorrufe, das Ausdruck der "private world", des individuellen Persönlichkeitsprozesses, des Probanden sei. Ähnliche Überlegungen finden wir bei *Bell* (1948), der von den projektiven Verfahren sagt, der Proband manifestiere hier seine Persönlichkeit, indem er sie aus sich herausstelle, so daß sie der Betrachtung zugänglich werde. Der projektive Test übernehme dabei die Rolle eines Katalysators, der eine persönlichkeitsspezifische Reaktion provoziere.

Bei den erwähnten Autoren (eingeschlossen *Freud* mit seiner zweiten, weiteren Fassung) wird Projektion also - in Anlehnung an die Bedeutung des lateinischen Ursprungswortes - als ein "Sich-nach-außen-Entwerfen" der Persönlichkeit verstanden, ohne daß etwas über die diesem psychischen Vorgang zugrundeliegenden dynamischen Prozesse ausgesagt wird. *Cameron* (1951) spricht bei diesen Mechanismen von einer "attributive" oder "assimilative projection", einem Externalisierungsprozeß unspezifischer Art, eine Auffassung, die mehr oder weniger auch *Munn* (1946), *Dymond* (1950), *Zubin* et al. (1965), *Blankenburg* (1975) und andere vertreten. Auch *Horney* (1939) schildert eine solche Art der Projektion, die keinen Abwehrcharakter im klassischen Sinne aufweist. *Wellek* (1954) definiert Projektion als "Konflikt-Objektivierung bzw. Hinausverlegung des Subjektiven überhaupt". *Macfarlane* (1941) spricht davon, daß sich im projektiven Verfahren darstelle, wie ein Individuum seine Erfahrung auswähle und organisiere.

Andere Autoren differenzieren zwischen verschiedenen Arten von projektiven Prozessen, die hier nur stichwortartig erwähnt werden sollen: *Anzieu* (1960) unterschiedet zwischen einer "projection spéculaire", "cathartique" und "complémentaire". *E. Abraham* (195) spricht, von der schicksalsanalytischen Schule *Szondis* (1960) herkommend, von doppelten und partiellen Projektionen. *Heiss* (1953) stellt "scharfen und gezielten, provokatorischen, stigmatisierten Aufforderungscharakteren nicht genau umschriebene, unbestimmt ausgeprägte Anknüpfungspunkte für Projektionen" gegenüber. *Van Lennep* (1959) nennt Projektionen vom Typ A, B, C und D. In ihrem Übersichtsreferat über das Projektionskonzept differenzieren *Murstein* und *Pryer* (1959) zwischen dem oben erwähnten "klassischen" Projektionsbegriff, einer "attributive projection", einer "autistic projection" und einer "rationalized projection". Diese unsystematische Zusammenstellung einer Reihe von Definitionen und die Aufzählung einiger Arten von Projektionen mag genügen, um zu demonstrieren, wie schillernd und im Grunde unscharf dieser Begriff ist. Umsomehr mag erstaunen, daß er überhaupt noch zur Charakterisierung eines wichtigen Konstrukts der psychologischen Diagnostik verwendet wird.

Fragen wir uns nun, ob die bisher referierten theoretischen Ansätze der projektiven Diagnostik als Basis dienen können, so erscheinen sie in verschiedener Hinsicht unbefriedigend. Der weite Begriff der Projektion hat, wie *Hörmann* (1964) ironisch kommentiert, "die nur bedingt als Vorzug anzusehende Eigenheit, so vage zu sein, daß er mit irgendeiner Form von Realität nicht mehr in störenden Kontakt gebracht werden kann". Der enge, ursprüngliche *Freud*sche "klassische" Projektionsbegriff hingegen vermag höchstens einen kleinen Sektor des in den projektiven Verfahren ablaufenden Geschehens (nämlich die unbewußte Dynamik) zu erfassen. Diese Überlegungen führten eine Reihe von Autoren dazu, den Begriff Projektion in der Psychodiagnostik entweder prinzipiell abzulehnen oder zumindest zwischen verschiedenen Aspekten von projektiven Prozessen zu differenzieren. Auch hier finden wir ein breites Spektrum vor, das von völliger Verwerfung des Phänomens Projektion über eine Ersetzung des Begriffs "projektive Verfahren" durch andere Termini, wie "Deutungsverfahren" (*Heckhausen*, 1960), "Entfaltungstests" (*Heiss*, 1950), "misperception tests" (*Cattell*, 1951, 1952) oder Tests zur Erfassung der "apperceptive distortion" (*Bellak*, 1950), bis hin zu einer differenzierten Darstellung verschiedener Anteile des Globalbegriffs "Projektion" reicht (z.B. *Bellak*, 1950; *Cattell*, 1951 und 1952; *Boesch*, 1960; *Murstein*, 1959 und 1966). Ferner wurden von verschiedenen Autoren experimentelle Studien zum Phänomen der Projektion durchgeführt sowie Methoden und Ergebnisse anderer, vorwiegend experimentalpsychologischer Forschungsrichtungen herangezogen, um das Phänomen "Projektion" sorgfältig zu studieren. Es ist im Rahmen der vorliegenden, auf die Testmethodik zentrierte Darstellung nicht möglich, ausführlicher auf diese Arbeiten einzugehen (s. die kritische Würdigung solcher experimenteller Studien bei *Murstein* et al., 1959, und bei *Faupel*, 1970). Für den Umgang mit den verschiedenen projektiven Verfahren hat sich der Versuch einiger Autoren, das allzu globale Konstrukt "Projektion" weiter aufzugliedern, als sehr fruchtbar erwiesen. Es sei in diesem Zusammenhang auf die Ausführungen von *Boesch* (1960) verwiesen, der in der Projektion nicht eigentlich eine Wahrnehmungsstörung, sondern eine "normale und positiv zu bewertende Phase im Anpassungsvorgang" im Sinne einer "bestimmten Stufe der Beziehungsbildung zwischen Ich und Umwelt, eine Phase des intellektuellen (und emotiven - soweit dies gesagt werden kann) Strukturierungsprozesses" sieht. Es ist nicht möglich, hier ausführlicher auf die Gedankengänge von *Boesch* einzugehen. Ich verweise auf meine im Handbuch zum Rosenzweig Picture-Frustration Test dargelegten Erörterungen (*Rauchfleisch*, 1979). Am Beispiel des Rosenzweig Picture-Frustration Tests sind dort auch die Forschungen von *Cattell* und seinen Mitarbeitern (1951 und 1952) kritisch gewürdigt worden, und ich habe zu zeigen versucht, wie die von ihm entwickelten Hypothesen für die diagnostische Arbeit fruchtbar gemacht werden können.

Ansätze wie die *Cattells*, welche die Diskrepanz zwischen der objektiven Reizkonfiguration und der subjektiv verfälschten Wahrnehmung in den Mittelpunkt ihrer Betrachtungen stellen, werfen im Hinblick auf die projektiven Verfahren das Problem der Konstituierung von Normen auf. *Rosenzweig* (1949, 1951) unterscheidet zwischen *thematischen* und *apperzeptiven* Normen. Die ersteren beziehen sich auf durchgängige Wiederholungen in einem ganzen Testprotokoll. Voraussetzung für ihre Anwendung wäre aber, daß einerseits der Stimuluswert der einzelnen Testsituationen immer der gleiche wäre und daß andererseits der jeweilige Aufforderungscharakter genau bekannt sein müßte. *Hörmann* (1964) weist in diesem Zusammenhang auf das von *Heiss* (1954) und Mitarbeitern entwickelte Konzept der "Verlaufsanalyse" und das von *Karl* und *Hiltmann* (1954) beschriebene "Serienprinzip" hin. Die apperzeptiven Normen hingegen geben Hinweise auf die statistisch häufigsten Reaktionen auf einen bestimmten Testreiz. Als persönlichkeitsspezifisch kann ein Testverhalten dann interpretiert werden, wenn es vom zu erwartenden Verhalten abweicht. Eine Übereinstimmung der individuellen mit der allgemein "üblichen" Reaktion läßt lediglich den Schluß zu, daß der betreffende Proband in seinem Testverhalten mit dem Verhalten der Normpopulation übereinstimmt. Auf dem Gebiet der Konstituierung solcher interindividuellen Normen ist in den vergangenen Jahrzehnten sehr viel Forschungsarbeit geleistet worden. (Zum Problem der Normen s. auch unter 6.4).

Wichtige neue Perspektiven zu einem differenzierteren Zugang und Verständnis der projektiven Prozesse eröffnete schließlich eine Forschungsrichtung, die primär keine unmittelbare Beziehung zur Psychodiagnostik hatte: Es ist die bereits (unter 2.2) diskutierte Richtung der "social perception", die auf die sozialen Determinanten im Wahrnehmungsprozeß hingewiesen hat. Mit der Wahrnehmungsabwehr beschäftigte sich vor allem, wie ebenfalls bereits ausgeführt, die Schule der sogenannten "person perception".

Zwischen diesen empirischen Forschungsrichtungen und der Theorie der Projektion läßt sich eine Reihe von Berührungspunkten nachweisen. Zum Teil überlappen sich beispielsweise die Begriffe der social perception und der Projektion, wie auch *Seliger* (1970) in seiner vergleichenden Übersicht nachweist: Zum Beispiel im Prozeß des "Hinausverlagerns innerer Vorgänge" oder im Verständnis der Funktionen "Selektivität" und "Organisation" im Sinne einer "Gestaltung" der Außenwelt, einer "misperception", sowie bei der Annahme einiger Autoren der social-perception-Schule, der Wahrnehmungsverzerrung liege auch ein Konflikt zugrunde (siehe z.B. *Levine* et al., 1942). Zum Teil aber bestehen auch Unterschiede zwischen den beiden Konzepten: Besonders deutlich werden diese beim Vergleich des klassischen Projektionsbegriffs, wie *Freud* (1911) ihn auf die Paranoia anwendete, mit der konfliktfreien social-perception-Auffassung: Während sich bei der Paranoia der Inhalt der inneren, unterdrückten Wahrnehmung als Ereignis der Außenwelt dem Bewußtsein aufdrängt und die Realitätskontrolle erheblich eingeschränkt ist, wird bei der social-perception-Auffassung ein äußerer Reiz aufgrund personaler oder sozialer Motive lediglich *umgedeutet*. Selbst wenn der social perception ein Konflikt zugrunde liegt, werden die Kontrollfunktionen des Ich nur vorübergehend und in weit geringerem Ausmaß beeinträchtigt als bei den Projektionen, die den regressiven Abwehrmechanismen im Sinne *Mosers* (1964) zuzuordnen sind. Ferner ist die Realitätsverkennung bei der social perception kein Dauerzustand, und es kann durch weitere Informationen über die Umwelt die Beziehung zur Realität wiederhergestellt werden.

Abschließend sei noch auf den theoretischen Ansatz von *Moser* und Mitarbeitern (1968, 1969, 1970a, 1970b, 1972, 1974) hingewiesen. Ihr Versuch einer *Computersimulation der psychoanalytischen Abwehrmechanismen*, darunter auch der Projektion, hat zwar bisher noch kaum unmittelbar in die diagnostische Praxis umsetzbare Resultate erbracht. Vom Methodischen her ist dieser Ansatz aber so neuartig und interessant, daß er in der vorliegenden Übersicht über das Konzept der Projektion noch kurz erwähnt werden soll. Die Computersimulation stellt nur einen Sonderfall eines breiten Spektrums von Simulationstechniken dar. Ein wesentlicher Schritt beim Einsatz solcher Techniken besteht nach *Moser* (1974) darin, das betreffende Konzept, z.B. den Vorgang der Projektion, zu formalisieren und durch seine funktionale Bedeutung im Relationennetz eines Systems zu definieren. Ferner muß gewährleistet sein, daß jeder Modellgröße beobachtbare Größen im empirischen Datenbereich zugeordnet werden können. *Moser* beschränkt sich ausdrücklich auf die Formalisierung der von der Ich-Struktur geleisteten Abwehrorganisation. Mit seinem Modell will er nicht die Herkunft des neurotischen Konflikts erklären. Im Mittelpunkt seiner Forschung steht vielmehr die Frage nach den Abwehrprozessen, die angewendet werden, wenn ein neurotischer Konflikt durch eine Stimulussituation (*Schultz-Hencke*, 1978, würde hier von einer Versuchungs- und Versagungssituation sprechen) reaktiviert wird. Wir können im Rahmen unserer Darstellung nicht ausführlicher auf das Modell von *Moser* eingehen und verweisen auf die zitierten Originalarbeiten.

Fassen wir die Resultate der referierten Untersuchungen zum Projektionsbegriff zusammen, so können wir daraus dreierlei ableiten:

1. Der globale Begriff "Projektion" erscheint zu vage, um in dieser allgemeinen Form als theoretische Grundlage der sogenannten "projektiven Verfahren" dienen zu können.
2. Daraus ergibt sich die Forderung nach einer genaueren Differenzierung der Prozesse, die am Projektionsvorgang beteiligt sind. Der größte Teil der zu diesem Thema geleisteten Forschungsarbeit bezieht sich auf derartige Versuche, die an der Projektion beteiligten, zum Teil sehr verschiedenartigen Prozesse und Mechanismen sorgfältiger zu studieren und gegeneinander abzugrenzen.
3. Im Hinblick auf die diagnostische Verwendung der Projektionstests müssen wir aus dem Gesagten die Konsequenzen ziehen, daß jeder Testautor genau definieren sollte, was er unter "Projektion" versteht und worin der projektive Charakter des betreffenden Verfahrens liegt.

pro memoria 7

1. Vieldeutigkeit des Projektionsbegriffs
2. Notwendigkeit,
   2.1 zwischen verschiedenen Arten von projektiven Prozessen zu differenzieren,
   2.2 bei einem bestimmten Test anzugeben, worin der projektive Charakter dieses Verfahrens liegt.

II. Kapitel: Übersicht über die im deutschen Sprachbereich gebräuchlichsten diagnostischen Verfahren

Wie bei der Diskussion der verschiedenen Klassifikationsmöglichkeiten psychologischer Tests bereits ausgeführt, differenzieren wir, in Anlehnung an *Heiss* (1964), zwischen den beiden großen Gruppen der Fähigkeitstests und der Persönlichkeitsverfahren. Es kann in diesem zweiten, speziellen Teil meiner Ausführungen nicht darum gehen, einen umfassenden Überblick über die Fülle von Tests zu geben, die im deutschen Sprachbereich verwendet werden. Ferner werden sich zwangsläufig durch spezielle Interessen meinerseits und durch mein Arbeitsgebiet (klinische Psychologie) gewisse Schwerpunkte ergeben, andere Bereiche der Diagnostik hingegen werden nur weniger berücksichtigt werden.
Es soll im folgenden versucht werden, die verschiedenen Gruppen von Tests kurz darzustellen und anhand einiger Beispiele - paradigmatisch für andere, ähnliche Verfahren - die diagnostischen Möglichkeiten und Probleme dieser Tests zu diskutieren. Die nachfolgende Übersicht kann nur eine grobe Orientierung über die gebräuchlichsten Tests geben. Der Leser, der sich einen systematischen Überblick über die in unserem Sprachgebiet verbreiteten Verfahren verschaffen möchte, muß auf spezielle Kompendien verwiesen werden (z.B. *Heiss*, 1964; *Brickenkamp*, 1975; *Schmidtchen*, 1975; *Hiltmann*, 1977, 1983, 1986; *Groffmann* et al., 1982, 1983; *Rauchfleisch*, 1993). Zur exakten Einarbeitung in die einzelnen Tests ist es ferner unumgänglich, die zu diesen Verfahren publizierten Handanweisungen genau zu studieren. In einem separaten Kapitel soll später noch auf die mit der Ausbildung in Psychodiagnostik zusammenhängenden Fragen eingegangen werden.
Zu den *Fähigkeitstests* zählen wir im folgenden die Intelligenztests für Kinder und für Erwachsene, die Entwicklungstests, Schultests sowie Verfahren zur Prüfung spezieller Fähigkeiten (z.B. Prüfung der Sinnesfunktionen, der Reaktionsfähigkeit usw.).
Unter dem Oberbegriff *Persönlichkeitstests* subsumieren wir die Persönlichkeitsfragebögen, die verbalen Ergänzungsverfahren, die Formdeuteverfahren, die thematischen Apperzeptionstests, die spielerischen und zeichnerischen Gestaltungsverfahren, die Farb- und Bildwahlverfahren sowie eine Reihe anderer Tests. Allen diesen Persönlichkeitstests ist ge-

meinsam, daß mir ihrer Hilfe Gefühle, Vorlieben, Abneigungen erfaßt, aber auch dem Untersuchten selbst unbewußte Konflikte und die für seine Persönlichkeit charakteristische Struktur oder zumindest bestimmte Persönlichkeitszüge erhellt werden sollen.

Es muß an dieser Stelle noch einmal ausdrücklich darauf hingewiesen werden, daß eine solche Unterteilung in Fähigkeiten (und die sie prüfenden Tests) einerseits und Persönlichkeit (mit den entsprechenden Verfahren) andererseits eine künstliche ist. Stets wirken die allgemeine intellektuelle Begabung, spezielle Fähigkeiten und Affektivität eng zusammen und üben Einfluß aufeinander aus. Wir erfassen im Grunde niemals isoliert intellektuelle Funktionen oder bestimmte Formen der Affektivität, sondern haben stets eine *Gesamtpersönlichkeit* vor uns, die, im Sinne der Gestaltpsychologie, immer *mehr* ist als die Summe ihrer Teile. Es sei an dieser Stelle auf die Ausführungen von *Heiss* (1964) hingewiesen, der diesen Aspekt der Gesamtpersönlichkeitserfassung besonders hervorgehoben hat: "Die Persönlichkeit und das Individuum ist ein *Funktionsgesamt*, das nur bis zu einem gewissen Grade aus der summenhaften Erfassung von Einzel- und Teilfunktionen sich ergibt. Kommen wir auf diesem Wege zwar zu einer Art von Gesamtfunktion und zur Erfassung eines größeren Funktionsbereiches, so erfassen wir im selben Zuge nicht die andersartige Qualität des *Funktionsgesamts*. Von dieser gilt ..., daß sie *mehr* ist als die Summe der Einzelfunktionen."

8. Fähigkeitstests

8.1 Intelligenztests

8.1.1 Intelligenzklassifizierung und Intelligenzdefekte

Der Darstellung der verschiedenen Intelligenzverfahren seien noch einige allgemeine Bemerkungen zur Intelligenzklassifizierung und zum Problem der Intelligenzdefekte vorausgeschickt. Im Intelligenzkonzept von *Wechsler* (1964) werden die Intelligenzstufen mittels statistischer Häufigkeiten bestimmt. Jede Intelligenzstufe wird als Klassenintervall definiert, das einen IQ-Bereich zwischen bestimmten Abständen vom Mittelwert umfaßt. Die Abstände werden als Vielfache des wahrscheinlichen Fehlers (PE) ausgedrückt. Bei der alten HAWIE-Version (1964) mit einem Mittelwert von 100 und einer Standardabweichung von 10 resultierte daraus ein Bereich durchschnittlicher Intelligenz mit IQs zwischen 90 und 110. Die HAWIE-Revision 1991 (*Tewes*, 1991) mit einer Standardabweichung

von 15 (bei gleichbleibendem Mittelwert) hingegen führt zu einer anderen Klassifikation des Durchschnittsbereichs, der nun durch IQs zwischen 85 und 115 definiert ist.
Im klinischen Bereich hat man sich vor allem mit den verschiedenen Formen der *Minderbegabung* beschäftigt. Es liegt ein umfangreiches Schrifttum zu diesem Thema vor (s. die einschlägigen Lehrbücher der Psychiatrie, z.B. *Bleuler*, 1972; *Reichardt*, 1955; *Spoerri*, 1969). Hinsichtlich des *Grades der Minderbegabung* kann man zwischen den folgenden 4 Stufen unterscheiden (eine Einteilung, die zwecks Vereinheitlichung der Terminologie 1954 auch von einem Fachausschuß der Weltgesundheitsorganisation vorgeschlagen worden ist):

1. Grenzbereich der Unterintelligenz (IQ 80-90)
2. Debilität (IQ 60-80)
3. Imbezillität (IQ 40-60)
4. Idiotie (IQ < 40)

Bei diesen IQ-Werten ist allerdings zu berücksichtigen, daß andere Klassifikationssysteme andere IQ-Grenzen festlegen. So werden beispielsweise in der ICD-10 folgende IQs genannt: für "leichte Intelligenzminderung" (Debilität) 50-69; für "mittelgradige Intelligenzminderung" (Imbezillität) 35-49; für "schwere Intelligenzminderung" 20-34; und für "schwerste Intelligenzminderung" (Idiotie) IQs unter 20.
Die Zusammenstellung in Tabelle 1 (nach *Wegener*, 1963) gibt einen Überblick über die den Minderbegabungsstufen zugeordneten Intelligenzquotienten und Verhaltensmerkmale. Eine solche Zuordnung kann allerdings immer nur ein grobes Raster darstellen. Aussagen über die soziale Anpassungsfähigkeit, über die Bildbarkeit und die Lebensbewältigung eines Minderbegabten sind nur zu einem Teil vom gewonnenen Intelligenzquotienten abhängig. Daneben spielt stets auch die affektive Seite der Persönlichkeit eine wesentliche Rolle. Insbesondere *Lempp* (1970, 1975) hat durch seine Untersuchungen gezeigt, daß sich bei Kindern mit Intelligenzdefekten aufgrund einer ihnen nicht gerecht werdenden Umwelt häufig *sekundäre Neurotisierungen* ergeben.

Tabelle 1: Grade der Intelligenzschwäche mit dazugehörigen Verhaltensmerkmalen (nach *Wegener*, 1963)

Grad der Intelligenz-Störung	IQ im Schul-Alter	IA im späteren Alter	Sprach-erwerb	Bildgs.-fähigkeit i.d. Hilfsschule	Motor. Bild-barkeit	Lehr-berufe	ange-lernt	unge-lernt	einf. motor. Fertig-keiten	Wirt-schaftl. Selbst-versorg.	Ehe-fähig-keit	Zusammen-fassende Bezeichnung
1. Grenzfall	<90	14	++	++	++	+?	++	++	++	+	+	
2. Leichter Intelligenz-mangel (Debilität)	<80	10–14	++	+	++	–?	+	++	++	+	+	Schwach-begabung (mental backward-ness)
3. Mittlerer Intelligenz-Defekt (Imbe-zillität)	<65	5–10	+	–?	+	––	?	–	+	–	–	Schwach-sinn (mental deficiency)
4. Schwerer Intelligenz-Defekt (Idiotie)	<50	<5	–?	––	?	––	––	–	?	––	––	

Zeichenerklärung: ++ = sicher möglich
+ = im allgemeinen möglich
– = im allgemeinen unmöglich
–– = sicher unmöglich
? = fraglich

Der Minderbegabte zeichnet sich durch verschiedene Verhaltenseigentümlichkeiten aus, die in ihrem Ausprägungsgrad vorwiegend von der Schwere des Intelligenzdefektes abhängig sind. Bei den *Denkprozessen* fallen häufig Weitschweifigkeit und Umständlichkeit auf. Vor allem fehlt es dem Minderbegabten an abstrahierendem Denken. Er bleibt am Konkreten, Einmaligen stehen und sieht darüber nicht das Allgemeine und Zukünftige (Konkretismus). Damit hängt auch die zumeist recht starke *Umweltverhaftung* des Schwachbegabten zusammen. Er ist inneren und äußeren Reizen häufig in weit stärkerem Maße ausgeliefert als der Normalbegabte. Die *Sprache* ist, neben grammatikalischen Fehlern, durch Aussprachestörungen und Ausdrucksschwierigkeiten gekennzeichnet. Bei den schweren Intelligenzdefekten finden sich häufig auch *Temperamentsstörungen* in Form einer verminderten (torpide) oder einer erhöhten Anregbarkeit (erethische Formen). Im Bereich des *Willens* erweist sich der Schwachbegabte, je nach Intelligenzgrad, oft in nur geringem Maße fähig, eigene Entscheidungen zu treffen und sie durchzuführen. Er erträgt keinen Verzug seiner Wünsche und Triebstrebungen, da er sie intellektuell nicht zu steuern vermag. Als stark außengeleitete, an den unmittelbaren Eindrücken der konkret erlebten nächsten Umwelt orientierte Persönlichkeit kann er vor allem nicht vorausschauend die Folgen seines Handelns realitätsgerecht beurteilen. In den Motivationsprozessen Debiler überwiegen kurzschlüssige Entscheidungen nach Art von "*irreversiblen Kipp-Reaktionen*" (*Wegener*, 1956). Das Nicht-Verstehen oder Mißdeuten sozialer Situationen sowie der Gefühle und Absichten anderer Personen und das beeinträchtigte Selbstverständnis des Minderbegabten (*Busemann*, 1959) wirken sich oft erschwerend auf das *Sozialverhalten* aus. So gerät der Schwachbegabte nicht selten in die Rolle des Außenseiters, des in Anomie (*Durkheim*, 1893; *Merton*, 1968) Lebenden, dem zur Erreichung der sozial angestrebten Ziele nicht die gleichen Mittel zur Verfügung stehen wie den übrigen Mitgliedern der Sozietät. Die Folge kann die bereits erwähnte sekundäre neurotische Fehlentwicklung, aber auch delinquentes Verhalten sein.

Hinsichtlich der *Ätiologie der Minderbegabungen* unterscheidet man zwischen Oligophrenien, d.h. angeborenen und früh erworbenen Schwachsinnszuständen, und der Demenz, d.h. einer im späteren Leben erworbenen Beeinträchtigung der intellektuellen Funktionen. Unter die *Oligophrenien* müssen wir die sogenannten "*Minusvarianten*" (*Benda*, 1960), d.h. subnormale Varianten der normalen Intelligenz, und die *ererbte Intelligenzschwäche* subsumieren. Die Resultate aus Untersuchungen über den Einfluß der Heredität auf die Minderbegabung divergieren z.T. erheblich. So schätzt beispielsweise *M. Bleuler* (1972) bei leichtem bis mittelschwerem Schwachsinn den Anteil der Vererbung auf 2/3 bis 4/5. *Burt* (1955) hingegen konnte bei einer Untersuchung an Kindern von 500 ehemaligen Sonderschülern (mit einem IQ unter 70) nur bei 14% der Nachkommen eine Intelligenzschwäche des gleichen Grades, wie die Eltern ihn aufwiesen, feststellen. 32% seiner Probanden waren nur leicht geschädigt. Einigkeit herrscht hingegen darüber, daß sich nur die leichten bis mittelschweren Geistesschwächen vererben. Die schweren Intelligenzdefekte sind in der Regel früh erworbene Störungen.

Besondere Beachtung haben die - allerdings relativ selten auftretenden - vererbbaren *Stoffwechselerkrankungen* gefunden, in deren Folge Intelligenzschwächen auftreten. Zu diesen *metabolischen Schwachsinnsformen* gehören Störungen im *Aminosäuren*stoffwechsel (z.B. Phenylketonurie, Hartnupsche- und Ahornsirupkrankheit), im *Kohlehydrat*stoffwechsel (z.B. Galaktosämie), im *Lipoid*stoffwechsel (diffuse Hirnsklerose), im *Wasser-* und *Elektrolyt*stoffwechsel und im *Jod*stoffwechsel (z.B. hereditärer sporadischer Kretinismus). Bei einer Reihe von Erkrankungen ist die zugrundeliegende Stoffwechselstörung noch nicht bekannt.

Wir können die früh erworbenen Minderbegabungen (Oligophrenien) nach der Zeit der Schädigung unterscheiden. Die bekannteste *Chromosomopathie* stellt das Down-Syndrom (Mongolismus, Trisomie 21) dar. *Embryopathien* aufgrund von Rhesus-Unverträglichkeit, chronischen und akuten Vergiftungen sowie Viruserkrankungen des mütterlichen Organismus und *Fetopathien* (z.B. aufgrund von Infektionskrankheiten) bilden weitere Störungen in der intrauterinen Entwicklungszeit. Der *Geburtsvorgang* kann zu verschiedenen Schädigungen führen. Ferner können *frühkindliche Hirnerkrankungen* (z.B. Encephalitis, Meningitis) sowie unfallbedingte *Gehirnverletzungen* in der frühen Kindheit Ursachen von Intelligenzdefekten verschiedenen Grades sein.

Zum Teil manifestieren sich diese früh erworbenen Störungen nur sehr diskret, und sie können mit gröberen Untersuchungsmethoden häufig nicht sicher nachgewiesen werden. Man spricht bei diesen leichten Defekten von einer sogenannten "*minimal brain dysfunction*". Gerade in jüngster Zeit wird diesem Thema große Aufmerksamkeit gewidmet (s. z.B. die Literaturübersicht von *Berger*, 1977). Von psychodiagnostischer Seite her ist wiederholt versucht worden, einen Beitrag zur Früherfassung von Kindern mit solchen frühkindlichen Hirnschäden zu leisten (*Scholtz*, 1972; *Gwerder*, 1976; *Göllnitz* et al., 1977, *Remschmidt* et al., 1981; *Werder*, 1992).

Neben der testpsychologischen Erfassung der Oligophrenien kommt der Abklärung der *Demenz*, der im späteren Leben (die meisten Autoren geben als Grenze das 6. Lebensjahr an) erworbenen Beeinträchtigung der intellektuellen Funktionen, große Bedeutung zu. Die Ursachen solcher Schädigungen können vielfältiger Art sein: Neben Gewalteinwirkungen von außen (z.B. bei Unfällen) können Hirnerkrankungen (entzündliche und degenerative Prozesse, Hirntumoren, schwere Durchblutungsstörungen) sowie verschiedene endokrine Störungen Ursache einer Demenz sein. Ferner kann sich eine Demenz als Folge von alkoholbedingten Schädigungen des Gehirns und nach schweren Intoxikationen einstellen. Schließlich können auch bei der Epilepsie, neben den bekannten Wesensveränderungen, Demenzerscheinungen auftreten, falls es nicht gelingt, die

Anfallshäufigkeit durch eine antiepileptische Therapie wirkungsvoll einzudämmen.

Mit *M. Bleuler* (1972) können wir zwischen einem hirndiffusen und einem hirnlokalen Psychosyndrom unterscheiden. Das *hirndiffuse Psychosyndrom* ("psychoorganisches Syndrom im engeren Sinne") ist vor allem gekennzeichnet durch Störungen des (Frisch-)Gedächtnisses, der Auffassung, der Orientierung, des Denkens und z.T. auch der Affektivität. Testpsychologisch lassen sich solche Beeinträchtigungen vor allem mit Hilfe von allgemeinen und speziellen Leistungs- und Intelligenzverfahren objektivieren. Bei dementen Patienten ist es psychodiagnostisch wichtig, das Ausmaß der Schädigung festzustellen. Durch eine Wiederholung der Untersuchung nach einer gewissen Zeit können dann Verlaufsänderungen und der Erfolg von Rehabilitationsmaßnahmen objektiviert werden. Das *hirnlokale Psychosyndrom* hingegen ist gekennzeichnet durch Störungen der Antriebshaftigkeit, der Stimmungen und der Einzeltriebe, bei völligem Erhaltenbleiben der intellektuellen Funktionen. Besondere Kennzeichen dieser Syndrome sind ein plötzliches Einschießen von Partialtrieben und Verstimmungen. Solche Störungen manifestieren sich, da Merkfähigkeit, Auffassung und Denkfunktionen erhalten sind, nicht in Intelligenz- und Leistungsverfahren, sondern lediglich in Tests, mit denen die Affektivität erfaßt werden kann (z.B. im Rorschachschen Formdeuteverfahren oder im Farbpyramidentest).

pro memoria 8.1.1

1. Grade der Minderbegabung:
   - 1.1. Grenzbereich der Unterintelligenz: IQ 80-90
   - 1.2 Debilität: IQ 60-80 (ICD-10: 50-69)
   - 1.3 Imbezillität: IQ 40-60 (ICD-10: 35-49)
   - 1.4 Idiotie: IQ 40 (ICD-10: 20)
2. Verhaltenseigentümlichkeiten Minderbegabter hinsichtlich Denken, Umweltverhaftung, Sprache, Temperament, Wille, Sozialverhalten
3. Hinsichtlich der Ätiologie sind zu unterscheiden:
   - 3.1 Oligophrenie = angeborener und früh erworbener Schwachsinnszustand
   - 3.2 Demenz = später erworbener Defekt (hirndiffuses und hirnlokales Psychosyndrom)

8.1.2 *Intelligenztests für Kinder*

Gerade in der Kinder- und Jugendpsychologie wurde der Erfassung des Intelligenzniveaus und der Befähigungsstruktur schon früh großes Interesse entgegengebracht. Vielfältige schulische Fragen (z.B. Schulversagen) und klinische Probleme (beispielsweise Differentialdiagnose zwischen Oligophrenie und neurotischer Pseudodebilität) erforderten Intelligenzuntersuchungen. Sie trugen wesentlich dazu bei, daß uns heute eine Reihe differenzierter Verfahren zur Verfügung steht.

8.1.2.1 Die Testsysteme von Binet und Simon

Eine Gruppe von Intelligenzverfahren geht auf die Untersuchungen der französischen Forscher *Binet* und *Simon* zurück. Nachdem vom französischen Unterrichtsministerium ein Erlaß herausgegeben worden war, daß Kinder nur noch nach einer pädagogisch-medizinischen Untersuchung von der Normalschule in Sonderklassen überwiesen werden dürften, stand die Psychologie vor der Aufgabe, Prüfmethoden zu entwickeln, die bei einer solchen Untersuchung eingesetzt werden könnten. *Binet* und *Simon* (1911) entwickelten für die Altersstufen von 3 bis 15 Jahren Testreihen mit jeweils 4 bis 8 Aufgaben pro Altersstufe. Ihrem Testsystem legten sie die Intelligenzdefinition von *Binet* (1905) zugrunde: "*Gut urteilen, gut verstehen, gut denken, das sind die wesentlichen Bereiche der Intelligenz*". Die Aufgaben sprechen den für jede Altersstufe charakteristischen Entwicklungsstand der Kinder an. Der Grundgedanke der Binet-Simon-Tests war, ein "Stufenmaß der Intelligenz" (échelle métrique de l'intelligence) zu entwickeln.
Die beiden französischen Forscher definierten als Maßzahl der Testleistung das "*Intelligenzalter*". Dieses wurde bei einem untersuchten Kind in Beziehung gesetzt zum Alter normaler Kinder, deren Leistung es erreichte. Die Relation zwischen Intelligenz- und Lebensalter wurde mit Hilfe der Differenz zwischen diesen beiden Werten erfaßt (Intelligenzalter minus Lebensalter). Auf diese Weise konnte ein Intelligenzrückstand bzw. -vorsprung durch eine einfache Maßzahl ausgedrückt werden. Kritisch ist allerdings zu diesem Vorgehen anzumerken, daß beispielsweise ein Kind mit einem Intelligenzalter von 10 Jahren und einem Lebensalter von 14 Jahren zwar in seinen intellektuellen Funktionen einem Zehnjährigen ähnlich sein mag, in seiner Gesamtpersönlichkeit aber nicht einem zehnjährigen Kinde entspricht.
W. Stern (1912) hat dann die Beziehung zwischen Intelligenz- und Lebensalter als einen Quotienten ausgedrückt. Das Intelligenzalter wird durch das Lebensalter dividiert und bildet auf diese Weise einen *Intelligenzquotienten* (IQ). Entsprechen Intelligenz- und Lebensalter einander, so ergibt sich ein Wert von 1. Um Dezimalstellen zu vermeiden, wurde eine Entsprechung von Intelligenz- und Lebensalter als IQ = 100 definiert. Ist das Intelligenzalter geringer als das Lebensalter, so wird der Quotient niedriger als 100 und umgekehrt.

Das Schwergewicht der Binet-Simon-Skalen liegt auf den sprachlichen Fähigkeiten. Insofern prüfen diese Tests überwiegend die manifeste (präsente) Allgemeinbefähigung. Sie deckt sich im allgemeinen mit der Leistungsfähigkeit des Kindes in der Schule.
Das ursprüngliche Testsystem von *Binet* und *Simon* hat im Laufe der Jahrzehnte vielfältige Modifikationen und Überarbeitungen erfahren. Wir können hier nicht ausführlicher auf die einzelnen Verfahren eingehen, sondern wollen nur die im deutschen Sprachgebiet gebräuchlichsten, auf *Binet-Simon* zurückgehenden Tests kurz skizzieren.
Recht weite Verbreitung hat der *Kramer-Test* (1972) gefunden. Er enthält Aufgaben für Kinder im Alter von 3 - 15 Jahren. Als Beispiele dieser sehr kindgemäßen und den jeweiligen Entwicklungsstand des Probanden berücksichtigenden Aufgaben seien die folgenden zitiert:

- Für ein Kind von 3 Jahren z.B.:
  Gib 1, gib 2 Perlen
  Gegenstände benennen (Uhr, Bleistift, Taschenmesser, Gabel, Schlüssel)
  Zur Differenzierung zwischen "groß" und "klein":
  "Zeige mir auf dem Bild das große Pferd. Und das andere, ist das auch groß?"
- Für ein Kind von 9 Jahren beispielsweise:
  Begriffe unterscheiden: Unterschied zwischen Fenster und Spiegel, Baum und Wald, Sand und Staub ...
  Oberbegriffe finden: Was sind das: Pferd, Hund, Katze?
  Oder: Mantel, Rock, Jacke?
  Prüfung des Zeitbegriffes: Die Uhr ist vor einer Stunde stehengeblieben. Ist es jetzt später, als die Uhr zeigt, oder früher? Warum?

Etwa 2/3 der insgesamt 90 Testaufgaben sind verbaler Art, die übrigen sind Handlungs- und Zeichenaufgaben. Dieses Verfahren, dessen Durchführung etwa 60 bis 90 Minuten in Anspruch nimmt, hat vor allem Anwendung bei der Untersuchung von Vorschulkindern gefunden, da viele andere Intelligenzverfahren (z.B. Hamburg-Wechsler-Intelligenztest für Kinder) in diesem Alter noch nicht anwendbar sind. Hinzu kommt, daß die kindgemäßen Aufgaben im Kramer-Test für die Probanden in der Regel einen hohen Aufforderungscharakter besitzen.

Es ist bemerkenswert, daß zu dieser Testreihe umfangreiche Untersuchungen zur Prüfung der Reliabilität und Validität vorgenommen worden sind. Lediglich die Objektivität ist, vor allem bei der Bewertung der zeichnerischen Aufgaben, nicht immer gewährleistet. Die Reliabilität hingegen (innere Konsistenz und Retest-Untersuchungen) liegt in der Regel über Werten von 0,9 und ist damit als gut zu bezeichnen. Ferner liegen Prüfungen der Validität (Korrelationen mit anderen Intelligenztests, mit Außenkriterien und faktorielle Validität) vor. Aus diesen Arbeiten ist zu schließen, daß der Kramer-Test vor allem die verbale Intelligenz und die im schulischen Bereich realisierte Leistungsfähigkeit erfaßt. Normen liegen für die Altersstufen 3 - 15 Jahre vor und wurden an einer Eichstichprobe von 2719 Kindern gewonnen. Es werden IQ- und rohpunktbezogene Parameter angegeben.

Eine weitere, häufig verwendete Bearbeitung der Binet-Simon-Tests ist der *Stanford-Binet-Intelligenz-Test* (SIT) in der Bearbeitung von Lückert (1965). Auch dieses Verfahren ist bei Kindern im Alter von 3 bis 14 Jahren, aber auch bei Erwachsenen einsetzbar. Als Gesamttestzeit müssen für ein Vorschulkind normalerweise 30 Minuten, für größere Kinder und Erwachsene 60 bis 90 Minuten veranschlagt werden. Zur Objektivität, Reliabilität und Validität werden vom Autor keine Angaben gemacht. Den Normen liegt eine recht große Eichstichprobe von 6442 Personen zugrunde, in der allerdings die Zahl von Jugendlichen und Erwachsenen (N = 280) relativ klein ist.
Ein ebenfalls auf die Konzeption von Binet und Simon zurückgehendes Verfahren ist das *Binetarium* von *Norden* (1956). Auch dieser Test ist für die Altersstufen 3 bis 16 Jahre anwendbar. Für die Durchführung sind 30 bis 80 Minuten notwendig. Leider fehlt es bei diesem Verfahren an Angaben zur Objektivität, Reliabilität und Validität. Auch Normen liegen nicht vor.

pro memoria 8.1.2.1

1. Gebräuchlichste Binet-Bearbeitungen:
   1.1 Kramer-Test
   1.2 Stanford-Binet-Intelligenz-Test
   1.3 Binetarium
2. Charakteristika der Binet-Verfahren:
   2.1 Stufenmaß der Intelligenz
   2.2 Für die verschiedenen Altersstufen spezifische Aufgaben
   2.3 Schwergewicht auf sprachlichen Fähigkeiten

8.1.2.2 Der Hamburg-Wechsler-Intelligenztest für Kinder, Revision 1983 (HAWIK-R)

Der Hamburg-Wechsler-Intelligenztest für Kinder, Revision 1983, lehnt sich eng an die amerikanische Originalform der Wechsler Intelligence Scale für Children - Revision (WISC-R) an. Die deutschsprachige wie die amerikanische Originalform sind Revisionen der ursprünglichen Wechsler Intelligence Scale for Children (WISC) bzw. des Hamburg-Wechsler-Intelligenztests für Kinder (HAWIK; *Hardesty* et al., 1966). Für die deutschsprachige Schweiz liegt eine von *Bründler* und *Schallberger* (1988) herausgegebene Bearbeitung vor.

Die Wechsler-Skalen basieren auf der Intelligenztheorie *Wechslers*. Er definiert Intelligenz als "*die zusammengesetzte oder globale Fähigkeit des Individuums, zweckvoll zu handeln, vernünftig zu denken und sich mit seiner Umwelt wirkungsvoll auseinanderzusetzen*". Der wichtigste theoretische Aspekt liegt bei dieser Definition im *Globalbegriff der Intelligenz. Wechsler* versteht die Intelligenz als Teil eines größeren Ganzen, als Teil der Gesamtpersönlichkeit. Deshalb werden mit diesem Test nicht nur allgemeine und spezifische intellektuelle Fähigkeiten erfaßt, sondern daneben auch nicht-intellektuelle Faktoren der Intelligenz (im Handlungsteil). Der HAWIK basiert auf der Zweifaktorentheorie von *Spearman* (s. Ausführungen unter 2.3). Diesem Konzept entsprechend, enthalten die einzelnen Untertests nicht nur den Generalfaktor (d.h. die allgemeine Intelligenz), sondern erfassen jeweils auch spezifische Fähigkeiten.

Da der HAWIK in seiner deutschsprachigen Bearbeitung aus dem Jahre 1956 stammte und sowohl inhaltlich als auch im Hinblick auf die Normierung dringend einer Überarbeitung bedurfte, hat Tewes nach umfangreichen Vorarbeiten 1983 eine Revision vorgelegt (s. auch *Titze* et al., 1984). Diese besteht, wie der ursprüngliche HAWIK, aus 11 Untertests. Der Labyrinth-Test aus der WISC-R, der dort zusätzlich oder als Ersatz für den Zahlen-Symbol-Test gegeben werden kann, wurde in die deutschsprachige Version nicht übernommen, weil sich dieser Untertest bei der Neubearbeitung als untauglich erwies. Im Unterschied zum HAWIK werden bei der Durchführung des HAWIK-R nicht zunächst alle Untertests des Verbalteils und anschießend die des Handlungsteils vorgelegt, sondern Verbal- und Handlungsaufgaben im Wechsel dargeboten.

Der HAWIK-R besteht aus einem Verbal- und einem Handlungsteil. Zum *Verbalteil* gehören die folgenden Untertests (die Numerierung der Untertests entspricht der Reihenfolge, in der sie bei der Untersuchung dargeboten werden):

2. *Allgemeines Wissen (AW):* Anhand von 33 Testfragen wird der Wissensumfang des Kindes ermittelt. Beispiele: "Wie viele Beine hat ein Hund?" (Item 1), "Warum schwimmt Öl auf dem Wasser?" (Item 11), "Was sind Gewerkschaften?" (Item 19), "Warum donnert es beim Gewitter?" (Item 32).
7. *Allgemeines Verständnis (AV):* Die 20 Testfragen dieses Untertests betreffen Problemsituationen, mit denen die praktische Urteilsfähigkeit, der "gesunde Menschenverstand", ebenso aber auch die Fähigkeit zur ethischen Wertung geprüft werden sollen. Beispiele: "Warum sollen kranke Kinder zu Hause bleiben?" (Item 1), "Warum gibt es bei Sportwettkämpfen Schiedsrichter?" (Item 6), "Warum muß man einen Führerschein machen, wenn man Autofahren will?" (Item 12), "Warum sehen Gegenstände und Personen in der Ferne kleiner aus?" (Item 20).
6. *Rechnerisches Denken (RD):* Die 29 Aufgaben dieses Untertests sollen Auskunft über die Rechenfertigkeit des Kindes geben. Beispiele: Item 1: Man legt eine Tafel mit einer Reihe von 12 Bäumen vor das Kind und sagt: "Zähle diese Bäume mit dem Finger. Zähle sie bitte laut, damit ich hören kann, ob Du richtig zählst", "Klaus hat 2 Buntstifte und bekommt noch 3 hinzu. Wieviele hat er dann?" (Item 5), "Klaus und Peter wollen zusammen verreisen und benötigen dazu 230 DM. Klaus hat 17 DM, und Peter hat 56 DM. Wieviel Geld fehlt ihnen noch?" (Item 15), "Welche Zahl muß ich mit 7 malnehmen, damit sie 1/5 von 70 ausmacht?" (Item 23), "Du gewinnst im Lotto 147 DM und verschenkst davon 1/3. Von dem Rest bringst Du 2/7 auf das Sparbuch. Wieviel hast Du noch übrig?" (Item 29).
10. *Gemeinsamkeiten finden (GF):* Dem Kind werden 25 Wortpaare vorgegeben, bei denen jeweils das Gemeinsame genannt werden soll. Der Test prüft die Abstraktionsfähigkeit. Beispiele: "Säge - Kneifzange" (Item 1), "Baum - Gras" (Item 6), "Uhr - Waage" (Item 15), "Höhe - Tiefe" (Item 25).
4. *Wortschatz-Test (WT):* Anhand von 44 Begriffen wird der Wortschatz des Kindes geprüft. Beispiele: "Brot" (Item 1), "teilnehmen" (Item 8), "immun" (Item 25), "Dimension" (Item 39).
3. *Zahlennachsprechen (ZN):* Dieser Untertest ist, wie im HAWIK, fakultativ. Er prüft das Kurzzeitgedächtnis. Vom Probanden wird die Wiedergabe von 7 Zahlenreihen (maximal 9stellig) vorwärts und 7 Zahlenreihen (maximal 8stellig) rückwärts verlangt.

Die Untertests des *Handlungsteils* sind die folgenden:

11. *Zahlen-Symbol-Test (ZS):* Das Kind wird aufgefordert, entsprechend einem Schlüssel den Zahlen 1 bis 9 ein bestimmtes Symbol zuzuordnen. Es wird die Anzahl der in einer befristeten Zeit richtig eingesetzten Symbole geprüft. Der Untertest gibt Auskunft über das Arbeitstempo, die visuell-motorische Koordination, die Lernfähigkeit und das Konzentrationsvermögen. Kindern von 6 und 7 Jahren wird eine Version vorgelegt, die auf Zahlen verzichtet und an ihrer Stelle geometrische Figuren wie Kreis, Stern, Dreieck usw. verwendet.
1. *Bilderergänzen (BE):* Den Probanden werden nacheinander 33 Bilder vorgelegt, auf denen ein wichtiger Teil fehlt. Dieser Teil soll jeweils erkannt und genannt werden. Der Untertest prüft die visuelle Auffassung, die Differenzierung zwischen Wesentlichem und Unwesentlichem, die Realitätskontrolle und die geistige Beweglichkeit.

9. *Bilderordnen (BO):* Dieser Untertest besteht aus 3 Bildserien für Kinder bis zu 8 Jahren sowie 9 weiteren Bildserien für Kinder ab 8 Jahren. Die Bildkarten einer jeden Serie sollen in die richtige Reihenfolge gebracht werden, so daß sich eine sinnvolle Folge ergibt. Geprüft wird die soziale Intelligenz, d.h. die Fähigkeit, soziale Gesamtsituationen zu erfassen.
5. *Mosaik-Test (MT):* Beim MT werden 9 Würfel benutzt, deren Seiten verschieden bemalt sind. Es werden dem Kind insgesamt 17 Vorlagen präsentiert, die mit diesen Klötzchen nachgelegt werden sollen. Der Untertest prüft vor allem die Kombinationsfähigkeit, das räumliche Vorstellungsvermögen und die visuell-motorische Koordination.
8. *Figurenlegen (FL):* Der Proband hat die Aufgabe, nacheinander 10 in verschiedene Teile zerschnittene Figuren richtig zusammenzusetzen. Der Untertest prüft die visuell-motorische Koordination sowie die Fähigkeit, Beziehungen zu erfassen. Ferner ist beim FL die Beobachtung der Problemlösungstechnik, der Ausdauer und des Verhaltens des Prüflings bei Fehlern zu protokollieren (diese qualitativen Merkmale gehen aber nicht in die Verrechnung ein).

Für die Durchführung des HAWIK-R werden im allgemeinen 70 bis 90 Minuten benötigt. Der Test kann nur einzeln, nicht in Gruppen vorgenommen werden. Die Bewertung erfolgt nach den in der Handanweisung gegebenen Richtlinien. Es liegen Normen für Kinder zwischen 6 und 15 Jahren vor, denen eine Eichstichprobe von 2000 Probanden zugrundeliegt.

Die Auswertung des HAWIK-R ist im Testmanual im Detail beschrieben. Die pro Untertest ermittelten Rohpunkte werden entsprechend dem Alter des Probanden (wobei die Altersbereiche in Gruppen zu 4 Monaten aufgeteilt worden sind) anhand von Normentabellen in Wertpunkte transformiert (Mittelwert = 10, Standardabweichung = 3). Ferner läßt sich für die Gesamtleistung des Kindes ein Gesamtintelligenzquotient (Mittelwert = 100, Standardabweichung = 15) bestimmen sowie für die beiden Testteile ein Verbal- und ein Handlungsintelligenzquotient.

Beim HAWIK-R wird (wie auch beim HAWIE-R, s. unter 8.1.3.1) auf den Begriff des Intelligenzalters verzichtet. Vielmehr wird - im Gegensatz zu den meisten Binet-Skalen - ein sogenannter "*Abweichungs-Intelligenzquotient*" benutzt. Dieser Quotient wird nicht mehr durch das Verhältnis von Intelligenzalter zu Lebensalter definiert, sondern durch die individuelle Abweichung vom Mittelwert der jeweiligen Altersgruppe. Der IQ bestimmt insofern in erster Linie die relative Position des Probanden zu seiner Altersgruppe. Der grundlegende Vorzug des Abweichungs-IQ liegt in der Konstanz der IQ-Variabilität: Ein bestimmter IQ besitzt unabhängig vom Lebensalter die gleiche Bedeutung.
Die bisherigen Erfahrungen mit dem HAWIK-R weisen darauf hin, daß die revidierte Form größere Ansprüche an die Probanden stellt bzw. die

Leistungen strenger bewertet werden, so daß - vor allem bei Kindern mit schwacher intellektueller Leistungsfähigkeit und spezifischen Funktionsstörungen - zum Teil deutlich niedrigere IQ-Werte erzielt werden als mit der alten HAWIK-Version (s. *Gutezeit*, 1989; *Koop* et al., 1989; *Schallberger*, 1991; *Titze*, 1989; *Tscherner*, 1990).

Im Hinblick auf die Objektivität des HAWIK-R ist zu berücksichtigen, daß bei den Wechsler-Skalen bewußt auf das Prinzip des Multiple-Choice verzichtet worden ist. Das Testergebnis ist folglich stärker von der Person des Testdurchführers und -auswerters abhängig. *Tewes* hat jedoch bei der Revision des HAWIK eine Verbesserung der Objektivität in verschiedener Hinsicht angestrebt: die Standardisierung der Testsituation wurde wesentlich erweitert; die Testanweisung wurde überschaubarer gestaltet; die Auswertungsobjektivität wurde dadurch erhöht, daß im Handlungsteil die Registrierung der Testergebnisse vereinfacht wurde und daß die Kriterien der Bewertung der Antworten im Verbalteil eindeutiger bestimmt wurden. Abgesehen vom Untertest "Gemeinsamkeitenfinden", wurde im Verbalteil auf die Unterteilung in 1- und 2-Punktantworten verzichtet. Zur Reliabilität finden sich im Handbuch des HAWIK-R Angaben zur inneren Konsistenz (die diesbezüglichen Werte schwanken für gemittelte innere Konsistenz zwischen .67 für das Bilderordnen und .89 für den Wortschatz-Test und den Mosaik-Test), zum Standardmeßfehler, der mit Werten zwischen .97 (Wortschatz-Test) und 1,58 (allgemeines Verständnis) recht niedrig ist und damit Aussagen mit großer Genauigkeit ermöglicht, sowie Resultate aus Retest-Untersuchungen, die zu Koeffizienten zwischen .74 (für die Untertests Bilderordnen und Figurenlegen) und .91 (für das Allgemeine Wissen) führten. Diese Resultate sind wesentlich besser als die des ursprünglichen HAWIK. Da der HAWIK-R vom Intelligenzkonzept und vom Inhalt der Testaufgaben her nicht von den ursprünglichen Wechsler-Skalen abweicht, dürften für die revidierte Form die Validitätsstudien zum ursprünglichen HAWIK Gültigkeit besitzen.

Der HAWIK-R bietet, abgesehen von der Bestimmung des Gesamtintelligenzniveaus und der Fähigkeiten im Verbal- und Handlungsbereich, auch die Möglichkeit zur Beantwortung differentialdiagnostischer Probleme, beispielsweise bei der Diagnostik hirnorganischer Störungen mit spezifischen Ausfällen. Zu dieser Frage liegen verschiedene (allerdings mit dem ursprünglichen HAWIK durchgeführte) Untersuchungen vor. Er stellt ein nützliches Hilfsmittel zur Erfassung von Leistungsstörungen verschiedenster Ätiologie dar und konnte mit Erfolg auch zur Untersuchung von Kindern mit hirnorganischen Funktionsstörungen eingesetzt werden (*Bottenberg*, 1968; *Böhm* et al., 1970; *Bleckmann*, 1971; *Kleinpeter*, 1971; *Jochmus* et al., 1971; *Michalowicz* et al., 1971; *Klatskin* et al., 1972; *Westerhausen*, 1972). Als besonders sensible Untertests werden das Zahlenansprechen, der Zahlensymbol-Test und der Mosaiktest beschrieben (bezüglich der Ermittlung von speziellen Indizes, die auf hirnorganische Störungen hindeuten, s. die Ausführungen zum HAWIE-R, Kap. 8.1.3.1).

pro memoria 8.1.2.2

Charakteristika des HAWIK-R:
1. Globalbegriff der Intelligenz
2. Einbeziehung nicht-intellektueller Faktoren (im Handlungsteil)
3. Basierend auf der Zweifaktorentheorie der Intelligenz von *Spearman*
4. Bestimmung eines "Abweichungs-Intelligenzquotienten"
5. Individualverfahren, keine Parallelformen
6. Durchführungszeit: 70 - 90 Minuten
7. Normen für Kinder zwischen 6 und 15 Jahren

8.1.2.3 Hannover-Wechsler-Intelligenztest für das Vorschulalter (HAWIVA)

Dieses Verfahren stellt die deutschsprachige Version der Wechsler Pre-School and Primary Scale of Intelligence (WPPSI) dar. Dem Wechslerschen Intelligenzkonzept entsprechend (s. Kap. 8.1.2.2), werden mit Hilfe verschiedener Untertests zwei Intelligenzdimensionen erfaßt: eine *verbale* Dimension, die den Sprach- und Wissenserwerb auf dem Hintergrund sozialer Bezüge und das schlußfolgernde Denken auf sprachlicher Ebene umfaßt, und eine *handlungsorientierte* Dimension, welche die visuelle und visuomotorische Koordination, das Erfassen von Größe- und Lageverhältnissen sowie die Fähigkeit zur Durchgliederung komplexer Wahrnehmungsstrukturen beinhaltet.
Im Gegensatz zur amerikanischen Originalform hat *Eggert* (1978) in der deutschsprachigen Version auf die Bestimmung eines Gesamtintelligenzquotienten verzichtet (dies vor allem aus prinzipiellen theoretischen Erwägungen). Außerdem ist die Zahl der Untertests, die bei der Berechnung des Verbal- und des Handlungswertes verwendet werden, gegenüber der WPPSI (die aus insgesamt 11 Untertests besteht) auf 6 Aufgabengruppen reduziert worden. Zwei weitere Untertests (Rechnerisches Denken und Tierhäuser) sind fakultativ. Schließlich legt *Eggert* den Testbenutzern nahe, die Resultate aus dem Verbal- und dem Handlungsteil nicht, wie in den anderen Wechsler-Tests üblich, in IQ-Werten auszudrücken (wenngleich dies mit Hilfe einer speziellen Umrechnungstabelle möglich ist), sondern sich auf die Bestimmung von Standardwerten (C-Normen und Prozentränge im Sinne einer Grobnormierung) für die beiden Testteile zu beschränken. Diese Abweichung gegenüber den anderen Wechsler-Tests liegt zum einen in der Normierung der bisherigen Testform begründet, für die eine IQ-Skala zu differenziert wäre. Zum anderen verweist der Autor darauf, daß vor allem im Arbeitsbereich der Psychologie der Behinderten

in der Sonderschule Gesamtintelligenzquotienten allzu leicht und unkritisch zur Selektion von Sonderschulanwärtern verwendet werden könnten. Hingegen sei es wichtig, differenziertere Angaben über Leistungsdispositionen zumindest in den beiden mit dem HAWIVA geprüften Bereichen des Verbal- und des Handlungsteils zu liefern.
Der HAWIVA besteht aus einem Verbal- und einem Handlungsteil, wobei die Reihenfolge der Untertests so festgelegt worden ist, daß eine gewisse Abwechslung zwischen Verbal- und Handlungsaufgaben und zwischen "leichten" und "schweren" Untertests erfolgt.
Zum *Verbalteil* gehören folgende Untertests (in Klammern Angaben zur Reihenfolge bei der Untersuchung):

1. *Allgemeines Wissen* (1. Aufgabengruppe): Dieser Untertest umfaßt 18 Items folgender Art: "Zeig mir Deine Nase! faß sie an!" (Beispiel-Item 0), "Was lebt im Wasser?" (Item 2), "Was braucht man, um 2 Stück Holz zusammenzumachen?" (Item 10), "Wo geht die Sonne unter?" (Item 18).
2. *Wortschatztest* (3. Aufgabengruppe): Nach dem Probe-Item "Hund" wird anhand von 20 Items der Wortschatz des Kindes geprüft. Die vorgelegten Begriffe reichen von "Messer" (Item 1) über "Fahrrad" (Item 5) und "Pelz" (Item 11) bis zu Worten wie "höflich" (Item 16) und "Held" (Item 20).
3. *Allgemeines Verständnis* (7. Aufgabengruppe): Der Untertest besteht aus 12 Items zu lebenspraktischen Fragen und Problemen. Beispiele: "Was sollst Du tun, wenn Du Dich in den Finger geschnitten hast?" (Item 1), "Was sollst Du tun, wenn Du einen Ball (Puppe) verloren hast, der (die) Deinem Freund (Freundin) gehört?" (Item 6), "Warum ziehen wir Kleider an?" (Item 10).

Der *Handlungsteil* setzt sich zusammen aus:

4. *Labyrinthe* (4. Aufgabengruppe): Der Untertest besteht aus 10 Items, die dem Kind in Form von Labyrinthen vorgelegt werden. Das Kind soll jeweils, unter Vermeidung von "Sackgassen", innerhalb einer vorgegebenen Zeit den Weg durch das Labyrinth mit einem Rotstift markieren.
5. *Figurenzeichnen* (6. Aufgabengruppe): Dem Kind werden maximal 11 Muster mit geometrischen Figuren (Kreis, Dreieck, Quadrat, Rhombus, verschiedene Linien usw.) vorgelegt, die es abzeichnen soll.
6. *Mosaiktest* (8. Aufgabengruppe): Bei diesem 9 Items umfassenden Untertest werden dem Kind verschiedenfarbige Holzklötze vorgelegt. Es hat die Aufgabe, die Klötze entsprechend einer Vorlage anzuordnen.

Ferner können als *Zusatztests*, die nicht in die Berechnung von Verbal- und Handlungsteil eingehen, die beiden folgenden Aufgabengruppen gegeben werden:

7. *Rechnerisches Denken* (5. Aufgabengruppe): Die insgesamt 19 Items dieses Untertests umfassen Aufgaben wie "Hier sind ein paar Stöcke. Zeig mir den längsten" (Item 1, dazu eine entsprechende Abbildung), "Hier sind Schüsselchen mit ein paar Kirschen drin. In welchem Schüsselchen sind gleichviel Kirschen drin? Zeig's mal" (Item 3, dazu eine Abbildung), "Ein Junge hatte 12 Zeitungen und verkaufte 5 davon. Wieviele behielt er übrig?" (Item 18).
8. Tierhäuser (2. Aufgabengruppe): Auf einem Formbrett ist unter 4 Tierdarstellungen (Hund, Huhn, Fisch, Katze) je ein Holzstecker verschiedener Farbe angebracht (schwarz, weiß, blau und gelb). Unter dieser Reihe mit den 4 Schlüsselfiguren befinden sich 4 weitere Reihen mit je 5 Darstellungen der oben abgebildeten Tiere und je einem Loch unter den Abbildungen. Das Kind hat die Aufgabe, so schnell wie möglich (max. 120 Sekunden) jeweils den Stecker mit der zum Tier gehörenden Farbe in das Loch zu stecken.

Die Durchführung der 8 Untertests erfordert ca. 30 bis 45 Minuten. Bei der Auswertung werden für jeden der Untertests die Rohpunkte ermittelt (genaue Angaben zur Bewertung finden sich in der Handanweisung). Die Summe der Rohpunkte der 3 Verbaltests und die der 3 Handlungstests werden entsprechend dem Alter des untersuchten Kindes anhand von Normentabellen (die in Halbjahresschritten angeordnet vorliegen) in Standardwerte transformiert (C-Werte und Prozentränge). Diese Standardwerte können bei Bedarf noch in T- und IQ-Werte umgewandelt werden. Für die beiden Zusatztests lassen sich ebenfalls auf das Alter des Kindes bezogene Standardwerte ermitteln.

Der HAWIVA kann als hinreichend objektives Verfahren bezeichnet werden. Die Auswertungsobjektivität ist lediglich bei den Untertests, die mehrstufig bewertet werden, etwas reduziert. Ein Verzicht auf diese Abstufung hätte jedoch, so die Testautoren, zu einer Erniedrigung der inneren Konsistenz und der Differenzierungsfähigkeit dieser Untertests geführt. Die Reliabilitätsschätzungen bewegen sich bezüglich der inneren Konsistenz zwischen .77 (Labyrinthe) und .94 (Gesamttest) und bezüglich der Stabilität (Retestmethode bei Zeitabstand von 4 Wochen) zwischen .69 (Mosaiktest) und .95 (Gesamttest). Außerdem zeigte sich beim Vergleich zwischen dem HAWIK und dem HAWIVA, daß der letztere bei jüngeren und geistig behinderten Kindern präziser mißt als der HAWIK. Die von den Testautoren zitierten Validitätsstudien weisen darauf hin, daß der HAWIVA sehr gut mit den Resultaten des HAWIK, aber auch mit denen anderer bekannter Intelligenzverfahren, so der Columbia Mental Maturity Scale (vgl. Kap. 8.1.2.7), dem Peabody Picture Vocabulary Test und dem Progressiven Matritzentest (vgl. Kap. 8.1.2.4) übereinstimmt. In faktorenanalytischen Untersuchungen ließen sich 2 Faktoren extrahieren, die am besten durch die sprachlichen Untertests (Verbalfaktor) einerseits und durch die sprachfreien Aufgabengruppen (Organisation der Wahrnehmung) andererseits repräsentiert sind. Die Normstichprobe des HAWIVA umfaßt 603 Kinder beiderlei Geschlechts im Alter zwischen 48 und 77 Monaten. Es liegen Normentabellen für 5 Altersklassen (jeweils 6 Monate umfassend) vor.

Das Ergebnis des Verbalteils des HAWIVA vermittelt ein Bild vom Grad des Sprach- und Wissenserwerbs sowie Hinweise auf die Fähigkeit zu logisch-schlußfolgerndem Denken auf sprachlicher Ebene. Aus den Resultaten des Handlungsteils hingegen läßt sich auf die Organisation der Wahrnehmung, speziell auf die visuomotorische Koordination schließen. Der fakultative Untertest "Rechnerisches Denken" erlaubt einen Schluß auf Grundfähigkeiten im Umgang mit Zahlen; der Untertest "Tierhäuser" erfaßt die visuomotorische Koordination unter Zeitdruck und bei konzentrativer Anspannung. Das Verfahren ist ein in der Vorschuldiagnostik häufig verwendeter, bewährter Test zur Erfassung der intellektuellen Entwicklung von psychisch gesunden ebenso wie von körperlich kranken und geistig behinderten Kindern (*Friedrich*, 1989; *Kramer* et al., 1989; *Schneider*, 1990). Aufgrund des Testergebnisses können gezielte Förderungsmaßnahmen eingeleitet werden.

pro memoria 8.1.2.3

1. Basierend auf der Wechslerschen Intelligenztheorie, aber keine Bestimmung eines Gesamtintelligenzquotienten
2. Verbalaufgaben (Sprach- und Wissenserwerb und schlußfolgerndes Denken) und Handlungsaufgaben (Organisation der Wahrnehmung, visuomotorische Koordination)
3. Individualtest, keine Parallelformen
4. Durchführungszeit: 30 - 45 Minuten
5. Normen für Kinder zwischen 48 und 77 Monaten

8.1.2.4 Der Progressive Matrizentest von Raven (PMT) und andere sprachfreie Intelligenzverfahren

Das von *Raven* (1971a, 1971b, 1973) entwickelte, sprachfreie Verfahren liegt für Kinder in drei Ausgaben vor: Für Kinder von 5 bis 11 Jahren kann die farbige Form, *Coloured Progressive Matrices*, verwendet werden, für Probanden ab 6 Jahren ferner die *Standard Progressive Matrices* sowie ab 11 Jahren auch die *Advanced Progressive Matrices.* Die Schwierigkeit der Aufgaben nimmt innerhalb jeder Aufgabengruppe und von einer Aufgabengruppe zur nächsten progressiv zu. Die "matrices" stellen abstrakte Muster, Zeichen und Folgen von Zeichen dar, bei denen jeweils ein Teil ausgespart ist. Die Aufgabe besteht darin, den fehlenden, ausgesparten Teil aus einem Angebot von 6 bis 8 verschiedenen Mustern herauszusuchen.
Der PMT fordert in erster Linie die Entwicklung von Relationen zwischen abstrakten Formen und gilt als gutes Instrument zur Prüfung der Allgemeinbefähigung. Daneben spielen auch Raumerfassung und induktives Verstehen eine Rolle.

Der Proband soll die Aufgaben, eine nach der anderen, lösen und die Ergebnisse auf dem Antwortblatt eintragen. Bei kleineren Kindern kann der Untersucher die ihm vom Prüfling gezeigten Lösungen notieren. Es besteht keine Zeitbegrenzung. Die Testdauer beträgt für die farbige Form im allgemeinen etwa 25 bis 30 Minuten, für die Standardform 45 bis 50 Minuten. Es erscheint vorteilhaft, die für die Testbearbeitung benötigte Zeit zu vermerken. Daraus können unter Umständen Schlüsse auf die Sorgfalt der Arbeitsweise oder auf das Arbeitstempo gezogen werden. Der Test kann bei älteren Kindern in Gruppen gegeben werden. Bei Kindern unter 8 Jahren hingegen empfiehlt sich eine Einzeluntersuchung.

Die Auswertung des PMT ist sehr einfach: Anhand eines Lösungsschlüssels wird die Anzahl der richtig gelösten Aufgaben festgestellt. Außerdem wird bei jedem Set der Abweichungswert, die "discrepancy", von der Erwartungsnorm bestimmt. Beim Auftreten großer Diskrepanzen kann auf Leistungsschwankungen und Konzentrationsstörungen geschlossen werden (*Rauchfleisch*, 1975). Für den Summenwert der richtigen Lösungen werden in den entsprechenden, nach Altersstufen aufgeschlüsselten Normentabellen der Prozentrang des individuellen Testresultats und die zugehörige Güteklasse (Grad) der Leistung ermittelt (*Kratzmeier*, 1978; *Schmidtke* et al., 1979).
Von *Raven* werden zwar zur Objektivität keine Angaben gemacht. Bei selbständiger Durchführung des Verfahrens durch den Probanden scheint jedoch die Durchführungsobjektivität gesichert zu sein. Auswertung und Interpretation sind, sofern sich letztere an der von *Raven* gegebenen Anleitung orientiert, ebenfalls als objektiv anzusehen. Zur Reliabilität und Validität sind verschiedene Untersuchungen von *Raven* selbst sowie von anderen Autoren durchgeführt worden. Die Reliabilität kann (je nach der verwendeten Methode) mit Werten zwischen 0,76 (*Keir*, 1949) und 0,93 (*Burke*, 1958) als ausreichend bezeichnet werden. Aus faktorenanalytischen Arbeiten ergab sich vor allem ein Generalfaktor der Intelligenz. Daneben sind induktives Denken und Raumerfassung sowie ein spezieller Gedächtnisfaktor wichtige Komponenten bei der Lösung der progressiven Matrizen.

Der Matrizentest spricht insbesondere die averbale Komponente der Intelligenz an. Bei der Untersuchung verhaltensgestörter Kinder und Jugendlicher erweist er sich als brauchbares Instrument zur Abschätzung des Intelligenz*potentials*, während HAWIE und HAWIK mehr die bisher realisierte intellektuelle Leistungsfähigkeit erfassen (*Rauchfleisch* et al., 1972). Beim Vorliegen hirnorganischer Funktionsstörungen kommt es im Matrizentest im allgemeinen zu erheblichen Ausfällen. Es empfiehlt sich insofern, außer dem PMT auch den Hamburg-Wechsler-Intelligenztest durchzuführen. Gerade bei Kindern mit leichteren hirnorganischen Schäden ist der Gesamt-Intelligenzquotient des Wechsler-Tests dann häufig noch relativ hoch, während das Ergebnis des PMT auffallend viel schlechter ausfällt. Erst die Gegenüberstellung der aus beiden Verfahren gewonnenen

Befunde vermag gute Beurteilungskriterien zur Abschätzung der Begabung und der derzeitigen Leistungsfähigkeit bzw. der Leistungsausfälle und eines eventuellen Abbaus in die Hand zu geben. Einen Überblick über die mit der farbigen Form durchgeführten Untersuchungen geben *Schmidtke* et al. (1979).
Es sei noch auf zwei weitere Tests hingewiesen, die ebenso wie der PMT zum Ziel haben, die Intelligenz möglichst sprach- und kulturunabhängig zu erfassen (darauf, daß dieser Anspruch letztlich bei keinem Verfahren wirklich erfüllt werden konnte, hat u.a. *Groffmann*, 1964, hingewiesen). Genannt seien der *Figure Reasoning Test* (FRT) von *Daniels* (1971) und der *Grundintelligenz-Test*, Skala 2 und Skala 3 (CFT 2, CFT 3), von *Cattell* (1972). Der Figure Reasoning Test (FRT) umfaßt 45, ihrer Schwierigkeit nach gestaffelte, Aufgaben, ähnlich denen des Progressiven Matrizentests. Beim *Grundintelligenz-Test* von *Cattell* in der Bearbeitung von *Weiss* (1971, 1972) erfassen die Intelligenzskalen 2 und 3 entsprechend dem Konzept von *Cattell* vor allem den relativ sprachunabhängigen Faktor der "general fluid ability" (*Cattell*, 1963; zur Intelligenztheorie von *Cattell* s. auch die Ausführungen unter 2.3).

pro memoria 8.1.2.4

1. Formen des Progressiven Matrizentests (PMT):
   1.1 Coloured Progressive Matrices (5-11 Jahre)
   1.2 Standard Progressive Matrices (ab 6 Jahre)
   1.3 Advanced Progressive Matrices (ab 11 Jahre)
2. Andere sprachfreie Intelligenzverfahren:
   2.1 Figure Reasoning Test (FRT) von *Daniels*
   2.2 Grundintelligenz-Test von *Cattell*
3. Gruppenverfahren zur Abschätzung des Intelligenzpotentials
4. Günstig: Kombination von PMT und HAWIK/HAWIE

8.1.2.5 Das Begabungstestsystem (BTS) und das Leistungsprüfsystem (LPS) von Horn

Mit diesen beiden von *Horn* konzipierten Testsystemen soll die Intelligenz von Kindern und Jugendlichen erfaßt werden. Das *Begabungstestsystem* (BTS) besteht aus 9 Untertests, die z.T. Weiterentwicklungen bekannter Tests (Rupp-Waben-Test, Mann-Zeichen-Test, Regelfinden nach *Thurstone*, Durchstreich-Test nach *Bourdon* usw.) darstellen. Ferner wird die Rechenfertigkeit geprüft und ein Rechtschreibtest durchgeführt. Das BTS ist anwendbar bei Kindern ab 7 Jahren. Es liegen T-Normen vor, die an einer Eichstichprobe von mehr als 5000 Probanden erhoben worden sind. Objektivität, Reliabilität und Validität erscheinen weitgehend gesichert. Das *Leistungsprüfsystem* (LPS) von *Horn* setzt sich aus 15 Untertests zusammen, wobei die Aufgaben z.T. aus den "primary mental ability tests" von *Thurstone* stammen. Diese Testbatterie basiert auf der Theorie der Primärfähigkeiten von *Thurstone* (s. unter 2.3). Dementsprechend konnten in Faktorenanalysen im LPS die Primärfaktoren nachgewiesen werden. Wie beim BTS liegen auch für das LPS die Parallelformen A und B vor. Beim LPS bestehen ferner, neben einer Langform, eine Normal- und zwei Kurzformen. Die Objektivität und Reliabilität des LPS kann als gut bezeichnet werden, die Validität erscheint noch nicht völlig geklärt. Die Normierung beruht auf einer Eichstichprobe von 3000 Probanden im Alter zwischen 9 und 50 Jahren (über die Repräsentativität dieser Stichprobe liegen jedoch keine Angaben vor).

pro memoria 8.1.2.5

1. Begabungstestsystem (BTS) und Leistungsprüfsystem (LPS) basieren auf der Theorie der "primary mental abilities" (*Thurstone*)
2. BTS und LPS: Gruppenverfahren, Parallelformen
3. Normen:
   3.1 BTS: ab 7 Jahren
   3.2 LPS: ab 9-50 Jahre

8.1.2.6 Der Analytische Intelligenztest (AIT) von Meili und die Testreihen zur Prüfung von Schweizer Kindern von Biäsch und Fischer

Es sei im folgenden noch kurz auf zwei in der Schweiz entwickelte und gebräuchliche Intelligenzverfahren hingewiesen, auf den Analytischen Intelligenztest (AIT) von *Meili* (1971) und auf die Testreihen zur Prüfung von Schweizer Kindern von *Biäsch* und *Fischer* (1969). Der *Analytische Intelligenztest* (AIT) setzt sich aus den sechs Untertests "Zahlenreihen", "Bildreihen", "Lücken", "Sätze", "Zeichnungen" und "Analogien" zusammen. Dem Test liegt das Intelligenzkonzept von *Meili* zugrunde, der zwischen der abstrakten und der konkreten sowie zwischen der analytischen und der erfinderischen Intelligenz differenziert. *Meili* nimmt vier Faktoren der Intelligenz an: Komplexität, Plastizität, Globalisation und Fluency. Das Verfahren ist als Einzel- und als Gruppentest durchführbar, es liegen die Formen I und II mit unterschiedlichen Anforderungsniveaus vor.

Zur Objektivität finden sich keine Angaben. Die Reliabilität erscheint ausreichend. Validitätsuntersuchungen weisen auf mittelhohe (um 0,55 liegende) Korrelationen zwischen

Schulnoten und AIT-Leistungen hin. In faktorenanalytischen Verrechnungen konnten die vier von *Meili* konzipierten Intelligenzfaktoren nachgewiesen werden. Es bestehen Normen, die an einer Stichprobe von 1490 Kindern und Jugendlichen zwischen 12 und 18 Jahren gewonnen worden sind.

Die von *Biäsch* und *Fischer* (1969) entwickelten *Testreihen zur Prüfung von Schweizer Kindern* orientieren sich am Binet-Test und bestehen dementsprechend aus verschiedenen Aufgaben zu den einzelnen Altersstufen. Neben verbalen Untertests enthalten die Testreihen Situationsfragen, Prüfungen des operatorischen Denkens, des abstrakt-induktiven Denkens usw. Dieses Verfahren ist bei Kindern im Alter zwischen 4 und 15 Jahren anwendbar.

Die Objektivität ist, soweit sich der Untersucher strikt an die Testanweisung hält, im allgemeinen gegeben. Die Reliabilität ist als gut zu beurteilen. Die Angaben über die Validität lassen keine genaueren Aussagen zu. Erwartungsgemäß besteht eine hohe Korrelation zwischen den Testreihen und dem Kramer-Test (0,85 bis 0,98). Für die Normierung wurden in den Altersstufen 3 bis 5 Jahre jeweils 50 Kinder, bei den folgenden Altersstufen je 100 Kinder berücksichtigt.

pro memoria 8.1.2.6

1. Analytischer Intelligenztest (AIT):
   - 1.1 Basierend auf der 4-Faktoren-Theorie *Meilis*
   - 1.2 Gruppentest, Parallelformen
   - 1.3 Normen für Probanden zwischen 12 und 18 Jahren
2. Testreihen zur Prüfung von Schweizer Kindern:
   - 2.1 Angelehnt an die Binet-Testreihen
   - 2.2 Individualtest (einzelne Aufgaben auch in Gruppen)
   - 2.3 Normen für Kinder zwischen 4 und 15 Jahren

8.1.2.7 Die Testbatterie für geistig behinderte Kinder (TBGB) von Bondy und die Snijders-Oomen Nicht-verbale Intelligenztestreihe (SON) von Snijders

Die *Testbatterie für geistig behinderte Kinder* (TBGB) wurde von *Bondy* und Mitarbeitern (1971) aus verschiedenen englischen und amerikanischen Tests zusammengestellt. Das Besondere dieser Testbatterie liegt darin, daß damit ein Instrument entwickelt wurde, das speziell bei minderbegabten Kindern eingesetzt werden kann, um bei ihnen den Grad und die Art der intellektuellen Behinderung festzustellen. Aufgrund sehr umfangreicher Voruntersuchungen wählten die Autoren für die endgültige

Form der TBGB die folgenden sechs Untertests aus, die in verschiedenen Kombinationen und auch einzeln gegeben werden können: 1) die "Columbia Mental Maturity Scale", 2) Die farbige Form des Progressiven Matrizentests von *Raven*, 3) Einen Wortschatztest, 4) Den Untertest "Befolgen von Anweisungen", 5) Die Aufgabe "Kreise punktieren", 6) Zur Prüfung der Motorik die "Lincoln-Oseretzky-Motor-Development-Scale". Zusätzlich kann zur Erfassung der sozialen Reife eines Kindes auch eine Kurzform der "Vineland-Social-Maturity-Scale" von *Doll* verwendet werden.

Die Standardisierung erfolgte an 1209 geistig behinderten Kindern im Alter von 7 bis 12 Jahren. Zur Objektivität werden keine Angaben gemacht. Die Reliabilität liegt zwischen 0,90 und 0,98 und kann damit als sehr gut bezeichnet werden. Untersuchungen zur Validität (Zusammenhänge zwischen der TBGB und dem HAWIK bzw. dem Lehrerurteil) führten zu wenig befriedigenden Resultaten. Man könnte allerdings aus diesen Befunden auf die Spezifität der TBGB für den angezielten Probandenkreis (geistig behinderte Kinder) schließen.

Ein zweites Verfahren, das in der Diagnostik behinderter Kinder eine besondere Rolle spielt, ist die *Snijders-Oomen Nicht-verbale Intelligenztestreihe* (SON) von *Snijders* et al. (1970). Diese Testsreihe ist vor allem konzipiert worden zur Untersuchung von Schwerhörigen, Gehörlosen und Taubstummen. Für hörfähige Probanden liegen verbale Instruktionen vor. Die acht Untertests dieses Verfahrens sind in die vier folgenden Gruppen geordnet: "Form", "anschaulicher Zusammenhang", "Abstraktion" und "unmittelbares Gedächtnis". Es liegen die Testformen P und Q sowie eine Kurzform vor. Mit diesen Verfahren können Kinder zwischen 3 und 16 Jahren untersucht werden.

Die Eichung stützt sich auf Resultate von 1160 tauben und 1355 hörenden Kindern aus den Niederlanden. Objektivität und Reliabilität sind gegeben. Validitätsuntersuchungen bezüglich der Korrelationen zwischen dem Testergebnis und dem Lehrerurteil liegen allerdings nur relativ niedrig (bei Gehörlosen: 0,49).

pro memoria 8.1.2.7

1. Testbatterie für geistig behinderte Kinder (TBGB)
   - 1.1 Zur Differenzierung im Bereich der Minderbegabung
   - 1.2 Individualtest
   - 1.3 Normen für Kinder zwischen 7 und 12 Jahren
2. Snijders-Oomen Nicht-verbale Intelligenztestreihe (SON)
   - 2.1 Zur Intelligenzuntersuchung bei Hörgeschädigten
   - 2.2 Individualtest, Parallelformen
   - 2.3 Normen für Kinder zwischen 3 und 16 Jahren

8.1.2.8 Der Mann-Zeichen-Test (MZT)

Der "Draw-A-Man"-Test (DAM) wurde 1926 von *Goodenough* veröffentlicht. Der Autor stellte eine Liste von 51 Items zunehmenden Schwierigkeitsgrades auf. Die meisten Items beinhalten das Vorhandensein bzw. die richtige Anzahl bestimmter Körperteile in der Menschenzeichnung, andere die Richtigkeit der Proportionen, des Zusammenhanges der Details und die Koordination der Zeichenbewegung. Deutsche Bearbeitungen des sogenannten Mann-Zeichen-Tests (MZT) legten *Ziler* (1975) mit einer Liste von 52 Items und *Sehringer* (1957) vor.
Obwohl die ursprüngliche Annahme *Goodenoughs*, er habe mit dem DAM einen sprach- und kulturunabhängigen Intelligenztest entwickelt, nicht haltbar ist, und die Validität dieses Tests sehr fraglich bleibt, ist dieses Verfahren doch kurz vorgestellt worden als Beispiel für einen zeichnerischen Intelligenztest. Zu dieser Gruppe können wir auch den *Abzeichentest* von *Busemann* (1955), die von *Meili* (1955) bearbeiteten *Figuren von Rybakoff* sowie den ebenfalls von *Meili* herausgegebenen Test "*Würfelabwicklungen*" zählen. Bei allen diesen Verfahren fehlt es an exakten Angaben über Objektivität und Reliabilität. Die Validitätsstudien bleiben unbefriedigend. Der Mann-Zeichen-Test kann lediglich vorsichtige Voraussagen über den Entwicklungsstand eines Kindes erlauben. Dieser Test ist aber keinesfalls in der Lage, Verfahren zur differenzierten Intelligenzmessung, wie die unter 8.1.2.1 bis 8.1.2.7 genanten Tests, zu ersetzen.

pro memoria 8.1.2.8

Zeichnerische Intelligenzverfahren zur Abschätzung des Entwicklungsstandes eines Kindes:
1. Mann-Zeichen-Test (MZT)
2. Abzeichentest
3. Figuren von *Rybakoff*
4. Würfelabwicklungen

8.1.3 Intelligenztests für Erwachsene

Auch in diesem Kapitel können nur einige der bekanntesten Tests kurz besprochen werden. Der Leser, der sich einen umfassenderen Überblick über die verschiedenen Intelligenzverfahren für Erwachsene verschaffen will, muß auf die entsprechenden Kompendien der Testpsychologie verwiesen werden (*Brickenkamp*, 1975, 1983, 1986; *Schmidtchen*, 1975; *Hiltmann*, 1977; *Groffmann* et al., 1983).

8.1.3.1 Der Hamburg-Wechsler-Intelligenztest für Erwachsene, Revision 1991 (HAWIE-R)

Dieses Verfahren ist die deutsche Bearbeitung und Standardisierung der Wechsler-Adult-Intelligence-Scale (WAIS) und orientiert sich weitgehend an der 1981 erfolgten Revision dieser Skala. Der Test beruht auf dem schon beim HAWIK-R (s. Kap. 8.1.2.2) besprochenen Intelligenzkonzept von *Wechsler*. Neben der allgemeinen Intelligenz mißt der Test auch spezifische, nicht-intellektuelle Faktoren. Auch wenn die von *Tewes* herausgegebene Revision 1991, wie erste Erfahrungen zeigen, größere Anforderungen an die Probanden zu stellen scheint als der ursprüngliche HAWIE (*Bondy*, 1956), sollte doch unbedingt diese neue Form verwendet werden, da veraltete, ungeeignete Aufgaben eliminiert worden sind und eine neue Normierung an größeren Stichproben erfolgt ist. Die insgesamt 2000 Probanden der Eichstichprobe verteilen sich auf 9 Altersstufen von 16 bis 74 Jahren mit je 200 resp. (für die Altersgruppen 20 bis 24 und 25 bis 34 Jahre) je 300 Probanden.

Ebenso wie der HAWIK-R besteht der HAWIE-R aus einem Verbal- und einem Handlungsteil. Zum *Verbalteil* gehören die 6 Untertests: Allgemeines Wissen (AW), Zahlennachsprechen (ZN), Wortschatz-Test (WT), Rechnerisches Denken (RD), Allgemeines Verständnis (AV) und Gemeinsamkeiten finden (GF). In der revidierten Form ist der Wortschatz-Test nicht mehr, wie in der ursprünglichen HAWIE-Version, fakultativ, sondern obligatorisch. Der *Handlungsteil* besteht aus den 5 Untertests: Bilderergänzen (BE), Bilderordnen (BO), Mosaik-Test (MT), Figurenlegen (FL) und Zahlen-Symbol-Test (ZS). In der Revision 1991 werden bei der Testdurchführung die Untertests des Verbal- und des Handlungsteils im Wechsel dargeboten, d.h. man beginnt mit dem Untertest "Allgemeines Wissen" (Verbalteil), auf diesen folgt das "Bilderergänzen" (Handlungsteil), danach das "Zahlennachsprechen" (Verbalteil), dann das "Bilderordnen" (Handlungsteil) usw. Eine Beschreibung der einzelnen Untertests und Hinweise auf ihre diagnostische Bedeutung erübrigen sich hier, da sie bereits bei der Darstellung des HAWIK-R diskutiert worden sind.
Die Durchführung des HAWIE-R erfordert im allgemeinen 70 bis 90 Minuten. Der Test kann nur einzeln, nicht in Gruppen vorgenommen werden. Die Bewertung der Aufgaben, die Umwandlung der Roh- in Wertpunkte und die Ermittlung des Verbal-, des Handlungs- und des Gesamt-Intelligenzquotienten sind in der Handanweisung (*Tewes*, 1991) ausführlich dargestellt.

Es ist zu beachten, daß im HAWIE-R der Mittelwert der Intelligenzquotienten nach wie vor bei 100 liegt, die Standardabweichung aber 15 Punkte beträgt. Daraus resultiert, daß als Grenzen des Bereichs der durchschnittlichen Intelligenz nun die IQ-Werte 85 resp. 115 zu gelten haben. Ein Vorteil gegenüber dem ursprünglichen HAWIE liegt darin, daß in der neuen Version bei der Transformation der Rohwerte in Wertpunkte das Alter des jeweiligen Probanden berücksichtigt wird. Für die Wertpunkte gilt der Mittelwert von 10, die Standardabweichung beträgt 3 Punkte. Somit läßt sich anhand der Wertpunkte direkt beurteilen, ob das Resultat eines Probanden in einem bestimmten Untertest im, über oder unter dem Normbereich liegt.

Die Auswertungsobjektivität erweist sich nach *Tewes* (a.a.O) als zufriedenstellend, liegt aber, da es sich um einen Individualtest mit freier Aufgabenbeantwortung handelt, selbstverständlich niedriger als bei einem Multiple-Choice-Verfahren. Als Maß für die Reliabilität wurde die innere Konsistenz bestimmt. Die Koeffizienten liegen im Mittel zwischen .71 (Bilderergänzen) und .96 (Gesamttest). Der HAWIE-R erweist sich damit als ein wesentlich zuverlässigeres Meßinstrument als der ursprüngliche HAWIE. Zur Validitätsüberprüfung wurden Faktorenanalysen durchgeführt, die entsprechend dem Konzept von *Wechsler* zu einer 2-Faktorenlösung mit einem Verbal- und einem Handlungsfaktor führten. Außerdem ließen sich eindeutige Unterschiede in den Leistungen von Hauptschülern, Realschülern und Gymnasiasten nachweisen. In Übereinstimmung mit den bereits mit dem ursprünglichen HAWIE ermittelten Befunden zeigten sich auch beim HAWIE-R mit zunehmendem Alter Leistungsminderungen vor allem bei den Untertests des Handlungsteils.

Klinische Studien mit dem HAWIE-R sind bisher noch kaum durchgeführt worden. Da der Test in seinem Aufbau und Inhalt gegenüber dem ursprünglichen HAWIE jedoch nicht prinzipiell verändert worden ist, darf man davon ausgehen, daß auch die Revision 1991 nicht nur ein gutes Instrument zur Bestimmung des Gesamtintelligenzniveaus ist, sondern auch bei verschiedenen klinischen Fragestellungen mit Erfolg eingesetzt werden kann. Es ist in diesem Zusammenhang auf die mit dem HAWIE durchgeführten Untersuchungen zu forensischen Fragestellungen (*Bernstein* et al., 1953; *Schorch*, 1971), zur Diagnostik der Leistungsfähigkeit sozial auffälliger Jugendlicher (*Holzer*, 1968; *Rauchfleisch* et al., 1972) sowie zu differentialdiagnostischen Problemen und zur Beschreibung des Leistungsverhaltens verschiedener Probandengruppen (*Haug*, 1964; *Valseschini*, 1969; *Kerschbaum*, 1970; *Matarazzo*, 1982; *Jochmus* et al., 1971; *Röth*, 1971) hinzuweisen.

In der klinischen Arbeit kommt dem HAWIE-R wie schon seinem Vorläufer ferner bei der Diagnostik hirnorganischer Funktionsstörungen eine besondere Bedeutung zu. *Wechsler* (1964) hat einen Katalog spezifischer Testcharakteristika bei Patienten mit organischer Gehirnerkrankung aufgestellt. In verschiedenen Publikationen (z.B. *Boehm* et al., 1947; *Andersen*, 1950; *Yates*, 1954; *Dahl*, 1972) ist zwar immer wieder die diagnostische Brauchbarkeit dieser "Organiker-Zeichen" angezweifelt worden. Aus

einer Durchsicht der einschlägigen Literatur ergeben sich jedoch ernst zu nehmende Hinweise darauf, daß doch wohl eine Reihe von Testcharakteristika und spezieller Indizes geeignet ist, zwischen Patienten mit hirnorganischen Funktionsstörungen und anderen Probandengruppen zu unterscheiden (*Band* et al., 1982). Aus der großen Zahl der Untersuchungen sollen nur die wichtigsten im folgenden zitiert werden. Weitgehende Übereinstimmung besteht vor allem hinsichtlich der differentialdiagnostischen Bedeutung der Untertests ZS, MT und ZN (*Fogel*, 1964; *Haug*, 1964; *Kraus* et al., 1967; *Willkomm*, 1967; *Fischer* et al., 1968; *Loewen*, 1969; *Davis* et al., 1971; *Violon* et al., 1971; *Russel*, 1972; *Watson*, 1972) sowie bezüglich des Kriteriums einer großen Diskrepanz zwischen Verbal- und Handlungsteil mit besserem Resultat im Verbalteil (*Haug*, 1964; *Regel*, 1972). Diese Kriterien erwiesen sich nicht nur für die amerikanische Originalform, sondern auch für den HAWIE als gültig. Die meisten Autoren betonen allerdings, daß zur Diagnostik hirnorganischer Abbauprozesse nicht einzelne Untertests allein, sondern insbesondere Kombinationen aus verschiedenen Untertests aussagekräftig sind.
Auf dieser Überlegung basiert auch der von *Wechsler* (1964) definierte "deterioration quotient", der *Abbauquotient* oder auch der *Abbauverlust*, bei dessen Bestimmung "beständige" und "nicht-beständige" Untertests einander gegenübergestellt werden. Als "beständig" bezeichnet *Wechsler* solche Untertests, die mit zunehmendem Alter eine nur geringfügige Leistungsabnahme erkennen lassen. "Nicht-beständige" hingegen sind die Untertests, deren Resultate mit zunehmendem Alter abfallen.

Zu den "beständigen" zählt er die Untertests AW, AV, BE, FL, WT und zu den "unbeständigen" ZN, RD, ZS, MT, GF (und bedingt BO). Diese beiden Gruppen von Tests werden zueinander in Beziehung gesetzt.
Der Abbauquotient errechnet sich nach der Formel (wobei in die Berechnung jeweils 4 beständige und 4 nicht-beständige Untertests eingehen):

$$\text{Abbauquotient} = \frac{\text{nicht-beständig x 100}}{\text{beständig}}$$

bzw. der Abbauverlust nach der Formel:

$$\text{Abbauverlust (in \%)} = \frac{\text{beständig - nicht-beständig}}{\text{beständig}}$$

Als Abbau im pathologischen Sinne definiert *Wechsler* einen Verlust, der den normalen Altersabfall übersteigt. Verluste von mehr als 20% bewertet er als Anzeichen eines deutlichen Abbaus. Diese Methode *Wechslers* ist wiederholt kritisiert worden. Andererseits wird in einer Reihe von Arbeiten die diagnostische Brauchbarkeit des Abbauquotienten bestätigt.

Eine eigene Untersuchung (1974) betreffend den Zusammenhang zwischen EEG-Befunden und Abbauquotient bei 224 verhaltensgestörten Jugendlichen ergab, daß ein Abbauquotient von 80 und weniger (d.h. ein Verlust von 20% und mehr) nur bei 9% der 89 Probanden mit völlig unauffälligem EEG-Befund auftritt. Umgekehrt war allerdings keine ausreichend hohe Treffsicherheit bei der Zuordnung von eindeutig pathologischem EEG und Abbauquotienten von 80 und kleiner nachweisbar. Unsere Befunde konnten aber insofern doch als positives Validitätszeichen gewertet werden, als (bei nur geringer Irrtumswahrscheinlichkeit) gesagt werden kann, daß ein Abbauverlust von 20% und mehr nur extrem selten bei Patienten mit unauffälligem EEG-Befund (nur bei 9% der untersuchten Probanden) auftritt. Umgekehrt kann allerdings aus einem Abbau von weniger als 20% nicht unbedingt geschlossen werden, daß keine pathologischen EEG-Veränderungen vorliegen. Aufgrund meiner eigenen Erfahrungen möchte ich den Hinweis *Loewers* (1969) unterstreichen: "Das Konzept, die Hirngeschädigten-Diagnostik auf dem Vergleich beständiger und unbeständiger Tests aufzubauen, sollte nicht aufgegeben werden". Es wird vielmehr darauf ankommen, in exakten, empirischen Untersuchungen weitere Befunde zu sammeln und nötigenfalls Modifikationen vorzunehmen. Erste Ansätze finden wir bei *Riegel* (1960). Die Autorin regt aufgrund ihrer faktorenanalytischen Verrechnung von HAWIE-Ergebnissen verschiedener Altersstufen an, anstelle der einfachen Wertpunkte die mit dem ersten Faktor gewichteten Werte für die Berechnung des Abbauquotienten zu benutzen.

Für die amerikanische Originalform sind bereits einige modifizierte Methoden zur metrischen Erfassung hirnorganischer Abbauprozesse entwickelt worden (*Reynell*, 1944; *Hewson*, 1949; *Hunt*, 1949; *Norman*, 1966). Der diagnostische Wert dieser Indizes konnte z.T. auch bei Kreuzvalidierungen bestätigt werden. Meines Wissens fehlt es jedoch an entsprechenden Untersuchungen zum HAWIE. Außer dem von *Wechsler* konzipierten Abbauverlust verwende ich bei Patienten mit psychoorganischen Syndromen immer auch den von *Baxa* und *Pakesch* (1972) entwickelten *Organikerindex*. Aufgrund ihrer Untersuchungen sind *Baxa* et al. zu dem Resultat gekommen, daß die Wechslersche Methode nicht verläßlich genug sei. Sie stellten einen Organikerindex nach der folgenden Formel auf:

$$OI = \frac{2 \text{ x Summe Wertpunkte } (MT + ZS)}{\text{Summe Wertpunkte } (AW + AV + MT + ZS)} \text{ x } 100$$

Als kritische Grenze legten die Autoren einen Organikerindex OI von 90 fest. Werte, die kleiner als 90 sind, weisen auf einen hirnorganischen Abbauprozeß hin. Nach meinen eigenen Erfahrungen ist dieser Organikerindex ein hilfreicher Parameter. Er stimmt allerdings bei den meisten Patienten mit einem psychoorganischen Syndrom weitgehend überein mit dem Wechslerschen Abbauverlust.

Bei der Verwendung der verschiedenen Indizes zur Bestimmung von Abbauprozessen ist allerdings zu beachten, daß diese von Divergenzen zwischen den Leistungen in einzelnen Untertests ausgehen. Es läßt sich rechnerisch deshalb kein pathologischer Abbau bei allen den Patienten bestimmen, bei denen nicht nur einzelne Funktionen eine Beeinträchtigung aufweisen, sondern die in ihrer gesamten Leistungsfähigkeit reduziert sind. Auf die Tatsache, daß sich hirnlokale Psychosyndrome mit ihrer spezifischen Symptomatologie nicht mit den üblichen Intelligenztests nachweisen lassen, wurde bereits hingewiesen (s. 8.1.1). Bei ihrer Abklärung bedarf es des Einsatzes von Persönlichkeitsverfahren, beispielsweise des Farbpyramidentests oder des Rorschachtests.

pro memoria 8.1.3.1

Charakteristika des HAWIE-R
1. Globalbegriff der Intelligenz
2. Einbeziehung nicht-intellektueller Faktoren (im Handlungsteil)
3. Basierend auf der Zweifaktorentheorie der Intelligenz von *Spearman*
4. Bestimmung eines "Abweichungs-Intelligenzquotienten"
5. Individualverfahren, keine Parallelformen
6. Durchführungszeit: 70-90 Minuten
7. Normen für Kinder und Erwachsene von 6 bis 74 Jahren

8.1.3.2 Der Intelligenz-Struktur-Test (IST)

Amthauer (1953) benannte das von ihm konzipierte Intelligenzverfahren "Intelligenz-Struktur-Test" (IST), da es ihm speziell um die Erfassung der intellektuellen *Struktur* ging. Für ihn ist Intelligenz "eine strukturierte Ganzheit von seelisch-geistigen Fähigkeiten, die in Leistungen wirksam werden und den Menschen befähigen, als Handelnder in seiner Welt bestehen zu können". Eine erste Form des IST wurde 1953 veröffentlicht (1955 in 2. Auflage). Eine weitgehend überarbeitete Form, der "Intelligenz-Struktur-Test 70" (IST 70), erschien erstmals 1970. Sie liegt heute bereits in 4. Auflage vor.
Der IST und der IST 70 sind im wesentlichen gleich konzipiert. Der Gesamttest besteht aus jeweils 9 Aufgabengruppen, welche die verschiedenen Aspekte der Intelligenz erfassen sollen (sprachliche, rechnerische Intelligenz, räumliche Vorstellung, Gedächtnis). Das Verfahren ist als Einzel- und als Gruppenuntersuchung durchführbar. Es liegen für den IST die Parallelformen A und B, für den IST 70 die Parallelformen A1 und B2 sowie C3 und D4 vor. Von *Lienert* et al. (1958) ist ferner eine Kurzform zum IST mit nur 6 Untertests entwickelt worden.

Die Durchführung des IST erfordert ca. 90 Minuten. Der IST ist bei Probanden zwischen 13 und 60 Jahren, der IST 70 hingegen bereits ab 12 Jahren anwendbar. Basierte bereits die Eichstichprobe des IST auf der sehr großen Zahl von 8642 Probanden, so standen *Amthauer* für die Standardisierung des IST 70 sogar die Testbefunde von 15 000 Personen zur Verfügung. Es werden Schul-Normen und Profile der verschiedensten Berufsgruppen mitgeteilt. Die Objektivität ist bei diesem Verfahren gewährleistet. Die Reliabilitätskoeffizienten liegen zumeist über 0,9, die mitgeteilten Validitätskoeffizienten (z.B. Korrelation des IST mit der Lehrereinschätzung über die Intelligenz) liegen bei 0,6. Aufgrund der Resultate einer neueren Untersuchung zur Aufgabenanalyse des IST 70 bei Schweizer Jugendlichen (*Schallberger* et al., 1977) bedarf diese Testform (insbesondere deren verbale Aufgaben) offenbar einer Überarbeitung, bevor sie bei Schweizer Probanden angewendet werden kann (s. auch die Kritik von *Effler* et al., 1977).

pro memoria 8.1.3.2

Charakteristika des IST und des IST 70:

1. Erfassung der intellektuellen Struktur (Intelligenz = Sonderstruktur von hierarchischer Ordnung)
2. Konzipiert in Anlehnung an die Theorie der "primary mental abilities" von *Thurstone*
3. Gruppenverfahren, Parallelformen
4. Durchführungszeit: ca. 90 Minuten
5. Normen für Kinder und Erwachsene zwischen 13 und 60 Jahren

8.1.3.3 Der Progressive Matrizentest von Raven

Die unter 8.1.2.4 bereits behandelten Formen des von *Raven* entwickelten Progressiven Matrizentests finden auch bei Erwachsenen Anwendung. Die farbige Form (*Coloured Progressive Matrices*) kann bei Probanden von 60 bis 89 Jahren verwendet werden. Für die "*Advanced Progressive Matrices*" liegen Normen bis zu 40 Jahren vor, und die "*Standard Progressive Matrices*" besitzen bei Erwachsenen Normen für die Altersstufen 20 bis 65 Jahre. Diese drei Formen sind bereits behandelt worden (s. unter 8.1.2.4).

pro memoria 8.1.3.3

s. unter 8.1.2.4

8.1.3.4 Der Mannheimer Intelligenztest (MIT)

Die Testautoren, *Conrad* et al. (1975), legen ihrem Verfahren ein eklektisches Intelligenzkonzept zugrunde. Mit dem zehn Untertests umfassenden MIT wollen sie "sowohl dem globalen Intelligenzkonzept als auch dem Modell einer Kombination von unabhängigen Teilfähigkeiten gerecht"

werden (*Conrad*, 1975). Sie stützen sich dabei auf die Intelligenztheorien von *Thurstone* (1938), *Guilford* (1964) und *Jäger* (1967). Neben verbalen Tests finden sich in diesem Papier-Bleistift-Verfahren auch figürliche Aufgabengruppen (Würfel, Mosaiken usw.).
Der MIT ist durchführbar mit Probanden im Alter zwischen 12 und 35 Jahren (eine Form für Kinder, der MIT-KJ, umfaßt die Altersstufen 9 - 15 Jahre; *Conrad* et al., 1976). Er kann manuell mittels Schablonen oder über einen Belegleser ausgewertet werden. Mit diesem Verfahren soll die Höhe der allgemeinen Intelligenz bestimmt werden. Die Anwendungsbereiche sind bisher vor allem die Berufs- und Bildungsberatung sowie der Einsatz im Rahmen von Rehabilitationsprogrammen. Die Durchführung des Gesamttests dauert etwa eine Stunde.

Der Test ist vollkommen objektiv. Die von *Conrad* et al. (1975) mitgeteilten Reliabilitätskoeffizienten liegen zwischen 0,78 (Retest-Methode) und 0,97 (innere Konsistenz). Zur Validität teilen die Autoren verschiedene Koeffizienten für Korrelationen zwischen dem Test und den von ihnen aufgestellten Kriterien mit. Für die Normierung standen *Conrad* et al. (1975) für die beiden Parallelformen S und T insgesamt 4818 Probanden zur Verfügung.

pro memoria 8.1.3.4

Charakteristika des Mannheimer Intelligenztests (MIT):

1. Eklektisches Intelligenzkonzept: Basierend auf den Intelligenztheorien von *Thurstone*, *Jäger* und *Guilford*
2. Gruppenverfahren, Parallelformen
3. Durchführungszeit: ca. 60 Minuten
4. Normen für Kinder und Erwachsene zwischen 12 und 35 Jahren (MIT-KJ für Kinder von 9 bis 15 Jahre)

8.2 Entwicklungstests

Die Entwicklungstests sind Verfahren, mit denen bei Kindern der Entwicklungsstand des Gesamtverhaltens oder bestimmter Verhaltensbereiche erfaßt werden soll. Ein sich im Test darstellendes "Ist-Verhalten" wird mit einem erwarteten "Soll-Verhalten" verglichen. Den Diagnostiker, der Entwicklungstests einsetzt, interessiert vor allem, Verhaltensauffälligkeiten zu erkennen und deren Ursachen aufzudecken, Maßnahmen zu deren Behebung vorzuschlagen oder einzuleiten und bei der Prophylaxe von Fehlentwicklungen mitzuwirken (dieses Ziel der Früherkennung von Schäden und Fehlentwicklungen bereits im ersten Lebensjahr verfolgt beispielsweise die von *Hellbrügge* et al., 1978, herausgegebene "Münchener Funk-

tionelle Entwicklungsdiagnostik"). Mit *Reinert* (1964) und *Filipp* et al. (1983) können wir zwischen *allgemeinen Entwicklungstests* (Verfahren zur Ermittlung des Entwicklungsstandes des Gesamtverhaltens) und *speziellen Entwicklungstests* (zur Erfassung der motorischen, der sozialen, der Intelligenz- und der Wahrnehmungsentwicklung) unterscheiden. Als spezielle Entwicklungstests führt *Reinert* auch die verschiedenen Schultests an, die ich jedoch in einem separaten Kapitel (8.3) behandeln möchte.
Das Hauptproblem bei den Entwicklungstests liegt darin, daß es bekanntlich bei Kindern außerordentlich schwierig ist, mit hinlänglicher Verläßlichkeit ein bestimmtes Persönlichkeitsmerkmal zu erfassen und zu Verhaltensvorhersagen aufgrund von Testuntersuchungen an Kleinkindern zu gelangen. Soll die Untersuchung zu einem einigermaßen verläßlichen Resultat führen, so ist nach meinen eigenen Erfahrungen im kinder- und jugendpsychiatrischen Bereich unbedingte Voraussetzung, daß der Untersucher und das Kind einander nicht nur im Rahmen einer kurzen Testuntersuchung begegnen, sondern sich möglichst gut, auch schon vorher, kennen. Insbesondere muß die bei Kindern oftmals intraindividuell stark schwankende Leistungsfähigkeit bei solchen Untersuchungen in Rechnung gestellt werden. Dinge, die dem Kind an einem Tag keinerlei Mühe bereiten, können ihm - auch wenn es völlig "normal" ist - an einem anderen Tag Schwierigkeiten bereiten. Ferner ist zu beachten, daß die affektive Beziehung zwischen dem Erwachsenen und dem Kind einen sehr großen Einfluß auf die Äußerungsfähigkeit des Kindes hat. Aus den angeführten Überlegungen geht hervor, daß Prognosen aufgrund von Untersuchungen mit Entwicklungstests nur mit großem Vorbehalt gestellt werden sollen (vgl. die Ausführungen von *Filipp* et al., 1983). Je jünger die Kinder sind, desto schwieriger ist eine verläßliche Aussage. Gute Dienste hingegen vermögen die Entwicklungstests zu leisten, wenn es darum geht, einerseits die Persönlichkeitsbereiche zu eruieren, in denen Schwierigkeiten, unter Umständen Retardierungen oder Defekte, bestehen, und andererseits auf Aspekte der Persönlichkeit hinzuweisen, die altersgemäß entwickelt sind.

8.2.1 Entwicklungsdiagnostische Screening-Tests

Unter den entwicklungsdiagnostischen Verfahren kommt den Screening-Tests eine besondere Bedeutung zu. Mit ihrer Hilfe kann der Untersucher sich in relativ kurzer Zeit einen ersten Eindruck vom Entwicklungsstand eines Kindes verschaffen und aufgrund der ermittelten Resultate bei Auffälligkeiten weitere spezifische Abklärungen vornehmen. Es ist hier nicht möglich, die Screening-Verfahren im Detail darzustellen. Es können nur die am häufigsten verwendeten Tests genannt und kurz skizziert werden. Der interessierte Leser sei auf die Teskompendien von *Rennen-Allhoff* et al. (1987) und *Rauchfleisch* (1993) verwiesen.

8.2.1.1 Denver-Entwicklungstest

Ein einfach zu handhabendes, zeitökonomisches (10 - 25 Minuten dauerndes), von der Geburt bis zum Alter von 6 Jahren verwendbares Verfahren ist der Denver-Entwicklungstest (*Frankenburg* et al., 1967, 1968; deutsche Bearbeitung von *Flehmig*, 1987; s. auch *Schloss* et al., 1974). Er umfaßt 105 Items, die sich in die vier Bereiche "Sozialer Kontakt", "Feinmotorik-Adaptation", "Sprache" und "Grobmotorik" untergliedern. 49 Items sind sogenannte "Report Items", d.h. sie beinhalten Verhaltensweisen, die in der Testsituation selbst kaum beobachtbar sind und zu denen deshalb die Eltern des Kindes befragt werden. Unter Berücksichtigung des chronologischen Alters wird jedem Kind bzw. dessen Eltern eine Auswahl von in der Regel 20 bis 25 Items vorgelegt.

8.2.1.2 Entwicklungstabellen

Eine andere Gruppe von Screening-Tests wird unter dem Oberbegriff "Entwicklungstabellen" subsumiert. Dazu gehören beispielsweise das "Sensomotorische Entwicklungsgitter" von *Kiphard* (1975) zur Untersuchung der Bereiche "Optische Wahrnehmung", "Handlungsmotorik", "Körpermotorik", "Sprachmotorik" und "Akustische Wahrnehmung" bei Kindern von Geburt an bis zum 7. Lebensjahr, sowie die "Entwicklungstabellen" von *Strassmeier* (1979) mit den Bereichen "Selbstversorgung - Sozialentwicklung", "Feinmotorik", "Grobmotorik", "Sprache" und "Kognitive Entwicklung - Wahrnehmung". Mit Hilfe dieser Verfahren ist es möglich, den Entwicklungsstand in den genannten Bereichen zu evaluieren und daraufhin ein Entwicklungsprofil aufzustellen. Aus diesem lassen sich direkt Hinweise für Therapie- und Fördermaßnahmen ableiten.

8.2.1.3 Verfahren zur Erfassung spezifischer Teilleistungsschwächen

Zu den Screening-Tests gehören ferner die Verfahren zur Erfassung spezieller Teilleistungsschwächen. Für Kinder im Vorschulalter hat *Esser*

(1980) eine "*Testbatterie zur Erfassung von Teilleistungsschwächen bei 4- und 5 Jährigen*" entwickelt. *Esser* verwendet 5 (bei den 4Jährigen) bzw. 8 (bei den 5Jährigen) Tests anderer Autoren (so die Columbia Mental Maturity Scale und z.T. modifizierte Untertests aus dem Frostig Entwicklungstest der visuellen Wahrnehmung und dem Psycholinguistischen Entwicklungstest; s. Kap. 8.2.2.1 und 8.2.2.2). Der Autor hat diese Verfahren dem Alter der zu untersuchenden Kinder und dem Untersuchungsziel (Screening) angepaßt.

8.2.1.4 Screening-Tests zur Diagnostik von Verhaltensauffälligkeiten

Es sind Fragebögen, die von den Eltern zu beantworten sind. Abgesehen von dem summarischen Hinweis auf eine psychische Störung, auf die sich aus den Resultaten schließen läßt, sollten die positiv beantworteten Symptome stets auch in einer gezielten Exploration noch genauer erfragt und die Umstände, unter denen sie auftreten, geklärt werden. Der Wert solcher Screening-Verfahren liegt gerade darin, den Untersucher auf solche Symptome aufmerksam zu machen und zur weiteren Abklärung anzuregen.
Bewährt hat sich der "*Fragebogen zur Erfassung von Verhaltensstörungen im Vorschulalter*" (*Esser*, 1980; *Schmidt* et al., 1985). In Anlehnung an die Behaviour Check List von *Richman* (1977) hat *Esser* einen ursprünglich 32 Items umfassenden Elternfragebogen zur Erfassung von Verhaltensauffälligkeiten bei 4- und 5jährigen Kindern entwickelt. In der letzten Fassung (*Schmidt* et al., 1985) enthält das Verfahren 26 Fragen, die Eß- und Schlafprobleme, Einnässen, Einkoten, Störungen im Sozialverhalten, Angstsymptome etc. beinhalten.
Ebenfalls auf die Behaviour Check List von *Richman* gehen die "*Screening-Fragen an Eltern zur Einschätzung von Verhaltensauffälligkeiten im Einschulalter*" (*Schmidt* et al., 1984) zurück. Die insgesamt 20 Fragen dieses Screenings prüfen die folgenden 5 Bereiche (mit je 4 Fragen): emotionale Auffälligkeiten, hyperkinetisches Verhalten, Verhaltensdefizite, die vermutlich hirnorganisch bedingt sind, dissoziale Auffälligkeiten und spezielle Verhaltensauffälligkeiten.
Schließlich seien noch zwei Screening-Verfahren zur Untersuchung der sozialen Entwicklung genannt: die "*Vineland Social Maturity Scale*", ursprünglich 117 Items (*Doll*, 1953), in einer Kurzform von *Lüer* et al. (1966) 43 Items umfassend, ein Fragebogen, der aufgrund der Angaben von Eltern oder anderen gut über die Kinder informierten Personen ausgefüllt wird (s. auch Kap. 8.1.2.7). Das zweite Verfahren ist die "*Skala zur Erfassung des Sozialverhaltens von Vorschulkindern*" (*Tietze* et al., 1981), ein

Verfahren, bei dem anhand von 23 Items Kinder von Erziehern und Kindergärtnerinnen hinsichtlich der drei Dimensionen "Interesse/Partizipation vs. Apathie/Rückzug", "Kooperation/Regelbefolgung vs. Widerstand/ Feindseligkeit" und "gute Aufgabenorientierung/Selbständigkeit vs. geringe Aufgabenorientierung/Unselbständigkeit" eingeschätzt werden.

pro memoria 8.2.1

1. Denver-Entwicklungstest (0-6 Jahre): Sozialer Kontakt, Feinmotorik - Adaptation, Sprache, Grobmotorik
2. Entwicklungstabellen:
   2.1 Sensomotorisches Entwicklungsgitter (0-7 Jahre): Optische Wahrnehmung, Handlungsmotorik, Körpermotorik, Sprachmotorik, Akustische Wahrnehmung
   2.2 Entwicklungstabellen von Strassmeier (0-5 Jahre): Selbstversorgung - Sozialentwicklung, Feinmotorik, Grobmotorik, Sprache, Kognitive Entwicklung - Wahrnehmung
3. Testbatterie zur Erfassung von Teilleistungsschwächen bei 4- und 5-Jährigen
4. Screening-Verfahren zur Diagnostik von Verhaltensauffälligkeiten:
   4.1 Fragebogen zur Erfassung von Verhaltensstörungen im Vorschulalter
   4.2 Screening-Fragen an Eltern zur Einschätzung von Verhaltensauffälligkeiten im Einschulalter
   4.3 Vineland Social Maturity Scale
   4.4 Skala zur Erfassung des Sozialverhaltens von Vorschulkindern

8.2.2 Verfahren zur Untersuchung spezieller Leistungsbereiche

Für differenziertere Untersuchungen von Kindern im Vorschul- und Schulalter steht uns eine größere Zahl von Verfahren zur Verfügung. Weite Verbreitung hat etwa der "*Hannover-Wechsler-Intelligenztest für das Vorschulalter*", HAWIVA (*Eggert*, 1978) gefunden (s. Kap. 8.1.2.3). Im vorliegenden Kapitel sollen nur die Tests erwähnt werden, die spezifische Leistungsbereiche betreffen und häufig vor der Einleitung von Therapie- und Fördermaßnahmen eingesetzt werden.

8.2.2.1 Psycholinguistischer Entwicklungstest, PET

Dieses von *Angermaier* (1977) entwickelte Verfahren dient der Erfassung spezifischer Fähigkeiten und Störungen in den kommunikativen Prozessen lernbehinderter Kinder, mit dem Ziel, aufgrund der Testresultate geeignete Interventionsmaßnahmen ergreifen zu können. Der Test ist bei Kindern im Alter zwischen 3 und 9; 11 Jahren anwendbar. Der PET besteht aus den folgenden 12 Untertests, welche die beiden Bereiche "Repräsentationsstufe" (mit den Dimensionen "rezeptiver Prozeß", "Organisations- und Vermittlungsprozeß" und "expressiver Prozeß") und "Integrationsstufe" (mit den Dimensionen "Automatik" und "Sequenzen") prüfen:

Wortverständnis (Gehörtes verstehen): Dieser Test prüft die Fähigkeit, die Bedeutung verbal vermittelter Informationen zu erfassen (Beispiel: "Können Berge niesen?", "Können Tempel einstürzen?").

Bilder Deuten (Gesehenes verstehen): Dieser Test ist dem Test Wortverständnis vergleichbar. Er benutzt lediglich eine andere Sinnesmodalität, indem das Kind anhand von 40 Bildaufgaben die Bedeutung optisch dargebotener Informationen erfassen muß.

Sätze Ergänzen (Aus Gehörtem Beziehungen ableiten): Mit diesem Test wird die Fähigkeit des Kindes geprüft, Gehörtes zueinander in Beziehung zu setzen. Das Kind muß Sätze ergänzen, die mit einer Feststellung beginnen und mit einer unvollständigen, analogen Feststellung enden (Beispiel: "Berge sind hoch, Täler sind ...").

Bilder Zuordnen (Aus Gesehenem Beziehungen ableiten): Das Kind soll optisch vorgelegte Objekte miteinander in Beziehung bringen. Ein Reizobjekt soll mit 4 Antwortobjekten verglichen werden, von denen eines zum Reizobjekt paßt.

Gegenstände Beschreiben (Gedanken in Worten ausdrücken): Mit dem Test soll die Fähigkeit, sich sprachlich auszudrücken, erfaßt werden. Dem Kind werden 4 bekannte Gegenstände vorgelegt (Ball, Bauklotz usw.), und es wird aufgefordert "alles hierüber" zu erzählen.

Grammatik-Test: Der Test mißt die Fähigkeit, syntaktische und grammatische Regeln automatisch zu benutzen. Ein vorgegebenes Satzmuster muß grammatisch richtig zu Ende geführt werden.

Wörter Ergänzen: Das Kind soll die beim Vorsprechen von Wörtern ausgelassenen Laute ergänzen (Beispiel: "Flie/e").

Gegenstände Handhaben (Gedanken in Gesten ausdrücken): Hier soll das Wissen um den Gebrauch und die Verwendungsmöglichkeiten einer Reihe von Gegenständen durch Gesten zum Ausdruck gebracht werden. Dazu werden dem Kind Photos von Objekten gezeigt, und es wird gebeten, zu zeigen "Was man damit macht".

Laute Verbinden: Die Laute eines Wortes werden isoliert vorgesprochen, und das Kind muß das ganze Wort erkennen (Beispiel: "G-a-r-t-e-n").

Objekte Finden: Hier wird vom Kind verlangt, möglichst schnell bekannte Objekte, die auf Bildstreifen unvollständig zu sehen sind, zu erkennen.

Zahlenfolgen-Gedächtnis (Eine Reihe von Zahlen wiedergeben, die akustisch geboten werden): Die Länge der Zahlenfolgen, die wiederholt werden müssen, variiert von 2 bis 8 Zahlen.

Symbolfolgen-Gedächtnis (Eine Reihe von Symbolen wiedergeben, die visuell geboten werden): Hier sind Sequenzen abstrakter Symbole aus dem Gedächtnis nachzulegen, die zunächst 5 Sekunden lang gezeigt worden sind.

8.2.2.2 Frostig Entwicklungstest der visuellen Wahrnehmung, FEW

Dieses Verfahren ist konzipiert worden, um "Kindern mit Lernstörungen nach einer differenzierten Wahrnehmungsdiagnose in spezifischer und methodischer Weise zu helfen" (*Lockowandt*, 1979). Da bei Lernstörungen die visuomotorische Koordination, die Fähigkeit zur Unterscheidung einer Figur von ihrem Grund, das Konstanthalten der Form, das Erkennen der Lage im Raum und das Erfassen von räumlichen Beziehungen die häufig gestörten Wahrnehmungsfunktionen sind, wurden diese Bereiche von der Autorin *Frostig* aus dem Gesamt der Wahrnehmungsfunktionen zur Testkonstruktion ausgewählt. Das Verfahren besteht aus den folgenden 5 Subtests:

1. *Visuo-motorische Koordination:* Der Test prüft die Fähigkeit zur Koordination von Auge und Hand, indem der Proband fortlaufend gerade, gebogene oder winklige Linien zwischen unterschiedlich breiten Begrenzungen oder von Punkt zu Punkt ohne Hilfslinien ziehen muß.
2. *Figur-Grund-Unterscheidung:* Der Subtest prüft die Wahrnehmung von Figuren auf zunehmend komplexerem Grund. Es werden sich überschneidende und versteckte geometrische Figuren (Dreieck, Rechteck etc.) verwendet, welche der Proband mit einem Stift umfahren muß.
3. *Formkonstanz-Beachtung:* Der Proband muß geometrische Figuren (Kreise und Quadrate) unterschiedlicher Größe, Binnenstruktur und Lage wiedererkennen und von ähnlichen geometrischen Figuren wie Ellipse, Parallelogrammen u.a. unterscheiden.
4. *Erkennen der Lage im Raum:* Der Proband soll bekannte schematisch gezeichnete Objekte, die spiegelbildlich oder gedreht dargeboten werden, unterscheiden und identifizieren.
5. *Erfassen räumlicher Beziehungen:* Hier muß der Proband vorgegebene Formen analysieren und abzeichnen. Die Formen befinden sich als Strichmuster mit unterschiedlich langen Linien und unterschiedlich großen Winkeln in Punktmatrizen und müssen in andere leere Matrizen eingezeichnet werden.

pro memoria 8.2.2.

1. Psycholinguistischer Entwicklungstest (PET)
   1.1 12 Untertests zur Erfassung der Bereiche "Repräsentationsstufe" (Dimensionen "rezeptiver Prozeß", "Organisations- und Vermittlungsprozeß" und "expressiver Prozeß") und "Integrationsstufe" (Dimensionen "Automatik" und "Sequenzen")
   1.2 Einzeltest
   1.3 Durchführungszeit: ca. 2 Stunden
   1.4 Normen für Kinder zwischen 3 und 9; 11 Jahren
2. *Frostig* Entwicklungstest der visuellen Wahrnehmung (FEW)
   2.1 5 Untertests zur Erfassung der visuomotorischen Koordination, der Fähigkeit zur Unterscheidung einer Figur von ihrem Grund, des Konstanthaltens der Form, des Erkennens der Lage im Raum und des Erfassens von räumlichen Beziehungen

2.2 Einzeltest
2.3 Durchführungszeit: ca. 30-45 Minuten
2.4 Normen für Kinder zwischen 4 und 7; 11 Jahren

8.2.3 Die Lincoln-Oseretzky-Skala 18 (LOS KF 18)

Die Lincoln-Oseretzky-Skala 18 ist aus der Hamburger Version der Lincoln-Oseretzky-Motor-Development-Scale (LOS) entwickelt worden. Die LOS war im Rahmen der Testbatterie für geistig behinderte Kinder (TBGB, s. unter 8.1.2.7) überarbeitet und von *Eggert* (1971) mit 18 Aufgaben zur LOS KF 18 zusammengestellt worden. Mit diesem Verfahren können Kinder zwischen 5 und 13 Jahren untersucht werden. Dieser Test ist insofern erwähnenswert, als es in der klinischen Psychodiagnostik von Kindern von Bedeutung sein kann, gesondert den *motorischen Entwicklungsstand* zu erfassen. *Oseretzky* wollte mit seiner "metrischen Stufenleiter zur Untersuchung der motorischen Begabung" eine erste Orientierung über den Entwicklungsstand der Motorik von Kindern und Jugendlichen ermöglichen. Mit dem Begriff "metrische Stufenleiter" der motorischen Entwicklung ist gemeint, daß für ansteigende Altersstufen Aufgaben wachsenden Schwierigkeitsgrades dargeboten werden. In diesem Verfahren werden Fein- und Grobmotorik geprüft.

Die Lincoln-Oseretzky-Skala 18 nimmt insofern auch eine Sonderstellung unter den Entwicklungstests ein, als bei diesem Verfahren Objektivität, Reliabilität und verschiedene Validitätsaspekte empirisch gesichert sind. Ferner liegen Normen vor, die auf einer Eichstichprobe von 556 normal entwickelten Kindern basieren. Die Standardisierungsdaten für geistig Behinderte und Lernbehinderte wurden aus den Daten der Testbatterie für geistig behinderte Kinder (TBGB) übernommen.

pro memoria 8.2.3

Charakteristika der Lincoln-Oseretzky-Skala 18 (LOS KF 18):
1. Bestimmung des motorischen Entwicklungsstandes
2. Individualtest, keine Parallelformen
3. Anwendbar vom 5. bis zum 13. Lebensjahr

8.3 Schultests

Unter Schultests verstehen wir mit *Süllwold* (1964) Prüfverfahren, durch die bestimmte Effekte von Unterricht und Erziehung festgestellt werden sollen. Im weiteren Sinne gehören zur Gruppe dieser Verfahren auch

Tests, mit denen man erfassen will, ob von einem Probanden bestimmte Schulerfolge erwartet werden können. Neben sogenannten Essay-Tests, bei denen der Schüler zu Fragen in freier schriftlicher Form Stellung nimmt, und informellen objektiven Tests, die bei einer bestimmten Fragestellung von einem Lehrer für eine bestimmte Klasse konstruiert worden sind, haben insbesondere die standardisierten Verfahren, die Schulleistungstests und die Verfahren zur Erfassung spezifischer Begabungen, in den letzten Jahrzehnten weite Verbreitung gefunden. *Brickenkamp* (1975) unterscheidet bereits neun Arten von Schultests: Einschulungstests, spezielle Schuleignungstests, Mehrfächertests, Lesetests, Rechtschreibtests, Wortschatztests, Rechentests, Fremdsprachentests und sonstige Schulleistungstests. In seinem Handbuch der psychologischen und pädagogischen Tests berichtet *Brickenkamp* von über 70 Verfahren, die in diese Rubrik der Schultests gehören. Wir können nicht ausführlich auf diese Verfahren eingehen und möchten paradigmatisch für jeden der erwähnten neun Bereiche kurz ein typisches Verfahren vorstellen.

Das Hauptproblem bei den Schultests ist, wie bei der Diagnostik insgesamt, valide und reliable Kriterien zu finden, an denen die Effizienz der Verfahren gemessen werden kann. *Triebe* (1973, 1975) hat darauf hingewiesen, daß es im Grunde nicht ausreicht, die Eignungsdiagnostik wie bisher in Form einer einmaligen Untersuchung durchzuführen und den Bewerber dann einem bestimmten Ausbildungsgang oder Arbeitsplatz zuzuweisen. Er fordert eine sequentielle Strategie, bei der Training, Aus- und Fortbildungsmaßnahmen mit in den Prozeß der Eignungsfeststellung einbezogen werden sollen. Die Diagnostik wird nach diesem Konzept zu einem berufs- bzw. ausbildungsbegleitenden und -fördernden Prozeß, der dem Probanden eine optimale Entfaltung seiner Möglichkeiten zu sichern versucht.

Es liegt heute, wie erwähnt, ein breites Spektrum verschiedener Verfahren vor, Prüfungen der Rechtschreib- und Rechenfertigkeit, spezielle Tests für Geometrie, Verfahren zur Prüfung der mathematischen Fähigkeiten bei Maturanden, Tests zur Überprüfung der Erfolge beim Erwerb von Fremdsprachen, die große Gruppe der in der Praxis sehr wichtigen Verfahren zur Diagnostik der Legasthenie, Tests, die bei der Schul- und Bildungsberatung eingesetzt werden können, eine große Zahl von Schulreifetests und sogar spezielle Verfahren zur Erfassung der "Bildungsmotivation". Diese Tests werden vor allem von den schulpsychologischen Diensten sowie von den Berufs- und Bildungsberatungsstellen eingesetzt. Da aufgrund der Resultate dieser Verfahren oft wichtige Entscheidungen für das Leben der Heranwachsenden getroffen werden, gilt für die Schultests ganz besonders, daß eine wirklich fundierte Diagnostik nur möglich ist, wenn die Schultests eingebettet sind in eine größere Testbatterie, mit der, außer spezifischen Fähigkeiten, die Persönlichkeit in ihrer Gesamtheit - vor allem auch ihre affektive Seite - erfaßt wird. Gerade bei verhaltensgestörten Kindern konnte ich immer wieder feststellen, daß allein die intellektuelle Leistungsfähigkeit oder die Eruierung einer spezifischen Begabung im Grunde keinen Aussagewert hatte. So untersuchte ich Kinder, die eine Sonderschule durchliefen, jedoch einen Intelligenzquotienten von 120 aufwiesen. Die Ursache ihrer geringen Leistungsfähigkeit lag nicht in einer mangelnden Begabung, sondern in massiven Verhaltensstörungen. Während sich anfangs von Seiten der Lehrerschaft z.T. ein großer Widerstand gegen den Einsatz von Schultests erhoben hat, scheint heute eine eher gegenläufige Tendenz zu bestehen: Die Lehrer hegen offenbar die Hoffnung, die schwierigen, den Unterrichtenden affektiv belastenden Ausleseprobleme könnten durch Tests gelöst werden. Es spielt dabei vielleicht auch der Wunsch mit, die Verantwortung auf einen Dritten, "Objektiven", zu schieben. Sicher ist der Wunsch berechtigt, die Subjektivität, die Entscheidung nach Sympathie und Antipathie, möglichst gering zu halten. Ebenso sollte aber bei allen diesen Untersuchungen stets bedacht werden, daß viele Fragen, gerade die Entscheidung über die Zukunft eines Kindes, nicht allein durch Tests gelöst werden können. Besonders problematisch erscheint mir bei der Verwendung von Schultests der Umstand, daß das Testergebnis mit den betroffenen Eltern und dem Kind selbst häufig nicht mehr ausführlich - und nicht persönlich - besprochen wird. Der Hinweis: "Es hat sich im Test gezeigt ..." wirkt bisweilen geradezu als "deus ex machina". Hier gilt ganz besonders das, was noch über den Umgang mit testpsychologischen Befunden (12.2) auszuführen sein wird: Der Proband selbst und, im Falle von kleineren Kindern, auch die Eltern sollten unbedingt mündlich ausführlich über die Resultate informiert und dementsprechend beraten werden.

8.3.1 Der Göppinger Schuleignungstest

Dieses von *Kleiner* (1972) herausgegebene Verfahren kann als charakteristisch für die Gruppe von Schuleignungstests angesehen werden. Es besteht aus 10 Untertests, in denen Formauffassung, Feinmotorik, Erfassung von Größen und Mengen, die Beobachtungsgabe, Konzentrations- und Merkfähigkeit, bildliche Gegenstandserfassung und Situationsbeurteilung, Sprach- und Inhaltserfassung sowie die allgemeine Entwicklungshöhe erfaßt werden sollen. Der Test wird einige Wochen vor der Einschulung mit den Kindern durchgeführt. Mit seiner Hilfe soll festgestellt werden, ob ein

Kind schulreif ist bzw., falls die Schulreife fraglich ist, welche pädagogischen Maßnahmen indiziert sind.

Es liegen Angaben zur Objektivität, zur Reliabilität und zur Validität vor, die auf befriedigende Gütekriterien hinweisen. Die Normen sind, getrennt für verschiedene Altersgruppen, die beiden Geschlechter und die Größe des Wohnortes, aufgestellt worden.

Außer diesem Verfahren finden auch der *Frankfurter Schulreifetest* von *Roth* et al.(1968), der *Grundleistungstest* zur Ermittlung der Schulreife von *Kern* (1971) sowie die *Weilburger Testaufgaben für Schulanfänger* von *Hetzer* et al. (1971) weite Verbreitung. Mit den erwähnten Verfahren sollen vor allem die Gestaltgliederungsfähigkeit sowie die Aufnahme- und Lernbereitschaft eines Kindes geprüft werden. Anhand der Resultate wird dann die Schulreife beurteilt.

8.3.2 Spezielle Schuleignungstests

Zu dieser Gruppe gehören Verfahren, mit denen die Eignung für bestimmte Anforderungen geprüft werden soll. Es finden sich darunter Tests, mit denen Vorhersagen über den Erfolg beim Lernen einer Fremdsprache getroffen werden sollen (z.B. mit Hilfe des *Fremdsprachen-Eignungstests für die Unterstufe* von *Correll* et al., 1971), sowie Verfahren, die Prognosen für Schüler in den ersten Schuljahren, speziell die Frühauslese Sonderschulbedürftiger, ermöglichen (z.B. die *Bildertests 1-2 bzw. 2-3* von *Mellone*, 1967, und *Emmet*, 1966. Zu dieser Gruppe von Verfahren kann man ferner die bereits unter 8.1.2.7 behandelte *Testbatterie für geistig behinderte Kinder*, TBGB, von *Bondy* et al., 1971, zählen). Schließlich gehört zu den speziellen Schuleignungstests auch der *Göppinger Oberschulreifetest* von *Kleiner* et al. (1973/74). Mit diesem Verfahren sollen das für den Besuch weiterführender Schulen notwendige Wissen und die hinreichende Begabung 10 - 11jähriger Schüler geprüft werden. Die insgesamt sieben Aufgabengruppen sind unterteilt in einen sprachlichen und einen mathematisch-naturwissenschaftlichen Teil. In der Regel wird der Test in der zweiten Hälfte des letzten Grundschuljahres durchgeführt. Die von den Autoren angeführten Daten zur Objektivität, Reliabilität und Validität sind zufriedenstellend. Die Eichstichprobe von 216 Schülern (114 Mädchen, 102 Knaben) ist allerdings relativ klein. Über die Repräsentativität können keine Aussagen gemacht werden.

8.3.3 Mehrfächertests

In dieser Kategorie faßt *Brickenkamp* (1975) Verfahren zusammen, mit deren Hilfe die Lernerfolge in verschiedenen Schulfächern überprüft werden sollen. Im *Allgemeinen Schulleistungstest für 2. Klassen* von *Rieder* (1971) sowie in den beiden von *Fippinger* herausgegebenen entsprechenden Verfahren für 3. und 4. Klassen (1971, 1967) werden Wortschatz, Rechtschreibfertigkeit, Leseverständnis, die Fähigkeit, Textaufgaben zu lösen, sowie heimatkundliches Wissen geprüft.
Für die Untersuchung von Lernbehinderten sind zwei Formen der *Schulleistungsbatterie für Lernbehinderte und für schulleistungsschwache Grundschüler* von *Kautter* et al. (1972) sowie der *Schulleistungstest lernbehinderter Schüler* von *Reinartz* (1971) entwickelt worden. Diese Verfahren sollen Informationen darüber liefern, wie weit leistungsschwache Schüler in ihren Schreib-, Lese- und Rechenfertigkeiten vorangeschritten sind. Zum Teil werden die entsprechenden lernbehinderten Schüler aufgrund der Resultate dann bestimmten Vor- bzw. Förderklassen zugewiesen.

8.3.4 Lese- und Rechtschreibtests

Mit den Lese- und Rechtschreibtests soll geprüft werden, inwieweit Kinder ihrem Alter entsprechend lesen und den Sinn des Gelesenen aufnehmen können. Mit den Rechtschreibtests wird der Leistungsstand hinsichtlich der Schreibfertigkeit eines Kindes bestimmt. Diese Verfahren werden z.T. als Kontrolle des bisher erworbenen Wissens eingesetzt, z.T. aber auch bei der Diagnostik der Lese-Rechtschreibschwäche (*Legasthenie*) verwendet. Bei dieser sehr wichtigen Abklärung, die möglichst frühzeitig erfolgen sollte, damit das Kind nicht einer sekundären Neurotisierung ausgesetzt wird, sind die Lese- und die Rechtschreibtests von großer Bedeutung (s. die Zusammenstellung bei *Brickenkamp*, 1975).

Vor allem in den 60er Jahren erschien eine große Zahl von Arbeiten zum Thema "Legasthenie" (s. die Übersicht von *Angermaier*, 1971). Als ätiologische Faktoren wurden Störungen der verschiedenen kognitiven und perzeptiven Fähigkeiten angenommen: Speicherschwäche (*Schubenz* et al., 1964), Raumlagelabilität bzw. Wahrnehmungsrichtungsschwäche (*Schenk-Danzinger*, 1968; *Müller*, 1965), visuelle Diskriminationsschwäche (*Kirchhoff*, 1964), phonematische Differenzierungsschwäche (*Becker*, 1970), Reihungs- bzw. seriale Wahrnehmungsschwäche (*Lobrot*, 1966) und Deutungsschwäche (*Grissemann*, 1968a). Es zeigte sich, daß daneben aber auch Motivationsstörungen (*Knabe*, 1969), der Erziehungsstil (*Niemeyer*, 1973), die sozioökonomische Schichtzugehörigkeit (*Valtin*, 1970) und die Aktivation (*Gutezeit*, 1969; *Martinius* et al., 1972) eine wesentliche Rolle spielen. Bei der Behandlung haben sich vor allem die Methoden als effizient erwiesen, die der multifaktoriellen Bedingtheit der Legasthenie Rechnung tragen. Neben den Arbeitsheften von *Tamm* (1965), der "Arbeitsmappe für Legastheniker" von *Grissemann* (1968b) und dem Arbeitsprogramm von *Schmiedeberg* et al. (1967) ist das "Projektions-tachistoskopische Übungsprogramm für lese- und rechtschreibschwache Schüler" (des 3. Schuljahres) von *Gutezeit* (1977) zu nennen. Dieses aus 90 Dias bestehende Programm dient der Förderung der visuellen Perzeption, der visuell-auditiven Integration und der Konzentration. Daneben berücksichtigt es aber auch, daß der Legastheniker in seinem Selbstvertrauen gestärkt werden sollte und einen neuen, reflektierenden Arbeitsstil erlernen sowie Angst und Unlust abbauen muß.

8.3.5 Wortschatztests

Die Autoren dieser Verfahren gehen davon aus, daß die intellektuelle Entwicklung eines Kindes weitgehend abhängig sei von der Ausbildung des Wortschatzes und daß aufgrund des vorhandenen Wortschatzes Rückschlüsse auf die Lernfähigkeit eines Kindes möglich seien. Bekanntlich besteht ein enger Zusammenhang zwischen dem Wortschatz und der Allgemeinbegabung. Allerdings ist gerade der Wortschatz in hohem Maße von den sozioökonomischen Bedingungen abhängig, unter denen ein Kind aufwächst. Leistungsprognosen aufgrund von Resultaten aus Wortschatztests sollte man deshalb kritisch gegenüberstehen.

Es sind Wortschatztests für Schulanfänger (z.B. das Verfahren von *Kamratowski*) und entsprechende Verfahren für Kinder des 5. bis 6. bzw. 7. bis 8. Schuljahres (*Anger* et al., 1965) sowie ein spezieller technischer Wortschatztests für Schüler der 7. bis 9. Klassen (*Riemenschneider* et al., 1971) entwickelt worden.

8.3.6 Rechen-, Fremdsprachen- und sonstige Schulleistungstests

Schließlich ist eine große Zahl von Tests konzipiert worden, mit denen Rechenfertigkeit, die fremdsprachlichen Fähigkeiten sowie die Kenntnis in anderen Schulfächern (Geographie, Geschichte, Physik, Grammatik usw.) geprüft werden sollen. Es sind z.T. sehr spezielle Tests, bei denen man sich bisweilen fragen muß, ob sich der Aufwand, den die Testkonstruktion erfordert, lohnt und ob der betreffende Lehrer nicht ebenso gut in traditioneller Weise die Kenntnisse seiner Schüler prüfen könnte. Paradigmatisch für solche Verfahren sind vielleicht die beiden von *Ingenkamp* et al. (1966, 1967) herausgegebenen *Geschichtstests "Neuzeit"* (GTN 8-10), Teil I und II, in denen das erworbene Wissen und das Ver-

ständnis für die Geschichte in der Zeit zwischen 1890 und 1965 geprüft werden.
Es liegen ferner Tests zur Prüfung der *mathematischen Fähigkeiten* bei Schülern verschiedener Altersstufen vor. Andere Verfahren sind konzipiert zur Überprüfung des *französischen* und *englischen Wortschatzes*. Wieder andere Tests wollen das in verschiedenen anderen Schulfächern erworbene Wissen prüfen.

pro memoria 8.3.1 - 8.3.6

1. Hauptprobleme der Schultests: Formulierung reliabler und valider Kriterien zur Bestimmung der Effizienz dieser Verfahren hinsichtlich verläßlicher Voraussagen
2. Arten von Schultests:
   - 2.1 Allgemeine Schuleignungstests
   - 2.2 Spezielle Schuleignungstests
   - 2.3 Mehrfächertests
   - 2.4 Lese- und Rechtschreibtests
   - 2.5 Wortschatztests
   - 2.6 Rechen-, Fremdsprachen- und sonstige Schulleistungstests

8.4 Allgemeine Leistungstests

Als allgemeine Leistungstests bezeichnen wir mit *Bartenwerfer* (1983) Verfahren, die Funktionsbereiche erfassen, welche "allgemeine Voraussetzungen für die Erzielung von Leistungen" darstellen. Solche Funktionsbereiche sind beispielsweise die Aufmerksamkeit, die Konzentration, die Willensanspannung, die allgemeine Aktivität in Leistungssituationen usw. Nach *Bartenwerfer* liegt das Charakteristikum dieser Verfahren in der "anhaltenden Konzentration bei geistiger Tempoarbeit".
Die in diesem Kapitel zu besprechenden Tests basieren z.T. auf Verfahren, die weit in die Geschichte der Psychologie zurückweisen. Während sie früher eher als unsystematische Versuche durchgeführt wurden, sind diese Tests in den letzten Jahrzehnten sorgfältig überarbeitet, standardisiert und hinsichtlich der Gütekriterien geprüft worden. Es liegt heute eine Reihe guter allgemeiner Leistungstests vor. Ich werde im folgenden wieder nur paradigmatisch auf einige dieser Verfahren etwas genauer eingehen und möchte an diesen Tests das Charakteristische der allgemeinen Leistungsverfahren demonstrieren.

8.4.1 Der Pauli-Test

Der Pauli-Test hat von den in diesem Kapitel zu behandelnden Verfahren die wohl längste Geschichte. Er geht zurück auf die Versuche des *Kraepelin*-Schülers *Oehrn* (1889), individuelle Differenzen zu bestimmen. Der Test bestand in fortlaufendem Addieren einstelliger Zahlen. Damit sollten die psychische Leistungsfähigkeit, die Übung, die Ermüdung sowie der Leistungsverlauf geprüft werden.

1936 legte *R. Pauli* eine standardisierte Form mit genormten Rechenbögen, genauen Anweisungen zur Testdurchführung und Normen vor. Vom Probanden wird gefordert, daß er eine Stunde lang so rasch wie möglich einstellige Zahlen addiere. Alle 3 Minuten hat der Proband auf ein Signal hin die zuletzt addierte Zahl zu markieren, so daß sich nachträglich der Leistungsverlauf feststellen läßt. Es werden dann die folgenden Merkmale der Arbeitskurve bestimmt: die Gesamtmenge der Additionen, die Prozentsätze von Fehlern und Verbesserungen, die durchschnittlichen Schwankungen der Arbeitskurve gegenüber der doppelt ausgeglichenen Kurve, bezogen auf die mittlere Teilzeitleistung, die Steighöhe (Amplitude) der Kurve und die Lage des Kurvengipfelpunktes.
Ein eingehendes Studium des Pauli-Tests ist anhand der Monographie von *Arnold* (1975) möglich. Die Durchführungsobjektivität kann nicht als gesichert, die Auswertungsobjektivität hingegen als gesichert angesehen werden. Die Reliabilität ist bisher lediglich für die Merkmale "Gesamtmenge", "Fehler" und "Verbesserungen" bestimmt worden. Die Validitätsuntersuchungen weisen darauf hin, daß sich der Pauli-Test in der Praxis bewährt hat. Voraussetzung ist jedoch, daß die Probanden die Addition hinreichend beherrschen, weil andernfalls der Test weniger die allgemeine Leistungsfähigkeit als vielmehr die Rechenfähigkeit prüfen würde. Man wird allerdings auch dieses Verfahren stets in eine umfangreiche Testbatterie einbauen müssen, um insbesondere bei differentialdiagnostischen Fragen nicht zu Fehlschlüssen zu kommen (*A. Marca*, 1959).

Außer in der Arbeits- und Schulpsychologie findet der Pauli-Test Anwendung im klinischen Bereich (s. die Untersuchungen von *Pittrich*, 1949; *Kohlmann*, 1954; *Freytag*, 1962) und in der Pharmakopsychologie (*Gutewa*, 1957). Es liegen zwar mehrere Normentabellen vor. Sie sind jedoch, wie *Bartenwerfer* (1983) ausführt, unter verschiedenen Untersuchungsbedingungen zustande gekommen und deshalb für die Praxis wenig brauchbar. Eine Hauptschwierigkeit bei der Verwendung dieses Verfahrens dürfte ferner der große zeitliche Aufwand sein, da die Standardform nach wie vor eine Stunde in Anspruch nimmt.

8.4.2 Der Aufmerksamkeits-Belastungs-Test (Test d2)

Der Aufmerksamkeits-Belastungs-Test (Test d2) basiert auf dem Prinzip des Durchstreichtests von *Bourdon* (1895), der seinen Probanden eine Textseite aus einem Buch vorlegte und alle a, r, s, i durchstreichen ließ. Dieses ursprüngliche Verfahren ist vielfach variiert worden, z.B. von *Toulouse* und *Piéron* (1911) sowie von *Meili* (1956), und ist 1962 als Test d2 von *Brickenkamp* (1981) herausgegeben worden. Nach Angaben des Autors erfaßt der Aufmerksamkeits-Belastungs-Test die Aktivität in Leistungssituationen sowie Willenskraft und Ausdauer, die zur Durchsetzung einer zielgerichteten Reizselektion aufgebracht werden.

Der Proband hat die Aufgabe, in 14 Zeilen unter verschiedenen Buchstaben jeweils die mit zwei Strichen gekennzeichneten d zu identifizieren und durchzustreichen. Dafür steht ihm pro Zeile eine Zeit von 20 Sekunden zur Verfügung. Der Test kann als Einzel- und als Gruppentest gegeben werden.

Der Aufmerksamkeits-Belastungs-Test hat den Vorteil, ein sehr ökonomisches Verfahren zu sein (die gesamte Durchführung erfordert in der Regel nicht mehr als 7 bis 8 Minuten. Auch die Auswertung bietet keinerlei Schwierigkeiten) und zugleich differenzierte Angaben über Konzentrations- und Belastungsfähigkeit sowie über die Ermüdbarkeit eines Probanden zu vermitteln. Das Verfahren findet weite Verbreitung, und zwar nicht nur im Bereich der Berufsberatung, der Verkehrs- und der Arbeitspsychologie (*Brickenkamp*, 1962; *Oeltjen*, 1966), sondern auch bei psychopharmakologischen Experimenten (*Bente* et al., 1964; *Hartung* et al., 1964; *Flügel* et al., 1966) und in der klinischen Psychodiagnostik (*Schmettau*, 1970; *Regel*, 1972). Nach eigenen Erfahrungen hat sich der Test d2 auch gut bei der Abklärung eines fraglichen psychoorganischen Syndroms bewährt (s. auch *Weinmann*, 1979). Insbesondere ist die Testwiederholung nach Ablauf eines halben oder eines Jahres aufschlußreich für eine Verlaufskontrolle.

Objektivität und Reliabilität können als gesichert gelten. Die zur Validität vorliegenden Untersuchungen weisen den d2 als diagnostisch ergiebiges Verfahren zur Bestimmung der Belastbarkeit aus. Anhand einer 6000 Probanden umfassenden Standardisierungsstichprobe wurden vom Autor Standardwert- und Prozentrang-Normen aufgestellt.

8.4.3 Der Konzentrations-Verlaufs-Test (KVT) und der Konzentrations-Leistungs-Test (KLT)

Es soll noch auf zwei andere allgemeine Leistungstests hingewiesen werden: den Konzentrations-Verlaufs-Test (KVT) von *Abels* (1961) und den Konzentrations-Leistungs-Test (KLT) von *Düker* und *Lienert* (1965). Es sind zwei Verfahren, die der Prüfung der Konzentrations- und Belastungsfähigkeit, der Ermüdbarkeit sowie der Aktivität in Leistungssituationen dienen.

Der *Konzentrations-Verlaufs-Test* (KVT) geht aus Zahlensortierversuchen hervor, die bereits in den 20er Jahren im Leipziger Psychologischen Institut angewendet wurden, nachdem zuvor schon *Münsterberg* (1912) mit Karten-Sortierversuchen experimentiert hatte. Dieses ökonomische (die Testdurchführung erfordert ca. 7 - 16 Minuten) und von den Probanden im allgemeinen gerne bearbeitete Verfahren ist hinsichtlich seiner Durchführungsobjektivität nicht gesichert, die Auswertungsobjektivität hingegen ist garantiert. Die Reliabilität ist nicht ganz zufriedenstellend. Angaben zu empirischen Untersuchungen zur Validität werden vom Autor selbst nicht gegeben. Andere Autoren (z.B. *Seyfried*, zit. nach *Bartenwerfer*, 1964) konnten einen engen Zusammenhang zwischen Lehrerurteil über die Konzentrationsfähigkeit und KVT-Fehlerwerten nachweisen. Bei den von *Abels* (1961) mitgeteilten Normen ist unsicher, ob sie auf eine repräsentative Eichstichprobe zurückgehen.

Der *Konzentrations-Leistungs-Test* (KLT) von *Düker* (1965) ist ein bekannter Konzentrationstest, der insbesondere in pharmakologischen Experimenten eingesetzt wurde (*Düker*, 1943). Jedes Item besteht aus zwei Rechenaufgaben, die der Proband lösen soll. Bei der Schwierigkeitsstufe C (für Volksschüler) muß der Proband das jeweils kleinere Ergebnis vom größeren abziehen. Bei der Schwierigkeitsstufe D (für Jugendliche und Erwachsene) geschieht das nur, wenn das Ergebnis der oberen Aufgabe größer ist. Wenn das Ergebnis der unteren Zeile hingegen größer ist, sind beide Resultate zu addieren. Auch bei diesem Verfahren wirkt sich, wie beim Pauli-Test, für die Durchführung oft erschwerend aus, daß die Probanden über eine gute Rechenfertigkeit verfügen müssen, weil der Test andernfalls weniger die Konzentrationsfähigkeit als vielmehr die Rechenfertigkeit prüft. Außerdem sind Rechenaufgaben dieser Art bei vielen Probanden affektiv negativ besetzt. Manche Probanden äußern nach meiner Erfahrung direkt, die Untersuchung erinnere sie zu sehr an die Schule. Dadurch kann die Motivation zu Höchstleistungen z.T. erheblich beeinträchtigt werden. Objektivität, Reliabilität und Validität sowie die Normierung dieses Verfahrens sind als sehr gut zu bezeichnen.

pro memoria 8.4.1 - 8.4.3

1. Allgemeine Leistungstests:
   1.1 Pauli-Test
   1.2 Aufmerksamkeits-Belastungs-Test (Test d2)
   1.3 Konzentrations-Verlaufs-Test (KVT)
   1.4 Konzentrations-Leistungs-Test (KLT)
2. Diese Test erfassen "allgemeine Voraussetzungen für die Erzielung von Leistungen" (z.B. Aufmerksamkeit, Konzentration, Aktivität usw.)

8.5 Tests zur Prüfung spezieller Funktionen und Fähigkeiten

Innerhalb dieser Gruppe finden wir eine breite Skala von Verfahren. Sie umfaßt die folgenden vier Kategorien:

1) Verfahren zur Prüfung sensorischer Funktionen (Tests zur Prüfung des Gesichts- und Gehörsinns),
2) Verfahren zur Prüfung motorischer Funktionen (Prüfung der Muskelkraft, der Handgeschicklichkeit, der Geschwindigkeit fortlaufender Bewegungen und der Reaktionszeit),
3) Tests zur Prüfung diverser anderer Funktionen (Gedächtnis, räumliches Vorstellungsvermögen und visuell-motorische Koordination),
4) Tests zur Prüfung spezieller Fähigkeiten (z.B. Tests zur Prüfung der musikalischen Begabung, des technischen Verständnisses oder der Fähigkeit, Verkehrssituationen adäquat zu erfassen).

Diese Übersicht zeigt, daß recht verschiedenartige psychische Funktionen und Fähigkeitsbereiche mit den erwähnten Untersuchungsmethoden erfaßt werden. Die Verfahren sind nicht nur inhaltlich sehr heterogen, sondern weichen auch im Testmedium weit voneinander ab: Es sind z.T. apparative Tests, z.T. Papier-Bleistift-Verfahren, z.T. Tests, die den Umgang mit bestimmten Materialien erfordern.
Prüfungen sensorischer und motorischer Funktionen werden im Rahmen der testpsychologischen Diagnostik im allgemeinen selten durchgeführt. Abgesehen von Untersuchungen bei speziellen Forschungsvorhaben, spielen sie in der Routinediagnostik eine eher untergeordnete Rolle. In der klinischen Arbeit wird man bei entsprechenden Auffälligkeiten stets daran denken müssen, eine fachärztliche (ophthalmologische, otorhinolaryngologische und neurologische) Untersuchung anzuregen. Große Bedeutung hingegen kommt gerade in der klinischen Psychologie der psychodiagnostischen Erfassung von Störungen des Gedächtnisses, der räumlichen

Vorstellungsfähigkeit und der visuell-motorischen Koordination zu. Insbesondere bei der Abklärung der Frage, welche dieser Funktionen und in welchem Ausmaß sie, z.B. bei Patienten mit psychoorganischen Syndromen, beeinträchtigt sind, vermögen uns diese Tests wichtige Hinweise zu liefern. Die Verfahren zur Prüfung spezieller Fähigkeiten finden vor allem im Rahmen der Berufs- und Bildungsberatung Verwendung.

8.5.1 Tests zur Prüfung sensorischer Funktionen

Diese Tests nehmen insofern eine Sonderstellung ein, als die verwendeten "Reize" physikalisch definiert werden können (*Merz*, 1964). Bei der *Prüfung des Gesichtssinns* geht es beispielsweise um die Untersuchung des Gesichtsfeldes, der Sehschärfe, der Farbwahrnehmung sowie der Feststellung der Flimmergrenze. Die *Prüfung des Gehörsinns* kann die folgenden sieben Aspekte umfassen: 1) Feststellung der minimalen Schallenergie, die zu einer Wahrnehmung führt, 2) Feststellung der höchsten und niedrigsten akustisch wahrnehmbaren Frequenz, 3) Feststellung der minimalen Zeitdifferenz, die zu einem Richtungseindruck führt, 4) Feststellung der Unterschiedsschwellen für Lautstärken, 5) Feststellung der Unterschiedsschwellen für Tonhöhen, 6) Feststellung des zeitlichen Auflösungsvermögens, 7) Prüfungen auf absolutes Gehör.
Verfahren zur Prüfung anderer Sinnesfunktionen, etwa des Tastsinnes, der Lage- und Bewegungsempfindungen, des Geruchssinnes und des Geschmackssinnes, spielen im Rahmen psychologischer Untersuchungen im allgemeinen keine große Rolle.

pro memoria 8.5.1

Tests zur Prüfung sensorischer Funktionen:
1. Prüfung des Gesichtssinns
2. Prüfung des Gehörsinns
3. Prüfung des Tastsinns, der Lage- und Bewegungsempfindungen, des Geruchs- und des Geschmackssinns

8.5.2 Tests zur Prüfung motorischer Funktionen

Die motorischen Tests dienen der Prüfung der Muskelkraft, der Finger- und Handgeschicklichkeit, der Geschwindigkeit fortlaufender Bewegungen und der Reaktionszeit. Soweit es Verfahren sind, welche die Konzentra-

tionsfähigkeit erfassen, sind sie bereits im Kapitel "Allgemeine Leistungstests" (8.4) besprochen worden.
Es sollen lediglich einige Methoden kurz erwähnt werden, die zumeist in Form apparativer Tests vorliegen. Zur *Prüfung der Muskelkraft* sind verschiedene Geräte entwickelt worden, so beispielsweise sogenannte *Dynamometer*, bei denen meistens Federn zusammenzudrücken sind. Die erreichte Leistung kann dann an einer Skala abgelesen werden. Die Messung fortlaufender Leistung kann mit Hilfe eines *Ergographen* nach *Mosso* registriert werden . *Merz* (1964) weist auf ein bei den verschiedenen Tests zur Prüfung spezieller Fähigkeiten immer wieder auftauchendes Phänomen hin: Die Reliabilität dieser Verfahren ist in der Regel hoch, die Korrelationen zwischen den verschiedenen Tests sind hingegen zumeist erstaunlich niedrig. Dieses Resultat muß wohl so interpretiert werden, daß jedes der verwendeten Verfahren einen spezifischen Aspekt der motorischen Leistungsfähigkeit erfaßt.
Zur Prüfung der *Finger-* und *Handgeschicklichkeit* liegen verschiedene Versuchsanordnungen vor: Die *Präzision einfacher Bewegungen* kann beispielsweise mit dem *Tremometer* geprüft werden. Hier hat der Proband einen Metallgriffel durch einen Schlitz in einer Metallplatte zu bewegen. Jede Berührung mit der Platte gilt als Fehler. Platte und Griffel sind mit einer Stromquelle und mit einem elektrischen Zähler verbunden, so daß der Zähler und manchmal auch ein Signal für den Prüfling automatisch betätigt werden. Verfahren dieser Art sind auch als Papier-Bleistift-Tests modifiziert worden, beispielsweise der sogenannte *Tapping-Test*. Finger- und Handgeschicklichkeit werden ferner durch das *Hantieren mit verschiedenen Gegenständen* geprüft: Zu diesen Verfahren gehören die verschiedenen Perlenaufreihversuche (wie sie sich beispielsweise schon in den Binet-Testreihen fanden) und das Hantieren mit anderen Gegenständen.
Schließlich gehören zu dieser Gruppe von Tests auch die sogenannten *Arbeitsproben*, die in einer recht großen Zahl - z.T. in standardisierter Form - vorliegen und vor allem bei Untersuchungen im Bereich der Berufsberatung verwendet werden. Neben sogenannten *Saum- und Krug-Schneideproben* (hier hat der Proband in einem bestimmten vorgeschriebenen Abstand an einer gebogenen Linie entlang zu schneiden) ist unter dieser Gruppe von Tests vor allem die recht weit verbreitete *Drahtbiegeprobe* zu erwähnen. Die Drahtbiegeprobe (DBP) liegt in einer von *Lienert* (1967) standardisierten Form vor. Dem Probanden wird ein Eisendraht von 25 cm Länge und 1 mm Durchmesser vorgelegt, und er hat nach einer Vorlage diesen Draht zu biegen. Dabei darf kein Werkzeug benutzt werden. Die Bewertung erfolgt in der Bearbeitung von *Lienert* nach 29 Kriterien (betreffend die Streckenlängen, die Ecken und Streckenendigungen,

die Winkel sowie die Parallelität der verschiedenen Strecken). Mit diesem Verfahren soll das Handgeschick eines Probanden im Umgang mit Draht geprüft werden. Die Kriterien der Objektivität, Reliabilität und Validität sind erfüllt. Es liegen Normen vor, die an einer recht großen Stichprobe (von 1700 männlichen Jugendlichen und 125 Erwachsenen) gewonnen worden sind. Bei den Normen wird zwischen verschiedenen Schultypen, Altersklassen und Berufsgruppen differenziert.

Bisweilen soll bei einer Prüfung der motorischen Funktionen auch die *Händigkeit* erfaßt werden. Solche Untersuchungen sind vor allem von Interesse bei der Erfassung linkshändiger Probanden, zum Beispiel wenn Leistungen der rechten und linken Hand miteinander verglichen werden sollen. Es liegt ein von *Steingrüber* konzipiertes, von *Lienert* (1971) herausgegebenes Verfahren dieser Art vor: Der *Hand-Dominanz-Test* (HDT). Er kann bei Kindern zwischen 6 und 10 Jahren verwendet werden. Normen sind anhand einer Stichprobe von 1306 Primarschülern aufgestellt worden. Objektivität, Reliabilität und Validität können als gesichert betrachtet werden. Erwähnenswert ist ferner, daß dieser Test eine nur sehr kurze Durchführungszeit (reine Testzeit: 3 Minuten) erfordert und somit ein außerordentlich ökonomisches Verfahren darstellt.

Zur Prüfung der Motorik gehört schließlich die recht große Zahl von Methoden, mit denen die *Reaktionszeit* eines Probanden geprüft werden soll. Das Gemeinsame dieser Verfahren besteht darin, daß ein (optisches und/oder akustisches) Signal gegeben wird und der Proband darauf reagieren muß. Gemessen wird die Zeitspanne, die zwischen dem Einsetzen des Signals und der Reaktion des Probanden vergeht. Es werden im Handel verschiedene Apparate angeboten, mit denen zum Teil einfache, zum Teil aber auch sehr komplexe Reaktionsmuster erfaßt werden können. Als Beispiel sei das sogenannte *Determinationsgerät* von *Mierke* genannt, das heute in verschiedenen Formen vorliegt. Einen Überblick über die große Zahl apparativer Verfahren, die heute im Handel sind, gibt *Brickenkamp* (1986).

Im Bereich der Verkehrspsychologie und für spezielle Forschungsaufgaben haben sich auch sogenannte *Simulationsgeräte* als geeignete Testinstrumente erwiesen. Bei einer als "Fahrstraße", "Driving-Apparatus" (*Häkkinen*, 1958) oder "Trackinggerät" bekannten Versuchsanordnung rollt beispielsweise ein kurviger Streifen, die "Straße", vor dem Prüfling ab. Er hat die Aufgabe, durch fortlaufendes Steuern einen Zeiger auf der Straße zu halten. Dem Probanden werden damit verkehrsähnliche Regelaufgaben gestellt, und es besteht die Möglichkeit, unter dem Druck zunehmender Informationsdichte Angaben über seine "Streßresistenz" zu erhalten (*Gubser* et al., 1969, zit. nach *Kielholz* et al., 1971). Diese Prüfmethode findet sowohl im Rahmen verkehrspsychologischer Untersuchungen als auch bei pharmakologischen Studien Verwendung (*Kielholz* et al., 1971, 1972a, 1972b; *Hobi*, 1978).

pro memoria 8.5.2

Tests zur Prüfung motorischer Funktionen:

1. Prüfung der Muskelkraft (Dynamometer, Ergograph)
2. Prüfung der Finger- und Handgeschicklichkeit (Tremometer, Tapping-Test, Arbeitsproben)
3. Prüfung der Händigkeit (Hand-Dominanz-Test)
4. Prüfung der Reaktionszeit

8.5.3 Tests zur Prüfung verschiedener anderer Funktionen

In diesem Kapitel sollen Verfahren behandelt werden, die das Gedächtnis, das räumliche Vorstellungsvermögen und die visuell-motorische Koordination prüfen. Es sind Tests, die vor allem in der klinischen Psychologie (z.B. bei der Diagnostik psychoorganischer Syndrome), z.T. aber auch bei der Berufsberatung Verwendung finden (auf die Tübinger Luria-Christensen Neuropsychologische Untersuchungsreihe von *Hamster* et al., 1980, kann hier nur hingewiesen werden).

8.5.3.1 Methoden zur Prüfung des Gedächtnisses

Im Bereich der klinischen Psychologie steht der Diagnostiker häufig vor der Aufgabe, das Gedächtnis eines Patienten prüfen zu müssen. Zur Untersuchung des *Altgedächtnisses* eignen sich beispielsweise der Untertest "Allgemeines Wissen" aus dem HAWIE-R (s. unter 8.1.3.1) sowie verschiedene nicht-standardisierte Fragen nach länger zurückliegenden Ereignissen aus dem Leben des Patienten.
Das *Frischgedächtnis* läßt sich z.B. erfassen mit Hilfe des Untertests "Zahlennachsprechen" aus dem HAWIE-R sowie mit dem Untertest "Merkaufgaben" aus dem IST (s. unter 8.1.3.1 und 8.1.3.2). Ferner läßt es sich - vor allem bei groben Ausfällen - auch im Verlaufe eines Gesprächs prüfen, indem man den Probanden nach einem kurz zuvor erwähnten Sachverhalt oder einer fünfstelligen Zahl fragt, nachdem man sich durch unmittelbares Wiederholenlassen überzeugt hat, daß der Proband sie verstanden hat. Als Screening-Verfahren zur groben Abschätzung kognitiver Beeinträchtigungen wird häufig auch der "*Mini Mental Status*" von *Folstein* et al. (1975) verwendet. Anhand verschiedener Fragen werden die

zeitliche und räumliche Orientierung, die Aufmerksamkeit etc. geprüft. Gravierende Ausfälle weisen auf Demenzerscheinungen hin. Schließlich sind spezielle Tests zur Prüfung des Gedächtnisses bei visueller Darbietung konzipiert worden, z.B. der Visual-Retention-Test von *Benton* oder das Diagnosticum für Cerebralschädigung von *Weidlich*. Zu erwähnen ist in diesem Zusammenhang auch der "*Lern- und Gedächtnistest, LGT-3*" (*Bäumler*, 1974), der verschiedene Gedächtnisfunktionen anhand von verbalen und figuralen Aufgaben prüft. Dieses Verfahren liegt jedoch nur in einer sehr schwierigen Version für Probanden höheren Intelligenzgrades vor und ist deshalb nur bei einer begrenzten Zahl von Klienten anwendbar.

8.5.3.2 Der Visual-Retention-Test von Benton

Der von *Benton* (1981) herausgegebene Visual-Retention-Test wurde von *Spreen* für deutschsprachige Verhältnisse überarbeitet. Dem Probanden werden nacheinander jeweils 10 Sekunden lang geometrische Figuren gezeigt, die er unmittelbar nach der Darbietung aus dem Gedächtnis auf ein weißes Blatt zeichnen soll. Für die gesamte Testdurchführung benötigt man etwa 15 bis 20 Minuten. Bei der quantitativen Auswertung werden die Anzahl der richtigen Reproduktionen und die Anzahl der Fehler bestimmt und in Beziehung zum Lebensalter und zum Intelligenzniveau des Untersuchten gesetzt. Ferner werden die Fehler nach verschiedenen Fehlertypen aufgeschlüsselt.

Dieses Verfahren erfaßt die Fähigkeit eines Probanden, geometrische Figuren aufzufassen, sie für kurze Zeit im Gedächtnis zu speichern und sie dann zeichnerisch zu reproduzieren. Geprüft wird, neben der visuellen Merkfähigkeit, auch die visuell-motorische Koordination. Im klinischen Bereich hat der Benton-Test eine weite Verbreitung gefunden. Er dient insbesondere der Differentialdiagnostik bei hirnorganischen Funktionsstörungen (*Benton* et al., 1962; *Holzer*, 1968; *Böhm* et al., 1970; *Kerschbaum*, 1970; *Schmettau*, 1970; *Burgess* et al., 1972; *Weinmann*, 1979). Die Durchführungs- und Auswertungsobjektivität sowie die Reliabilität und Validität erscheinen gesichert. Es liegen Normen vor, die allerdings aus amerikanischen Untersuchungen stammen.

8.5.3.3 Bender-Gestalt-Test/Göttinger Formreproduktions-Test (GFT)

Der von *Bender* entwickelte Test besteht aus 9 geometrischen Figuren, die den Studien *Wertheimers* zur Gestaltauffassung entnommen sind. Der

Proband soll nacheinander diese Figuren so genau wie möglich abzeichnen. Es liegen verschiedene Auswertungssysteme vor, in denen zumeist die Anzahl der Ungenauigkeiten gewertet wird. Die größte Verbreitung hat das System von *Pascal* und *Suttell* (1951) gefunden. In Deutschland entwickelte *Wewetzer* (1956) ein erheblich einfacheres Quantifizierungsverfahren. In neuerer Zeit haben *Schlange* et al. (1972) aufgrund einer großen Untersuchung an Kindern den Test überarbeitet, aus den verschiedenen Scoring-Systemen Items ausgewählt, Item-Analysen und -selektion durchgeführt, den Test kreuzvalidiert und normiert. Erste Prüfungen der Objektivität, Reliabilität und Validität dieses "Göttinger Formreproduktionstests" (GFT) erbrachten befriedigende Ergebnisse (s. auch das von *Wallasch* entwickelte "Hintergrund-Interferenz-Verfahren für den Bender-Gestalt-Test", 1979).
Die Durchführung des Göttinger Formreproduktions-Tests erfordert im allgemeinen wenige Minuten. Mit dem Test werden die Gestalterfassung und die visuell-motorische Koordination geprüft. Er findet Verwendung bei Kindern und Erwachsenen, vorwiegend zur Entwicklungsdiagnostik und zur Differentialdiagnostik bei hirnorganischen Funktionsstörungen (*Koppitz*, 1960, 1980; *Wikler* et al., 1970; *Böhm* et al., 1970; *Kerschbaum*, 1970; *Burgess* et al., 1970; *Kenny* et al., 1971; *Wender*, 1971; *Regel*, 1972; *Klatskin* et al., 1972; *Wallasch* et al., 1977).

8.5.3.4 Diagnosticum für Cerebralschädigung (DCS)

Die neun geometrischen Figuren des DCS entstammen ursprünglich den Entwicklungstestreihen für das Schulalter von *Hetzer* (1962) und wurden dann von *Hillers* zu einem Lernversuch modifiziert. In der Bearbeitung von *Weidlich* (1972) liegt nun ein standardisiertes diagnostisches Hilfsmittel zur Prüfung des Gedächtnisses und der Merkfähigkeit vor (s. auch *Lamberti* et al., 1978). Der Proband muß sich Zeichen, die auf neun Karten dargestellt sind, einprägen und sie mit Hilfe von Holzstäbchen aus dem Gedächtnis reproduzieren sowie die Reihenfolge der entsprechenden Zeichen angeben. Die Durchführung nimmt 50 Minuten in Anspruch. Neben dem Gedächtnis und der Merkfähigkeit spielen auch die Gestalterfassung und die visuell-motorische Koordination beim Zustandekommen der Testleistung eine wichtige Rolle.

Objektivität und Reliabilität sind gesichert. Zur Validität liegen Untersuchungen an hirnorganisch Kranken und Gesunden vor. Daraus ergibt sich, daß erworbene Cerebralschädigungen mit Hilfe dieses Verfahrens von neurotischen Fehlentwicklungen ohne Hirnpathologie abgegrenzt werden können.

8.5.3.5 Tests zur Erfassung der räumlichen Vorstellungsfähigkeit

Sowohl im Bereich der Berufs- und Bildungsberatung als auch in der klinischen Psychologie kann es wichtig sein, speziell die räumliche Vorstellungsfähigkeit zu erfassen. Entsprechende Verfahren finden sich in einer Reihe von Intelligenztests (z.B. der Mosaiktest im HAWIE oder die Würfelaufgaben im IST). Auch der Benton-Test, der Bender-Gestalt-Test und das Diagnosticum für Cerebralschädigung prüfen - neben Gedächtnisfunktionen - die räumliche Vorstellungsfähigkeit eines Probanden.
Uns liegen aber, außer diesen Verfahren, auch spezielle Tests zur Erfassung der räumlichen Vorstellungsfähigkeit vor. Dazu gehören die *Figuren von Rybakoff* in der Bearbeitung von *Meili* (1955). Der Test besteht aus 21 Figuren, die ursprünglich (1910) vom Psychiater *Rybakoff* entwickelt und 1922 von *W. Stern* standardisiert worden sind. Der Proband hat die Aufgabe, die unregelmäßigen Figuren durch einen geraden Strich so in zwei Teile zu zerlegen, daß sie zu einem Quadrat zusammengesetzt werden können. Angaben zur Objektivität und Reliabilität fehlen. Zur Validität gibt *Meili* Korrelationen mit allgemeinen Intelligenztests an. Es liegen Prozentrang-Normen vor. Hinweise über die Art der Eichstichprobe fehlen jedoch. Ein zweites, ebenfalls von *Meili* (1955) herausgegebenes Verfahren zur Erfassung der räumlichen Vorstellungsfähigkeit sind die *Würfelabwicklungen*. Bei diesem Test müssen 11 verschiedene Würfelgrundrisse bearbeitet werden. Zur Lösung ist vor allem die räumliche Vorstellungsfähigkeit wichtig. Auch zu diesem Verfahren fehlen Angaben zur Objektivität, Reliabilität und Validität. Normen liegen für 14- bis 19jährige Schweizer Probanden vor.
Schließlich sei noch ein Verfahren zur Prüfung der räumlichen Vorstellungsfähigkeit erwähnt, das hinsichtlich seiner Objektivität, Reliabilität, Validität und Normierung den Anforderungen eines Tests im strengen Sinne entspricht. Es ist der von *Lienert* (1964) herausgegebene *Form-Lege-Test* (FLT). Der Proband hat die Aufgabe, verschiedene Umrißfiguren mit vorgegebenen Flächenteilen auszulegen, so daß die Umrißfigur völlig bedeckt ist. Der FLT besteht aus 20 Aufgaben, die ihrem Schwierigkeitsgrad nach geordnet sind. Die Testzeit selbst ist auf 20 Minuten beschränkt. Nach den Validitätsuntersuchungen zu schließen, prüft der FLT, neben dem räumlichen Auffassen und dem Operieren mit räumlichen Vorstellungen, auch die Fähigkeit des zweckmäßigen Kombinierens und Ergänzens (*Lienert*, 1964). Der Test ist bei Jugendlichen im Alter zwischen 14 und 18 Jahren und bei Erwachsenen zwischen 20 und 50 Jahren anwendbar. Er kann als Individual- und als Gruppentest durchgeführt werden und liegt in zwei Parallelformen vor.

8.5.3.6 Tests zur Prüfung weiterer spezieller Fähigkeiten

Im folgenden sollen einige Verfahren kurz dargestellt werden, mit deren Hilfe verschiedene spezielle Fähigkeiten erfaßt werden können. Zu nennen ist in diesem Zusammenhang der von *Lienert* (1964) herausgegebene *Mechanisch-technische Verständnistest* (MTVT). Er umfaßt 32 Wahlantwort-Aufgaben zu praktisch-technischen Problemen, die nach steigendem Schwierigkeitsgrad angeordnet sind. Der MTVT erfaßt einen speziellen Aspekt der praktischen Intelligenz, und zwar das Verständnis für technische Vorgänge. Die Testaufgaben bestehen aus Zeichnungen, die z.B. Geschwindigkeitsregulierungen durch Treibriemen, Schwungscheiben oder Zahnräder darstellen. Nach Angaben von *Lienert* erfordern diese Aufgaben vom Probanden kaum theoretische Vorkenntnisse. Geprüft wird vor allem, inwieweit sich der Proband technische Vorgänge vorstellen, sich in sie einfühlen und sie beurteilen kann. Die Objektivität, Reliabilität und Validität kann als gesichert betrachtet werden. Normen liegen für männliche Jugendliche zwischen 13 und 19 Jahren vor.
Ein ebenfalls zur Prüfung des technischen Verständnisses konzipiertes Verfahren ist der *Test zur Untersuchung des praktisch-technischen Verständnisses* (PTV) von *Amthauer* (1972). Auch in diesem Verfahren werden dem Probanden technische Probleme zeichnerisch dargestellt. Die Bearbeitung der Aufgaben erfordert teilweise nicht nur Erfahrung im Umgang mit technisch-zeichnerischen Darstellungen, sondern auch elementare physikalische Kenntnisse, wie Einblick in die technisch-mechanische Funktionsweise spezieller Vorrichtungen. Das Verfahren soll dem Untersucher helfen, bessere Entscheidungen über die Ausbildung und Weiterbildung von Probanden aus den verschiedensten technischen und naturwissenschaftlichen Fachrichtungen zu treffen. Die Objektivität und Reliabilität des PTV sind gesichert. Zur Validität liegen nur wenige Angaben vor. Normen wurden an einer Eichstichprobe von 4000 Personen im Alter zwischen 13 und 50 Jahren erhoben.
Einen weiteren speziellen Aspekt, nämlich Einsicht in Probleme des Straßenverkehrs zu gewinnen, prüft der *Verkehrs-Verständnis-Test* (VVT) von *Müller* (1973). Die beiden Parallelformen enthalten je 14 allgemeine Wissens- und Verständnisfragen über soziale, situative und technische Aspekte der Sicherheit im Straßenverkehr. Die Aufgaben sind in freier Form zu beantworten. *Müller* (1973) geht von Untersuchungsergebnissen aus, die Zusammenhänge zwischen Verkehrswissen und Fahrkenntnissen einerseits und Bewährungskriterien der Kraftfahreignung andererseits aufzeigen. Im Test soll nicht nur das für den Führerscheinerwerb erforderliche Wissen reproduziert werden, sondern es soll auch geprüft werden,

inwieweit der Proband Einsicht in die Ursachen und Zusammenhänge von Verkehrsrisiken nehmen kann. Die Durchführung erfordert ca. 25 bis 30 Minuten. Objektivität und Reliabilität sind gewährleistet. Untersuchungen zur Validität zeigen, daß relativ enge Zusammenhänge zwischen VVT und der bildungsabhängigen Intelligenz bestehen. Die bisher vorliegenden Normen basieren auf den Resultaten von 642 Probanden, die im Rahmen von Technischen Überwachungsvereinen (Motorfahrzeugkontrolle) untersucht worden sind. Es sei an dieser Stelle auf die Arbeiten von *Spörli* (1974, 1977, 1978) hingewiesen, der sich kritisch mit den Problemen auseinandergesetzt hat, die sich bei verkehrspsychologischen Untersuchungen stellen.

Schließlich ist noch ein völlig andersartiges Verfahren zu nennen, das der Erfassung der musikalischen Begabung dienen soll: Es ist der von *Butsch* und *Fischer* (1966) herausgegebene *Seashore-Test für Musikalische Begabung*. Der Test ist auf einer Langspielplatte aufgenommen worden und prüft sensorische Fähigkeiten des Gehörs (wie das Unterscheidungsvermögen für verschiedene Tonhöhen, Lautstärken, Tonlängen und Klangfarben) und das Empfindungsvermögen für Rhythmen sowie das Gedächtnis für Tonfolgen. Es liegen Normen für 10- bis 17jährige Probanden vor. Die Objektivität scheint gewährleistet zu sein. Die in der Handanweisung angegebenen, aus dem amerikanischen Original stammenden Reliabilitätskoeffizienten sind nicht ganz zufriedenstellend. Hinsichtlich der Validität vertreten *Seashore* sowie *Butsch* und *Fischer* die Ansicht, der Test könne logische Validität in Anspruch nehmen. Man kann sich jedoch fragen, ob mit diesem Verfahren tatsächlich das Konstrukt "musikalische Begabung" erfaßt wird. Vielleicht sollte man den Zielbereich dieses Tests eher einschränkend bezeichnen als Test zur Erfassung spezifischer sensorischer Fähigkeiten, zur Prüfung des Rhythmus und des Gedächtnisses für Tonfolgen.

Es soll abschließend noch auf einige komplexe Testsysteme hingewiesen werden, die verschiedene spezielle Fähigkeiten erfassen und zu größeren Testbatterien zusammengefaßt sind. Diese Verfahren dienen in erster Linie *Eignungsuntersuchungen* und prüfen Funktionen, die bei den verschiedensten beruflichen Tätigkeiten von Bedeutung sind. Hinsichtlich der methodischen Probleme bei Eignungsuntersuchungen verweise ich auf die Arbeiten von *Schmidtke* et al. (1961), *Herrmann* (1966), *Trebeck* (1970), *Frieling* (1974) und *Triebe* (1973, 1975).

Aus der Gruppe der Verfahren zur Eignungsprüfung sind die *Einfachen Eignungsuntersuchungen* (EEU) zu erwähnen, die in einem von der Bundesanstalt für Arbeitsvermittlung der BRD herausgegebenen Band zusammengefaßt sind. Diese Testbatterie ist jedoch nicht käuflich zu erwerben. Ich beziehe mich hier auf die Darstellung von *Merz* (1964). Zu der Testbatterie "Einfache Eignungsuntersuchungen" gehören sehr verschiedene Prüfungen: Das Schreiben eines Lebenslaufes, eine persönliche Aussprache, eine Gedächtnisprüfung, Verfahren zur Untersuchung des begrifflichen und des sprachfreien Denkens sowie des praktischen Verhaltens, Tests zur Prüfung der technischen Begabung, des Formen- und Farbsinns sowie der Handfertigkeit (hierzu gehören beispielsweise die erwähnte Drahtbiegeprobe, ferner Krug-Schneide-Proben, Papierstreifen-Falten usw.) sowie verschiedene andere Untersuchungsmethoden. Die von *Roth* (1957) mitgeteilten Reliabilitätskoeffizienten weisen in der Mehrzahl eine ausreichende Höhe auf. Untersuchungen über die Validität sind mir nicht bekannt.

Eine weitere, komplexe Testbatterie zur Eignungsuntersuchung ist das *Giese-Test-System* (GTS) von *Dorsch* (1952). Dieses ebenso wie die "Einfachen Eignungsuntersuchungen" an verschiedenen deutschen Arbeitsämtern entwickelte Verfahren umfaßt folgende Untersuchungsgebiete: Allgemeine Intelligenz, Sonderbegabung für die Erfassung und Verarbeitung von Raum und Form, Sonderbegabung für Technik, Begabung für nichttechnische Berufsanforderungen, allgemeine Arbeitsveranlagung einschließlich Handgeschick und Sinnestüchtigkeit. Leider liegen zu diesem recht aufwendigen Test bisher keine Angaben zur Objektivität, Reliabilität und Validität vor. Die in der Handanweisung angegebenen Richtwerte können nicht im strengen Sinne als Normen betrachtet werden.

pro memoria 8.5.3.1 - 8.5.3.6

Tests zur Prüfung anderer Funktionen:

1. Prüfung des Gedächtnisses
2. Visual-Retention-Test von *Benton*
3. Bender-Gestalt-Test/Göttinger Formreproduktions-Test
4. Diagnosticum für Cerebralschädigung
5. Tests zur Erfassung der räumlichen Vorstellungsfähigkeit
6. Tests zur Prüfung weiterer spezieller Fähigkeiten (technisches Verständnis, Einsicht in Probleme des Straßenverkehrs, Musikalität, Eignungsuntersuchungen)

9. Persönlichkeitstests

Es wurde bereits darauf hingewiesen, daß die Unterteilung in Fähigkeits- und Persönlichkeitstests im Grunde eine willkürliche ist. Immer stehen die intellektuelle Begabung sowie allgemeine und spezielle Fähigkeiten in einem engen Interdependenzverhältnis mit affektiven Komponenten einer Persönlichkeit und mit ihrer Fähigkeit, ihre Erlebnisinhalte zu verarbeiten und sich mit der sozialen Umwelt auseinanderzusetzen. Didaktische Gründe legten indes eine Unterteilung in Fähigkeits- und Persönlichkeitstests nahe. In der Praxis sollten aber niemals allein bestimmte Fähigkeitsverfahren eingesetzt werden, sondern diese müssen stets in eine Testbatterie eingebettet sein, die auch verschiedene Persönlichkeitstests enthält.
Im vorliegenden Kapitel sollen die Persönlichkeitsfragebögen und klinischen Skalen, die verbalen Ergänzungsverfahren, die Formdeutetests, die thematischen Apperzeptionsverfahren, die spielerischen und zeichnerischen Gestaltungstests, die Farb- und Bildwahlverfahren sowie eine Reihe anderer Persönlichkeitstests besprochen werden. Allen diesen Untersuchungsmethoden ist gemeinsam, daß mit ihrer Hilfe Gefühle, Vorlieben, Abneigungen, aber auch dem Probanden unbewußte Konflikte und Triebe eruiert werden. Mit den Persönlichkeitstests suchen wir Aufschluß über die für die Persönlichkeit eines Menschen charakteristische Struktur oder zumindest über bestimmte Persönlichkeitszüge.

9.1 Persönlichkeitsfragebögen

Unter dem Oberbegriff "Persönlichkeitsfragebögen" sollen in diesem Kapitel Fragebogentests dargestellt werden, die einerseits die Persönlichkeitsstruktur, andererseits aber auch Interessen und spezifische Problembereiche eines Probanden erfassen wollen. Solche Fragebogenverfahren haben in den vergangenen Jahrzehnten eine große Verbreitung gefunden (neben den Selbstbeurteilungsfragebögen werden im klinischen Bereich auch Fremdbeurteilungsskalen verwendet, s. Kap. 9.1.6). Die Fragebögen verbinden zwei Vorteile miteinander: Erstens können sie vom Probanden in der Regel selbständig bearbeitet werden, und zweitens bietet die Auswertung, zumeist mit Hilfe von Schablonen, z.T. aber auch durch den Computer, keine großen Schwierigkeiten. Im allgemeinen sind die Persönlichkeitsfragebögen in der Weise konzipiert, daß dem Probanden eine Liste von Feststellungen oder Fragen vorgelegt wird und er bei jeder zu entscheiden hat, ob er sie als für sich zutreffend empfindet oder nicht. Seine Antwort vermerkt er durch Ankreuzen des hinter der Feststellung stehenden "Ja" bzw. "Nein" oder des "Stimmt" bzw. "Stimmt nicht". Bei einigen Verfahren kann auch der Intensitätsgrad der Symptome angegeben werden. Je nach dem Konzept des Tests werden verschiedene psychische und/oder somatische Symptome sowie Vorlieben, Einstellungen, Interessen etc. erfragt.

In diesen Verfahren gibt der Proband direkt eine Stellungnahme ab, wobei er in der Regel aus der Feststellung entnehmen kann, worauf die Frage zielt. Man bezeichnet daher die Persönlichkeitsfragebögen auch als *subjektive Persönlichkeitstests* - im Gegensatz zu den projektiven und den sogenannten "objektiven" Persönlichkeitstests (s. unter 9.10), bei denen der Proband im allgemeinen die Bedeutung des Tests nicht ohne weiteres durchschaut. Bei den Persönlichkeitsfragebögen besteht daher - mehr noch als bei anderen Verfahren - die Möglichkeit einer absichtlichen Verfälschung und dadurch einer Verzerrung der Resultate durch den Probanden. Dieser Schwierigkeit versuchten die Testautoren zu begegnen, indem sie spezielle Kontroll- und Korrekturskalen entwickelten. Ein Problem bei den Persönlichkeitsfragebögen stellt ferner der Umstand dar, daß nicht alle Probanden einen Begriff, der im Text verwendet wird, in gleicher Weise verstehen. Auf einige diesbezügliche Probleme wurde bereits oben bei der Diskussion der Sprache in der Psychodiagnostik (s. unter 2.1) und bei den Problemen der Motivation (s. unter 4.2) hingewiesen.

Die Persönlichkeitsfragebögen erfreuen sich in der Diagnostik großer Beliebtheit. Dies ist nicht zuletzt dadurch bedingt, daß eine geradezu unüberschaubare Zahl verschiedener Tests dieser Art vorliegt, die bei den verschiedensten Fragestellungen Anwendung finden können. Indes können sich bei der Verwendung von Fragebögen auch *Probleme* ergeben, die erst bei genauerer Betrachtung sichtbar werden. Ein erstes Problem liegt darin, daß alle diese Verfahren *Introspektionsfähigkeit* bei den Probanden voraussetzen, da (zumindest bei den Selbstbeurteilungsskalen) die Probanden sich selber gegenübertreten müssen und ihr eigenes Denken, Fühlen und Handeln zum Gegenstand der Beurteilung machen. Wenn es Klienten jedoch an Introspektionsfähigkeit mangelt, wie es per definitionem bei einer Reihe von psychischen Erkrankungen der Fall ist, werden auch die Resultate solcher Fragebogenverfahren dadurch beeinflußt.

Außerdem ist zu bedenken, daß mitunter auch *ethische Probleme* bei der Verwendung von Tests dieser Art entstehen können: Wir glauben aus der Perspektive der Untersucher heraus, die Probanden nur mit "harmlosen" Fragen zu konfrontieren. Dabei vergessen wir mitunter, daß für einen Probanden allein die Tatsache, mit den unterschiedlichsten Symptomen (depressive Verstimmungen, sexuelle Fehlentwicklung, psychotische Phänomene etc.) konfrontiert zu werden, außerordentlich belastend und irritierend sein kann (vgl. *Rauchfleisch*, 1982, 1992c). Nicht unproblematisch ist auch die Tatsache, daß wir bei der Auswertung solcher Skalen die verschiedenen Symptome addieren und daraus einen Gesamtwert für ein bestimmtes Syndrom errechnen. Dabei werden zum Teil Symptome gleichwertig behandelt, die im Erleben und im Alltag von Patienten völlig verschiedene Relevanz besitzen (beispielsweise werden Suizidversuche, Versündigungsideen und verschiedene bei Depressionen auftretende körperliche Störungen, ohne daß diese Symptome unterschiedlich gewichtet würden, einfach addiert).

Es ist darauf hinzuweisen, daß die Selbstbeurteilungsskalen uns immer nur die *subjektive Sicht* eines Patienten vermitteln können. Es ist deshalb absolut unzulässig, bei der Interpretation solcher Verfahren in Individualbefunden ebenso wie in wissenschaftlichen Untersuchungen davon zu sprechen, ein Patient oder eine bestimmte Klientengruppe zeichne sich durch das eine oder andere Persönlichkeitsmerkmal aus. Wir müssen vielmehr folgende Formulierungen verwenden, um deutlich zu machen, daß es eine *subjektive* Evaluation aus der Sicht der Klienten selber ist: "Der Patient schildert sich als ...", "Der Patient gibt an, ... zu sein/zu haben" oder "In diesem Verfahren entwirft der Patient von sich das Bild einer ... Persönlichkeit".

Schließlich ist zu bedenken, daß die verschiedenen Persönlichkeitsfragebögen und die klinischen Skalen zwar hinsichtlich der Durchführungs- und Auswertungszeit ökonomische Tests sind, insbesondere wenn sie als Selbstbeurteilungsskalen von den Probanden allein bearbeitet werden. Dies ist nicht zuletzt auch ein Hauptgrund für die große Beliebtheit dieser Verfahren. Doch sollte man berücksichtigen, daß diese Art von Tests eine unpersönliche Untersuchungssituation darstellt, die nicht alle Probanden schätzen. Es ist deshalb in der klinischen Arbeit darauf zu achten, eine Testbatterie zusammenzustellen, in der neben solchen Fragebögen auch Verfahren enthalten sind, bei denen ein direkter Kontakt zwischen Untersucher und Proband besteht.

9.1.1 Das Minnesota Multiphasic Personality Inventory (MMPI)

Die größte Verbreitung unter den Persönlichkeitsfragebögen dürfte das Minnesota Multiphasic Personality Inventory (MMPI) von *Hathaway* und *McKinley* (deutsche Fassung von Spreen, 1963) gefunden haben. Ursprünglich als Fragebogentest zur Diagnostik psychischer Störungen konstruiert, wurde später die Interpretation der Skalen auch auf den Normalbereich ausgedehnt. Die klinisch-psychiatrische Benennung der Skalen wurde jedoch beibehalten.

Der Test besteht aus 566 Items, deren jedes vom Probanden mit "Ja" (d.h.: trifft für den Probanden zu) oder "Nein" (d.h.: trifft für den Probanden nicht zu) zu beantworten ist. Die Auswertung mit Hilfe von Schablonen (neuerdings auch durch Computer, s. *Blaser* et al., 1972) erfolgt hinsichtlich der 10 klinischen Standardskalen: Hypochondrie (Hd), Depression (D), Hysterie (Hy), Psychopathie (Pp), Paranoia (Pa), Psychasthenie (Pt), Schizophrenie (Sc), Hypomanie (Ma), Maskulinität-Femininität (Mf), soziale Introversion - Extraversion (Si).

Ferner gehören zur Standardform vier Skalen, die der Messung von Einstellungen bei der Testbeantwortung und der Korrektur der klinischen Skalen bei Vorliegen auffälliger Beantwortungstendenzen dienen. Diese sogenannten "Validitätsskalen" sind: Der "?"-Wert (Anzahl der nicht beantworteten Items), der Lügenwert (L), der F- und der K-Wert (die letzteren beiden zur Erfassung auffälliger Testbeantwortung und defensiver Einstellung zum Test). Außer diesen 14 Skalen sind mehr als 200 weitere Skalen zur Beantwortung spezieller Fragestellungen empirisch konstruiert worden. Wichtig sind vor allem die von *Barron* (1953) entwickelte Ich-Stärke-Skala (Es), die insbesondere bei prognostischer Fragestellung von Bedeutung ist, sowie Skalen für verschiedene psychische und somatische Symptome.

Die bei einem Probanden ermittelten Skalenwerte werden in ein Profilblatt (getrennt für männliche und weibliche Probanden) eingetragen. In der Auswertung werden nicht nur die einzelnen Skalenwerte interpretiert, sondern auch das Profil insgesamt. Der MMPI ermöglicht dadurch eine anschauliche Darstellung der verschiedenen Persönlichkeitszüge und stellt die Grundlage einer differenzierten Strukturanalyse der Persönlichkeit dar. Interpretationshilfen werden von *Hathaway* und *Meehl* (1951) auch in Form eines Zifferncodesystems für das MMPI-Profil gegeben.

Der MMPI hat im klinischen Bereich eine weite Anwendung gefunden zur Diagnostik der verschiedensten psychischen Erkrankungen, zur Beantwortung differentialdiagnostischer Fragen, bei Problemen der Prognose von Psychotherapien usw. (*Hampton*, 1951; *Barron*, 1953; *Scodel*, 1953; *Gough*, 1954; *Grosz* et al., 1959; *Doehring* et al., 1960; *Blumberg*, 1967; *Jenkins*, 1971; *Rauchfleisch*, 1971; *Stephan* et al., 1971; *Cohler* et al., 1972; *Pauli* et al., 1972; *Rauchfleisch*, 1972a; *Bottenberg* et al., 1977; u.a.). Es ist allerdings ein zeitlich recht aufwendiges Verfahren (Durchführungszeit zwischen 1 1/2 und 2 Stunden). Selbst die "Kurzform" umfaßt noch 221 Items (*Blaser* et al., 1972). Die deutsche Übersetzung wirkt z.T. etwas schwerfällig. Manche Feststellungen sind für unterdurchschnittlich begabte Probanden schwer verständlich. Die Durchführungs- und Auswertungsobjektivität ist gegeben. Die Reliabilitätskoeffizienten liegen z.T. etwas niedrig. Hinsichtlich der Validität bestätigen Untersuchungen an den verschiedensten klinischen Gruppen die Brauchbarkeit dieses Verfahrens.

9.1.2 Das Freiburger Persönlichkeitsinventar (FPI)

Das Freiburger Persönlichkeitsinventar (FPI) von *Fahrenberg* et al. (1978) ist ein mehrdimensionaler Persönlichkeitsfragebogen, der in der Gesamtform 212, in den beiden Halbformen A und B je 114 und in der Kurzform 76 Feststellungen enthält. Die Autoren führten sehr sorgfältige Item-Analysen und -selektionen durch, unterzogen ihre Daten verschiedenen Faktorenanalysen und legten differenzierte Normen für die drei Formen, getrennt für die beiden Geschlechter und die Altersstufen 15 bis 50 Jahre und darüber, vor. Die Auswertung erfolgt mit Hilfe von Schablonen, kann aber auch maschinell durchgeführt werden.
Die Items werden hinsichtlich folgender 12 bipolarer Standardskalen ausgewertet: Nervosität (vegetative Beschwerden), Aggressivität, Depressivität, Erregbarkeit, Geselligkeit, Gelassenheit, Dominanzstreben, Gehemmtheit, Offenheit, Extraversion, emotionale Labilität und Maskulinität. Die 3. (1978 erschienene) Auflage der Handanweisung enthält eine Fülle von Angaben zur Objektivität, zur Reliabilität und insbesondere auch zur Validität dieses Persönlichkeitsfragebogens. Es werden ferner die Resultate aus Untersuchungen an verschiedenen klinischen Stichproben mitgeteilt. Dieser sehr gut konstruierte und normierte sowie in der Durchführungsdauer ökonomische Persönlichkeitsfragebogen (die Halbformen erfordern nur ca. 15 Minuten) kann bei den verschiedensten Fragestellungen, vor allem auch in der klinischen Diagnostik, Verwendung finden (s. das von den Testautoren aufgestellte umfangreiche Literaturverzeichnis).
1984 haben die Autoren mit der 4. Auflage des FPI eine revidierte aus 137 Items bestehende Fassung, den FPI-R, vorgelegt. Es ist nicht nur eine sorgfältige Überarbeitung und neue Normierung des ursprünglichen FPI, sondern diese Version zeichnet sich auch durch wesentliche inhaltliche Veränderungen aus. Als neue Skalen wurden die folgenden aufgenommen: "Lebenszufriedenheit", "Soziale Orientierung", "Leistungsorientierung", "Beanspruchung" und "Gesundheitssorgen". Die im ursprünglichen FPI, der nach wie vor verwendet werden kann, durch 2 Skalen repräsentierte Aggression (Skala 2 "Aggressivität" und Skala 7 "Dominanzstreben") ist im FPI-R zu einer einzigen Skala "Aggressivität" zusammengefaßt worden. Die unglückliche Skalenbenennung "Nervosität" der 1. FPI-Skala ist durch die Bezeichnung "Körperliche Beschwerden" verbessert worden. Gestrichen wurde im FPI-R die mit Recht umstrittene Skala "Maskulinität". Wie schon beim FPI haben *Fahrenberg* und Mitarbeiter umfassende Itemanalysen durchgeführt und die verschiedensten Reliabilitäts- und Validitätsaspekte überprüft. Die Resultate weisen auch den FPI-R als sorgfältig konstruiertes, für die verschiedensten diagnostischen Fragestellungen geeignetes Instrument aus.

9.1.3 Der Problemfragebogen für Jugendliche

Dieser für Jugendliche zwischen 14 und 19 Jahren anwendbare Test geht zurück auf das "SRA Youth Inventory" von *Remmers* und *Shimberg*. Die deutschsprachige Fassung von *Süllwold* und *Berg* (1967) gliedert sich, wie die amerikanische Originalform, in die acht Problembereiche: 1) Meine Schule, 2) Nach der Schulzeit (bzw. Lehre), 3) Über mich selbst, 4) Ich und die anderen, 5) Zuhause, 6) Jungen und Mädchen, 7) Gesundheit, 8) Allgemeines. Mit Hilfe des Fragebogens möchte der Untersucher Einsicht in die Probleme und Nöte von Jugendlichen gewinnen. Die Testautoren unterscheiden bei der Interpretation drei Möglichkeiten: Zunächst kann ein Gesamtwert für alle acht Bereiche bestimmt werden. In diesem Wert spiegelt sich wider, in welchem Ausmaß ein Jugendlicher überhaupt unter Problemen leidet. In einem zweiten Auswertungsschritt können die Resultate aus jedem der acht Bereiche gesondert interpretiert werden. Die bei einem Probanden ermittelten Resultate werden mit der Normstichprobe verglichen. Auf diese Weise läßt sich ermitteln, ob ein bestimmter Themenkreis für diesen Probanden besonders problembeladen ist. Schließlich kann bei den einzelnen Items (der Test enthält über alle acht Problembereiche hin 306 Feststellungen) durch einen Vergleich mit den Normen geprüft werden, ob eine bestimmte Feststellung für den Probanden besonders problembeladen ist.
Objektivität und Reliabilität können als gesichert betrachtet werden. Hinsichtlich der Validität betonen die Autoren, daß der Problemfragebogen für Jugendliche Inhaltsvalidität beanspruchen könne. Voraussetzung ist bei diesem Fragebogen, wie bei allen "subjektiven" Persönlichkeitstests, daß die Probanden bereit sind, sich über ihre Probleme zu äußern. Ich habe diesen Test hier vorgestellt, da er sich meiner Erfahrung nach auch für die klinische Arbeit gut eignet und beispielsweise bei verhaltensgestörten Kindern und Jugendlichen differenzierte Einblicke in die Konfliktbereiche dieser Probanden ermöglicht (*Rauchfleisch*, 1972b).

9.1.4 Der Gießen-Test (GT)

Während bei den bisher vorgestellten Persönlichkeitsfragebögen der Proband jeweils nur Auskunft über sich selbst gibt, kann mit dem Gießen-Test von *Beckmann* und Mitarbeitern (1979, 1983) nicht nur das Selbstbild, sondern auch das Fremdbild (Beurteilung des Probanden durch den Partner oder den behandelnden Arzt) und das Idealselbst-Bild (d.h. der Proband beschreibt sich so, wie er gerne sein möchte) erfaßt werden.

Der Gießen-Test besteht aus 40 Items und wird hinsichtlich der 6 folgenden bipolaren Standardskalen ausgewertet: Soziale Resonanz, Dominanz, Kontrolle, Grundstimmung, Durchlässigkeit und soziale Potenz. Die Autoren haben damit ein Verfahren entwickelt, das - abgesehen von der Anwendung bei einzelnen Probanden - auch in der Paar- und Gruppendiagnostik eingesetzt werden kann. Durchführung und Auswertung sind als objektiv zu bezeichnen. Die nach der Retest-Methode ermittelten Reliabilitätskoeffizienten liegen relativ niedrig (die Autoren führen dieses Resultat darauf zurück, daß der GT entsprechend seiner Konstruktion auch zeitvariable Merkmale erfasse). Die Analyse der inneren Konsistenz ergab zufriedenstellende Resultate. Zur Validität zitieren die Autoren Untersuchungen an verschiedenen klinischen Stichproben und Arbeiten aus dem sozialpsychologischen Bereich. Die manuelle Auswertung erfolgt mit Hilfe von Schablonen (bei der Vorbereitung der Daten für die Computer-Auswertung ist zu beachten, daß die Skalierung der einzelnen Items links immer mit 1 beginnt). Die Resultate werden in ein Profilblatt eingetragen, aus dem dann die T-Normen abgelesen werden können (s. auch *Beckmann* et al., 1977, 1983).

9.1.5 Das Narzißmusinventar und andere Verfahren zur Erfassung des Selbstkonzepts

Das *Narzißmusinventar* (*Deneke* et al., 1989) stellt insofern ein Novum dar, als es einen Bereich erfaßt, für den bisher keine anderen Persönlichkeitsfragebögen vorliegen. Die Autoren gehen von den psychoanalytischen Narzißmustheorien von *Kohut* (1973) und *Kernberg* (1979) aus und verfolgen mit diesem Test das Ziel, die verschiedenen Aspekte der Organisation und Regulation des Selbstsystems zu erfassen (zu den neueren Narzißmuskonzepten und zum Begriff des Selbst s. *Battegay*, 1993, und *Mertens*, 1990).

Es werden zwei Arten von Regulationsprinzipien beschrieben: Das eine ist auf das Erreichen von spannungsfreien Ruhe-Gleichgewichtszuständen ausgerichtet, das andere hingegen strebt von solchen Gleichgewichten weg und sucht sensorisch-affektive Stimulierung und Erfahrungen des Neuartig-Überraschenden, folgt damit also einem Unruhe-Prinzip. Jedes dieser beiden Prinzipien umfaßt verschiedene Regulationsvorgänge, die sich um Selbstwerterleben, Identitätsgefühle und Sinnerfahrung im persönlichen Leben sowie um sinnlich-körpernahe Bedürfnisse gruppieren.

Ausgehend von diesem Konzept und aufgrund umfangreicher empirischer Voruntersuchungen an verschiedenen klinischen Stichproben haben *Deneke* und Mitarbeiter einen Fragebogen mit 163 Items entwickelt.

Faktorenanalytische Untersuchungen legten eine Auswertung nach 18 Skalen nahe, die sich wiederum zu vier übergeordneten Dimensionen zusammenfassen lassen:

1. Dimension: Das bedrohte Selbst

1. Ohnmächtiges Selbst
2. Affekt-/Impulskontrollverlust
3. Derealisation/Depersonalisation
4. Basales Hoffnungspotential
5. Kleinheitsselbst
6. Negatives Körperselbst
7. Soziale Isolierung
8. Archaischer Rückzug

2. Dimension: Das "klassisch" narzißtische Selbst

9. Größenselbst
10. Sehnsucht nach idealem Selbstobjekt
11. Gier nach Lob und Bestätigung
12. Narzißtische Wut

3. Dimension: Das idealisierte Selbst

13. Autarkie-Ideal
14. Objektabwertung
15. Werte-Ideal
16. Symbiotischer Selbstschutz

4. Dimension: Das hypochondrische Selbst

17. Hypochondrische Angstbindung
18. Narzißtischer Krankheitsgewinn

Leider ist die Auswertung dieses Verfahrens, wenn sie nicht über EDV erfolgt, recht umständlich (Zuordnung von Punktwerten zu den abgestuften Antwortmöglichkeiten, Übertragung dieser Zahlen auf das Auswertungsblatt, Auflegen von relativ unübersichtlichen Auswertungsschablonen etc.). Das Hauptproblem liegt für den Benutzer jedoch darin, daß bisher keine verläßlichen Normen erstellt worden sind. Die Autoren teilen lediglich Mittelwerte und Standardabweichungen für die 18 Skalen aus Untersuchungen verschiedener klinischer Gruppen und einer - allerdings sehr kleinen - Stichprobe von psychisch Gesunden mit und liefern als grobes Referenzsystem T-Normen einer Stichprobe, die sich aber aus Patienten mit verschiedenen Erkrankungen zusammensetzt. Die ungenügende Normierung, die derzeit eine Verwendung dieses Fragebogens in der Indivi-

dualdiagnostik (zumindest wenn man die individuellen Testwerte auf ihre Abweichungen vom "normalen" Verhalten prüfen will) fragwürdig erscheinen läßt, ist vor allem deshalb so bedauerlich, weil das Narzißmusinventar von seiner Konzeption her und im Hinblick auf den angezielten Merkmalsbereich ein für die klinische Diagnostik wichtiges Verfahren ist.
Es sei noch auf drei Verfahren hingewiesen, die ebenfalls der Untersuchung des Selbstwerterlebens und verschiedener Aspekte des Selbstkonzepts dienen. Von *Deusinger* (1986) sind die auf kognitionstheoretischen Konzepten basierenden "*Frankfurter Selbstkonzeptskalen* (FSKN)" herausgegeben worden, ein aus 78 Items bestehender Fragebogen zur Bestimmung der Bilder, welche das Individuum von sich selbst entwickelt hat. Die Items beziehen sich auf Überlegungen, Bewertungen, Stimmungen, Gefühle, Befindlichkeiten und Verhalten im Alltag. Die 10 eindimensionalen Skalen (die auch als Einzeltests verwendet werden können) umfassen 3 Skalen zum Leistungsbereich (allgemeine Leistungsfähigkeit, allgemeine Problembewältigung, allgemeine Verhaltens- und Entscheidungssicherheit), 1 Skala zur allgemeinen Selbstwertschätzung, 1 Skala zu Stimmung und Sensibilität sowie 5 Skalen zum psychosozialen Bereich (Standfestigkeit gegenüber Gruppen und bedeutsamen anderen, Kontakt- und Umgangsfähigkeit, Wertschätzung durch andere, Irritierbarkeit durch andere, Gefühle und Beziehungen zu anderen). Die Autorin weist auf eine hohe Reliabilität der FSKN und zufriedenstellende Validitätsprüfungen hin und legt für Frauen und Männer getrennte Normen für die verschiedenen Altersstufen vor.
Aspekte des Selbstkonzepts erfaßt auch der "*IPC-Fragebogen*" von *Krampen* (1981). Dieses Verfahren geht auf die Theorie der Kontrollüberzeugungen ("locus of control of reinforcement") zurück. Mit Hilfe von 24 Items (mit 6-stufiger Antwortmöglichkeit) werden die beiden Dimensionen "Internalität" (Vorstellungen, durch eigenes Verhalten Verstärker und wichtige Ereignisse im Leben selber beeinflussen zu können) und "Externalität" (mit den beiden Aspekten der subjektiv erlebten Machtlosigkeit und des Fatalismus) geprüft. Der Autor teilt Normen einer in der BRD erhobenen "Zufallsstichprobe" mit.
Zu den Tests, welche das Selbstkonzept erfassen, gehören schließlich die verschiedenen *Q-Sort-Techniken* (*Stephenson*, 1953). Diese Verfahren suchen mit Hilfe von selbstbeschreibenden Begriffen, hinsichtlich derer sich die Probanden einschätzen müssen, Selbst- und Idealbilder zu erfassen. Der Vergleich dieser beiden Konzepte dient der Diagnostik emotioneller Störungen (große Diskrepanzen zwischen Selbst- und Idealbild werden als Hinweis auf Unzufriedenheit, Unausgeglichenheit und innere Spannungen interpretiert) und wird auch - vor allem in der Klientenzen-

trierten Psychotherapie - als Indikator für Therapieerfolge verwendet. Ähnliche Ziele verfolgt der *Gießen-Test*, der bereits in Kap. 9.1.4 behandelt worden ist.

9.1.6 Weitere Persönlichkeitsfragebögen und klinische Skalen

Es sollen im folgenden noch einige Fragebögen angeführt werden, ohne daß es aber möglich ist, hier ausführlicher auf eine Diskussion dieser Verfahren einzutreten. Von *Eysenck* sind verschiedene Tests zur Erfassung des Neurotizismus und der Dimension "Extraversion-Introversion" entwickelt worden. Am bekanntesten sind der *Maudsley-Persönlichkeitsfragebogen*, MMQ (1964) sowie das *Maudsley Personality Inventory*, MPI (1959).
Von den mehrdimensionalen Persönlichkeitsinventaren ist ferner der *Cattell*sche *16-Persönlichkeits-Faktoren-Fragebogen* (16 PF-Test) zu nennen (*Cattell*, 1970). Eine deutschsprachige Ausgabe mit Normen für Erwachsene ab 18 Jahren haben *Schneewind* und Mitarbeiter (1989) vorgelegt.
Während die bisher behandelten Fragebogentests zumeist eine ganze Reihe verschiedener Persönlichkeitsdimensionen erfassen, zeichnen sich die *klinischen Skalen* durch ihre Eindimensionalität aus. Sie zielen in der Regel nur ein bestimmtes psychisches Syndrom (z.B. Depressivität, Angst oder paranoide Symptome) oder einen relativ eng umschriebenen Verhaltensbereich an, teils als Selbst-, teils aber auch als Fremdbeurteilungsverfahren. Die Durchführungsdauer ist zumeist kurz. Die Verfahren werden vielfach für Verlaufsuntersuchungen eingesetzt. Bei der großen Zahl solcher Tests ist es nicht möglich, auch nur annähernd einen Überblick zu geben. Ich beschränke mich deshalb hier darauf, lediglich einige Verfahren dieser Art paradigmatisch kurz zu skizzieren. Der an solchen Skalen interessierte Leser sei auf die Sammlung der "Internationalen Skalen für die Psychiatrie" (CIPS), die Übersichtsarbeiten vom *Mombour* (1972) und *Benedetti* et al. (1975), auf die Testkataloge der verschiedenen Testverlage sowie auf die psychologischen und psychiatrischen Fachzeitschriften verwiesen.
Das *State-Trait-Angstinventar* von *Spielberger* (*Laux* et al., 1981), ein Selbstbeurteilungsfragebogen, besteht aus zwei voneinander unabhängigen Skalen mit je 20 Items. Mit der einen Skala wird Zustandsangst erfaßt (State i.S. eines emotionalen Zustandes, der durch Anspannung, Besorgtheit, Nervosität, innere Unruhe und Furcht vor zukünftigen Ereignissen sowie durch erhöhte Aktivität des autonomen Nervensystems gekennzeichnet ist); die andere Skala dient der Evaluation von Angst als Eigenschaft (Trait

i.S. einer relativ stabilen Neigung, Situationen als bedrohlich zu bewerten und hierauf mit einem Anstieg an Zustandsangst zu reagieren). Es liegen Normen, getrennt für Frauen und Männer, je nach drei Altersstufen gestaffelt, für Probanden von 15 bis über 60 Jahre vor. Objektivitäts-, Reliabilitäts- und Validitätsuntersuchungen weisen auf eine hohe Meßgenauigkeit und auf Übereinstimmungen mit anderen Angsttests sowie auf deutliche Unterschiede zwischen verschiedenen klinischen Stichproben hin.

Der Vollständigkeit halber sei noch auf einige andere Fragebögen zur Erfassung von Angst hingewiesen, ohne daß hier ausführlicher auf diese Tests eingegangen werden kann: Die "*Anxiety Tests*", CAAT von *Cattell*, 1963; (s. hierzu *Graw*, 1970), die "*Manifest Anxiety Scales*", MAS von *Taylor* (1953; deutsche Bearbeitung von *Lück* et al., 1969; s. auch *Lazarus-Mainka*, 1977), der "*Angstfragebogen für Schüler*", AFS (*Wieczerkowski* et al., 1974) und der "*Kinder-Angst-Test*", KAT (*Thurner* et al., 1972).

Eine weitere im klinischen Bereich vielfach verwendete Skala ist die "*Hamilton Depression Scale*" (*Hamilton*, 1960) zur quantitativen Erfassung des depressiven Syndroms. Aufgrund eines Interviews wird vom Untersucher bei 21 Items der Schweregrad dieser Symptome eingeschätzt (Fremdbeurteilungsskala). Die Items beinhalten die depressive Stimmung, Schuldgefühle, Suizidtendenzen, Schlafstörungen, Angst, körperliche Symptome etc. Objektivität, Reliabilität und Validität können als gesichert gelten. Das Verfahren hat sich in einer großen Zahl von Depressionsstudien, nicht zuletzt auch bei Verlaufsuntersuchungen zur Kontrolle der therapeutischen Maßnahmen, bewährt.
Die "*Beschwerden-Liste*" von *v. Zerssen* (1971), eine in zwei Parallelformen vorliegende Selbstbeurteilungsskala, sei als Beispiel für viele ähnliche Verfahren genannt. Die Probanden haben bei 24 Items, die gesundheitliche Störungen verschiedener Art beinhalten (z.B. Kurzatmigkeit, Schwächegefühl, Übelkeit, innere Unruhe, Gewichtsabnahme etc.) mit Hilfe abgestufter Antwortmöglichkeiten zu entscheiden, ob und in welchem Ausmaß sie derzeit darunter leiden. Das Verfahren wird häufig bei Verlaufsuntersuchungen eingesetzt. Objektivitäts-, Reliabilitäts- und Validitätsschätzungen weisen diese Skala als exaktes Instrument aus, das die für diagnostische und therapeutische Entscheidungen wichtigen gesundheitlichen Störungen gut abbildet.
Eine andere klinische Skala, die breite Anwendung findet, ist die "*Befindlichkeits-Skala*" von *v. Zerssen* (1976), welche der Erfassung von Beeinträchtigungen des subjektiven Befindens dient. Diese Selbstbeurteilungsskala liegt in zwei (je 28 Items umfassenden) Parallelformen vor, die bei wiederholten Untersuchungen alternierend eingesetzt werden können.

Ziel ist die Evaluation des *momentanen* subjektiven Wohlbefindens bzw. seiner Beeinträchtigung. Die Einschätzung erfolgt anhand von Adjektivpaaren wie "frisch - matt", "gereizt - friedlich", "gesellig - zurückgezogen", "schwunglos - schwungvoll" etc. Es liegen an einer repräsentativen Eichstichprobe aus der Durchschnittsbevölkerung gewonnene Normen sowie Referenzwerte für verschiedene klinische Gruppen vor. Objektivitäts-, Reliabilitäts- und Validitätsprüfungen erbrachten gute Resultate.
Es sei schließlich noch auf ein Verfahren hingewiesen, das speziell bei Verlaufsuntersuchungen eingesetzt wird: Der "*Veränderungsfragebogen des Erlebens und Verhaltens*", VEV (*Zielke* et al., 1978). Das Besondere dieses Fragebogens liegt darin, daß zur Messung von Therapieeffekten keine zweimalige Untersuchung vor und nach therapeutischen Interventionen nötig ist, sondern die Zeitdimension in das Verfahren selbst aufgenommen worden ist. Die Probanden haben anhand von 42 Items zu entscheiden, ob sich ihr Befinden innerhalb eines definierten Zeitabschnitts in positiver oder negativer Richtung verändert hat oder gleichgeblieben ist (Item-Beispiele: "Ich fühle mich weniger gehetzt", "Ich habe weniger Ausdauer und gebe schneller auf", "Ich bin entspannter").

pro memoria 9.1.1 - 9.1.6

Persönlichkeitsfragebögen und klinische Skalen ("subjektive" Persönlichkeitstests):

1. Minnesota Multiphasic Personality Inventory (MMPI)
2. Freiburger Persönlichkeitsinventar
3. Problemfragebogen für Jugendliche
4. Gießen-Test (zur Erfassung von Selbstbild, Fremdbild und Idealselbst-Bild)
5. Narzißmusinventar und andere Verfahren zur Erfassung des Selbstkonzepts (Frankfurter Selbstkonzeptskalen, IPC-Fragebogen, Q-Sort-Techniken)
6. Weitere Persönlichkeitsfragebögen (Verfahren von *Eysenck* und *Cattell*) und verschiedene klinische Skalen zur Erfassung von Angst, Depression, körperlichen Beschwerden und ihren Veränderungen

9.2 Interessentests

Aus der Gruppe der Interessentests sollen, stellvertretend für andere Verfahren, der Berufs-Interessen-Test von *Irle* (1955) sowie der Differentielle Interessen-Test von *Todt* (1967) kurz besprochen werden. Der *Berufs-Interessen-Test* (BIT) besteht aus zwei Bögen zu je 100 in Kästchen geordneten Testelementen (verschiedene Tätigkeiten). Diese sind so angeordnet, daß der Proband jeweils zwischen vier Tätigkeiten wählen muß. Die bevorzugte ist anzukreuzen. Die Auswertung mit Hilfe von Schablo-

nen ergibt Scores in neun Berufsinteressenrichtungen: Technisches Handwerk, gestaltendes Handwerk, technische und naturwissenschaftliche Berufe, Ernährungshandwerk, land- und forstwirtschaftliche Berufe, kaufmännische Berufe, verwaltende Berufe, literarische und geisteswissenschaftliche Berufe, Sozialpflege und Erziehung. Aus der Ausprägung der neun Skalen wird auf das Interesse an den verschiedenen Berufsrichtungen geschlossen. Objektivität, Reliabilität und Validität sind als gesichert zu betrachten.
Der *Differentielle Interessen-Test* (DIT) besteht aus vier "Materialbereichen" (Tätigkeiten, Berufe, Bücher und Zeitschriften) und umfaßt die folgenden 11 Interessenrichtungen: Sozialpflege und Erziehung, Politik und Wirtschaft, Verwaltung und Wirtschaft, Unterhaltung, Technik und exakte Naturwissenschaften, Biologie, Mathematik, Musik, Kunst, Literatur und Sprache, Sport. Bei diesem Verfahren sind Objektivität und Reliabilität gegeben. Zur Validität liegen bisher keine numerischen Resultate vor. Eine kritische Auseinandersetzung mit diesem Test findet sich bei *Gösslbauer* et al. (1977). Eine Kurzform (bestehend aus 48 Items) entwickelte *Schmidt* (1977).

pro memoria 9.2

Interessentests zur Erfassung bevorzugter und abgelehnter Tätigkeitsbereiche:
1. Berufs-Interessen-Test (BIT, von *Irle*)
2. Differentieller Interessen-Test (DIT, von *Todt*)

9.3 Verbale Ergänzungsverfahren

In diesem Kapitel werden Tests besprochen, die dadurch charakterisiert sind, daß der Proband Assoziationen zu bestimmten Reizworten oder zu bildhaft dargestellten Situationen geben soll oder angefangene Sätze und Geschichten zu vervollständigen hat. Die verbalen Ergänzungsverfahren beruhen auf der allgemeinen Grundhypothese der projektiven Tests, die besagt, daß in den Reaktionen des Probanden seine Einstellungen, Neigungen, Befürchtungen usw. zum Ausdruck kommen (s. auch unter 7).

9.3.1 Das Assoziationsexperiment nach C.G. Jung

Galton (1879) stellte als erster eine "Reizwortliste" zusammen, mit deren Hilfe er systematisch Assoziationen untersuchen wollte. Eine Weiterentwicklung erfuhr diese Methode bei *Kraepelin* (1884), *Aschaffenburg* (1896) und *Wundt* (1903). *Jung* versuchte dann 1904 (*Jung* und *Riklin*, 1904), in seinem Assoziationsexperiment (Standard-Reizwort-Liste) den Ansatz von *Galton* und *Wundt* mit dem Prinzip des in der Psychoanalyse benutzten "freien Assoziierens" zu verbinden. *Wertheimer* und *Klein* (1904) publizierten zur gleichen Zeit ihre ebenfalls auf der Assoziationsmethode beruhende "Tatbestandsdiagnostik".

Bei seinem Assoziationsexperiment bediente sich *Jung* einer Liste von 100 Worten, die er nacheinander den Versuchspersonen vorsagte. Diese sollten dann jeweils die erste in ihnen auftauchende verbale Vorstellung äußern. *Jung* wählte Worte aus, die in den Assoziationen die Bereiche der Sexualität, des Selbstwertes sowie die der sozialen und der religiösen Einstellung anklingen lassen. Die zwischen dem Aussprechen des Reizwortes und der Antwort des Probanden verstreichende Zeit (Reaktionszeit) wird mit einer Stoppuhr gemessen. Die bei einer Versuchsperson als "normal" geltende Reaktionsdauer wird mit Hilfe des sogenannten "wahrscheinlichen Mittels" bestimmt (man ordnet die Reaktionszeiten ihrer Höhe nach zu einer Reihe und nimmt dann die mittlere Zahl heraus). In einem zweiten Versuchsdurchgang werden dem Probanden noch einmal die 100 Reizworte vorgesprochen. Man notiert nur die Worte, die den ersten Reaktionen nicht entsprechen. Verlängerte, d.h. wesentlich vom wahrscheinlichen Mittel abweichende, Reaktionszeiten weisen ebenso wie inhaltlich auffällige Assoziationen auf ein besonderes affektives Gewicht der entsprechenden Vorstellung hin. Mit Hilfe des Assoziationsexperiments gelang es *Jung*, ganze Gruppen solcher Vorstellungen, "gefühlsbetonte Komplexe", zu eruieren.
Weiterentwicklungen dieser Methode wurden von *Kent* und *Rosanoff* (1910), *Rapaport* et al. (1946), *Crown* (1947), *Bruce* (1959) und anderen Autoren vorgelegt. Einen Überblick über weitere Arbeiten gibt *Anastasi* (1969).

9.3.2 Satzergänzungstests

Weite Verbreitung haben - insbesondere bei der Untersuchung von Kindern - die verschiedenen Satzergänzungstests gefunden. Dem Probanden wird eine Liste unvollständiger Sätze vorgelegt, die er nach seinen spontanen Einfällen zu vervollständigen hat (z.B. "Wenn er allein ist ..." oder "Am meisten Angst hatte er ..." usw.). Je nach Fragestellung können mit diesen Verfahren die verschiedenen Lebens- und Erlebensbereiche erfaßt werden, wie z.B. die Einstellung zum Elternhaus, zu Kameraden, zu Schule/ Beruf, die Interessen, die Ängste usw. (s. *Rauchfleisch*, 1993). Wichtig ist bei diesen und ähnlichen Verfahren, daß der Untersucher ausführlich mit dem Probanden und möglichst auch mit den Beziehungspersonen spricht. Durch die aus dem Gespräch gewonnenen zusätzlichen Informationen wird es ihm möglich sein, die Testresultate sinnvoll zu interpretieren. Eine quantitative Auswertung der Satzergänzungstests ist nicht üblich. Insofern fehlt es zumeist auch an Angaben über Objektivität, Reliabilität und Validität dieser Verfahren.

9.3.3 Der Düss-Fabeltest

Düss (1976) hat 10 unvollständige Geschichten zur Untersuchung der psychosexuellen Entwicklung und der Objektbeziehungen entworfen. In den Fabeln, die die Probanden (vornehmlich Kinder) vervollständigen sollen, werden Abhängigkeits-/Unabhängigkeitsprobleme, Geschwisterrivalitäten, ödipale Konflikte, Aggressionstendenzen, Schuldgefühle und Ängste angesprochen. Nach einem Vorschlag *Friedemanns* (in *Düss*, 1976) sollten die Probanden in einer 11. Fabel nach 3 Wünschen gefragt werden. *Zulliger* (in *Düss*, 1976) riet, noch eine 12. Fabel hinzuzufügen, in der verschiedene Verwandlungen angeboten werden (Verwandlung in ein Tier, einen Baum, eine Blume, einen anderen Menschen). Der Düss-Fabeltest gibt dem Untersucher Einblick in die typischen Konflikte, Komplexe und Ängste der Kinder. Das Material wird unter psychoanalytischen Gesichtspunkten interpretiert. Kontrolluntersuchungen anderer Autoren haben die diagnostische Brauchbarkeit der Fabelmethode bestätigt (*Despert*, 1946; *Fine*, 1948; *Friedemann* et al., 1950; *Mosse*, 1954; *Rauchfleisch*, 1989; *E. Stern*, 1954, 1955).

9.3.4 Der Rosenzweig Picture-Frustration Test (PFT)

Rosenzweig veröffentlichte 1945 seine Picture-Association Method als ein Forschungsinstrument zur Diagnostik von Frustrationsreaktionen. Diese Methode fand dann auch im Rahmen der angewandten klinischen Psychologie zunehmende Verbreitung. Heute liegen, neben der amerikanischen Originalform (s. auch *Rosenzweig*, 1978), deutsche (*Hörmann* et al., 1957; *Duhm* et al., 1957; *Rauchfleisch*, 1979a, 1979b, 1979c), französische, italienische, spanische, dänische, schwedische, japanische, indische und kongolesische Formen dieses Tests vor.

Der Rosenzweig P-F-Test ist ein projektives Verfahren zur Erfassung von Reaktionen auf Frustrationssituationen. Der Test besteht aus 24 skizzenartig gezeichneten Situationen. Eine von zwei oder mehreren Personen gibt jeweils eine (in einer Sprechfahne gedruckte) verbale Äußerung von sich, die bei einer anderen Person (deren Sprechfahne leer gelassen ist) eine Frustration herbeiführen soll. Der Proband schreibt nun in die leere Sprechfahne die erste ihm einfallende Antwort, die seiner Ansicht nach die frustrierte Person geben würde. Wie die anderen projektiven Verfahren basiert der PFT auf der Annahme, daß der Proband seine eigenen Einstellungen und Haltungen in die Antwort projiziert (d.h. hier: sich mit der frustrierten Person auf dem Bild identifiziert und entsprechend reagiert). Es liegen eine Form für *Kinder* und eine Form für *Erwachsene* vor (eine *Adoleszentenform* ist bisher nur in der amerikanischen Originalausgabe erhältlich). Die Kinder- und die Erwachsenenform stellen keine Paralleltests im strengen Sinne dar. Während in der Kinderform die Reaktionen eines Probanden in einer kindlichen Welt erfaßt werden, stellt die Erwachsenenform eine Konfrontation mit der Welt der Erwachsenen dar. Sie provoziert dementsprechend andere Reaktionen (*Rauchfleisch*, 1979a). Die Auswertung erfolgt nach einem von *Rosenzweig* standardisierten Auswertungsschema. Die Antworten werden in bezug auf die Richtung und den Typ der Reaktionen analysiert.

Es liegt bisher eine große Zahl von Untersuchungen mit dem PFT vor (ca. 600 Arbeiten). Sie sind ausführlich im Handbuch zum Rosenzweig Picture-Frustration Test referiert (*Rauchfleisch*, 1979a). Objektivität, Reliabilität und Validität des PFT können als gesichert betrachtet werden. Das neue Profilblatt (*Rauchfleisch*, 1979c) ermöglicht eine graphische Darstellung der Befunde und erleichtert damit die Interpretation. Bei der Kinderform kann folgende Modifikation hinsichtlich der Auswertung vorgenommen werden: Die Testsituationen, in denen Kinder mit Erwachsenen konfrontiert sind, und die Situationen, bei denen Konflikte zwischen zwei Kindern dargestellt sind, können getrennt voneinander ausgewertet werden. Auf diese Weise lassen sich differenziertere Aussagen über das Verhalten gewinnen, das die Probanden bei Auseinandersetzungen mit Erwachsenen und mit Gleichaltrigen an den Tag legen. Die neue Bearbeitung des PFT (*Rauchfleisch*, 1979b) trägt dieser Modifikation Rechnung. Für die Normierung (Stanine-Normen) standen eine Stichprobe von 1040 Jugendlichen und Erwachsenen (für die Erwachsenenform) und von 950 Kindern und Jugendlichen (für die Kinderform) zur Verfügung (*Rauchfleisch*, 1979b).

pro memoria 9.3.1 - 9.3.4

Verbale Ergänzungsverfahren:

1. Assoziationsexperiment nach *C.G. Jung*: Liste von 100 Reizworten, Erfassung "gefühlsbetonter Komplexe"
2. Satzergänzungstests: die Vervollständigung unvollständiger Sätze soll Einblick in die Lebens- und Erlebensbereiche von Kindern geben

3. Düss-Fabeltest: psychoanalytisch orientiertes Verfahren (10 unvollständige Geschichten) zur Untersuchung der psychosexuellen Entwicklung und der Objektbeziehungen
4. Rosenzweig Picture-Frustration Test (PFT): Verfahren zur Erfassung der Frustrationstoleranz und der emotionalen Belastbarkeit, Formen für Kinder und Erwachsene, Stanine-Normen, graphische Darstellung der Resultate in einem Profilblatt

9.4 Die Formdeuteverfahren

Die größte Verbreitung unter den projektiven Tests haben zweifellos die Formdeuteverfahren, und hier insbesondere der Rorschach-Test. Dieses von *Rorschach* als "wahrnehmungsdiagnostisches Experiment" herausgegebene Verfahren besteht aus 10 Tafeln mit Zufallsbildern nach Art von vieldeutigen symmetrischen Tintenklecksen auf weißem Grund. Fünf Tafeln sind in verschiedenen Grau- und Schwarztönen, zwei in rot und schwarz und die drei restlichen Tafeln in verschiedenen Farben gehalten. Der Proband wird aufgefordert, Deutungen zu diesen Klecksen zu geben. Dem Test liegt die Annahme zugrunde, daß sich in der Art und Weise, wie der Proband dieses Reizmaterial wahrnimmt, wie er es auffaßt und gestaltet, die Struktur und Dynamik seiner Persönlichkeit entfaltet.

Gemäß einem standardisierten Signierungsschema wird jede Antwort nach verschiedenen Gesichtspunkten (Erfassungsart, Determination, Inhalt, Originalität) ausgewertet. Die Signierungselemente werden in Summenwerten und in verschiedenen Proportionen dargestellt (z.B. Anzahl der Ganzdeutungen, Formprozent, Farbtyp, Erlebnistyp, Menschendeutungenprozent, Vulgärantwortenprozent, Realitätsindex, Bestimmung des Formniveaus usw.)

Außer der Originalmethode von Rorschach (1954) liegen von anderen Autoren entwickelte Formen der Signierung und Tabellierung vor (z.B. *Klopfer* et al., 1974). Auch das Testmaterial selbst bzw. der Modus der Testdurchführung ist vielfach modifiziert worden, z.B. Behn-Rorschach-Test, Zulliger-Test, Fuchs-Rorschach-Test, Rorschach 30 von *Bottenberg* (1972), der "Gemeinsame Rorschach-Versuch" von *Willi* (1973, 1974), Holtzman-Inkblot-Technique. Zum Teil bieten diese Methoden gegenüber der ursprünglichen Form den Vorteil einer differenzierteren und objektiveren Auswertung und Interpretation (zur Holtzman-Inkblot-Technique s. *Liebel*, 1973) und die Möglichkeit der Wiederholung mit einem dieser Formdeuteverfahren. Es kann hier nicht ausführlicher auf die verschiedenen Modifikationen und Signierungssysteme sowie auf das Sekundärschrifttum zu den Formdeuteverfahren eingegangen werden. Der Leser sei auf die einschlägigen Lehrbücher und Kompendien (*Loosli-Usteri*,

1961; *Bohm*, 1967, 1975; *Klopfer* et al., 1974; *Beizmann*, 1975), auf entsprechende Sammelreferate (z.B. bei *Klopfer*, 1954; *Buros*, 1959; *Lang*, 1966) sowie auf die Rorschachiana, das Zentralorgan der Rorschach-Diagnostik, verwiesen.

Mit den Formdeuteverfahren sollen, neben der intellektuellen Begabung, vor allem die affektiven Seiten der Persönlichkeit mit ihren Konflikten und ihrer spezifischen Struktur untersucht werden. Das umfangreiche Schrifttum spaltet sich in Werke aus zwei Lagern: Auf der einen Seite stehen die Rorschach-Diagnostiker, vor allem aus dem klinischen Bereich, die den Formdeuteverfahren große Valenz zuschreiben. Auf der anderen Seite steht die - eher noch größere - Gruppe der Kritiker, die diesen Verfahren mangelnde Wissenschaftlichkeit vorwerfen. So sind denn auch die Angaben zur Objektivität, Reliabilität und Validität widersprüchlich. Normen bestehen, wenn überhaupt, in der Regel nur in Form von Richtwerten für die verschiedenen Auswertungsparameter. Hinsichtlich der Problematik der Formdeuteverfahren verweise ich auf die Ausführungen über die theoretischen Grundlagen der projektiven Verfahren (s. unter 7).

pro memoria 9.4

Formdeuteverfahren:

1. Rorschach-Test und verschiedene Modifikationen (Behn-Rorschach- und Fuchs-Rorschach-Test, Gemeinsamer Rorschach-Versuch, Rorschach 30, Holtzman-Inkblot-Technique)
2. Projektive Verfahren zur Erfassung der intellektuellen Begabung, der Affektivität, der Persönlichkeitsstruktur mit ihrer spezifischen Dynamik
3. Normen nur in Form von Richtwerten für einzelne Auswertungsparameter

9.5 Die Thematischen Apperzeptionsverfahren

Den verschiedenen Modifikationen, von denen die bekanntesten in diesem Kapitel kurz besprochen werden sollen, liegt der Thematic Apperception Test (TAT) von *Morgan* und *Murray* (1935) zugrunde. Die Autoren gingen von der Annahme aus, daß im Inhalt der zu den Bildern erzählten Geschichten unbewußte Bedürfnisse, Erwartungen, Befürchtungen und Abwehrhaltungen des Erzählers zum Ausdruck kommen. Jedes Bild besitzt eine bestimmte thematische Valenz. Innerhalb dieses Bereichs aber läßt es möglichst viel Spielraum zur freien, individuellen Verarbeitung des angesprochenen Themas. Die Auswertung erfolgt auf verschiedene Weise. *Murray* (1943) selbst entwickelte ein streng formales Auswertungsschema, das zwar objektiv, aber zeitraubend und recht unhandlich ist. *Rapaport* (1949), *Tomkins* (1947), *Stein* (1948) und andere haben dieses Signie-

rungsschema modifiziert, vereinfacht und handlicher gestaltet. *Revers* (1973) gibt einen Überblick über die gebräuchlichsten Methoden. Am häufigsten werden die thematischen Apperzeptionsverfahren in der Praxis jedoch "frei" interpretiert: Die Geschichten werden daraufhin untersucht, ob sie mit dem Aufforderungscharakter des jeweiligen Testbildes übereinstimmen oder davon abweichen, wie die Themen behandelt werden, ob Abwehrhaltungen gegenüber bestimmten Themen feststellbar sind, und wie sich der Proband mit Konflikten auseinandersetzt. Nach eigenen Erfahrungen ist es vor allem bei Abklärungen im Vorfeld psychotherapeutischer Interventionen sinnvoll, die TAT-Produktionen nach den folgenden Gesichtspunkten auszuwerten und die Resultate direkt im therapeutischen Prozeß zu verwenden: Formulierung eines psychodynamischen Fokus, ich-strukturelle Aspekte (insbesondere Abwehrmechanismen), Subjekt- und Objektstufeninterpretation sowie Hypothesen bezüglich zu erwartender Übertragungsdispositionen (*Rauchfleisch*, 1989).
Für die Untersuchung neurotischer Probanden hat sich nach meiner Erfahrung eine Kombination von TAT und Farbpyramidentest bewährt: Mit dem Farbpyramidentest (s. unter 9.8) lassen sich vor allem strukturelle Aspekte der Persönlichkeit erfassen, während der TAT Informationen über die Psychodynamik und über spezielle Konfliktbereiche liefert.

9.5.1 Der Thematische Apperzeptionstest (TAT)

Die von *Murray* und *Morgan* (1935, 1943) herausgegebene Originalform umfaßt 30 Testbilder, auf denen in grau-schwarz Schattierungen zumeist Menschen in Szenen des alltäglichen Lebens oder in ungewöhnlichen szenischen Zusammenhängen dargestellt sind. Ferner gehört zur Standardserie noch eine leere, weiße Tafel.

Auf den Rückseiten der Testbilder ist vermerkt, für welche Probandengruppen die Bilder benutzt werden (B = Boy, G = Girl, M = Male, F = Female). Die elf Bilder ohne Buchstaben sind für beide Geschlechter und alle Altersstufen geeignet.
Wenn man sich nicht aus zeitlichen Gründen darauf beschränken muß, dem Probanden nur einzelne, von ihrem Aufforderungscharakter her für diesen Probanden gerade relevante Tafeln vorzulegen, so gibt man bei einer ersten Sitzung die ersten zehn Bilder und zu einem zweiten, mindestens 24 Stunden später angesetzten Termin die restlichen zehn Tafeln. Der Proband wird aufgefordert, zu jedem Bild eine möglichst dramatische Geschichte zu erzählen. Er soll ausphantasieren, wie es zu der dargestellten Situation kam, was gerade hier passiert und wie die Situation sich weiter entwickeln wird.
Die Auswertung kann nach dem formalen System von *Murray* und den anderen genannten Autoren erfolgen oder in Form einer "freien" Interpretation der die Persönlich-

keit des Probanden charakterisierenden Merkmale. Normen im strengen Sinne bestehen bisher noch nicht. Erste Ansätze dazu sind in Untersuchungen über den Aufforderungscharakter der einzelnen Tafeln zu sehen.

Die Reliabilität und die Validität des TAT erscheinen weitgehend gesichert (s. *Kornadt*, 1964). In der klinischen Praxis hat sich dieses Verfahren seit über 30 Jahren bewährt. Es liegen verschiedene Modifikationen des Original-TAT vor. Die bekanntesten sind: die "Object Relations Technique" (*Phillipson*, 1955), der "Four Picture Test" (*van Lennep*, 1951), der "Blacky Picture Test" (*Blum*, 1950) und der Thematische Gestaltungstest. Zum Teil sind auch neue Auswertungsschemata entwickelt worden (*Fürntratt*, 1969; *Haas* et al., 1971; *Rauchfleisch*, 1989).

9.5.2 Thematische Apperzeptionsverfahren für Kinder: Der Kinder-Apperzeptions-Test (CAT), der Columbus- und der Schwarzfuß-Test

Der von *Bellak* und *Bellak* (1955) in Anlehnung an den TAT entwickelte *Children's Apperception Test* (CAT) besteht aus 10 Bildern, auf denen stark anthropomorphisierte Tiere in Situationen dargestellt sind, die orale Probleme, Geschwisterrivalität, Elternkonflikte und ähnliche Themen ansprechen. Der Test eignet sich für Kinder zwischen 3 und 10 Jahren. Die Autoren gingen von der Überlegung aus, daß sich Kinder leichter mit Tier- als mit Menschenfiguren identifizieren und leichter zu solchen Tierbildern assoziieren. Obwohl sich diese Hypothese nicht verifizieren ließ, vermag der CAT doch wesentliche Auskünfte über Motivationen des Verhaltens und speziell über Verhaltensstörungen (Erziehungsprobleme, neurotische Störungen usw.) bei Kindern zu geben. Zu jedem der 10 Bilder soll das Kind eine Geschichte erzählen, die entweder systematisch, nach einem Standard-Auswertungssystem, oder frei nach psychoanalytischen Gesichtspunkten ausgewertet werden kann. Es liegt eine große Zahl von Untersuchungen vor, in denen der CAT bei den verschiedensten Probandengruppen seine diagnostische Brauchbarkeit erwiesen hat (s. die Übersicht bei *Bellak*, 1954).
Von *Langeveld* (1976) ist ein anderes thematisches Apperzeptionsverfahren, der *Columbus-Test*, entwickelt worden. In diesem, vom Zeichnerischen her sehr ansprechenden Test sind auf 24 Bildtafeln Kinder und Jugendliche in Situationen dargestellt, die im Leben und Erleben dieser Altersstufen eine zentrale Rolle spielen. Die Durchführung und Auswertung erfolgt wie beim TAT und CAT. Bei kleineren Kindern empfiehlt der

Autor, die Assoziationen der Probanden unter Umständen durch gezielte Fragen anzuregen.

Im *Schwarzfuß-Test* (*Corman*, 1977) wird das Kind mit einer Bilderfolge über "die Abenteuer des Schweinchens Schwarzfuß" konfrontiert. Dieses nach psychoanalytischem Konzept aufgebaute thematische Apperzeptionsverfahren hat nach Ansicht des Autors den Vorteil, daß den Probanden eine Identifikation viel eher gelinge, weil auf sämtlichen Bildkarten ein und dieselbe Figur dargestellt sei. Inhaltlich werden in den Darstellungen orale, oral-sadistische, anale, anal-sadistische, urethrale und ödipale Themen sowie eine Auseinandersetzung mit Trennungssituationen und Autonomiebestrebungen nahegelegt.

9.5.3 Die Senior Apperception Technique (SAT)

Diese von *Bellak* und *Bellak* (1973) in Anlehnung an den TAT entwikkelte Form soll (wie der Gerontological Apperception Test, *Wolk* et al., 1971) der Untersuchung von Probanden im höheren Lebensalter dienen. Die Autoren gingen ursprünglich von 44 Bildtafeln aus. Aufgrund der Resultate von Voruntersuchungen mußten sie sie dann auf 16 reduzieren. In diesen 16 Bildtafeln der Senior Apperception Technique werden typische Situationen aus dem Leben betagter Menschen dargestellt. Leider sind die Zeichnungen von der graphischen Gestaltung her wenig ansprechend. Die Autoren betonen, daß sich die SAT bei der Untersuchung älterer Menschen besser bewährt habe als der TAT. Weiterführende Untersuchungen stehen jedoch noch aus.

pro memoria 9.5.1 - 9.5.3

Thematische Apperzeptionsverfahren:

1. Projektive Tests, die der Erhellung der Psychodynamik und der spezifischen Konfliktbereiche einer Persönlichkeit dienen. Günstig ist die Kombination von Farbpyramidentest (zur Erfassung der Persönlichkeitsstruktur) und Thematischem Apperzeptionsverfahren (zur Erhellung inhaltlicher Aspekte der Persönlichkeit)
2. Formen der Thematischen Apperzeptionsverfahren:
   - 2.1 Thematischer Apperzeptionstest (TAT) für Kinder und Erwachsene
   - 2.2 Children's Apperception Test (CAT) für Kinder
   - 2.3 Columbus-Test für Kinder und Jugendliche
   - 2.4 Schwarzfuß-Test für Kinder
   - 2.5 Senior Apperception Technique (SAT) für ältere Probanden

9.6 Spielerische Gestaltungsverfahren

Die spielerischen Gestaltungsverfahren gehen von folgenden Überlegungen aus (*Höhn*, 1964):

1) das Spiel stellt in besonderem Maße ein freies, spontanes Handeln dar (z.B. nutzbar gemacht in der Kindertherapie von *Anna Freud*, *Melanie Klein* und *Zulliger*),
2) das Spiel ist eine spezifische Tätigkeit des Kindes zur übenden Vorwegnahme der äußeren Realität (s. auch *Piaget*, 1945).

Die meisten Spieltests entstanden aus dem Bedürfnis, eine spezielle Methode für die psychologische Diagnostik bei Kindern zu entwickeln. Einige dieser Tests finden jetzt allerdings auch in der Erwachsenendiagnostik Verwendung. Stellvertretend für andere Verfahren (wie den *Welt-Test* von *Bühler*, 1955, oder den *Mosaik-Test* von *Loewenfeld*, 1955) soll der Scenotest (*v. Staabs*, 1964) als das im deutschen Sprachbereich bekannteste spielerische Gestaltungsverfahren besprochen werden (vgl. *Sehringer*, 1982).

Das Testmaterial besteht aus biegbaren Puppenfiguren, die durch Größe, Kleidung und Gesichtsausdruck verschieden charakterisiert sind. Ferner gehören zum Testkasten Bausteine, Tiere und die verschiedensten Gebrauchsgegenstände zur Ausgestaltung der Szenen.

Die Autorin beschreibt den Scenotest als eine "medizinisch-psychologische Untersuchungs- und Behandlungsmethode ... zur Erfassung der seelischen Einstellung eines Probanden gegenüber den Menschen und Dingen in der Welt, besonders in ihrem Bezug auf sein affektives Leben, unter spezieller Berücksichtigung tiefenpsychologischer Faktoren". Der Test vermittelt Einblicke in die innere Problematik eines Menschen, in seine Ängste und Abwehrtechniken, sowie in die Art, wie die betreffende Person ihre Umwelt erlebt und sich mit ihr auseinandersetzt. Ursprünglich zur Untersuchung neurotischer und erziehungsschwieriger Kinder entwickelt, findet der Scenotest nun auch Anwendung in der Diagnostik und Therapie Erwachsener. In verschiedenen Untersuchungen gelang es, alters- und geschlechtsspezifische Arten des Umgangs von Probanden mit dem Scenotest-Material herauszuarbeiten (*Höhn*, 1951; *Jaide*, 1953; *Engels*, 1957).

Der Scenotest wird angewendet zur Neurosendiagnostik bei Kindern und Erwachsenen, zur Erfassung von Entwicklungsstörungen, hat aber auch in der Berufsberatung, in der forensischen Psychologie und als diagnostisches und therapeutisches Hilfsmittel bei psychotischen Patienten Verwendung gefunden. *Knehr* (1974) weist darauf hin, daß sich dieses Verfahren besonders dazu eigne, Konfliktsituationen zu gestalten. Die Autorin beschreibt verschiedene Reaktionsmöglichkeiten auf Konflikte (z.B. regressive Tendenzen, Aggressionshemmungen, Kompensationsversuche, ambivalente Einstellungen usw.). Als Modifikation zur Standardform des

Scenotests schlagen *von Staabs* (1964) und *Knehr* (1974) einen sogenannten "*gezielten Scenotest*" vor. In diesem Falle wird dem Probanden ein Thema gestellt, beispielsweise das Thema "Einer hat es behaglich und gemütlich" oder "Einer hat Angst". *Zimmermann* et al. (1978) regen als Modifikation einen "*Gemeinsamen Sceno*" an, mit dessen Hilfe die zwischen Mutter und Kind ablaufenden Kommunikationsprozesse erhellt werden können. Der Scenotest ist ab 3. Lebensjahr anwendbar und kann, da das Testmaterial für Kinder einen hohen Aufforderungscharakter besitzt, in der Regel leicht durchgeführt werden. Das Handbuch von *v. Staabs* (1964) enthält eine umfassende Literaturübersicht über Publikationen zu diesem Verfahren. Angaben über Objektivität, Reliabilität und Validität liegen nicht vor. Normen bestehen ebenfalls nicht. In der praktischen klinischen Arbeit hat sich dieser Test aber trotzdem als wertvolles diagnostisches und therapeutisches Instrument bewährt.

pro memoria 9.6

1. Spielerische Gestaltungsverfahren:
   1.1 Scenotest (Modifikation: Gezielter Scenotest, Gemeinsamer Sceno)
   1.2 Welt-Test
   1.3 Mosaik-Test
2. Einsatz als diagnostische und therapeutische Instrumente

9.7 Zeichnerische Gestaltungsverfahren

Die zeichnerischen Gestaltungsverfahren sollen mittels des zeichnerischen Ausdrucks Aufschluß über persönlichkeitsspezifische Merkmale geben. In den nun zu behandelnden Tests werden die Persönlichkeitsstruktur, unbewußte Konflikte, Ängste und Abwehrmechanismen durch eine graphologische Analyse und/oder durch inhaltliche Interpretation des Symbolgehaltes der Zeichnungen aufgedeckt.
Mit *Sehringer* (1982, 1983) lassen sich thematische und athematische Zeichentests unterscheiden. Zu den *thematischen* Zeichentests gehören der Baumtest von *Koch* (1972), der Figur-Zeichentest (Draw-a-Person-Test, DAP) von *Machover* (1948) sowie verschiedene Familienzeichentests wie "Zeichne Deine Familie in Tieren" (*Brem-Gräser*, 1975), "Zeichne Deine Familie" (*Porot*, 1965), "Zeichne eine Familie" (*Corman*, 1965), und die "Verzauberte Familie" (*Kos* et al., 1973). Das bekannteste athematische Zeichenverfahren ist der Wartegg-Zeichentest (WZT, *Wartegg*, 1968). Zu diagnostischen und therapeutischen Zwecken können Probanden auch zu *freien Zeichnungen* angeregt werden (*Rauchfleisch*, 1992b, 1993).

Ein Problem stellt nach wie vor die relativ große Unsicherheit hinsichtlich der Deutung solcher Zeichnungen dar. Validierungsuntersuchungen und Normen für bestimmte Probandengruppen sind selten oder widersprüchlich. Die Interpretation erfolgt vorwiegend intuitiv (*Hammer*, 1958). Immerhin liefern die zeichnerischen Gestaltungsverfahren aber oft klinisch interessante Hinweise, die zumindest eine weitere systematische Untersuchung bestimmter Persönlichkeitsmerkmale anregen können.

9.7.1 Der Figur-Zeichentest (Draw-a-Person, DAP)

Mit diesem von *Karen Machover* (1948) entwickelten Test sollen die Persönlichkeitsstruktur und spezifische psychische Konflikte eines Probanden erfaßt werden. Nach der ersten Menschenzeichnung wird noch eine zweite, und zwar vom anderen Geschlecht, verlangt. Die anschließende Befragung, die von den Merkmalen der Zeichnung ausgeht, soll dem Untersucher ermöglichen, Beziehungen zwischen den Zeichnungen und ihrem Urheber herzustellen. Die Interpretation erfolgt nach psychoanalytischen Gesichtspunkten. Formal können die Zeichnungen nach verschiedenen Einzelmerkmalen ausgewertet werden, die unter die drei Kategorien "allgemeine Aspekte", "Details" und "Beiwerk der Zeichnung" subsumiert sind. Untersuchungen zur Validität führten z.T. zu widersprüchlichen Resultaten (*Swensen*, 1957).

9.7.2 "Zeichne Deine Familie in Tieren"

Der Test von *Brem-Gräser* (1980) will Aufschluß über die innerfamiliäre Dynamik geben und insbesondere das Verhältnis zwischen dem Probanden und seinen nächsten Beziehungspersonen erhellen. Das Verfahren geht von der Annahme aus, daß die in der Zeichnung erscheinenden Tiere mit ihren Eigenschaften Beziehungen zur Persönlichkeit des Kindes, das sie zeichnet, besitzen. Anwendbar ist der Test bei Kindern ab 5 Jahren bis zur Pubertät.

Die Instruktion lautet, sich vorzustellen, die eigene Familie sei eine Tierfamilie, und nun diese ganze Familie zu zeichnen. Die Auswertung erfolgt in zweifacher Richtung: einmal nach formal-graphologischen und zum andern nach inhaltlich-tiefenpsychologischen Gesichtspunkten. Ein "Katalog der Tiereigenschaften" soll Anhaltspunkte für die Deutung des Symbolgehalts der Zeichnungen liefern. Exakte Untersuchungen zur Reliabilität und Validität stehen aus. Der Test kann insofern lediglich als

Verfahren angesehen werden, das Hinweise auf Konflikte in den familiären Beziehungen zu geben vermag. Diese Hypothesen müssen durch weitere, gezielte Untersuchungen, insbesondere durch ausführliche Gespräche mit dem betreffenden Kind und seinen Eltern, abgesichert werden.

9.7.3 Der Baum-Test

Eines der am häufigsten verwendeten thematischen Zeichenverfahren ist der Baum-Test von *Koch* (1972). Der Autor geht von der Annahme aus, daß die Zeichnung eines Baumes Aufschluß über die emotionale Reife einer Persönlichkeit sowie Hinweise auf Störungen im emotionalen und sozialen Bereich geben kann.
Der Proband wird aufgefordert, einen Baum zu zeichnen, wobei alle Baumarten - mit Ausnahme der Tanne - erlaubt sind. Bei der Auswertung nach *Koch* wird zum einen die Baumzeichnung als Ganzes beurteilt und zum anderen eine Detailauswertung vorgenommen. Raumsymbolische und graphologische Merkmale der Zeichnung werden ebenso berücksichtigt wie formale Einzelmerkmale der Baumgestalt (Wurzeln, Stamm, Krone, Zweige, Äste, Blätter usw.). Die Interpretation erfolgt anhand von Eigenschaftstabellen, die *Koch* für die verschiedenen Merkmale der Zeichnung zusammengestellt hat. Es werden ferner die Verteilungen dieser Merkmale auf verschiedene Altersstufen mitgeteilt. Obwohl auch bei diesem Verfahren keine verläßlichen Angaben über die Hauptgütekriterien vorliegen, muß doch berücksichtigt werden, daß sich der Baum-Test in der klinischen Arbeit als durchaus brauchbares Verfahren erwiesen hat, das bei Kindern und Erwachsenen eingesetzt werden kann. Ein Überblick über die wichtigsten Publikationen zu diesem Test findet sich bei *Koch* (1972).

9.7.4 Der Wartegg-Zeichentest (WZT)

Der bekannteste athematische Zeichentest ist der Wartegg-Zeichentest (WZT) (*Wartegg*, 1955, 1968). Der Testbogen enthält 8 Zeichenfelder, auf denen je ein Anfangselement von "archetypischer Prägung der Reizgegebenheiten" (*Wartegg*) den Probanden zu einer Weiterführung der Zeichnung anregen soll. Mit diesem Verfahren will *Wartegg* die Persönlichkeitsstruktur erfassen und Aussagen über spezifische Konflikte machen.

Die von *Wartegg* entwickelte komplizierte Auswertung erfolgt einerseits nach einem sogenannten "Schichtprofil" (die "genetischen Stufen und Grade der Auffassung" betreffend) und andererseits nach einem sogenannten "Qualitätenprofil" (die "Arten der Auffassung, das heißt Hervortreten oder Vernachlässigung der vorgegebenen Qualitäten"). Ferner werden Bildabfolgen, Bildgefüge sowie Darstellung und Sinngebung des Bildganzen berücksichtigt. *Renner* (1969) schlug eine vor allem vom Symbolgehalt der Zeichen ausgehende qualitative (tiefenpsychologische) Interpretation und eine formale, graphologische Auswertung vor.

Es liegt eine große Zahl von Publikationen zum WZT vor. Die Reliabilität ist allerdings bisher nicht systematisch untersucht worden. In der klinischen Arbeit hat sich der Test aber als gutes Hilfsmittel bei charakterologischen Untersuchungen und zur Diagnostik und Differentialdiagnostik der verschiedenen psychischen Störungen bewährt.

pro memoria 9.7.1 - 9.7.4

1. Zeichentests zur Erhellung der Persönlichkeitsstruktur und spezifischer Konflikte. Auswertung inhaltlich, formal, graphologisch
2. Thematische Zeichentests:
   2.1 Figur-Zeichentest (Draw-a-Person, DAP)
   2.2 Familienzeichentests (Zeichne Deine Familie in Tieren, Zeichne Deine Familie, Zeichne eine Familie, Verzauberte Familie)
   2.3 Baum-Test
3. Athematischer Zeichentest: Wartegg-Zeichentest (WZT)

9.8 Die Farbtests, der Farbpyramidentest (FPT)

Von den Farbtests soll das experimentell und statistisch am besten ausgearbeitete Verfahren, der Farbpyramidentest nach *Pfister-Heiss*, besprochen werden. Bei anderen Farbtests, wie etwa dem Lüscher-Test (1971), stehen exakte Reliabilitäts- und Validitätsuntersuchungen aus oder erbrachten keine befriedigenden Resultate (s. *de Zeeuw*, 1957; *Houben*, 1964; *Halder-Sinn*, 1982).

Die Farbtests beruhen auf der - auch experimentell vielfach untersuchten - Annahme, daß Beziehungen zwischen Farbe und Affektivität bestehen und daß einzelne Farben eine spezifische psychische Wirkung haben. Die Wirkung der Farben ist eine Funktion des Farbtons, des Helligkeitsgrades und der Sättigung (*Houben*, 1964). Für bestimmte Probandengruppen ließen sich "typische" Farbreaktionen nachweisen, die als Norm mit individuellen Abweichungen beschrieben werden können. Sogenannte "Mode-

farben" üben keinen wesentlichen Einfluß auf die Testergebnisse aus (*Schmiedecke-Kaumann* et al., 1971).
Der Farbpyramidentest geht auf einen Vorschlag *Pfisters* (1949) zurück. In der heute üblichen (z.Zt. allerdings vergriffenen) Form umfaßt der Test 24 oder (in der gebräuchlicheren reduzierten Form) 14 Farbtöne, die vom Probanden auf einer vorgegebenen Pyramide angeordnet werden sollen. Die Instruktion lautet, zunächst 3 "schöne" und anschließend 3 "häßliche" Pyramiden zu legen. Die Auswertung erfolgt, indem die Häufigkeiten der vom Probanden benutzten Farben und die Formungsarten bestimmt und - unter Berücksichtigung von Alter und Schulbildung - in Standardwerte umgerechnet werden. Zur Interpretation sind Deuterelationen zu den einzelnen Farbtönen und verschiedene Farbsyndrome (Stimulations-, Norm-, Gegenwert-, Unbuntsyndrom) experimentell entwickelt worden (*Heiss* et al., 1975). Ferner können verschiedene Indizes (z.B. Kippindex, Konstanzziffer, Meideziffer usw.) berechnet werden.
Die Untersuchungen zur Reliabilität und Validität des Farbpyramidentests weisen darauf hin, daß dieser Farbtest ausreichend gesicherte Informationen über affektive Stabilität, emotionale Reife, verschiedene Weisen der Erlebnisverarbeitung, über die Anpassungsfähigkeit, die Leistungsbereitschaft und über affektive Störungen zu liefern vermag. Der FPT ist insbesondere geeignet, ein Bild der Affekt*struktur* eines Probanden zu entwerfen. Nach eigenen Erfahrungen hat es sich als diagnostisch fruchtbar erwiesen, in einer Testbatterie von Leistungstests und verschiedenen Persönlichkeitsverfahren den Farbpyramidentest und auch den Thematischen Apperzeptionstest (TAT) einzusetzen. Während der FPT vor allem strukturelle Aspekte erfaßt, können wir die für einen Probanden spezifische innerseelische Dynamik und seine Hauptkonfliktbereiche dem TAT entnehmen. Beide Verfahren ergänzen sich nach meiner Beobachtung in ausgezeichneter Weise.

pro memoria 9.8

Charakteristika des Farbpyramidentests (FPT):
1. Satz von 14 (bzw. 24) Farben
2. Erfassung der affektiven Stabilität, der emotionalen Reife, der Erlebnisverarbeitung, der Anpassungsfähigkeit, der Leistungsbereitschaft
3. Standardwertnormen; Bestimmung von Farbsyndromen und verschiedenen Indizes
4. Günstig ist eine Kombination von FPT (Affektstruktur) und TAT (Psychodynamik)

9.9 Die Bildwahlverfahren, der Szondi-Test

Der Szondi-Test, das bekannteste Bildwahlverfahren, geht von der Triebtheorie *Szondis* (1949, 1972) aus, die eine Synthese aus Erbbiologie, Psychiatrie und Psychoanalyse darstellt. Der Autor postuliert, daß die Wahlen im Test von Triebbedürfnissen abhängen. Bedürfnisse, die befriedigt sind, führen zu keinen Wahlen. Bedürfnisse, die mit großer dynamischer Kraft wirken und vom Probanden bejaht werden, werden positiv gewählt. Ausgeprägte, aber abgelehnte Bedürfnisse manifestieren sich in negativen Wahlen.

Das Testmaterial besteht aus 6 Serien von je 8 Fotografien "triebkranker" Personen. Die Bilder entsprechen den 8 Grundbedürfnissen des von *Szondi* entwickelten Triebsystems (bestehend aus den 4 Triebvektoren Sexual-, Paroxysmal-, Ich- und Kontakttrieb mit ihren je 2 Triebbedürfnissen). Der Proband soll bei jeder Serie aus den 8 vorgelegten Bildern die beiden ihm sympathischsten und die beiden ihm unsympathischsten auswählen. In einem zweiten Wahlgang werden bei den in jeder Serie verbliebenen 4 Bildern wieder die sympathischsten und unsympathischsten bestimmt. Der Versuch soll mehrfach, nach Möglichkeit zehnmal, durchgeführt werden (ein Grund dafür, daß sich dieses Verfahren für die Routinediagnostik im klinisch-ambulanten Bereich kaum anbietet). Die Auswertung baut auf Sympathie- und Antipathiewahlen ein kompliziertes quantitatives System der vektoriellen und syndromatischen Analyse des Testresultates auf. Von *Beeli* (1962) wurde die "Analyse der Existenzformen" eingeführt. *Friedemann* (1961) entwickelte einen Gruppen-Szondi-Test. Das Szondi-Verfahren sollte ursprünglich das "familiäre Unbewußte" aufdecken. Schon bald jedoch verschob sich das Schwergewicht der Interpretation auf die Diagnostik der individuellen Triebthematik und der Ich-Faktoren.

Trotz der Fülle der bisher vorliegenden Untersuchungen zu diesem Test ist noch keine eindeutige Bewertung seiner diagnostischen Brauchbarkeit möglich (*Meili*, 1961; *Heinelt*, 1964; *Hiltmann*, 1977; u.a.). Während die Durchführung und die formale Auswertung als objektiv bezeichnet werden können, finden sich keine Angaben zur Reliabilität. Die Validität wird zwar von *Szondi* (1972) postuliert, eine empirische Validierung ist jedoch bisher bei diesem Verfahren nicht vorgenommen worden. Auch fehlt es an eigentlichen Normen. Der "Trieblinnäus-Band" (*Szondi*, 1960) enthält sogenannte "Triebformeln", die zur Interpretation der individuellen Befunde herangezogen werden sollen. Auch hier fehlt es aber an einer Validierung. Immerhin stimmen nach meiner Erfahrung klinische Beobachtungen (vor allem hinsichtlich aggressiver Verhaltensweisen) oft mit den Testreaktionen (insbesondere Triebfaktoren s und e) überein.

pro memoria 9.9

Charakteristika des Szondi-Tests
1. Basierend auf der Triebtheorie *Szondis* (4 Triebvektoren: Sexual-, Paroxysmal-, Ich-, Kontakttrieb)
2. Aufgrund von Sympathie- und Antipathiewahlen vektorielle und syndromatische Analyse
3. Empirische Überprüfungen von Reliabilität und Validität stehen aus

9.10 "Objektive" Persönlichkeitstests

Unter "objektiven" Persönlichkeitstests können mit *Fahrenberg* (1964) Verfahren verstanden werden, bei denen das Testprinzip den Probanden undurchschaubar und damit unverfälscht ist. Während bei den unter 9.1 und 9.2 behandelten Persönlichkeitsfragebögen und Interessentests der Proband aus den gestellten Fragen in der Regel ersehen kann, worauf diese abzielen, ist eine solche Information bei den objektiven Persönlichkeitstests nicht gegeben. Bei diesen Verfahren werden perzeptive, psychomotorische und kognitive Leistungen sowie vegetativ-nervöse Reaktionsweisen zum Zweck einer Persönlichkeitsdiagnostik verwendet, wobei dem Untersuchten der Zusammenhang dieser Testaufgaben mit dem daraus zu interpretierenden Verhalten nicht erkennbar ist. Allerdings ist auch bei den objektiven Persönlichkeitstests die Unverfälschbarkeit der Testergebnisse nicht immer gewährleistet (s. *Häcker*, 1975; *Häcker* et al., 1979). Es sollen im folgenden einige Beispiele für diese Verfahren genannt werden, um dem Leser einen ersten Einblick in diesen Forschungsbereich zu geben.

Eines der ältesten Verfahren dieser Art ist die Messung der *psychogalvanischen Reaktion* (PGR). Bereits gegen Ende des vorigen Jahrhunderts beobachteten die Franzosen *Féré* und *Vigouroux*, daß sich der elektrische Widerstand des menschlichen Körpers unter dem Einfluß von Affekten verändert. Seither ist eine große Zahl von Untersuchungen über psychogalvanische Reaktionen bei verschiedenen Gefühlszuständen durchgeführt worden, ohne daß es aber bisher gelungen wäre, eindeutige Zusammenhänge zwischen PGR und bestimmten Persönlichkeitsvariablen aufzudekken (*McCleary*, 1950; *Martin*, 1960; *Fahrenberg*, 1964). Aus neuerer Zeit stammen Versuche, aufgrund von Prüfungen der Wahrnehmung und der Psychomotorik zu persönlichkeitsdiagnostischen Aussagen zu gelangen (s. *Brengelmann*, 1961, und *Witkin*, 1973). Ferner sind die Arbeiten von *Cattell* und seinen Schülern von Bedeutung. Im Institute of Personality and Ability Testing (IPAT) werden von *Cattell* und seinen Mitarbeitern

faktorenanalytische Ergebnisse aus den drei Testmedien Lebenslaufdaten, Selbstbeurteilungsdaten und objektive Testdaten gesammelt und koordiniert. Aus dem großen Material sind verschiedene Testbatterien zur Messung von Persönlichkeitsfaktoren entwickelt worden (*Schmidt* et al., 1975), wobei sich diese Verfahren als recht zuverlässige Hilfsmittel zur Beantwortung differentialdiagnostischer Fragen erwiesen (s. *Schmidt* et al., 1972).
Eine andere, ebenfalls von einem faktorenanalytischen Ansatz ausgehende Testbatterie ist von *Eysenck* (1956, 1960) entwickelt und vielfach experimentell geprüft worden. Die für diese Tests relevanten Persönlichkeitsdimensionen sind die der neurotischen und psychotischen Tendenz sowie die Dimension Introversion/Extraversion.
Schließlich sind auch die verschiedensten psychologischen, bio-elektrischen und biochemischen Parameter zur Persönlichkeitsdiagnostik eingesetzt worden. Hierzu gehören, außer der bereits erwähnten psychogalvanischen Reaktion, Tonusregistrierungen der Skelettmuskulatur, Elektromyographie, Elektroenzephalogramm, arterieller Blutdruck, Atemtätigkeit, vegetativ-endokrine Diagnostik, biochemische Laboruntersuchungen usw. Diesen Methoden kommt bisher allerdings vor allem Bedeutung im Rahmen der Forschung zu. Ehe sie für die Routinediagnostik eingesetzt werden können, ist noch eine weitere systematische Grundlagenforschung notwendig.

pro memoria 9.10

"Objektive" Persönlichkeitstests: Erfassung perzeptiver, psychomotrischer, kognitiver Leistungen, vegetativ-nervöser Reaktionen zur Psychodiagnostik

9.11 Die graphologische Methode[1]

Zu den diagnostischen Verfahren zur Erfassung der Persönlichkeit gehört auch die graphologische Methode. Im folgenden sollen einige grundsätzliche Probleme angesprochen werden, die sich bei der Beschäftigung mit der Graphologie ergeben. Nach *Klages* (1956) ist die Graphologie die Wissenschaft von den Entstehungsbedingungen der persönlichen Handschrift und deren Ausdrucksgehalt. Sie gehört in den Rahmen der Ausdruckspsychologie, deren Gegenstand die Erfassung und Interpretation

---

1 Für die kritische Durchsicht dieses Kapitels sei Frau Dr. phil. *B. Saegesser*, Graphologin, herzlich gedankt

von Phänomenen wie Mimik, Gestik, Sprechweise, Physiognomie usw. ist.

Historisch kann sich die Graphologie zwar schon auf Autoren aus früheren Jahrhunderten berufen, so z.B. auf *J.K. Lavater* (1775) und *J.H. Michon* (1875), den Begründer des Terminus "Graphologie". Eine wissenschaftliche Auseinandersetzung mit den diagnostischen Möglichkeiten dieser Methode erfolgte jedoch erst in unserem Jahrhundert. Und selbst heute fristet die Graphologie häufig noch ein akademisches Schattendasein, ist sie doch beispielsweise an den meisten Universitäten nicht im Lehrplan vertreten.

Diese Tatsache ist umso auffallender, als sich die diagnostische Analyse der Handschrift schon allein deshalb anböte, weil dieses Ausdrucksverhalten dem Untersucher leicht zugänglich und beliebig oft reproduzierbar ist. Die akademische Psychologie verhält sich aber auch heute noch dieser Methode gegenüber zumeist reserviert, wenn nicht sogar ausgesprochen ablehnend. Dieser Umstand hat zur Folge, daß der an der Graphologie Interessierte entweder auf das Selbststudium angewiesen ist (was bei diesem und anderen diagnostischen Verfahren außerordentlich schwierig, wenn nicht sogar unmöglich ist). Oder er muß sich bemühen, einen privaten Kurs zu finden, wobei er allerdings das Risiko eingeht, unter Umständen an wenig qualifizierte Ausbilder zu gelangen. Diese bedauerliche Situation trägt wesentlich dazu bei, daß der Graphologie auch heute noch vielfach das Odium des Unseriösen anhaftet und die von der akademischen Psychologie entwickelten vielfältigen Kontrollmethoden (z.B. hinsichtlich der Gütekriterien der klassischen Testtheorie) bei diesem diagnostischen Verfahren noch längst nicht ausgeschöpft worden sind. Erste Versuche einer empirischen Überprüfung der Reliabilität und Validität von Schriftexpertisen unternahmen *Fahrenberg* et al., (1965) *Wallner* (1960, 1962, 1963, 1965, 1972), *Prystav* (1969, 1973) und *Fisch* (1973).

Hinzu kommt, daß bei den derzeitigen Ausbildungsbedingungen die Graphologie häufig nicht von Fachpsychologen ausgeübt wird, die eine fundierte allgemeinpsychologische Ausbildung und umfassende Kenntnisse über Persönlichkeits- und Entwicklungstheorien sowie über andere diagnostische Verfahren besitzen. Daraus resultiert die meiner Ansicht nach fragwürdige - aber häufig ausgeübte - Praxis, daß von diesen Diagnostikern zur Erstellung eines Persönlichkeitsgutachtens das graphologische Verfahren nicht in eine umfangreichere Testbatterie eingebettet, sondern ausschließlich diese Methode angewendet wird. Trotz des unbestreitbaren diagnostischen Aussagewertes der Graphologie erscheint mir ein solches Vorgehen ebensowenig gerechtfertigt wie die ausschließliche Verwendung eines anderen Testverfahrens, beispielsweise des Rorschach-Tests.

Innerhalb der Graphologie haben sich verschiedene Schulen gebildet, die in der Art der Merkmalserfassung und -interpretation z.T. erheblich voneinander abweichen. Die bekanntesten Richtungen sind die folgenden:

1) Die auf Beobachtung und Vergleich beruhende, empirisch-induktive Betrachtungsweise *Michons* (1875), *Crépieux-Jamins* (1927) und anderer Vertreter der "französischen Schule",
2) Experimentelle Ansätze deutscher Psychiater und Psychologen gegen Ende des vorigen Jahrhunderts (z.B. *Goldschreiber*, 1891; *Preyer*, 1928; u.a.),
3) Die auf dem "Ausdrucks- und Darstellungsprinzip" und dem "Formniveau" beruhende "biozentrische" Methode von *Klages* (1956),
4) Die eidetische, verstehende Graphologie i.S. *Wolffs* (1948) und *Pulvers* (1955),
5) Die kinetische Graphologie, die als Bewegungspsychologie den expressiven Anteil der Schreibspur als einer automatisierten Willkürbewegung untersucht (z.B. *Pophal*, 1965).

In der historischen Entwicklung der Graphologie ist an die Stelle der ursprünglichen isolierenden Deutung einzelner Zeichen die Einsicht getreten, daß jedes Merkmal (z.B. Größe/Kleinheit, Enge/Weite, Neigungswinkel, Längenunterschiede, Längenteilung, Links-/Rechtsläufigkeit, Verbundenheitsgrad usw.) letztlich doppel- (so bei *Klages*) und sogar mehrdeutig (so bei *Pulver*) ist. Der Stellenwert der einzelnen Merkmale und ihre diagnostische Bedeutung werden in der Regel von übergreifenden Befunden resp. vom Gesamtbild der Schrift (vor allem von deren Formniveau) her interpretiert. Eine wichtige Rolle in der graphologischen Deutung spielt auch die vor allem von *Pulver* (1955) vertretene Raum- und Zeitsymbolik.
Zum Einsatz der graphologischen Technik sind vor allem zwei kritische Anmerkungen zu machen: Zunächst muß noch einmal auf die bereits oben erwähnte fragwürdige Praxis hingewiesen werden, sich bei Untersuchungen ausschließlich auf dieses eine Verfahren zu beschränken. Ferner bedeutet es meiner Ansicht nach einen schwerwiegenden Verstoß gegen die ethischen Richtlinien, denen sich jeder Psychologe verpflichtet fühlen sollte (s. unter 12.2), wenn Analysen bei Schriften von Personen vorgenommen werden, die nicht vorher über diese Untersuchung informiert worden sind und nicht ihr Einverständnis dazu gegeben haben. Wird trotzdem eine graphologische Analyse vorgenommen, so muß man hier mit allem Nachdruck von einem *Mißbrauch* der Diagnostik sprechen.

pro memoria 9.11

Die graphologische Methode:

1. Doppel- und Mehrdeutigkeit der Zeichen (z.B. Größe/Kleinheit, Enge/Weite, Neigungswinkel usw.), Interpretation von übergreifenden Befunden resp. vom Gesamtbild der Schrift her
2. Kritische Anmerkungen:
   2.1 Fragwürdigkeit der ausschließlichen Verwendung der graphologischen Methode
   2.2 Die Person, deren Schrift einer Analyse unterzogen wird, muß unbedingt darüber orientiert sein und ihr Einverständnis dazu gegeben haben

10. Psychodiagnostische Methoden bei sozialpsychologischen Untersuchungen und zur Erfassung interaktioneller Prozesse

Bei sozialpsychologischen Fragestellungen stehen dem Untersucher methodisch zwei Möglichkeiten zur Verfügung: Entweder werden derartige Studien in einem Laboratorium (in der Regel unter streng kontrollierten Bedingungen) oder aber direkt im sozialen Feld durchgeführt, wobei die Variablen im sozialen Feld im allgemeinen viel weniger kontrollierbar sind. In *Laboratoriumsexperimenten* wird versucht, bestimmte soziale Situationen aus dem sozialen Gesamtkontext herauszulösen und isoliert einzelne Phänomene zu studieren. Der Vorteil solcher Untersuchungen liegt darin, daß die Versuchsbedingungen strenger kontrolliert werden können als in der natürlichen sozialen Umgebung. Einzelne Parameter können in solchen Mikrosituationen exakter erfaßt und systematischer variiert werden. Häufig werden den Laboratoriumsexperimenten soziale Feldstudien vorgeschaltet, in denen, zumeist in eher unsystematischer Form, erste Beobachtungen zu einem bestimmten Sachverhalt gesammelt werden können. Bekannt geworden sind die verschiedenen Experimente zur Gruppenstruktur, zu Problemen der intra- und intergruppalen Beziehungen und zum Phänomen des Außenseiters (*Hofstätter*, 1957a, 1957b, 1963; *Meili* und *Rohracher*, 1963). Auf die bei solchen Laboratoriumsexperimenten verwendeten Methoden soll weiter unten ausführlicher eingegangen werden.

Grundsätzlich anderer Art hingegen sind die sogenannten *Feldstudien*, bei denen bestehende Bedingungen vorliegen und die den Untersucher interessierenden Variablen in diesem Kontext registriert, nicht aber von ihm willkürlich variiert werden. Den Wert dieser Art von Untersuchung haben vor allem die bekannten Studien der Kulturanthropologen (*Benedict*,

1955; *Mead*, 1958, 1959; *Malinowski*, 1962; u.a.) und in jüngerer Zeit die ethno-psychoanalytischen Forschungen von *Parin* sowie *Parin* et al. (1971, 1977, 1978) gezeigt. Die großen Probleme liegen allerdings, z.B. bei transkulturellen Untersuchungen, einmal im Bereich der Kommunikation, die häufig nur über einen Dolmetscher möglich ist, und zum anderen darin, daß sich solche Studien in der Regel über längere Zeit erstrecken müssen, damit einigermaßen zuverlässige Resultate gewonnen werden können. Doch liefern insbesondere die transkulturellen Untersuchungen eine Fülle von Material. Sie vermögen häufig in eindrucksvoller Weise die komplexen sozialen Phänomene und die für die untersuchte Sozietät spezifischen Interaktionsmuster zu zeigen. Daß allerdings Experimente im strengen Sinne (d.h. bei Aufrechterhaltung der Forderung nach standardisierten Versuchsbedingungen, deren Variablen in systematischer Weise variiert werden) auch im natürlichen sozialen Feld möglich sind, hat in eindrucksvoller Weise beispielsweise *Sherif* mit seinen berühmten "Ferienlager-Experiment" gezeigt.
Im folgenden sollen die wichtigsten psychodiagnostischen Methoden kurz vorgestellt werden, wie sie bei sozialpsychologischen Laboratoriumsexperimenten und in Feldstudien Anwendung finden. Es ist auch bei diesen Verfahren nicht möglich, auf eine ausführliche Diskussion einzutreten. Zur genaueren Information muß der Leser auf die einschlägige Literatur verwiesen werden.

10.1 Soziometrie

Die Soziometrie stellt nach einer Definition von *Bjerstedt* (1956) "die quantitative Untersuchung zwischenmenschlicher Beziehungen unter dem Aspekt der Bevorzugung, Gleichgültigkeit oder Ablehnung in einer Wahlsituation" dar. Diese Methode ist eng verbunden mit dem Namen des amerikanischen Psychiaters *Moreno* (1954). Wegweisend war für ihn vor und während des 1. Weltkrieges seine Beschäftigung mit Kindergruppen und die Arbeit in Flüchtlingslagern. Im Rahmen dieser Tätigkeit entwickelte sich zunehmend sein Interesse am Studium der sozialen Beziehungsgeflechte in kleineren Gruppen. Für ihn als Psychiater stellte die Soziometrie nicht nur ein sozialpsychologisches Untersuchungsverfahren dar, sondern es standen für ihn auch therapeutische Aspekte im Vordergrund. Im Anschluß an die Forschungen *Morenos* ist die soziometrische Methode vielfältig variiert und modifiziert worden.
Ihr Ziel besteht darin, das emotionale Beziehungsgeflecht in einer Gruppe zu erfassen, d.h. Sympathien und Antipathien der Gruppenmitglieder ein-

ander gegenüber. Man stellt zu diesem Zweck fest, wie oft ein Gruppenmitglied von den anderen bevorzugt oder abgelehnt wird. Die Autoren, die sich dieser Methode bedienen, weisen immer wieder darauf hin, daß es wichtig ist, daß das Wahlkriterium eine ganz konkrete Situation des Kontakts betreffen muß (z.B. in einer Schulklasse: neben wem man sitzen oder nicht sitzen möchte, oder in einem Ferienlager: mit wem man eine bestimmte Aufgabe erfüllen oder nicht erfüllen möchte). Ferner sollten die Wahlen für die Befragten eine unmittelbare Konsequenz haben, da dadurch die Motivation zur Wahl wesentlich erhöht wird.
Die Resultate solcher soziometrischer Befragungen werden in der Regel in graphischer Form dargestellt: Man erstellt entweder ein *Netz-Soziogramm* oder veranschaulicht die Untersuchungsergebnisse durch ein sogenanntes *Zielscheiben-Soziogramm.* Beim Letzteren stehen die am häufigsten gewählten Gruppenmitglieder im Zentrum, die am seltesten gewählten im äußeren Ring. Aus den Resultaten solcher Studien lassen sich häufig charakteristische Konfigurationen der Gruppendynamik interpretieren: Man kann Paarbildungen von sogenannten Dreiecken und Ketten unterscheiden, bestimmte Gruppenmitglieder nehmen eine "Starrolle" ein, andere sind "Außenseiter" oder "Randfiguren". Diese verschiedenen Positionen in einer Gruppe sind von *R. Schindler* (1957) auch als Alpha-, Gamma- und Omega-Typen beschrieben worden.
Eine interessante, von *Tagiuri* (1952) und *Borgatta* (1954) entwickelte Variante der klassischen soziometrischen Methode ist die *Sociometric Perception.* Hier soll der Proband nicht nur angeben, welchem anderen Gruppenmitglied gegenüber er Sympathie oder Antipathie empfindet, sondern er wird auch darüber befragt, wer aus der Gruppe seiner Meinung nach wohl ihn selbst wählen oder ablehnen werde. Es geht bei dieser Methode also um das Selbstverständnis des Individuums in der Gruppe. Erste Resultate dieses Untersuchungsansatzes weisen darauf hin, daß die Abgelehnten ihren Status häufig überschätzen. Es fragt sich, ob sie die schmerzliche Tatsache ihrer Unbeliebtheit verdrängen oder ob sie sich selbst und die anderen schlechter einschätzen können und diese Tatsache unter Umständen eine Ursache für ihre Unbeliebtheit ist. Eine Behebung wäre in diesem letzteren Fall dann z.B. durch eine Schulung ihrer sozialen Wahrnehmungsfähigkeit möglich.
Bei allen interessanten, mit der soziometrischen Technik gewonnenen Untersuchungsresultaten bleibt ein prinzipielles Problem: Es erhebt sich die Frage, inwieweit es gerechtfertigt und ethisch vertretbar ist, in einer Gruppe solche Befragungen über Sympathie und Antipathie durchzuführen. In der Regel wird man ja derartige Studien nicht an Gruppen vornehmen, die sich einem bestimmten Experiment in einem Laboratorium frei-

willig unterziehen. Vielmehr möchte man die Struktur und Dynamik einer Gruppe im sozialen Feld erfassen. Eine beispielsweise in einer Schulklasse oder in einem Ferienlager durchgeführte soziometrische Untersuchung hat immer auch unmittelbare Konsequenzen für den Einzelnen und für die Gruppe insgesamt. Selbst wenn nach Abschluß der Studie die Versuchspersonen nicht über die Ergebnisse aufgeklärt werden - was an sich ein fragwürdiges Vorgehen ist (s. die Ausführungen unter 12.2) -, hat allein die Befragung und die Entscheidung des Einzelnen hinsichtlich Sympathie oder Antipathie bereits einen nicht zu unterschätzenden Einfluß auf seine Gefühle den anderen Gruppenmitgliedern gegenüber und auf sein Selbstverständnis in diesem sozialen Beziehungsgefüge. Schon bei der Planung derartiger Untersuchungen wird deshalb ernsthaft die Frage zu diskutieren sein, ob eine solche Studie bei der gewählten Probandengruppe ethisch vertretbar ist, ob nicht zuvor die Einwilligung der Beteiligten eingeholt werden muß, und in welcher Form die gewonnenen Resultate - entsprechend der ursprünglichen therapeutischen Intention *Morenos* - für die Versuchspersonen nutzbar gemacht werden können.

10.2 Bewertungsskalen

Battegay (1973) weist auf die Bedeutung der Bewertungsskalen zur Erfassung der sozialen Interaktionen hin. Als Beispiel sei die von *Hartley* et al. (1955) erwähnte Bewertungsskala von *W.I. Newstetter* zitiert: Der Autor führte in einem Forschungslager an drei Knabengruppen im Alter von 10 bis 15 Jahren Untersuchungen durch. Er verwendete dazu eine 9-Punkte-Skala, die folgende Verhaltensweisen berücksichtigte:

1) Physischer Ausdruck der Zuneigung
2) Zeichen besonderer Zuwendung in wohlmeinendem Sinne - geben, leihen, einladen, vorziehen, verteidigen
3) Zeichen kameradschaftlicher Beziehungen
4) Zufällige Gespräche
5) Fast neutrale, aber noch leicht positive Zuwendung
6) Zeichen der Gleichgültigkeit gegenüber Rechten, Forderungen oder Bitten anderer
7) Zeichen unverholenen Konfliktes mit den Rechten, Forderungen oder Wünschen anderer
8) Zeichen von Ärger oder Verachtung persönlicher Art
9) Zeichen der Wut oder absichtlicher Beleidigung - trotzen, fluchen, herausfordern, schlagen.

Jeder Knabe wurde nun von einem Beurteiler hinsichtlich dieser Skala dreifach bewertet: 1) Nach selbst geäußerter Zuwendung, 2) Nach empfangener Zuwendung, 3) Nach der Zuwendung in Paarbeziehungen. Auf diese Weise sollten die Beziehungen eines Gruppenmitgliedes zu jedem anderen Mitglied der Gruppe festgestellt werden. Nach den Resultaten von *Newstetter* äußerte jeder der Knaben die ganze Variationsbreite der Zuwendung. Erhebliche Unterschiede aber bestanden hinsichtlich der empfangenen Zuwendung. Einige Knaben wurden vorwiegend positiv beurteilt (Alpha-Typ), andere wurden dagegen vor allem abgelehnt (Omega-Typ). Nach *Battegay* (1973) ist diese Bewertungsskala insbesondere dann indiziert, wenn die soziometrische Untersuchungsmethode nicht angewendet werden kann, z.B. wenn eine Versuchsperson nicht wissen sollte, daß sie bzw. ihre Stellung in der Gruppe untersucht wird.

10.3 Interaktionsanalyse ("Interaction Process Analysis") nach Bales

Eine andere, weitaus mehr in die Details des Interaktionsprozesses eingehende sozialpsychologische Erfassungsmethode ist die "Interaction Process Analysis" von *Bales* (1950; s. auch *König*, 1962). Als Interaktionen werden hier alle verbalen Äußerungen, aber auch Zeichen und Gesten verstanden, mit denen die Mitglieder einer Gruppe aufeinander reagieren. In einem sich aus 12 Kategorien zusammensetzenden Schema werden die Interaktionssegmente der Äußerungen von "Sender" und "Empfänger" vermerkt.

Bales hat folgendes Kategorien-System aufgestellt (nach *König*, 1962):

1) Zeigt Solidarität, bestärkt den anderen, hilft, belohnt
2) Entspannte Atmosphäre, scherzt, lacht, zeigt Befriedigung
3) Stimmt zu, nimmt passiv hin, versteht, stimmt überein, gibt nach
4) Macht Vorschläge, gibt Anleitung, wobei Autonomie des anderen impliziert ist
5) Äußert Meinung, bewertet, analysiert, drückt Gefühle oder Wünsche aus
6) Orientiert, informiert, wiederholt, klärt, bestätigt
7) Erfragt Orientierung, Information, Wiederholung, Bestätigung
8) Fragt nach Meinungen, Stellungnahmen, Bewertung, Analyse, Ausdruck von Gefühlen
9) Erbittet Vorschläge, Anleitung, mögliche Wege des Vorgehens
10) Stimmt nicht zu, zeigt passive Ablehnung, Förmlichkeit, gibt keine Hilfe
11) Zeigt Spannung, bittet um Hilfe, zieht sich zurück
12) Zeigt Antagonismus, setzt andere herab, verteidigt oder behauptet sich.

Die Kategorien 1 bis 3 umfassen den "sozialemotionalen Bereich: positive Reaktionen", 4 bis 6 gehören zum "Aufgabenbereich: Versuche der Beantwortung", 7 bis 9 zum "Aufgabenbereich Fragen", und die Kategorien 10 bis 12 betreffen den "sozialemotionalen Bereich: negative Reaktionen".

Diese Methode erlaubt eine detaillierte Registrierung der Interaktionen in einer Gruppe. Gewisse Probleme ergeben sich indes dadurch, daß in der Regel der Gruppenleiter selbst nicht die Registrierung der Interaktionen vornehmen kann, da dadurch die Gruppenteilnehmer verunsichert würden. Auch der Einsatz spezieller Beobachter gestaltet sich, vor allem bei therapeutischen Gruppen, als schwierig, wenn nicht sogar als unmöglich, da solche Beobachter von der Gruppe häufig ebenfalls als störend erlebt werden. Die genannten Schwierigkeiten lassen sich z.T. dadurch umgehen, daß man die Gruppe durch eine Einwegscheibe beobachten und die Interaktionen so von außerhalb registrieren läßt. Allerdings ist es gerade bei einem solchen Vorgehen notwendig, vorher die Einwilligung der Beteiligten einzuholen.

Wie *Battegay* (1973) ausführt, kann eine solche Erfassung von Interaktionsprozessen in einer therapeutischen Gruppe sehr fruchtbar sein. Er zitiert eine Untersuchung von *Borgatta* (1962), der die Interaktionsprozeß-Scores von Diskussionsgruppen interkorrelierte und einer faktorenanalytischen Verrechnung unterwarf. In verschiedenen Studien ergaben sich z.T. übereinstimmende Faktoren, insbesondere die "Aktivitätsrate", die "sozioemotionale Unterstützung" und die "antagonistische Aktivität". Ferner zeigt eine Untersuchung von *Heckel* et al. (1971), daß die Interaktionsprozesse in einer Initialphase der Gruppentherapie auch hinsichtlich ihrer faktoriellen Struktur wesentlich von den Interaktionsprozessen einer späteren Phase abweichen. Dieses Resultat steht in Übereinstimmung mit den gruppenpsychotherapeutischen Erfahrungen *Battegays* (1971), der im therapeutischen Prozeß verschiedene Phasen unterscheidet (explorierende Kontaktnahme, Regression, Katharsis, Einsicht, Wandlung und soziales Lernen).

10.4 Das sozialpsychologische Interview

Auch die verschiedenen Interviewtechniken können noch zur Psychodiagnostik im weiteren Sinne gezählt werden. Diese Methoden sind in der sozialpsychologischen Forschung weit verbreitet, und es liegt eine Fülle von verschiedenen Verfahren vor. Ich möchte im folgenden nur auf einige der wichtigsten Probleme eingehen, die sich bei der Konstruktion und

Durchführung solcher Interviews ergeben. Im übrigen muß auf die einschlägige Fachliteratur verwiesen werden (s. *Hofstätter*, 1957; *Anger*, 1969; *Seidenstücker* et al., 1974).

Die sozialpsychologischen Befragungen, die verschiedenen Interviewtechniken, spielen innerhalb der sozialpsychologischen Datengewinnung eine dominierende Rolle. Wohl keine andere Methode wird häufiger bei sozialpsychologischen Studien verwendet, und kaum ein anderes Verfahren hat mehr zu unserem Wissen über soziale Phänomene beigetragen. Dementsprechend sehen wir uns einer fast unüberschaubaren Fülle von Methoden gegenüber. Im folgenden sollen einige generelle, diese Untersuchungsinstrumente kennzeichnende Merkmale genannt und die wichtigsten grundsätzlichen Probleme diskutiert werden.

Ein erstes Kennzeichen eines Interviews ist der *zweckgerichtete Charakter* solcher Befragungen. Damit hängt eng das zweite Kennzeichen, die *Spezifität ihrer Thematik*, sowie das dritte Kennzeichen, die *Asymmetrie der Kommunikationsprozesse*, zusammen. Immer nämlich verfolgt der Interviewer in sozialpsychologischen Studien einen bestimmten Zweck. Er muß aus diesem Grunde, entsprechend seinen Hypothesen, seine Befragung auf eine spezifische Thematik einengen. Die Asymmetrie der Kommunikationsprozesse ist ebenfalls verständlich, wenn man sich vor Augen hält, daß es der Untersucher ist, der die Fragen stellt, die Probleme anreißt und dadurch Äußerungen anregen möchte, selbst aber keine wesentlichen Stellungnahmen abgibt, während der Proband sich zu diesen Fragen äußern soll. Die Befragung kann mündlich, d.h. als persönliches Interview, oder in schriftlicher Form erfolgen. Immer aber wird man ein solches Interview, gemäß einer Definition von *Anger* (1969), bezeichnen können als ein "planmäßiges Vorgehen mit wissenschaftlicher Zielsetzung, bei dem die Versuchsperson durch eine Reihe gezielter Fragen oder mitgeteilter Stimuli zu verbalen Informationen veranlaßt werden soll".

Bei der Konzeption solcher Interviews sieht sich der Forscher einer Fülle von Problemen gegenüber. Abgesehen von prinzipiellen Überlegungen über den zu untersuchenden Gegenstandsbereich erhebt sich immer auch die Frage, welche unter allen möglichen Informationen man in diesem speziellen Interview erfassen möchte. Es ist das Problem der Validität, d.h. die Frage, ob wir mit dieser Art von Interview wirklich den Gegenstand erfassen, den wir erforschen möchten (s. die Ausführungen über die Validität unter 5.1.3).

Die verschiedenen Methoden der sozialpsychologischen Befragungen lassen sich nach ihrem Strukturiertheitsgrad unterscheiden: Die *standardisierte Befragung* erfolgt nach einem vorgeschriebenen Wortlaut und nach festgelegter Reihenfolge der Fragen. Diese können entweder in "offener" (d.h. freie Beantwortung ist möglich) oder in "geschlossener" Form (z.B. Multiple-Choice-Methode) vorliegen. Das andere Extrem stellt eine *nicht-standardisierte Befragung* dar. Hier erfolgt eine freie Exploration des Probanden, ein Gespräch, das sich lediglich an einem inhaltlichen Leitfaden des Interviewers orientiert. Zwischen diesen beiden Extremformen liegt die sogenannte *teil-standardisierte Befragung*. Hier wird dem Untersucher ein größerer Ermessensspielraum eingeräumt als bei der standardisierten Befragung. Er ist aber enger an ein bestimmtes Befragungsschema gebunden als bei einem unstrukturierten Interview. Der Vorteil solcher teil-standardisierten Befragungen liegt darin, daß einerseits der Einfluß des Interviewers nicht allzu groß ist, andererseits aber die relative Freiheit der Befragung ihm erlaubt, den Gesprächsverlauf besser seinem Gegenüber anzupassen und beispielsweise das Sprachverständnis, die Auffassungsgabe, den Bildungsgrad und die persönlichen Bedürfnisse des Probanden zu berücksichtigen. Damit läßt sich auch die Motivation eines Befragten, Auskunft zu geben, erheblich verbessern. Derartige Interviews sind häufig für den Probanden wesentlich befriedigender als ein starres Abfragen von Daten.

Weitere methodische Probleme bei der Konzeption sozialpsychologischer Interviews ergeben sich daraus, daß häufig sogenannte *Funktionsfragen* eingeschaltet werden müssen, z.B. in Form von Kontakt- und Einleitungsfragen, Fragen zur Überleitung zwischen zwei Themenbereichen, häufig auch Kontrollfragen, Fragen, die die Motivation des Probanden betreffen usw. Ferner ist wichtig, daß die einzelnen Fragenkomplexe kurz, einfach und eindeutig formuliert sind und frei sein sollten von suggestiven Elementen. Gerade bei diesen *semantischen Problemen* ergeben sich beim Interview, mehr noch als bei psychologischen Tests sonst, häufig große Schwierigkeiten und Fehlerquellen, da bei vielen Begriffen nicht ohne weiteres vorausgesetzt werden kann, daß verschiedene Probanden (z.B. aus den verschiedenen sozioökonomischen Schichten) einem bestimmten Begriff immer denselben Bedeutungsgehalt zumessen (s. hierzu auch die Ausführungen über die Bedeutung der Sprache in der Psychodiagnostik unter 2.1).

Ferner stellt sich bei der Interview-Planung die Frage nach einem möglichen gegenseitigen Einfluß von einer Frage auf die andere. Immer nämlich lenkt eine bestimmte Abfolge des Gesprächs die Assoziationen des betreffenden Probanden in eine bestimmte Richtung. Sie bewirkt u.U., daß sich der Befragte Hypothesen über die Meinung des Interviewers zu diesem Gegenstand bildet, und kann möglicherweise die Antworten zu den folgenden Fragen erheblich determinieren.

Schließlich muß man sich bei der Planung von *schriftlichen Befragungen* entscheiden, ob man diese in Gegenwart eines Versuchsleiters durchführen will oder auf postalischem Wege erheben möchte. Dem Nachteil der letzteren Methode (u.U. eine nur geringe Rücklaufquote, mangelnde Kontrollierbarkeit der Befragungssituation, Verständnisschwierigkeiten, Schichtabhängigkeit der Motivation usw.) steht bei der schriftlichen Befragung unter Aufsicht eines Versuchsleiters das Problem gegenüber, daß diese Methode nur durchführbar ist, wenn Probanden untersucht werden, die räumlich nahe beieinander wohnen oder arbeiten (z.B. in bestimmten Institutionen gemeinsam erfaßt werden können).

Der prinzipielle Vorteil einer *persönlichen Befragung* gegenüber schriftlichen Erhebungen liegt vor allem darin, daß der Versuchsleiter unmittelbar in das Gespräch miteinbezogen ist, die Motivation des Befragten erhöhen kann, ihm helfen kann, Hemmungen zu überwinden und Verständnisschwierigkeiten auszuräumen. Damit senkt sich die Ausfallquote, und es sind in der Regel genauere Aussagen möglich. Allerdings muß man sich der Tatsache bewußt sein, daß ein persönliches Interview zu einer größeren Variabilität der Erhebungsbedingungen führt. Die Ergebnisse verschiedener Interviewer können u.U. nicht miteinander verglichen werden, denn die Aussagen des Befragten werden auch von der "persönlichen Gleichung" des Interviewers beeinflußt.

Damit es zu keinen groben Verzerrungen des Untersuchungsergebnisses kommt, ist deshalb eine sorgfältige Schulung der Interviewer notwendig. Vor allem sollten sie um die wichtigsten Fehlerquellen wissen, denen sie in ihrem Urteil ausgesetzt sein können (s. die Ausführungen unter 2.2).

10.5 Einstellungsmessungen

Unter "Einstellungen" können wir mit *Thurstone* (1946) den Grad bzw. die Intensität des positiven oder negativen Gefühls verstehen, das mit einem psychologischen Objekt verbunden ist. In neueren Untersuchungen zur Einstellungsmessung (*Süllwold*, 1969) wird die Gesamteinstellung eines Probanden zu einem bestimmten Gegenstand verstanden als Konglomerat aus drei Komponenten: Aus einer *Handlungs-/Aktionskomponente* (das Objekt ruft regelmäßig Handlungstendenzen hervor), einer *kognitiven Komponente* (das Individuum besitzt bestimmte Vorstellungen, Ideen und Glaubensüberzeugungen über das betreffende Objekt) und einer *affektiven Komponente* (mit dem Objekt ist eine bestimmte gefühlsmäßige Gestimmtheit verknüpft). Unter diesen drei Aspekten kommt der zuletzt genannten, der affektiven Komponente, große Bedeutung zu.

Im Bereich der Einstellungsmessungen sind die Untersuchungen von *Hof-*

stätter (1957b) über das Auto- und Heterostereotyp, das beispielsweise verschiedene Nationen von sich selbst bzw. von anderen Nationen haben, sowie die Gegenüberstellung verschiedener Heterostereotype anzuführen. Ein Resultat der Studien von *Hofstätter* und anderen Autoren ist ferner der Hinweis, daß derartige Stereotype Gruppenphänomene sind, die - je nach den sozialpsychologischen Bedingungen der jeweiligen Gruppierung - einem stetigen Wandel unterworfen sind. Schließlich konnte *Hofstätter* (1957a, 1963) in Untersuchungen über die Meinungsbildung interessante Beziehungen zwischen der Häufigkeit, der Intensität und der Aktualität bestimmter Meinungen herausarbeiten.

10.6 Verhaltensbeobachtung

Zu den psychodiagnostischen Methoden im weiteren Sinne gehören schließlich auch die verschiedenen Verfahren der Verhaltensbeobachtung. Diese Methoden finden sowohl in der Sozialpsychologie als auch in der Entwicklungspsychologie weite Verbreitung.
Unter Verhaltensbeobachtung soll mit *Hasemann* (1964) die methodisch kontrollierte, nicht dem Zufall überlassene Wahrnehmung des Verhaltens eines oder mehrerer Menschen verstanden werden, die vom Untersucher mit der Absicht durchgeführt wird, durch diese Beobachtung etwas für die Persönlichkeit der beobachteten Person Charakteristisches zu erfahren. Es lassen sich folgende Beobachtungsmethoden unterscheiden:

1) Die *Gelegenheitsbeobachtung*:
Sie wird häufig zur Vororientierung angestellt, z.B. im Rahmen von Feldforschungen (*Benedict*, 1955; *Mead*, 1958, 1959; *Malinowski*, 1962; *Parin*, 1971, 1977). Bei dieser Methode wird alles notiert, was sich in der jeweils zur Verfügung stehenden Zeit und in der jeweiligen Situation fixieren läßt und von besonderem Interesse zu sein scheint. Auf diese Weise gewinnt man Stichproben des Verhaltens der beobachteten Person. Dabei ist aber zu bedenken, daß einerseits Beobachtungen festgehalten werden, die sich später möglicherweise als irrelevant erweisen, und andererseits Phänomene vernachlässigt werden, die wichtig gewesen wären. Diese Methode dient einer ersten Sammlung und Sichtung des zu beobachtenden Verhaltens. Aufgrund der Resultate aus Gelegenheitsbeobachtungen können dann später gegebenenfalls systematischere Verfahren eingesetzt werden.

2) *Systematische Kurzzeitbeobachtung*:
Bei dieser von *Olson* (1929) in die Kinderpsychologie eingeführten Zeitproben-Technik (time sampling) wird die gesamte Beobachtungsdauer in konstante Intervalle, z.B. von fünf Minuten, aufgeteilt und über die verschiedenen Tageszeiten gleichmäßig verstreut. Es hat sich gezeigt, daß solche Serien von stichprobenartigen Kurzzeitbeobachtungen über eine längere Zeit hinweg (z.B. über 2 bis 3 Monate hin) bessere Resultate erbringen als ununterbrochene Beobachtungen von gleicher Gesamtdauer. Der Vorteil dieser Methode liegt vor allem darin, daß sich in den kurzen Beobachtungszeiten mehrere, verschiedenartige Aktionen der beobachteten Person besser gleichzeitig zählen lassen als bei länger dauernden Beobachtungen.

3) *Beobachtung in standardisierten Situationen*:
Im Grunde kann man alle die oben besprochenen Tests als "Beobachtungen in standardisierten Situationen" charakterisieren. Auch die bereits erwähnte, von *Bales* (1951) entwickelte Interaktionsanalyse sowie die ebenfalls erwähnte Methode des Soziogramms von *Moreno* (1954) gehören zu dieser Gruppe von Beobachtungen.
Neben diesen, in der sozialpsychologischen Forschung häufig gebrauchten Verfahren und den Tests im engeren Sinne ist die große Zahl der vor allem in den USA entwickelten *Rating-Scales* (Einschätzungs-Skalen) zur Registrierung von Verhalten, Einstellungen, Meinungen usw. zu erwähnen (s. Kapitel 9.1.6). Im klinischen Bereich haben solche Skalen insbesondere in Form von Symptomenkatalogen oder in Form von standardisierten Krankengeschichten (mit vorgeschriebenen Fragen zur Anamnese und zur aktuellen sozialen Situation) Anwendung gefunden (s. *Battegay* et al., 1975, 1976). Fragenkataloge dieser Art sind beispielsweise das AMP- bzw- das AMDP-System (*Angst* et al., 1969; *Scharfetter*, 1971; AMDP-Manual, 1979) und die verschiedenen anderen Dokumentationssysteme (s. hierzu das Übersichtsreferat von *Mombour*, 1972). Hinzuweisen ist in diesem Zusammenhang schließlich als Beispiel für ein voll standardisiertes strukturiertes Interview auf das "*Composite International Diagnostic Interview*", CIDI (*Robins* et al., 1988; *Wittchen* et al., 1988), auf die international gebrauchten psychiatrischen Diagnosensysteme, die *ICD-10* und die *DSM-III-R*, sowie auf die *Research Diagnostic Criteria*.
Die Güte der verschiedenen Methoden der Verhaltensbeobachtung hängt vor allem von zwei Faktoren ab: 1) davon, ob es möglich ist, die Beobachter so auszubilden, daß sie das zu beobachtende Verhalten optimal registrieren können, und 2) davon, ob gute Hilfsmittel zur Registrierung des Verhaltens eingesetzt werden können (z.B. mechanische Verhaltens-

schreiber, Sprachaufnahmegeräte, Film- oder Videotapeaufnahmen usw.). Der zuerst genannten Schwierigkeit wird man vor allem durch eine gründliche Vorbereitung und Schulung der Lernenden für ihre spätere Beobachtungstätigkeit begegnen müssen (s. dazu auch die Ausführungen über die Ausbildung in testpsychologischer Diagnostik in Teil III). Das zweitgenannte Problem, das der angemessenen Beobachtungs- und Registriermethoden, ist nicht nur dadurch lösbar, daß ein technisch zunehmend verfeinertes Instrumentarium zur Verfügung gestellt wird. Vielmehr kommt es darauf an, die Beobachtungsmethoden- und instrumente sorgfältigen Item-Analysen (s. unter 6.3) zu unterziehen und die Objektivität, Reliabilität und Validität der verwendeten Verfahren sorgfältig zu prüfen (s. unter 5.1 bis 5.4).

10.7 Der Familiensystem-Test (FAST)

Ein neues, interessantes Verfahren zur Diagnostik intrafamilialer Probleme ist der von *Gehring* (1990a) entwickelte Familiensystem-Test, FAST (s. auch *Gehring* et al., 1989, 1990b). Der Autor geht von der Überlegung aus, daß Familiensysteme sich vor allem durch die drei Merkmale Kohäsion, Hierarchie und Flexibilität auszeichnen. Die *Kohäsion* ist Ausdruck der emotionalen Bindung zwischen den Familienmitgliedern. Der Aspekt der *Hierarchie* umfaßt vor allem Autorität, Entscheidungsmacht und die gegenseitigen Einflußmöglichkeiten von Familienmitgliedern. Die *Flexibilität* beinhaltet die Fähigkeit von Familiensystemen zur Strukturtransformation im Zusammenhang mit situativen und entwicklungsbedingten Anforderungen oder Stressoren.

Das Testmaterial besteht aus männlichen und weiblichen Holzfiguren (Höhe = 8cm), mit leicht strukturierten Gesichtern (Augen, Mund), zylindrischen Holzblöcken in drei verschiedenen Höhen (1,5; 3 und 4,5cm) und einem quadratischen Brett (45 x 45cm), welches in 81 Felder (5 x 5cm) unterteilt ist.
Der Testleiter zeigt den Probanden, wie Kohäsion sichtbar gemacht wird, indem er Figuren in unterschiedlich entfernte Felder stellt. Er erklärt, daß mit der Distanz zwischen Figuren die emotionale Bindung der Familienmitglieder dargestellt wird. Danach zeigt der Testleiter, wie Hierarchie veranschaulicht wird, indem er die Figuren mit Blöcken unterschiedlich erhöht. Er führt aus, daß mit der Erhöhung der Figuren der Einfluß der entsprechenden Familienmitglieder bzw. der Machtunterschied zwischen diesen dargestellt wird. Anschließend bittet der Testleiter die Familienmitglieder zuerst einzeln und dann als Gruppe a) die *typischen Beziehungen* in ihrer Familie, b) die Beziehungen in einer für sie *idealen Situation* sowie c) in einer *bedeutenden Konfliktsituation* darzustellen. Die Anordnung der Familienmitglieder wird protokolliert. Je nach Untersuchungszielen kann auch noch eine Nachbefragung durchgeführt werden. Fragen für die

"typischen Beziehungen" in der Familie sind beispielsweise "Zeigt diese Darstellung eine konkrete Situation? Wenn ja, welche?" oder "Was bedeutet die Blickrichtung der Figuren?". Zur Nachbefragung bei der "idealen Situation" schlägt der Testautor etwa vor "Zeigt diese Darstellung eine Situation, die sich schon einmal ereignete? Wenn ja, welche (Situation)?" oder "Was müßte geschehen, damit die typischen Beziehungen Deinem/Ihrem Idealbild entsprechen?". In bezug auf die Konfliktdarstellung kann gefragt werden "Wer ist an diesem Konflikt beteiligt?", "Worum geht es in diesem Konflikt?" oder "Welche Rolle spielen die Familienmitglieder für die Lösung des Konflikts?".
Die Kohäsion wird mit den Distanzen zwischen den Figuren bestimmt. Aussagen über die Hierarchie liefern die Höhendifferenzen zwischen den Figuren. Die Flexibilität der familialen Beziehungsstruktur schließlich läßt sich durch den Vergleich der Ideal- bzw. Konfliktdarstellung mit der Darstellung der typischen Beziehungen erfassen.

Der FAST stellt eine interessante Bereicherung unseres diagnostischen Repertoires dar und ermöglicht es, auf einfache und anschauliche Weise Einblick in die intrafamiliale Dynamik zu gewinnen. Zu besonders aufschlußreichen Befunden kommt man, wenn man nicht nur das Kind die drei Familiensituationen darstellen läßt, sondern auch die Familie bittet, in einem zweiten Schritt den FAST als Gruppe auszuführen, indem die Familienmitglieder sich auf eine gemeinsame Darstellung einigen. Hier lassen sich diagnostische Schlüsse sowohl aus den Interaktionen im Hic et Nunc ableiten als auch aus der Darstellung, auf die sich die Familienmitglieder schließlich einigen.

pro memoria 10.1 - 10.7

Psychodiagnostische Methoden bei sozialpsychologischen Untersuchungen:
1. Soziometrie (*Moreno*): Erfassung der gegenseitigen Sympathien und Antipathien von Gruppenteilnehmern. Darstellung der Resultate in graphischer Form (Netz- oder Zielscheiben-Soziogramm)
2. Bewertungsskalen: Zur Registrierung der sozialen Interaktionen durch einen Beobachter
3. Interaktionsanalyse (*Bales*): Erfassung der Interaktionen in einer Gruppe mit Hilfe eines Systems von 12 Kategorien
4. Kennzeichen des sozialpsychologischen Interviews: Zweckgerichtetheit, Spezifität der Thematik, Asymmetrie der Kommunikationsprozesse. Schriftliche Befragung oder Interview in einem persönlichen Gespräch (in Form standardisierter, nicht- oder teil-standardisierter Befragung)
5. Einstellungsmessungen (Eruierung von Auto- und Heterostereotypen)
6. Verhaltensbeobachtung: Gelegenheitsbeobachtung, systematische Kurzzeitbeobachtung, Beobachtung in standardisierten Situationen
7. Familiensystem-Test (FAST) zur Erfassung von Kohäsion, Hierarchie und Flexibilität von Familiensystemen

11. Die Anamnese

Zu den psychodiagnostischen Methoden im weiteren Sinne gehört schließlich auch die Erhebung einer Anamnese. Unter der *biographischen Anamnese* verstehen wir mit *Schraml* (1964) die möglichst umfassende Ermittlung der Lebensgeschichte eines Probanden. Neben objektivierbaren "harten" Daten (z.B. Alter, Zivilstand, Schul- und Berufsausbildung usw.) enthält die Anamnese zu wesentlichen Teilen auch subjektive Daten. So ist sie eine "Erlebnisgeschichte", aus der die gegenwärtige Persönlichkeit in ihrer Struktur und Dynamik genetisch verstanden werden kann. Ausser der *chronologischen* Einteilung (z.B. vertreten von *Biermann*, 1962) werden *thematische* Gliederungen (*Brickenkamp*, 1957; *Boesch*, 1964) oder, von vorwiegend neurosenpsychologisch orientierten Autoren wie *Dührssen* (1976), eine Ordnung von Verhaltens- und Erlebnisweisen um *genetisch-dynamische Antriebsstrukturen* vorgeschlagen. Ferner liegen verschiedene Konzepte der Anamnesenerhebung von psychiatrischer Seite vor, wobei zumeist die chronologische Darstellung bevorzugt wird. Man unterscheidet schließlich eine vom Probanden selbst erhobene von einer sogenannten Fremdanamnese. Im letzteren Fall sind die anamnestischen Angaben über den Untersuchten von einer dritten Person (den Eltern, einem Partner oder anderen) gemacht worden. Ferner können - je nach Fragestellung - auch Angaben anderer Personen (z.B. Lehrer, Arbeitgeber) und Akten verschiedener Institutionen (Kliniken, Ämter usw.) herangezogen werden.
Es liegt eine große Zahl verschiedener, z.T. stark divergierender Konzepte solcher Anamnesen-Schemata vor (s. auch *Schmidt* et al., 1976; *Keßler*, 1982). Umso mehr fällt auf, daß nur relativ selten Versuche unternommen worden sind. die diagnostischen Möglichkeiten der Anamnese einer sorgfältigen Überprüfung zu unterziehen. Im ausgehenden 19. und zu Beginn des 20. Jahrhunderts war es, entsprechend dem damals herrschenden Wissenschaftsbild der Psychiatrie, das Hauptziel bei der Erhebung der Anamnese, die Krankheitssymptome möglichst exakt phänomenologisch zu erfassen und zu beschreiben (s. z.B. *v. Krafft-Ebing*, 1883; *Kraepelin*, 1909). Erst die Ergebnisse der psychoanalytischen Forschungen *Freud*s und seiner Schüler ließen erkennen, daß nicht nur die Beschreibung psychopathologischer Erscheinungen wichtig ist, sondern daß auch dem Werdegang des Patienten, der Art und Weise, wie er aufgewachsen ist, zumindest ebenso große Bedeutung zukommt. Auf den Einfluß der Übertragungs- und Gegenübertragungsprozesse auf das Gespräch haben - abgesehen von *Freud* (1912) und *Paula Heimann* (1950) - in neuerer Zeit vor allem *Sullivan* (1954) und *Argelander* (1967, 1970) hingewiesen.

Je nach dem Ziel, das sich die entsprechende Untersuchung setzt, sind verschiedene Anamnesen-Schemata entwickelt worden. Zumeist stellen solche Schemata ein Raster dar, in das nach dem Gespräch die vom Probanden erhaltenen Informationen eingeordnet und entsprechend diesem Leitfaden dargestellt werden sollen. Die Verwendung eines strengen Fragenkatalogs, wie beispielsweise beim "*Beobachtungsbogen für die Schule*" (*Meili*, 1961) oder beim "*Mannheimer Biographischen Inventar*" (MBI) von *Jäger* et al. (1973), stellt eher eine Ausnahme dar.

Bleuler (1972) empfiehlt für die psychiatrische Untersuchung folgendes Schema:

Intellektuelle Seite der Persönlichkeit:
- Orientierung in Ort, Zeit und in bezug auf die eigene Person und die Situation
- Wahrnehmung und Auffassung
- Gedächtnis für Frisch- und Alterlebtes
- Gedankengang (geordnet, leicht- oder schwerflüssig, klar, verwirrt, vorstellungsarm, stark stimmungsgeschaltet, kritiklos usw.)
- Intelligenz

Affektive Seite der Persönlichkeit:
- Grundstimmung (gleichgültig, der Situation angepaßt, deprimiert usw.)
- affektive Ansprechbarkeit, besonders auch im Kontakt mit anderen
- vorherrschende Interessen, Strebungen, Triebe, besonders auch diejenigen, die die Beziehung zu Mitmenschen betreffen (Vergeistigung oder Triebhaftigkeit, Aggressivität, Geltungsstreben, Anschluß- und Unterordnungsbedürfnis, Erotik, Sexualität)

Diagnostisch besonders wichtige komplexe Erscheinungen:
- Wahnideen, Sinnestäuschungen, Zwangserleben u.a.

Kind (1978) unterscheidet die folgenden drei Phasen beim psychiatrischen Erstgespräch: In der *Einleitungsphase* soll der Proband durch eine möglichst unbestimmte Aufforderung die Gelegenheit erhalten, den Grund seines Kommens mitzuteilen. *Kind* schenkt dem ersten Eindruck besondere Aufmerksamkeit, und zwar vor allem dem, was der Proband in den ersten Minuten eines solchen freien Gesprächs mehr oder weniger direkt über seinen Hauptkonflikt und seine Hauptsymptome aussagt. In dieser Einleitungsphase soll der Proband auch die Möglichkeit haben, seine Beschwerden, seine Sorgen und Ängste, aber auch seine Wünsche und Ansprüche an den Therapeuten zu formulieren. Interventionen sollten sich darauf beschränken, den Redefluß des Patienten in Gang zu halten, ihn zu ermuntern, seine Aussagen durch konkrete Beispiele zu veranschaulichen und vor allem auch seine Gefühle in Worte zu fassen. Unter der Voraussetzung, daß für das gesamte erste Gespräch ca. 50 bis 60 Minuten vorgesehen werden, sollte der Einleitungsphase nicht mehr als ein Drittel bis höchstens die Hälfte der verfügbaren Zeit eingeräumt werden. In einer *mittleren Phase* sollen die psychopathologischen Symptome eruiert und die beim Probanden bestehenden intrapsychischen Konflikte weiter erhellt werden. In dieser Gesprächsphase sind die Lebensgeschichte des Patienten, seine frühe und späte Kindheit, Schul- und Berufsausbildung, Sexualität, Partnerbeziehungen, Freizeitgestaltung usw. sorgfältig zu erforschen. Es folgt schließlich die dritte, die *Ab-*

schlußphase, für die von Anfang an Zeit eingeplant werden muß, besonders dann, wenn eine zweite Konsultation nicht mehr möglich ist oder vom Patienten nicht mehr gewünscht wird. *Kind* weist ausdrücklich darauf hin, daß in der Schlußphase das Anliegen des Patienten geklärt und noch einmal ausdrücklich verbalisiert werden sollte und daß Vorschläge zur Behandlung oder zur sonstigen Hilfe mit dem Patienten besprochen werden müssen. Auf keinen Fall sollte der Patient abrupt entlassen werden und nur noch quasi "unter der Tür" erfahren, welche Schlüsse der Untersucher aus dem anamnestischen Gespräch gezogen hat.

Wie erwähnt, dienen die verschiedenen Anamnesen-Schemata dem Zweck, die Fülle erhobener Daten aus der Lebensgeschichte und aus dem Erleben eines Probanden in eine bestimmte Ordnung zu bringen. Dieses Raster wird sich jeweils nach der Persönlichkeitstheorie richten, der sich der Anamneseerheber verpflichtet fühlt. So wird beispielsweise die bei einer Einstellungsuntersuchung erhobene Anamnese völlig anders aussehen als ein tiefenpsychologisches Interview, aufgrund dessen etwa entschieden werden soll, welche Therapieform für einen Patienten indiziert erscheint.
Um dem Leser einen Eindruck davon zu vermitteln, wie ein solches Anamnesen-Schema konkret aussehen kann, soll im folgenden ein psychoanalytisches Modell referiert werden (s. hierzu auch *Arnds*, 1973a, 1973b, 1992, und *Dührssen*, 1986). Dieses Anamnesen-Schema ist aus der neoanalytischen Schule *Schultz-Hencke*s hervorgegangen. Vorauszuschicken ist, daß das Gespräch selbst in möglichst unstrukturierter Form geführt werden sollte. Informationen, die dem Untersucher wichtig sind, vom Patienten aber nicht gegeben werden, können beim letzten Gesprächstermin der Anamnesenerhebung gezielt erfragt werden. In jedem Fall aber ist psychodynamisch wichtig, *was* der Patient anführt, *wie* er es sagt, und vor allem auch, was in seinem Bericht *fehlt*. Bei der folgenden Darstellung des tiefenpsychologischen Anamnesen-Schemas muß man sich vor Augen halten, daß nicht etwa das Gespräch in dieser Reihenfolge geführt wird. Das Schema gibt lediglich das Raster an, in das nachträglich, bei der schriftlichen Fixierung, die vom Patienten erhaltenen Informationen eingeordnet und auf diese Weise übersichtlicher dargestellt werden können. Es werden zunächst die Symptomatik und die sogenannte "auslösende Situation" geschildert. Daran schließen sich Beschreibung und Hypothesen über die Persönlichkeitsstruktur und die Neurosendynamik an. Der vierte Teil der Anamnesendarstellung umfaßt die Lebensgeschichte des Patienten, und in einer abschließenden "Zusammenfassung" werden Überlegungen zur indizierten Therapie formuliert.

I. Symptomatik:

In diesem ersten Teil der Anamnesendarstellung geht es zunächst darum, die vom Patienten vorgebrachte Symptomatik, das, worunter er leidet, aufzuführen. Wichtig sind hier vor allem die spontanen Äußerungen, die man am besten in direkter Rede zitiert. Auch die Reihenfolge der vom Patienten vorgebrachten Klagen ist wichtig. Oftmals kann man bereits daraus Schlüsse auf die Stärke des Leidensdruckes ziehen. Ferner ist in bezug auf die Symptomatik relevant, welche Symptome der Patient nicht spontan berichtet, die aber für den Untersucher offensichtlich sind (z.B. Tics, Sprachstörungen, eine Adipositas, Erröten usw.). Schließlich sollte sich der Untersucher, nötigenfalls durch direktes Nachfragen, über Wahrnehmungsstörungen, die Stimmungslage, das Bestehen von Angst und Zwangsphänomenen, über Tagträume, Störungen der Merkfähigkeit und des Gedächtnisses, über mögliche körperliche Störungen (Appetit, Magen-Darm-Symptome, Schlaf, Gewicht usw.), über die Menarche und eventuelle Periodenstörungen sowie über frühere Erkrankungen informieren. Oftmals ist der Patient so von augenblicklichen Problemen absorbiert, daß er frühere Erkrankungen, die aber zum Verständnis der jetzigen Schwierigkeiten und der gesamten Psychodynamik des Patienten wichtig sind, nicht erwähnt. Bei prognostischen Erwägungen kann auch wichtig sein zu erfassen, inwieweit der Patient früher bestehende und jetzige Symptome miteinander in Zusammenhang zu bringen vermag, eventuell die ihnen gemeinsamen hintergründigen Konflikte spürt (d.h. ein gewisses Verständnis für die Psychogenese seiner Schwierigkeiten besitzt). Viele körperliche Symptome werden im übrigen vom Patienten häufig nicht in Zusammenhang mit der psychischen Symptomatik gebracht und deshalb in den Schilderungen ausgelassen. Wenn wir bedenken, daß sich allein aus der Kenntnis der Symptomatik wichtige Schlußfolgerungen über die Prognose und die Indikation zu verschiedenen Therapieformen ziehen lassen (*Heigl*, 1972), wird verständlich, daß sich der Untersucher ein möglichst umfassendes Bild von der Symptomatik des Ratsuchenden machen sollte. Es ist nicht nur wichtig zu wissen, ob eine vorwiegend psychische, körperliche oder charakterliche Manifestationsform (*Dührssen*, 1949) oder ob eine lärmende oder eher unauffällig, diskret verlaufende Symptomatik vorliegt (*Schultz-Hencke*, 1951), sondern auch die Dauer der Symptome, insbesondere das Persistieren von Primordialsymptomatik (*Schultz-Hencke*, 1951), sowie die Einstellung des Patienten zu seinen Symptomen und die Frage eines sekundären Krankheitsgewinns (*Freud*, 1905, 1926) sind wichtige Informationen zur Beurteilung der Psychodynamik und der Therapiemöglichkeiten eines Patienten.

II. Auslösende Situation:

In diesem zweiten Teil der Anamnese geht es darum, den Beginn der Symptomatik möglichst genau darzustellen. Häufig gelingt es bei einer sorgfältig erhobenen Anamnese, die innere und äußere Situation zu eruieren, in der sich ein Patient befand, als die beklagten Symptome begannen. Abgesehen von gewissen zwangsneurotischen Patienten, die den Beginn ihrer Zwangsphänomene bisweilen exakt mit einem Datum, u.U. sogar mit Uhrzeit, angeben können (allerdings den erlebensmäßigen Hintergrund völlig von der betreffenden Situation "isolieren"), vermögen die Patienten zwar in der Regel keine zeitlich genauen Angaben über den Beginn der Symptomatik zu machen. Wichtig hingegen - und bei sorgfältig erhobener Anamnese häufig auch eruierbar - ist die äußere und innere Situation eines Patienten beim Ausbruch der Symptomatik. Der

Therapeut sollte daran denken, sich ein Bild der Familie und der Beziehungen zu anderen Personen, der Berufssituation, der Besitzverhältnisse usw. zu machen. Für die Prognose und die Wahl der Therapiemethode ist die auslösende Situation von großer Bedeutung (*Schultz-Hencke*, 1951; *Dührssen*, 1979; *Schwidder*, 1959). Die Schwere der neurotischen Störung und wichtige Aspekte der Tragfähigkeit der Ich-Struktur eines Patienten lassen sich beispielsweise daraus erschließen, ob die Symptomatik in einer sogenannten "Schwellensituation" (d.h. in einer Situation, vor die praktisch jeder Mensch gestellt wird: Schulbeginn, Examina, erster Geschlechtsverkehr, Eintritt in den Beruf usw.) ausbricht, oder von welcher Art die spezifische Versuchungs- und Versagungssituation (*Schultz-Hencke*, 1978) ist. Diese Informationen sind insofern von großer Bedeutung für den Therapeuten, als das Ausbrechen einer Symptomatik Hinweis darauf ist, daß das bisherige innere Gleichgewicht des Patienten, seine ihn trotz aller Konflikte doch bis dahin tragende Struktur massiv in Frage gestellt worden ist und bisher abgewehrte Impulse durchzubrechen drohen.

III. Persönlichkeitsstruktur:
Nach einer kurzen Beschreibung des äußeren Erscheinungsbildes und des Auftretens des Patienten soll in diesem dritten Teil ein möglichst umfassendes Bild seiner Persönlichkeit entworfen werden. Dazu gehört, außer Angaben über eine eventuelle hereditäre Belastung, über intellektuelle Fähigkeiten, spezielle Begabungen oder Mängel, eine detaillierte Schilderung seiner Persönlichkeit: des allgemeinen Lebensgefühls, seiner Wünsche, Hoffnungen, Pläne, seiner sozialen Kontakte sowie seines Verhältnisses zu den verschiedenen Antriebsbereichen (gegenüber Aggressivität, Geltung, Liebesfähigkeit, Sexualität, Besitz usw.). Ferner sollte der Untersucher in diesem Teil der Anamnese auch die soziale Situation und die Freizeitgestaltung des Patienten darstellen sowie die Befunde eventuell durchgeführter Tests referieren. Interessante Hinweise können sich auch daraus ergeben, daß man den Probanden nach drei Wünschen fragt. Schließlich sollte bei der Schilderung der Persönlichkeit stets auch ein Traum des Patienten erwähnt werden. Aus dem Gesamt dieser Informationen sollte sich dann ein möglichst anschauliches Bild der neurosenstrukturellen Situation des Patienten ergeben, der für ihn spezifischen Abwehrmechanismen, der Schuldgefühle, der Ich-Ideal-Position, Angaben zum sekundären Krankheitsgewinn, zu Ersatzbefriedigungen, Überkompensationen und anderen Verarbeitungen seiner neurotischen Konflikte. Es hat sich als hilfreich erwiesen, wenn man schließlich die Befunde in Form einer *psychodynamischen Formel* zusammenfaßt.

IV. Genese:
Die Genese bezieht sich weniger auf die Symptomatik als auf die Entwicklung der Persönlichkeit des Patienten. Aus diesem Teil der Darstellung sollte sich ergeben, wie sich gerade diese Persönlichkeit mit ihrer individuellen Symptomatik entwickelt hat. Es sollte zunächst der hereditäre Hintergrund des Patienten geschildert werden (Angaben zu den Eltern und deren Eltern), insbesondere wie der Patient die Eltern erlebt hat. Ferner soll die Stellung des Patienten in der Geschwisterreihe und die Beziehung zu den Geschwistern dargestellt werden. In diesen Teil der Anamnese gehören dann auch die Auffälligkeiten in der frühen Kindheit (Primordialsymptomatik wie Daumenlutschen, Nägelkauen, Eßstörungen, Sprachstörungen, Enuresis, Enkopresis, pavor nocturnus, frühkindliche körperliche Erkrankungen usw.) sowie eine detaillierte Schilderung des bisherigen Le-

benswegeses des Patienten. Zur Erfassung der Psychodynamik ist es dabei interessant, vom Patienten die früheste Erinnerung in seinem Leben zu erfahren. In ihr artikuliert sich häufig der zentrale Konflikt bereits deutlich (s. *Stiemerling*, 1974). Ferner sind wichtig: Angaben über die Stillzeit, die Sauberkeitsgewöhnung, die motorische Entwicklung und die Trotzphase, über die Sprachentwicklung, die Situation in der Vorschul- und Schulzeit, die Kontakte zu Kameradinnen und Kameraden, die Pubertät, das Erleben der Menarche, masturbatorische Aktivitäten, erster Sexualverkehr, Angaben über die Berufsausbildung sowie über die soziale und familiäre Situation des Patienten, bis hin zur Jetztzeit.

V. Zusammenfassung:
Der letzte Teil der Anamnesendarstellung sollte eine tiefenpsychologische Diagnose und eine kurze Charakterisierung des neurosenpsychologischen Hintergrundes enthalten. Ferner sollte Stellung genommen werden zu prognostischen Kriterien (s. hierzu *Heigl*, 1972), und es sollte ein Therapieplan aufgestellt werden. Dieser Therapieplan umfaßt einerseits den Vorschlag, welche Therapieform indiziert ist, andererseits Überlegungen, welche Konfliktbereiche sich zu Beginn der Behandlung vor allem anbieten (hier wären die Fragen der Assimilierbarkeit und Integrierbarkeit für das Erleben des Patienten zu diskutieren).

Ich habe das Schema einer tiefenpsychologischen Anamnese hier dargestellt, um einen etwas konkreteren Eindruck davon zu vermitteln, wie ein solcher Bericht aufgebaut sein könnte. Für die Anwendung dieser tiefenpsychologisch-diagnostischen Anamnese sind allerdings umfassende Kenntnisse der Neurosenlehre notwendige Voraussetzung. Selbstverständlich werden Anamnesen, die vor dem Hintergrund einer anderen theoretischen Position (z.B. von Verhaltenstherapeuten) aufgenommen werden, eine von dem beschriebenen Muster weitgehend abweichende Struktur aufweisen. Auch eine im Rahmen der Berufsberatung erhobene Anamnese sieht wiederum völlig anders aus. Es ist deshalb unumgänglich, daß sich der diagnostisch arbeitende Psychologe, je nach seinem Arbeitsgebiet und der für einen bestimmten Probanden spezifischen Fragestellung, an einem dafür brauchbaren Modell orientiert. Auf jeden Fall ist es aber notwendig, daß sich der Diagnostiker ausführlich in die entsprechende Methodik einarbeitet und sein Vorgehen möglichst einer Supervision unterziehen läßt.

pro memoria 11

1. Die Anamnese ist Lebens- und "Erlebnis"-geschichte zum Verständnis der Persönlichkeit in ihrer Struktur und Dynamik
2. Gliederung nach chronologischen oder thematischen Gesichtspunkten
3. Art der Anamnese und ihrer Erhebung abhängig vom Persönlichkeitsmodell des Interviewers und vom Zweck der Untersuchung

12. Der testpsychologische Befund

Abgesehen von testpsychologischen Untersuchungen im Rahmen der psychologischen Ausbildung ist die Diagnostik niemals Selbstzweck. Sie soll vielmehr dem Untersucher Informationen über einen Probanden liefern, der von ihm anschließend beraten werden möchte, oder die Befunde sollen - z.B. bei Begutachtungen - an eine andere Institution weitergegeben werden. Es soll im folgenden auf zwei damit zusammenhängende Fragenkomplexe eingegangen werden: Zunächst möchte ich einige Probleme diskutieren, die mit der Abfassung eines solchen Berichtes zusammenhängen. Anschließend wollen wir uns mit der Frage auseinandersetzen, wie der Untersucher mit dem von ihm erhobenen Befund umgehen sollte.

12.1 Die Abfassung des testpsychologischen Befundes

Da die schriftliche Fixierung der testpsychologischen Befunde in irgendeiner Form wohl nach jeder Untersuchung erfolgt, sollte man annehmen, daß die damit zusammenhängenden Probleme in der diagnostischen Literatur ausführlich behandelt worden wären. Um so auffallender ist es, daß wir in den meisten Kompendien und Handbüchern keine oder nur rudimentäre Angaben zu diesem Thema finden. Lediglich über die Technik der (forensischen) Gutachtenerstellung liegen verschiedene Beiträge vor (s. u.a. *Behn*, 1954; *Undeutsch*, 1954; *Gruhle*, 1955; *Meili*, 1961; *Blau* et al., 1962; *Heiss*, 1964; *Meili* et al., 1978). Nur von wenigen Autoren werden mit der Darstellung testpsychologischer Befunde zusammenhängende Probleme behandelt (so vor allem bei *Hartmann*, 1973; *Meili* et al., 1978; *Börner*, 1979; *Fisseni*, 1982; *Jäger*, 1986). Aber insgesamt besteht ein offensichtliches Mißverhältnis zwischen der Bedeutung, die dem testpsychologischen Befund zukommt, und der Häufigkeit, mit der dieses Thema im diagnostischen Schrifttum behandelt wird.
Selbst in der psychologischen Ausbildung fehlt es häufig an speziellen Veranstaltungen, in denen das Schwergewicht auf die *Darstellung der Befunde* gelegt wird. Die Folge ist, daß der Psychologiestudent zwar im Verlauf seiner Ausbildung eine Fülle von Einzelinformationen erhält und vielleicht durchaus die einzelnen Tests auswerten und interpretieren kann, aber während seines Studiums kaum mit der Aufgabe konfrontiert wird, die aus den verschiedenen Verfahren gewonnenen Detailinformationen in einem abschließenden Bericht zusammenzufassen und zu den ihm vorgelegten Fragen Stellung zu nehmen. Während eines Praktikums und bei

Aufnahme seiner Berufstätigkeit nach Abschluß des Studiums erwartet man jedoch von ihm in der Regel, daß er einen solchen Bericht abfassen kann. Aus den genannten Gründen möchte ich im folgenden auf einige grundsätzliche Probleme eingehen, die mit der Abfassung testpsychologischer Befunde zusammenhängen.
Stellt schon die Auswahl der Tests, die ein Untersucher für die Beantwortung der an ihn gestellten Fragen einsetzen will, vor allem den diagnostisch noch wenig Erfahrenen häufig vor große Schwierigkeiten, so wird es ihm im allgemeinen noch schwerer fallen, die daraus gewonnenen Befunde angemessen darzustellen. Die Angemessenheit umfaßt vor allem drei Aspekte:

1) Das Problem der sprachlichen Formulierung,
2) Die Auswahl dessen, was der Untersucher in seinen Bericht aufnimmt bzw. was er nicht erwähnt,
3) Die Beantwortung der an ihn gestellten Fragen.

Im folgenden sollen diese drei Aspekte kurz diskutiert werden. Mit den verschiedenen Problemen der *sprachlichen Formulierung* haben wir uns bereits ausführlicher (unter 2.1) beschäftigt. Hier sei nur so viel wiederholt, daß der Diagnostiker bei der Abfassung seines Berichtes stets berücksichtigen sollte, wer der Adressat ist. Wird ein Bericht an psychologische Laien weitergegeben, so sollten darin Fachtermini vermieden werden. Besonders problematisch sind Begriffe, die aus der akademischen Psychologie stammen und Eingang in die Umgangssprache gefunden haben. Auf einige solcher Begriffe, wie "Hysterie" und "Narzißmus", und ihre unterschiedliche Bedeutung im wissenschaftlichen und im allgemeinen Sprachgebrauch wurde bereits hingewiesen (s. unter 2.1). Sollten einzelne Termini unvermeidbar sein, so müssen sie im Bericht zumindest genau definiert werden. Es sei noch kurz ein spezielles Problem erwähnt: In Berichten über Intelligenzuntersuchungen differenzieren wir zweckmäßigerweise zwischen "intellektueller Begabung" und "intellektueller Leistungsfähigkeit". Unter der intellektuellen *Leistungsfähigkeit* verstehen wir das, *was der Proband unter den jetzigen Bedingungen effektiv zu leisten vermag*. Diese Leistung entspricht u.U. nicht seiner intellektuellen *Begabung*, d.h. seinen *potentiellen Möglichkeiten*. Neurotische Konflikte, eine ausgeprägte Testangst und mangelnde Bildungsmöglichkeiten sind nur einige Ursachen, die für eine Diskrepanz zwischen diesen beiden Aspekten der Intelligenz verantwortlich sein können. Während die intellektuelle Leistungsfähigkeit die jetzt (unter den bestehenden intrapsychischen und die Testsituation selbst betreffenden Bedingungen) realisierte und in den Testreaktionen objektivierte Intelligenz betrifft, ist mit dem Terminus "intellektuelle Begabung" das Potential, die intellektuelle Kapazität, gemeint, die wir aus speziellen (Unter-)Tests (z.B. aus dem Mosaiktest des HAWIE oder aus dem Progressiven Matrizentest) abzuschätzen versuchen. Eine solche Unterscheidung hat sich als diagnostisch fruchtbar erwiesen, da eine Diskrepanz zwischen diesen beiden Aspekten eine wichtige Information für den Untersucher darstellt.

Der zweite oben genannte Aspekt betrifft die *Auswahl der Inhalte*, die der Untersucher in seinen Bericht aufnimmt bzw. dort nicht erwähnt. Auch diese Entscheidung muß ganz im Hinblick auf den Adressaten und das Ziel der Untersuchung getroffen werden. Es ist allenfalls möglich, einen allgemeinen Rahmen für einen solchen Bericht vorzugeben, wie es beispielsweise *Fisseni* (1982) mit seinem Grundschema psychologischer Gutachten und *Jäger* (1986) in Form einer Checkliste für die wichtigsten Gliederungspunkte getan haben. Ein für das Gericht bestimmtes Gutachten wird beispielsweise in der Regel eine recht detaillierte Charakterisierung des Probanden enthalten, wie er sich im anamnestischen Gespräch und in einer Batterie verschiedener Leistungs- und Persönlichkeitsverfahren dargestellt hat. Wenn auch im Gutachtenauftrag mitunter lediglich die Frage nach der Intelligenz eines Probanden gestellt wird, so sollte man in jedem Fall nicht nur Intelligenz- und u.U. verschiedene Leistungstests einsetzen, sondern sich mit Hilfe von Persönlichkeitsfragebögen und projektiven Verfahren auch ein Bild von der Affektivität, der Verarbeitungsfähigkeit und den sozialen Anpassungsfunktionen des Probanden machen. Aussagen allein über intellektuelle Fähigkeiten sind im Grunde wertlos, da es zu einem Verständnis der betreffenden Persönlichkeit immer auch der Information über ihre affektive Stabilität bzw. Labilität, ihre Ich-Struktur, über eventuell vorliegende neurotische Konflikte usw. bedarf.

Die Entscheidung darüber, welche Informationen für einen Adressaten wichtig sind und an ihn weitergegeben werden sollten und welche nicht, ist in der Praxis oft sehr schwierig. Selbst die *in jedem Fall vom Probanden einzuholende (schriftliche) Entbindung des Untersuchers von der Schweigepflicht* enthebt ihn, falls er einen Bericht an Dritte weitergeben soll, nicht von der Verantwortung, sich sehr genau zu überlegen, welche Auswirkungen die weitergegebenen Informationen für den Probanden haben können (*Rauchfleisch*, 1982, 1992c). Dies gilt insbesondere für Gutachten, die für Versicherungsgesellschaften oder im Rahmen der Personalauslese angefertigt werden. Ist der Diagnostiker selbst bei dieser Institution angestellt, so kann er in ausgesprochene Konfliktsituationen kommen, indem ihm einerseits das "Wohl" des Probanden am Herzen liegt, er andererseits aber seinem Arbeitgeber gegenüber loyal sein möchte. Ähnliche Konflikte können sich auch für den im Strafvollzug tätigen Psychologen ergeben, wenn es beispielsweise um die Frage geht, inwieweit er verpflichtet ist, der Anstaltsleitung Informationen über seine Probanden weiterzugeben. Auch bei noch so eindeutig festgelegten Kompetenzen und gut ausgearbeiteten Konzepten der Zusammenarbeit ist der Ermessensspielraum, der dem Diagnostiker bleibt, oft sehr groß.

Als grobe "Faustregel" kann zunächst einmal gelten, daß man sich in Berichten strikt an die vom Auftraggeber gestellten Fragen halten sollte. Es gilt - in der Regel -, diese Fragen zu beantworten und nicht die ganze Fülle von Informationen weiterzuleiten, die dem Diagnostiker aus den durchgeführten Tests sichtbar geworden sind. Aber auch diese Regel kann nur als eine erste Orientierung dienen. Es lassen sich leicht Situationen finden, in denen es absurd wäre, einen bestimmten Sachverhalt nicht zu erwähnen, nur weil nicht danach gefragt worden ist. Stellt ein Strafgericht beispielsweise bei einem Probanden die Frage nach der Zurechnungsfähigkeit und ergeben sich aufgrund der testpsychologischen Untersuchung neben einer leichten neurotischen Störung (die aber nicht zur Exkulpierung des Probanden ausreicht) gewichtige Hinweise auf einen akuten hirnorganischen Prozeß, so wäre es fahrlässig, einen solchen Befund zu verschweigen und nicht entsprechende neurologische Untersuchungen in die Wege zu leiten - gleichgültig, ob im Gutachtenauftrag nach hirnorganischen Abbauprozessen gefragt worden ist oder nicht.

Relativ einfach dürfte die Entscheidung auch bei der Frage sein, ob der Untersucher z.B. in einem Bericht über einen Patienten mit einem posttraumatischen psychoorganischen Syndrom an eine Versicherungsgesellschaft ausführlich auf eine sich im Test darstellende sexuelle Fehlidentifikation eingehen sollte oder nicht. In dieser Frage werden die meisten Diagnostiker wahrscheinlich übereinstimmend der Ansicht sein, daß solche Informationen bei der gegebenen Fragestellung und bei dem Adressaten "Versicherungsgesellschaft" nicht relevant sind und, da sie die Intimsphäre des Probanden berühren, im Bericht nicht erwähnt werden sollten.

Schwieriger hingegen ist schon die Frage, ob in einem solchen Bericht an eine Versicherungsgesellschaft die chronischen Ehekonflikte eines Patienten, der wegen eines psychoorganischen Syndroms begutachtet worden ist, angeführt werden sollten oder nicht. Nehmen wir an, daß diese Ehekonflikte bereits vor Beginn der Erkrankung bestanden haben, so könnte man einerseits argumentieren, daß die Probleme mit dem Partner in keinem ursächlichen Zusammenhang mit der jetzt zu begutachtenden Erkrankung stehen und deshalb im Bericht an die Versicherungsgesellschaft nicht erwähnt werden sollten. Andererseits könnte man einwenden, daß sich ein solcher chronischer Ehekonflikt u.U. erheblich auf die Rehabilitation des Patienten auswirken könne und es deshalb wichtig sei, neben den Ergebnissen aus der Prüfung der intellektuellen Funktionen und der Affektivität auch die familiäre Situation eines solchen Patienten zu schildern. Welcher Argumentation man sich auch immer anschließen mag, sollte man sich als Diagnostiker stets vor Augen halten, was die entsprechende Mitteilung an Dritte für den Patienten bedeutet. Vor allem sollte man bedenken, ob dem Probanden nicht u.U. später aus den Informationen, die man weitergegeben hat, Nachteile erwachsen könnten.

Formal bestehen bei der Darstellung testpsychologischer Befunde zwei Möglichkeiten: Man kann entweder zunächst die anamnestischen Daten und die Resultate aus den einzelnen durchgeführten Tests referieren und in einem zweiten Schritt diese Einzelbefunde zusammenfassen. Oder man entwirft sofort ein Gesamtbild der betreffenden Persönlichkeit, ohne zuvor auf die Einzelbefunde einzugehen. In jedem Fall aber müssen die verwendeten Tests alle *namentlich* aufgeführt werden. Leider findet man bei Intelligenzuntersuchungen noch relativ häufig in Berichten lediglich rudimentäre Angaben wie "durchschnittliche Intelligenz". Oder es werden IQ-Werte mitgeteilt, ohne daß angegeben wird, mit welchen Verfahren diese ermittelt worden sind. Bedenken wir, welche großen Unterschiede zwischen den verschiedenen Intelligenzverfahren bestehen (vgl. die Ausführungen unter 2.3), so kommt einer IQ-Zahl ohne Angabe des Verfahrens ein nur geringer Aussagewert zu.

Diagnostiker, welche die zweite Art der Darstellung, die Gesamtschilderung, bevorzugen, gliedern ihren Bericht häufig in die folgenden drei Teile: Nach Ausführungen über die *intellektuelle Begabung*, über Leistungsausfälle und Kompensationsmöglichkeiten, folgt an zweiter Stelle die Schilderung der *Affektivität* eines Probanden. In diesem Teil wird auf Probleme der Affektstabilität bzw. -labilität, auf die Verarbeitungsfähigkeit (Ich-Struktur), auf eventuell vorliegende neurotische Konflikte und auf das Ausmaß eingegangen, in dem der Proband durch diese Konflikte in seinen Lebensvollzügen beeinträchtigt wird. Die Darstellung der *sozialen Anpassungsfähigkeit* des Probanden, die Art und Intensität seiner sozialen Beziehungen, schließt sich logisch als dritter Teil eines solchen Befundes an. *Meili* und *Steingrüber* (1978) raten zwar dazu, auf solche Unterteilungen (z.B. Intelligenz, übrige Fähigkeiten, Wille, Gefühl usw.) möglichst zu verzichten, da durch ein solches Vorgehen gewisse "Mängel" der Persönlichkeit u.U. über Gebühr hervorträten und bei deren Relativierung in der Zusammenfassung Widersprüche entstehen könnten. Ich möchte dieser Auffassung aber nur bedingt zustimmen. Die von *Meili* et al. (1978) angeführten Schwierigkeiten lassen sich meiner Erfahrung nach recht gut um-

gehen, indem man lediglich die grobe Unterteilung in "Intelligenz", "Affektivität und deren Verarbeitung" und "sozialer Kontakt" vornimmt und immer wieder Querverbindungen zwischen diesen - nur aus darstellungstechnischen Gründen getrennten - Aspekten der Persönlichkeit herstellt.
Die zuerst erwähnte Art der Darstellung, die zunächst die Befunde aus den einzelnen Tests referiert, hat gegenüber dem zweiten Vorgehen den Vorteil, daß der Leser wesentlich präzisere Informationen erhält. Die zweite Methode erfordert zwar vom Berichterstatter vielleicht ein höheres Maß an Konzeptualisierung, gestattet in der Regel aber dem Leser nicht, die Interpretationsschritte im einzelnen mitzuvollziehen. In solchen, die Einzelbefunde sofort zusammenfassenden Schilderungen verwischen sich häufig die Grenzen zwischen *Deskription* und *Interpretation*, diesen zwei Schritten der Diagnostik, die unbedingt - auch für den Leser deutlich sichtbar - voneinander getrennt werden sollten.
Ich möchte deshalb eine Kombination der beiden erwähnten Methoden vorschlagen. Nach meiner Erfahrung ist es am sinnvollsten, in einem ersten Schritt *die aus den einzelnen Tests gewonnenen Befunde* kurz zu referieren. Falls der Bericht an einen Fachkollegen geht, sollten darin auch Maßzahlen, spezielle Syndrome usw. enthalten sein. Es sollte nicht lediglich von einer "durchschnittlichen Intelligenz" die Rede sein, sondern der genaue, beispielsweise mit dem HAWIE ermittelte, IQ-Wert (möglichst auch die in den einzelnen Untertests erreichten Wertpunkte sowie der Verbal- und der Handlungs-IQ) mitgeteilt werden. Dasselbe gilt für die verschiedenen allgemeinen und speziellen Leistungstests sowie für die Persönlichkeitsverfahren. Auch bei diesen Tests sollten dem Leser zunächst genaue Resultate (dem Fachmann: exakte Zahlenwerte) referiert werden.
In einem zweiten Schritt erscheint es mir dann sinnvoll, die Befunde, beispielsweise nach der erwähnten Dreiteilung (Intelligenz, Affektivität und deren Verarbeitung, sozialer Kontakt), zusammenzufassen oder auch eine freie *Gesamtdarstellung* zu geben. Bei einem solchen Vorgehen kann der Leser, mit dem Berichterstatter zusammen, auf der Grundlage exakter Einzelinformationen die diagnostischen Schlußfolgerungen im zweiten Teil der Darstellung ziehen - oder auch zu eigenen, vielleicht vom Berichterstatter abweichenden Schlüssen kommen.
Der Diagnostiker sollte auf jeden Fall die großen Möglichkeiten, die sich ihm gerade bei einer exakten Beschreibung des Testverhaltens bieten, nutzen. Geht er sofort zu einer Gesamtinterpretation oder gar zu einer Diagnosenstellung über, so verzichtet er auf wesentliche Informationen. Er begibt sich damit der Möglichkeit, die psychischen Prozesse, die ein Proband beispielsweise beim Umgang mit den projektiven Verfahren in statu nascendi sichtbar werden läßt, genau nachzuvollziehen und den Le-

ser in ihrer Dynamik miterleben zu lassen. Wichtig ist beim zweiten Schritt, der Interpretation der Einzelbefunde, Überlegungen zu möglichen kausalen Zusammenhängen sehr sorgfältig zu prüfen. Es ist geradezu die Regel, daß aus Testbefunden solche kausalen Beziehungen nicht erschließbar sind. Falls aber derartige Hypothesen naheliegen, sollte man sie auch unbedingt im Bericht als solche deklarieren, z.B. durch eine Formulierung wie die folgende: "Aufgrund der referierten Einzelbefunde können wir vermuten, daß ...". Auf diese Weise wird dem Leser deutlich, daß es nicht unmittelbare Testergebnisse, sondern aufgrund der Testresultate entwickelte Hypothesen des Untersuchers sind.

So wichtig einerseits die Darstellung der Einzelbefunde ist, so notwendig ist es andererseits aber auch, dem Leser nicht nur eine Fülle von Daten vorzulegen, sondern auch die gewonnenen Resultate zueinander in Beziehung zu setzen, zu gewichten und die an den Diagnostiker gestellten *Fragen zu beantworten*. Durch diesen dritten, oben bereits genannten Aspekt des psychologischen Befundes erhält der Bericht eine weitere Strukturierung. Häufig (vor allem in strafrechtlichen Gutachten) werden dem Diagnostiker recht präzise Fragen gestellt, etwa die nach der Zurechnungsfähigkeit oder nach der Indikation für bestimmte Maßnahmen. Sinnvollerweise wird man zu diesen Fragen am Schluß des Berichts Stellung nehmen, nachdem die Einzelresultate referiert und die Gesamtinterpretation der Testbefunde, inkl. psychodynamische Hypothesen, formuliert worden sind. Auf diese Weise ist dem Leser auch nachvollziehbar, warum der Diagnostiker die Fragen in einem bestimmten Sinne beantwortet.

Wichtig ist bei der Abfassung eines solchen Berichtes, daß der Gutachter wertende Aussagen vermeidet und bei aller notwendigen Einfühlung in seinen Probanden doch zugleich eine kritische Distanz ihm, seiner eigenen Einstellung und seinen Befunden gegenüber wahrt. Er ist gehalten, auf die an ihn gestellten Fragen präzise zu antworten, nicht aber beispielsweise auf mildernde Umstände einzugehen. Bei der Mitteilung der anamnestischen Daten kann er durchaus die Lebensgeschichte seines Probanden so darstellen, daß daraus etwa die schwierigen Bedingungen sichtbar werden, unter denen der Proband aufwuchs. Oder er kann ein möglichst genaues Bild der äußeren und inneren Situation des Probanden zur Tatzeit zu entwerfen versuchen. Die Anerkennung mildernder Umstände fällt aber nicht mehr in seinen Kompetenzbereich, sondern ist ausschließlich Sache des Richters. Dem Gutachter obliegt es, ein Bild der Persönlichkeit mit ihrer Struktur, ihren Fähigkeiten und Behinderungen sowie ihrer spezifischen Dynamik zu skizzieren sowie aufgrund der anamnestischen Daten und der Testbefunde die an ihn gestellten Fragen zu beantworten.

pro memoria 12.1

Abfassung des testpsychologischen Befunds:
1. Sprachliche Formulierung abhängig vom Adressaten und von der Fragestellung
2. Notwendigkeit der schriftlichen Entbindung von der Schweigepflicht durch den Probanden vor Bekanntgabe von Befunden
3. Sorgfältiges Abwägen, welche Konsequenzen die Mitteilung bestimmter Sachverhalte über den Probanden an Dritte haben kann
4. Abfassen des schriftlichen Berichts (u.U. gegliedert nach intellektueller Begabung, Affektivität und ihrer Verarbeitung, sozialer Kontakt):
   4.1 Darstellung der Befunde aus den einzelnen Tests und dann Zusammenfassung
   4.2 Entwurf eines Gesamtbildes der Persönlichkeit ohne Eingehen auf einzelne Tests
5. Beantwortung der an den Untersucher gestellten Fragen

12.2 Der Umgang mit testpsychologischen Befunden

Es soll noch die Frage behandelt werden, wie der Diagnostiker mit den von ihm erhobenen testpsychologischen Befunden umgeht. Ich verweise in diesem Zusammenhang auf die ethischen Richtlinien, wie sie in der Schweiz von der SGP (1975) und der FSP (1991) und vom Bund Deutscher Psychologen (1967) aufgestellt worden sind. Diese Kataloge beschäftigen sich ausführlich mit Fragen der Kompetenz, der Verantwortung, der Beziehung zum Klienten und mit verschiedenen anderen, mit der Berufsausübung des Psychologen zusammenhängenden ethischen Fragen. Der Diagnostiker sollte sich unbedingt genau über die dort behandelten Probleme informieren.

Es wurde bereits darauf hingewiesen, daß Diagnostik - abgesehen von Untersuchungen im Rahmen der psychologischen Ausbildung - niemals Selbstzweck ist. Stets werden wir eine Testbatterie durchführen mit dem Ziel, entweder selbst Informationen über einen Probanden zu erhalten, um ihn beraten oder uns für eine bestimmte Therapieform entscheiden zu können. Oder wir erheben testpschologische Befunde, um sie an andere Instanzen (z.B. an andere Kliniken, Gerichte, u.U. an Lehrer oder Eltern usw.) weiterzugeben. Es muß an dieser Stelle nachdrücklich davor gewarnt werden, je einen psychologischen Befund an Drittpersonen weiterzugeben, ohne daß uns der Proband *schriftlich von der Schweigepflicht entbunden* hat. Es mag verwundern, wenn wir sogar fordern, daß solche Berichte auch nicht an Fachkollegen, Ärzte oder Kliniken gegeben werden dürfen, ohne daß uns der Proband dazu ermächtigt hat. Die Einhaltung dieses Grundsatzes ist insofern sehr wichtig, als andernfalls die per-

sönliche Sphäre und der Schutz des Individuums, das sich einer testpsychologischen Untersuchung unterzieht, nicht mehr gewährleistet wären.
Bei jeder Weitergabe eines Berichtes an Drittpersonen sollte sich der Diagnostiker vor Augen halten, was die entsprechende Mitteilung für den Untersuchten bedeutet, und ob dem Probanden nicht u.U. später aus diesen Informationen Nachteile erwachsen können. Der Inhalt und die Form (z.B. die im Bericht verwendete Terminologie) müssen sich unbedingt nach dem Adressaten, an den der Bericht geht, richten. Wir werden einerseits bemüht sein, fachspezifische und insbesondere testspezifische Termini in einem Bericht, z.B. an ein Gericht oder an eine Versicherung, möglichst zu vermeiden bzw., falls sich Fachbegriffe nicht vermeiden lassen, diese genau zu definieren. Andererseits sollte, wie bereits ausgeführt, in einem solchen Bericht nur zu den Fragen Stellung genommen werden, die für den Adressaten relevant sind.
Zu einem sachgemäßen Umgang mit testpsychologischen Befunden gehört auch das *Gespräch des Untersuchers mit dem Probanden* über die Testresultate. Der Proband sollte prinzipiell über die Ergebnisse seiner Untersuchung informiert werden. Dies gilt auch - vielleicht sogar: insbesondere - für Kinder, bei denen man fälschlicherweise häufig meint, man könne Resultate aus Untersuchungen nicht mit ihnen direkt besprechen, sondern müsse quasi "über ihren Kopf hinweg" mit den Eltern verhandeln. Ich glaube - im Gegensatz zur Kritik *Langs* (1975) -, daß auch bei der psychodiagnostischen Untersuchung von Kindern deren Autonomie nicht zwangsläufig angetastet zu werden braucht, indem von Eltern und Untersucher *über* das Kind entschieden wird. Es ist in diesem Zusammenhang auch zu bedenken, daß jedes Kind, das zu einer Untersuchung gebracht wird, im Grunde selbst unter seinen Symptomen leidet und spürt, daß es zur Lösung seiner Konflikte der Hilfe durch Dritte bedarf (s. auch *A. Freud*, 1966). Meiner Ansicht nach hat jeder Proband, gleich welchen Alters, das Recht darauf, selbst über das Ergebnis der Untersuchung informiert zu werden. Selbstverständlich müssen sich Form und Inhalt der Mitteilungen nach der Fähigkeit des Betreffenden richten, solche Informationen aufzunehmen und zu verwerten.
Gerade in einem solchen Gespräch können wir bemerken, wie schwer es uns im Grunde fällt, uns von der vertrauten Fachterminologie zu trennen und die durch die Testuntersuchung eruierten Phänomene in einer allgemein verständlichen Sprache zu formulieren. Erschwerend wirkt sich auch der Umstand aus, daß wir, je nach dem verwendeten Testverfahren, Informationen erhalten, die aus verschiedenen Schichten der Persönlichkeit stammen. Fällt es z.B. noch recht leicht, einem Probanden Informationen über seine intellektuellen Fähigkeiten, über Begabungsschwer-

punkte, über Konzentrations-, Merk- und Belastungsfähigkeit, über seine Interessen, ja selbst noch über seine Frustrationstoleranz und über die Art zu geben, in der er mit Konfliktsituationen umgeht, so ist es doch recht schwierig, viele aus den projektiven Verfahren erhaltenen Informationen so an den Probanden weiterzugeben, daß er diese - zumeist ja aus einer unbewußten Schicht seines Erleben stammenden - Informationen angemessen aufnehmen kann. Dabei müssen wir zugeben, daß wir häufig nicht in der Lage sind, solche Resultate in angemessener Form an den betreffenden Probanden weiterzugeben, ohne daß wir in rationalisierender Weise intellektuell mit ihm über etwas sprechen, was seinem bewußten Erleben fern liegt und von ihm kaum integriert werden kann.
In Gesprächen über Intelligenzuntersuchungen kann sich mitunter ein Problem daraus ergeben, daß manche Probanden gerne den aus ihren Testresultaten errechneten Intelligenzquotienten erfahren möchten. Man kann einerseits der Ansicht sein, daß der Betreffende ein Recht darauf habe, nicht nur allgemein über seine Testbefunde beraten zu werden, sondern auch die genaue Zahl seines Intelligenzquotienten zu erfahren. Andererseits sollte man aber bedenken, daß die Mitteilung eines Intelligenzquotienten im Grunde dem Probanden wenig sagt und insbesondere zu einer verhängnisvollen "Zahlenakrobatik" führen kann, beispielsweise zu einem gegenseitigen Vergleichen von Zahlenwerten, die im Grunde, ohne andere Informationen, wenig Aussagewert haben. Es ist deshalb zu empfehlen, genaue Zahlenangaben zu vermeiden (vor allem wenn wir berücksichtigen, daß z.B. beim HAWIE-R IQ-Differenzen bis zu 15 Punkten noch im Zufallsbereich liegen). Hingegen sollte der Proband nach einer Intelligenzuntersuchung sorgfältig darüber beraten werden, wo seine Begabungsschwerpunkte liegen und in welchen Bereichen er weniger gute Resultate erbringt. Ferner sollte er auch über Zusammenhänge zwischen seiner intellektuellen Leistungsfähigkeit einerseits und Fragen der Motivation und der Affektivität andererseits aufgeklärt werden. Solche Informationen sind in jedem Fall wesentlich aussagekräftiger und für den Probanden selbst auch wichtiger als bloße Zahlenangaben eines Intelligenzquotienten.
Aus dem oben Gesagten ergibt sich, daß sich an eine Testuntersuchung stets ein *ausführliches Beratungsgespräch* anschließen sollte. Schriftliche Berichte über eine Untersuchung sollten dem Probanden selbst nicht gegeben werden. Es besteht sonst die Gefahr, daß sie für Zwecke mißbraucht werden, mit denen sich der Diagnostiker aus ethischen Erwägungen u.U. nicht mehr einverstanden erklären kann. Ein solcher Bericht kann, da ein Adressat ja nicht von vornherein bekannt ist, einerseits niemals die Informationen enthalten, die für einen späteren Empfänger wichtig sein könnten. Andererseits enthält er vielleicht Details, die für

den späteren Leser nicht geeignet sind. Die Weigerung, dem Probanden selbst einen schriftlichen Bericht über die Testuntersuchung auszuhändigen, darf nicht in dem Sinne mißverstanden werden, als wolle man dem Betreffenden Informationen vorenthalten. Der Proband wird ja auf jeden Fall in einem sich an die Untersuchung anschießenden Gespräch über das Ergebnis beraten. Außerdem steht es ihm selbstverständlich frei, den Diagnostiker zu bitten, einen entsprechenden Bericht an einen bestimmten Adressaten zu geben. Untersucher und Proband können dann gemeinsam besprechen, ob und in welcher Art ein solcher Bericht sinnvoll sein könnte.

pro memoria 12.2

Umgang mit testpsychologischen Befunden:

1. Orientierung an den von den Berufsverbänden für Psychologen aufgestellten ethischen Richtlinien
2. Schriftliche Entbindung von der Schweigepflicht bei Weiterleitung der Befunde an Drittpersonen
3. Bedeutung eines sich an die Untersuchung anschließenden Beratungsgesprächs (auch bei Kindern)
4. Inhalt der Mitteilungen und deren sprachliche Formulierungen müssen sich nach der Fähigkeit des Probanden richten, die ihm gegebenen Informationen aufnehmen zu können

III. Kapitel: Die Ausbildung in testpsychologischer Diagnostik

Nach dem Überblick über die methodischen Grundlagen und die verschiedenen, in der Psychodiagnostik gebräuchlichen Verfahren drängt sich die Frage nach der Ausbildung in testpsychologischer Diagnostik auf. Angesichts der Fülle von Tests und bei den vielfältigen methodischen Schwierigkeiten, die mit der Konstruktion und Durchführung solcher Verfahren verbunden sind, mag sich der Leser wiederholt etwas bang gefragt haben, wie es gelingen kann, sich in dieses Gebiet einzuarbeiten. Obwohl eine Diskussion dieser Fragen eigentlich über den Rahmen des vorliegenden Überblicks über testpsychologische Methoden und Probleme hinausgeht, möchte ich doch im letzten Teil dieses Buches noch einige Gedanken darüber entwickeln, auf welche Weise eine solche Ausbildung vielleicht am ehesten bewältigt werden kann.

Da der Testpsychologie - nicht nur in der Allgemeinbevölkerung, sondern häufig auch bei den Studierenden der Psychologie und verwandter Fachrichtungen - das Odium anhaftet, diese Verfahren eröffneten dem "Wissenden" ungeahnte Einblicke in die geheimsten Bereiche des Seelenlebens, kann man zu Beginn der diagnostischen Ausbildung sicherlich mit einer großen, wenn auch vielleicht ambivalenten, Motivation rechnen. Selbst als Pflichtveranstaltung im Rahmen einer psychologischen Ausbildung kann sich die Diagnostik in der Regel einer großen Beliebtheit erfreuen. Insofern sind die Voraussetzungen für eine Ausbildung in testpsychologischer Diagnostik günstig. Je größer die Erwartungen an dieses Fach sind, desto eher besteht allerdings die Gefahr, daß die anfänglich gute Motivation der Studierenden einer großen Belastung ausgesetzt, z.T. sogar völlig zerstört wird. Denn schon bald sieht sich der Lernende mit den, insbesondere für den Anfänger sehr "trocken" wirkenden, statistischen und testtheoretischen Fragen konfrontiert. Er, der erwartet hatte, diagnostische Methoden zu erlernen, die ihm Einblicke in Bereiche des anderen ermöglichen, die diesem selbst z.T. nicht zugänglich sind, steht nun Problemen der Testkonstruktion, der Item-Analysen, der Prüfung von Gütekriterien und dergleichen gegenüber, Problemen, von denen er zumindest in der Anfangsphase des Lernprozesses kaum einsehen kann, daß sie für die testpsychologische Diagnostik Relevanz besitzen könnten.

Eine völlig anders geartete Schwierigkeit wird sich für den Studierenden auftun, der beispielsweise von der experimentellen Psychologie herkommt. Nachdem er anfangs, beim Zusammentreffen mit testtheoretischen und statistischen Fragen, noch den Eindruck hatte, sich auf ihm wohlbekanntem Terrain zu bewegen, wird er sich möglicherweise sehr verwirrt fühlen, wenn er etwa beim Erlernen der projektiven Methoden auf die vielfältigen Probleme der tiefenpsychologischen Konstrukte trifft, die diesen Verfahren zugrunde liegen. Auch bei diesem sich in die Diagnostik einarbeitenden Studenten kann die anfänglich gute Motivation erheblich beeinträchtigt werden. Er wird sich nicht durch die vielen testtheoretischen und statistischen Aspekte der Testpsychologie irritiert fühlen, sondern vielmehr darüber enttäuscht sein, daß er nach all der exakten Vorarbeit (Item-Analyse, Prüfung der Gütekriterien usw.) letztlich in den psychologischen Tests Verfahren vor sich hat, die ihm mehr oder weniger "weiche" Daten liefern.

Wir haben gesehen, daß der Student, der sich in die Psychodiagnostik einarbeitet, sich hier - vielleicht mehr noch als in anderen Gebieten der Psychologie - mit Enttäuschungen konfrontiert sieht, die nicht selten sein Verhältnis zur Psychodiagnostik nachhaltig negativ beeinflussen. Sicher sind manche Enttäuschungen dieser Art, insbesondere wenn objektiv ungerechtfertigte Erwartungen an die Testpsychologie bestehen, unvermeidbar und notwendig. Es ist lediglich die Frage, ob aus solchen Enttäuschungen dann eine kritische - auch selbstkritische - Haltung den Testverfahren gegenüber resultiert, oder ob die Reaktion darin besteht, die Psychodiagnostik als "unwissenschaftliche Spekulation" oder als "grobe Verletzung der Individualität" durch "psychotechnische" Methoden zu verwerfen (Argumente, die wir etwa bei *Lang*, 1975, und *Pulver* et al., 1978, finden). Ob die z.T. notwendigen Enttäuschungen für den Lernenden fruchtbar gemacht werden können und er zu einer sachlichen Einstellung der Psychodiagnostik gegenüber kommen kann, ist nicht zuletzt eine Frage der Ausbildung in dieser Disziplin. Wenn im folgenden einige Gedanken entwickelt werden sollen, wie eine solche Ausbildung aussehen könnte, so sollten diese Überlegungen als Denkanstöße betrachtet werden, als Anregungen, die vielleicht helfen können, den Studierenden für die Psychodiagnostik zu interessieren, ihn aber zugleich auch den entsprechenden Verfahren und der Art ihrer Verwendung gegenüber kritisch werden zu lassen.

Die Ausbildung in testpsychologischer Disziplin sollte von zwei Seiten her erfolgen: Einerseits ist eine *theoretische Ausbildung* notwendig, und andererseits sollten Möglichkeiten zur *praktischen Durchführung* sowie zur *Supervision* beim Erlernen von Testverfahren angeboten werden. Diese beiden Aspekte, die Theorie sowie die Praxis und Besprechung mit einem Erfahrenen, sind zwar eng ineinander verschränkt, müssen aber meiner Erfahrung nach in der Ausbildung aus didaktischen Gründen getrennt behandelt werden. Bevor man auf spezielle Probleme der Diagnostik eingeht, ist wichtig, dem Studierenden zunächst einen allgemeinen Überblick über die Testpsychologie zu vermitteln (z.B. in Form einer *einführenden Vorlesung*). In einer solchen Einführung müßten bereits die wichtigsten Probleme, sowohl die der Testkonstruktion und -analyse als auch ein Überblick über die verschiedenen Testverfahren, angesprochen und an charakteristischen Beispielen exemplifiziert werden. Auf diese Weise kann versucht werden, den Studierenden auf wichtige Fragen der Diagnostik aufmerksam zu machen und sein Interesse vielleicht sogar an Bereichen der Testpsychologie zu wecken, denen er zunächst von seiner bisherigen Ausbildung her relativ fern stand. Schließlich gehört in einen solchen ersten Überblick auch eine Reflexion über die ethischen Richtlinien, denen sich ein verantwortungsbewußter Diagnostiker verpflichtet fühlen sollte (s. dazu die von der Schweizerischen Psychologenvereinigung und vom Bund Deutscher Psychologen 1967, 1975 und 1991 aufgestellten Kataloge. Hinsichtlich ethischer Probleme bei der psychologischen Forschung informiert auch *Schuler*). Eine solche einführende Vorlesung müßte, im optimalen Fall, von einem Seminar begleitet sein, in dem die in der Vorlesung angetönten Probleme im einzelnen diskutiert und eventuell schärfer gefaßt werden können. Auf diese Weise wäre es vielleicht möglich, schon früh die - aus den verschiedensten Quellen gespeisten - Enttäuschungen zu formulieren und für die Ausbildung selbst fruchtbar zu machen.

In den folgenden Semestern könnten dann die verschiedenen einzelnen Aspekte der Testpsychologie in speziellen Seminaren bearbeitet werden. Zu dieser Zeit sollten die Studierenden bereits grundlegende Kenntnisse der Statistik erworben haben, damit sie Zugang zu den Problemen der Testkonstruktion, der Testeichung und der Testanalyse finden können. Eines dieser speziellen Seminare sollte sich mit den *testtheoretischen Grundlagen* der Psychodiagnostik beschäftigen. In einer solchen Veranstaltung wären nicht nur die (in den Kapiteln 5 und 6 behandelten) Methoden der Testkonstruktion und der Prüfung der Gütekriterien, sondern auch die allgemeinen Probleme der Psychodiagnostik (s. unter 2, 3 und 4) sowie die theoretischen Grundlagen (beispielsweise der Intelligenztests und der projektiven Verfahren) zu besprechen. Nachdem der Studierende in der einführenden Vorlesung einen mehr oder weniger allgemeinen Überblick über die Möglichkeiten und Probleme der Psychodiagnostik gewonnen hat, können in einem Seminar über die theoretischen Grundlagen die Zielsetzungen und Begrenzungen der Testuntersuchungen ausführlicher diskutiert werden.

Das Ziel weiterer *spezieller Seminare* muß es dann sein, den Studierenden mit den verschiedenen Testverfahren, so mit den allgemeinen und speziellen Leistungstests sowie mit den Persönlichkeitsverfahren, bekannt zu machen. Aus der Einführungsvorlesung kennt der Kandidat bereits, jedenfalls dem Namen nach, eine Reihe dieser Tests. Außerdem hat er sich in dem vorausgegangenen Seminar über die Grundlagen der Diagnostik weiter in testtheoretische und allgemeine Probleme einarbeiten können. Wenn er nun in speziellen Seminaren die einzelnen Tests genauer kennenlernt, wird er ihnen daher kritisch zu begegnen und den Aussagewert der Resultate aus den verschiedenen Verfahren abzuschätzen vermögen. Dabei wird ihm das mittlerweile erworbene Wissen aus dem Bereich der allgemeinen Psychologie (Denken, Wahrnehmen, Lernen, Gedächtnis, Persönlichkeitstheorien, entwicklungspsychologische Aspekte usw.) helfen, viele der in den Tests aufgeworfenen Probleme besser zu verstehen und sich angemessen mit ihnen auseinanderzusetzen.
Relativ einfach ist es, die allgemeinen und speziellen Leistungstests in solchen Seminaren vorzustellen. Da die Durchführung und Auswertung dieser Verfahren in der Regel keine großen Anforderungen stellt, kann es dem Studierenden bereits in dieser Phase des Lernprozesses gelingen, die Handhabung solcher Tests zu erlernen. Wesentlich schwieriger hingegen ist es, die projektiven Verfahren in angemessener Weise zu vermitteln, da dazu auch ein Erfahrungserwerb notwendig ist. Das Erlernen der Rorschach-Technik erfordert beispielsweise ein mindestens 2 bis 3 Semester dauerndes Studium in Form eines wöchentlich stattfindenden Seminars sowie die Signierung und Interpretation von Testprotokollen in der Zeit zwischen den Sitzungen. Auch die Einarbeitung in den Rosenzweig Picture-Frustration Test oder den Thematischen Apperzeptionstest - um nur zwei andere bekannte projektive Verfahren zu nennen - erfordert einen recht hohen Arbeitseinsatz und ein intensives Studium im Rahmen eines Seminars sowie Testinterpretationen, die der Studierende allein vorzunehmen hat. Man wird sich in der psychodiagnostischen Ausbildung bei dem breitgestreuten Ausbildungsprogramm des Psychologiestudiums vorerst darauf beschränken müssen, je nach der Zahl zur Verfügung stehender Dozenten den Studierenden lediglich mit einem oder zwei projektiven Verfahren genauer bekannt zu machen. Weitere Tests dieser Art müssen dem Selbststudium bzw. der späteren praktischen Tätigkeit oder dem Lernen in Spezialkursen vorbehalten bleiben.
Mit den erwähnten Vorlesungen und Seminaren ist die theoretische und auch schon ein Teil der praktischen Ausbildung erfolgt. Es erscheint mir allerdings für die Schulung in testpsychologischer Diagnostik wichtig, daß sich der Studierende nicht nur in den erwähnten speziellen Seminaren

in das breite Spektrum dieser Methoden einarbeiten kann. Er sollte vielmehr bereits im Rahmen seines Studiums Gelegenheit erhalten, selbst gelegentlich Probanden testpsychologisch zu untersuchen und die Resultate in einem Bericht zusammenzufassen. Er wäre dadurch mit der Wirklichkeit konfrontiert, der er sich später, bei seiner diagnostischen Tätigkeit, täglich gegenübersieht. Eine solche praxis-orientierte Ausbildung könnte beispielsweise in Form eines "*Gutachten-Seminars*" durchgeführt werden. In einem solchen Seminar, das in einem der letzten Semester der Ausbildung stattzufinden hätte, könnten sich die Studierenden mit konkreten Fragen der Psychodiagnostik auseinandersetzen, beispielsweise welche Testbatterie zur Beantwortung der bei einem bestimmten Probanden gestellten Fragen eingesetzt und in welcher Reihenfolge die gewählten Tests am besten durchgeführt werden. In einem solchen Gutachten-Seminar sollten die Testbefunde von den Studierenden ausgewertet, interpretiert und in einem abschließenden Bericht zusammengefaßt werden. Auch wäre anzustreben, daß der Proband (im Rahmen solcher Seminare wird man in der Regel frei sich zur Verfügung stellende Probanden nehmen) von den Untersuchern selbst hinsichtlich der Resultate seiner Tests beraten wird. Die Studierenden erlebten sich in diesem Falle nicht nur als "Psychotechniker", die eine Fülle von Daten erheben und in mehr oder weniger anonymer Form zusammenfassen, sondern sie übernähmen auch die Rolle des Beratenden, der Schlußfolgerungen aus den Testergebnissen zöge und mit dem betreffenden Probanden bespräche. Das Selbstverständnis des diagnostisch tätigen Psychologen und seine Gefühle, die in ihm während der Untersuchung und während der Beratung auftauchen, können Ansatzpunkte für fruchtbare Diskussionen innerhalb eines solchen Seminars sein.

Da, wie erwähnt, nur ein kleiner Teil der psychodiagnostischen Verfahren im Verlaufe des Studiums gelehrt werden kann, ist der diagnostisch tätige Psychologe darauf angewiesen, sich die für seinen speziellen Arbeitsbereich nötigen, früher nicht erlernten Verfahren zwangsläufig später in der Praxis selbständig anzueignen. Es wäre wichtig, daß ihm auch in dieser Phase des Lernprozesses Hilfen zur Verfügung gestellt würden. Diese *Post-graduate-Ausbildung* müßte am besten unter der Supervision eines erfahrenen Diagnostikers erfolgen, mit dem der Auszubildende die Testprotokolle und die Auswertung der Befunde regelmäßig besprechen könnte. Nach meiner Erfahrung kann dem Kandidaten auf diese Weise geholfen werden, sich auch in Verfahren, die er früher bereits erlernt hat, intensiver einzuarbeiten und zu einer differenzierteren Interpretation zu gelangen. Fruchtbar könnten auch kleine *Seminare* von 4 bis 6 Teilnehmern sein, die sich regelmäßig träfen und die in der Praxis sich stellenden diagnostischen Probleme mit einem erfahrenen Fachmann besprächen. Dabei könnten nach Art der Balint-Gruppen nicht nur sachliche Fragen, sondern auch persönliche Probleme des einzelnen Diagnostikers bearbeitet werden. Auf diese Weise läßt sich, abgesehen von der Wissensverbreiterung, zugleich auch die Sensibilität der Beteiligten für Übertragungs- und Gegenübertragungsprozesse erhöhen, wie sie sich bei einer jeden Testuntersuchung in spezifischer Weise konstellieren. Der Diagnostiker kann in einer solchen Gruppe auch lernen, daß er nicht - wie Kritiker z.T. abschätzig anführen - eine völlig mechanische Tätigkeit ausübt, nicht eine menschliche "Testmaschine" ist, sondern daß er im diagnostischen Prozeß mit einem sehr komplexen Vorgang konfrontiert ist, bei dem das Testmaterial, die persönlichkeitsspezifische Reaktion des Probanden, seine sozialen Erwartungen und unbewußten Übertragungsbereitschaften sowie die Persönlichkeit des Untersuchers in einem engen Interdependenzverhältnis miteinander stehen. Er könnte so lernen, die Möglichkeiten, die uns eine testpsychologische Untersuchung bietet, gründlich auszuschöpfen.

pro memoria Kapitel III

Stadien der Ausbildung in Psychodiagnostik:

1. Ausbildung im Rahmen des Studiums:
   - 1.1 Einführungsvorlesung
   - 1.2 Spezielle Seminare für Fähigkeits- und Persönlichkeitstests
   - 1.3 Erarbeitung der Testtheorie und Statistik
   - 1.4 "Gutachten-Seminar" (eigenständige Durchführung, Auswertung und Interpretation von Tests, inkl. Beratung des Probanden)
2. Post-graduate-Ausbildung:
   - 2.1 Seminare zur Besprechung psychodiagnostischer Probleme nach Art von Balint-Gruppen oder Einzel-Supervision
   - 2.2 Nach Möglichkeit Selbsterfahrung durch persönliche Analyse oder Teilnahme an Selbsterfahrungsgruppen

Literatur

Abels, D.: Konzentrations-Verlaufs-Test (KVTI. 2. Aufl. Hogrefe, Göttingen 1961

Abraham, E.: Zum Vorgang der Projektion. Schweiz. Z. Psychol. 10: 225 (1951)

A Marca, L.: Ist der Kraepelin'sche Arbeitsversuch ein brauchbares Mittel zur Diagnose einer Hirnleistungsschwäche? Diss. Univ. Basel. Orell Füssli, Zürich 1959

Amthauer, R.: Der Intelligenz-Struktur-Test (IST). Hogrefe, Göttingen 1955

Amthauer, R.: Test zur Untersuchung des praktisch-technischen Verständnisses (PTV). Hogrefe, Göttingen 1972

Amthauer, R.: Der Intelligenz-Struktur-Test (IST 70). Hogrefe, Göttingen 1973

Anastasi, A.: Psychological Testing. (2. Aufl. 1961). MacMillan Comp., 3. Aufl. New York 1969

Andersen, A.L.: The effect of laterality localization of brain damage on Wechsler-Bellevue indices of deterioration. J. clin. psychol. 6: 191 (1950)

Anderson, H.H.: Human Behavior and Personality Growth. In: Anderson, H.H., Anderson, G.L. (Hrsg.): An Introduction to Projective Techniques. Prentice Hall, New York 1951

Anger, H., Bargmann, R., Hylla, E.: Wortschatztest (WST 5-6). Begabungstest für 5. und 6. Klassen. Beltz, Weinheim 1965a

Anger, H., Bargmann, R., Hylla, E.: Wortschatztest (WST 7-8). Begabungstest für 7. und 8. Klassen. Beltz, Weinheim 1965b

Anger, H.: Befragung und Erhebung. In: Graumann, C.F. (Hrsg.): Handbuch der Psychologie, Bd. 7 Sozialpsychologie, 1. Halbband: Theorien und Methoden. Hogrefe, Göttingen 1969

Angermaier, M.: Legasthenie, Verursachungsmomente einer Lernstörung. Beltz, Weinheim 1971

Angermaier, M.: Psycholinguistischer Entwicklungstest. Manual. Beltz, Weinheim 1977

Angst, J., Battegay, R., Bente, D., Berner, P., Broeren, W., Cornu, F., Dick, P., Engelmeier, M.-P., Heimann, H., Heinrich, K., Helmchen, H., Hippius, H., Pöldinger, W., Schmidlin, P., Schmitt, W., Weiss, P.: Das Dokumentationssystem der Arbeitsgemeinschaft für Methodik und Dokumentation in der Psychiatrie (AMP). Arzneimittel-Forschung 19: 399 (1969)

Anzieu, D.: Les méthodes projectives. Presses Univers. de France, Paris 1960

Arbeitsgemeinschaft für Methodik und Dokumentation in der Psychiatrie (AMDP): Das AMDP-System. Manual zur Dokumentation psychiatrischer Befunde. 3. Aufl. Springer, Berlin/Heidelberg/New York 1979

Argelander, H.: Das Erstinterview in der Psychotherapie. Psyche 21: 341, 426, 473 (1967)

Argelander, H.: Das Erstinterview in der Psychotherapie. Wissenschaftl. Buchgesellschaft, Darmstadt 1970

Arnds, H.G.: Zum Begriff der psychoanalytisch-diagnostischen Anamnese. Z. Psychother. med. Psychol. 23: 192 (1973a)

Arnds, H.G.: Die Praxis psychoanalytisch-diagnostischer Anamnesentechnik. Z. Psychother. med. Psychol. 23: 238 (1973b)

Arnds, H.G.: Anamnesenerhebung. In: Battegay, R., Glatzel, J., Pöldinger, W., Rauchfleisch, U. (Hrsg.): Handwörterbuch der Psychiatrie. 2. Aufl. Enke, Stuttgart 1992

Arnold, W.: Der Pauli-Test. 4. Aufl. Huber, Bern/Stuttgart/Wien 1970

Aschaffenburg, G.: Experimentelle Studien über Associationen. Psychol. Arb. 1: 209 (1896)

Bäumler, G.: Lern- und Gedächtnistest LGT-3. Hogrefe, Göttingen 1974

Bales, R.F.: Interaction Process Analysis. Addison-Wesley Press, Cambridge, Mass. 1950

Barron, F.: An ego-strenght scale which predicts response to psychotherapy. J. consult. psychol. 17: 327 (1953)

Bartenwerfer, H.: Allgemeine Leistungsdiagnostik. In: Groffmann, K.-J., Michel, L. (Hrsg.): Enzyklopädie der Psychologie. Themenbereich B Methodologie und Methoden, Serie II Psychologische Diagnostik, Band 2 Intelligenz- und Leistungsdiagnostik. 482-512. Hogrefe, Göttingen 1983

Battegay, R.: Der Mensch in der Gruppe. Bd. I Sozialpsychologische und dynamische Aspekte. 4. Aufl. Huber, Bern/Stuttgart/Wien 1973a

Battegay, R.: Der Mensch in der Gruppe. Bd. II. Huber, 3. Aufl. 1971, 4. Aufl. Bern/Stuttgart/Wien 1973b

Battegay, R.: Narzissmus und Objektbeziehungen. 3. Aufl. Huber, Bern 1991

Battegay, R.: Psychoanalytische Neurosenlehre. 2. Aufl. Fischer Taschenbuch Verlag, Frankfurt/M. 1993

Battegay, R., Rauchfleisch, U., Blättler, R.: Sozialpsychiatrische Datenerhebung am Beispiel einer Untersuchung mittels eines standardisierten sozialpsychiatrischen Erhebungsbogens. In: Battegay, R., Pfister-Ammende, M., Burner, M., Labhardt, F., Luban-Plozza, B. (Hrsg.): Aspekte der Sozialpsychiatrie und Psychohygiene. Huber, Bern/Stuttgart/Wien 1975

Battegay, R., Rauchfleisch, U.: Sozioökonomische Daten zur frühen Kindheit und aktuellen Lebenssituation von psychiatrischen Poliklinikpatienten. Schweiz. Arch. Neurol. Neurochir. Psychiat. 118: 57 (1976)

Baud, U., Rauchfleisch, U.: Zur Diagnostik hirnorganischer Störungen mit Hilfe des Hamburg-Wechsler-Intelligenztests für Erwachsene. Eine Untersuchung zur differentialdiagnostischen Validität des HAWIE. Diagnostica 28: 248 (1982)

Baxa, W., Pakesch, E.: Mitteilungen über die Verwendung eines Index am HAWIE zur Bestimmung einer sekundären Intelligenzreduzierung. Wien. Z. Nervenheilkd. 30: 119 (1972)

Becker, R.: Untersuchungen zur Differenzierungsfähigkeit der Schüler mit Lese-Rechtschreibschwäche (LRS). In: Asperger, H. (Hrsg.): 4. Int. Kongr. Heilpädag. Wien 1969

Beckmann, D., Brähler, E., Richter, H.-E.: Neustandardisierung des Gießen-Test (GT). Diagnostica 23: 287 (1977)

Beckmann, D., Richter, H.-E.: Der Gießen-Test (GT). 3. Aufl. Huber, Bern/Stuttgart/Wien 1983

Beckmann, D., Richter, H.-E.: (Hrsg.): Erfahrungen mit dem Gießen-Test (GT). Praxis, Forschung und Tabellen. Huber, Bern/Stuttgart/Wien 1979

Beeli, A.: Prognose und Indikation einer Psychotherapie. Szondiana III: 107 (1962)

Behn, S.: Über die Kunst des praktisch brauchbaren Gutachtens. Psychol. Beitr. 1: 361 (1954)

Beizmann, C.: Leitfaden der Rorschach-Deutungen. Reinhardt Verlag, München/Basel 1975

Bell, J.E.: Projective Techniques, a Dynamic Approach to the Study of the Personality. Longmans, Green and Co., New York/London/Toronto 1948

Bellak, L.: On the Problem of the Concept of Projection. In: Abt., L. E., Bellak, L. (Hrsg.): Projective Psychology. Clinical Approaches to the Total Personality. Knopf, New York 1950

Bellak, L.: The Thematic Apperception Test and the Children's Appeception Test in Clinical Use. Grune and Stratton, New York 1954

Bellak, L., Bellak, S.S.: Kinder-Apperzeptions-Test (CAT). Hogrefe, Göttingen 1955

Bellak, L., Bellak, S.S.: Senior Apperception Technique (SAT). C.P.S. Inc., Larchmont, New York 1973

Benda, C.E.: Die Oligophrenien. In: Gruhle, H.W. (Hrsg.): Psychiatrie der Gegenwart. Bd. II. Springer, Berlin/Göttingen/Heidelberg 1960

Bender, L.: A visual motor gestalt test and its clinical use. Amer. orthopschiat. assoc. res. monogr. 1 (1938)

Benedetti, G., Rauchfleisch, U.: Die Schizophrenie in unserer Gesellschaft. Forschungen zur Schizophrenielehre 1966 - 1972. Thieme, Stuttgart 1975

Benedict, R.: Urformen der Kultur. Rowohlt, Reinbek b. Hamburg 1955

Bennett, G.K., Seashore, H.G., Wesman, A.G.: Differential Aptitude Tests. 2. Aufl. New York 1952

Bente, D., Hoffmann, F.A., Hartung, H., Hartung, M.L.: L'influence des neuroleptiques sur la vigilance: expériences cliniques concernant leurs effects sur l'EEG, le système gamma et le niveau de performance. Encéphale 53 (Suppl. No. 1): 143 (1964)

Benton, A.L.: Der Benton-Test. Deutsche Bearbeitung von O. Spreen. 5. Aufl. Huber, Bern/Stuttgart/Wien 1981

Benton, A.L., Spreen, O.: Zur Simulation intellektueller Leistungsdefekte im Benton-Test. Psychol. Beitr. 7: 147 (1962)

Berger, E. (Hrsg.): Minimale cerebrale Dysfunktion. Kritischer Literaturüberblick. Huber, Bern/Stuttgart/Wien 1977

Bernstein, R., Corsini, R.J.: Wechsler-Bellevue patterns of femal delinquents. J. clin. psychol. 9: 176 (1953)

Biäsch, H., Fischer, H.: Testreihen zur Prüfung von Schweizer Kindern. 2. Aufl. Huber, Bern/Stuttgart/Wien 1969

Biermann, G.: Biographische Anamnese und Beratungssituation in ihrer Bedeutung für Diagnose, Prognose und Therapie neurotischer und psychosomatischer Störungen im Kindes- und Jugendalter. Z. Kinderheilkd. 86: 257 (1962)

Binet, A., Simon, Th.: Méthodes nouvelles pour le diagnostic du niveau intellectuel des anormaux. Ann. psychol. 11: 191 (1905)

Binet, A., Simon, Th.: La mésure du développement de l'intelligence chez les jeunes enfants. Bull. Soc. libre p. l'étude ps. de l'enfant 10/11: 187 (1911)

Binswanger, W.: Psychiatrie und Rorschachscher Formdeuteversuch. Orell Füssli, Zürich 1944

Bjerstedt, A.: The methodology of preferential sociometry. Sociomet. monogr. 27 (1956)

Blankenburg, W.: Voraussetzungen der Projektionstheorie I. Confin. psychiat. 18: 207 (1975)

Blaser, P., Gehring, A.: MMPI. Ein programmierter Kurs zur deutschsprachigen Ausgabe des Minnesota Multiphasic Personality Inventory von S.R. Hathaway und J.C. McKinley. Huber, Bern/Stuttgart/Wien 1972

Blau, G., Müller-Luckmann, E.: Gerichtliche Psychologie. Neuwied/Berlin-Spandau 1962

Bleckmann, K.-H.: Das Schicksal sogenannter "Risikokinder" im Spiegel der Erziehungsberatung. Prax. Kinderpsychol. Kinderpsychiat. 20: 125 (1971

Bleuler, E.: Lehrbuch der Psychiatrie. 12. Aufl. Springer, Berlin/Heidelberg/New York 1972

Blum, G.S.: The Blacky Pictures. Grune and Stratton, New York 1950

Blumberg, S.: MMPI F-scale as an indicator of serverity of psychopathology. J. clin. psychol. 23: 96 (1967)

Boehm, A.E., Sarason, S.B.: Does Wechsler's formula distinguish intellectual deterioration from mental deficiency? J. abnorm. soc. psychol. 42: 356 (1947)

Böhm, H., Haffter, C.: Psychodiagnostik in der Kinderpsychiatrie und Erziehungsberatung. In: Schraml, W.J. (Hrsg.): Klinische Psychologie. Huber, Bern/Stuttgart/Wien 1970

Boerner, K.: Das psychologische Gutachten. Ein praktischer Leitfaden. Beltz, Weinheim 1979

Boesch, E.E.: Projektion und Symbol. Psychol. Rdsch. 11: 73 (1960)

Boesch, E.E.: Die diagnostische Systematisierung. In: Heiss, R. (Hrsg.): Handbuch der Psychologie, Bd. 6 Psychologische Diagnostik. Hogrefe, Göttingen 1964

Bohm, E.: Lehrbuch der Rorschach-Psychodiagnostik. 3. Aufl. Huber, Bern/Stuttgart 1967

Bohm, E.: Psychodiagnostisches Vademecum. Hilfstabellen für den Rorschach-Praktiker. 3. Aufl. Huber, Bern/Stuttgart/Wien 1975

Bondy, C.: Der Hamburg-Wechsler-Intelligenztest für Erwachsene (HAWIE). Huber, Bern/Stuttgart 1956

Bondy, C., Cohen, R., Eggert, D., Lühr, G.: Testbatterie für geistig behinderte Kinder (TBGB) (Hrsg. von K. Ingenkamp). 2. Aufl. Beltz, Weinheim 1971

Borgatta, E.F.: Analysis of social interaction and sociometric perception Sociomet. 17: 7 (1954)

Borgatta, E.F.: A systematic study of interaction process scores, peer, and self-assessments, personality and other variables. Genet. psychol. monogr. 65: 219 (1962)

Bottenberg, E.H.: Zur Diagnose von "psychisch gestörtem Verhalten" und "hirnorganischer Schädigung" mit Hilfe des Rorschachtests (Ro 30). Prax. Kinderpsychol. Kinderpsychiat. 17: 82 (1968)

Bottenberg, E.H.: Rorschach-Test und Modifikationen. In: Psychologisches Praktikum. Bd. 2. Fischer, Stuttgart 1972

Bottenberg, E.H., Krzmarsch, P., Stetter, R.: Basis-MMPI. Diagnostica 23: 64 (1977)

Bourdon, B.: Observations comparatives sur la reconnaissance, la discrimination et l'association. Rev. philos. 40: 153 (1895)

Brandstätter, H.: Leistungsprognose und Erfolgskontrolle. Huber, Bern/Stuttgart/Wien 1970

Breidt, R.: Möglichkeiten des Benton-Tests in der Untersuchung psychoorganischer Störungen nach Hirnverletzungen. Arch. Psychol. 122: 314 (1970)

Brem-Gräser, L.: Familie in Tieren. 5. Aufl. Reinhardt Verlag, München/Basel 1980

Brengelmann, J.C.: Probleme der Messung in der objektiven Untersuchung der Persönlichkeit. In: Brengelmann, J.C., David, H.P. (Hrsg.): Perspektiven der Persönlichkeitsforschung. Huber, Bern/Stuttgart 1961

Brickenkamp, R.: Zur inhaltlichen Gliederung der Anamnese. Diagnostica 3: 11 (1957)

Brickenkamp, R.: Bewährungsstudie über die Aussagekraft von Leistungstests zum Problem der Kraftfahreignung. Z. exp. angew. Psychol. 9 (1962)

Brickenkamp, R.: Test d2. Aufmersamkeits-Belastungs-Test. 7. Aufl. Hogrefe, Göttingen 1981

Brickenkamp, R. (Hrsg.): Handbuch psychologischer und pädagogischer Tests. Hogrefe, Göttingen 1975

Brickenkamp, R.: Erster Ergänzungsband zum Handbuch psychologischer und pädagogischer Tests. Hogrefe, Göttingen 1983

Brickenkamp, R.: Handbuch apparativer Verfahren in der Psychologie. Hogrefe, Göttingen 1986

Bruce, M.M.: Association Adjustment Inventory. New Rochelle N.Y. 1959

Bründler, M., Schallberger, U.: HAWIK-R für die deutschsprachige Schweiz. Huber, Bern 1988

Bruner, J.S., Postman, L.: An Approach to Social Perception. In: Dennis, W. (Hrsg.): Current Trends in Social Psychology. Pittsburgh 1948

Bühler, Ch.: Der Welttest. In: Stern, E. (Hrsg.): Die Tests in der klinischen Psychologie. 2. Halbband. Rascher, Zürich 1955

Bund Deutscher Psychologen: Berufsethische Verpflichtungen für Psychologen. Hrsg. vom Bund Deutscher Psychologen in Verbindung mit der Deutschen Gesellschaft für Psychologie. Frankfurt a.M. 1967

Burgess, M.M., Kodanaz, A., Ziegler, D.K.: Prediction of brain damage in a neurological population with cerebrovascular accidents. Percept. motor skills 31: 595 (1970)

Burke, H.R.: Raven's Progressive Matrices: A review and critical evaluation. J. genet. psychol. 93: 199 (1958)

Buros, O.K. (Hrsg.): Fourth Mental Measurements Yearbook. Rutgers Univ. Press, Brunswick, New Jersey 1953

Buros, O.K. (Hrsg.): The Fifth Mental Measurements Yearbook. Gryphon Press, Highland Park, N.Y. 1959

Burt, C.: The Subnormal Mind. 3. Aufl. Oxford Univ. Press, London 1955

Busemann, A.: Der Abzeichentest. Hogrefe, Göttingen 1955

Busemann, A.: Psychologie der Intelligenzdefekte. Reinhardt Verlag, München/Basel 1959

Butsch, Ch., Fischer, H.: Seashore-Test für Musikalische Begabung. Huber, Bern/ Stuttgart 1966

Cameron, N.: Perceptual Organization and Behavior Pathology. In: Blake, R.R., Ramsey, G.V. (Hrsg.): Perception: An Approach to Personality. Ronald Press, New York 1951

Campbell, D.T., Fiske, D.W.: Convergent and discriminant validation by multitrait-multimethod matrix. Psychol. bull. 56: 81 (1959)

Campbell, D.T.: Recommendations für APA test standards regarding construct, trait, and discriminant validity. Amer. psychologist 15: 546 (1960)

Cattell, J. McK.: Mental tests and measurements. Mind 15: 373 (1890)

Cattell, R.B.: Personality, a Systematic Theoretical and Factual Study. McGraw Hill, New York 1950

Cattell, R.B.: Principles of Design in "Projective" or Misperception Tests of Personality. In: Anderson, H.H., Anderson, G.L. (Hrsg.): An Introduction to Projective Techniques. Prentice-Hall, New York 1951

Cattell, R.B.: Personality and Motivation Structure and Measurement. Yonkers-on-Hudson, New York 1957

Cattell, R.B.: Theory of fluid and crystallized intelligence: A critical experiment. Educ. psychol. 54: 1 (1963)

Cattell, R.B.: Second Handbook Edition of IPAT Anxiety Scale. Champaign, III. 1963

Cattell, R.B.: Abilities: Their Structure, Gorwth, and Action. Houghton Mifflin, Boston 1971

Cattell, R.B., Eber, H.W., Tatsuoka, M.M.: Handbook for the Sixteen Personality Factor Questionnaire (16 PF). Instit. Person. Abil. Test. Champaigne, III. 1970

Cattell, R.B., Wenig, P.W.: Dynamic and cognitive factors controlling misperception. J. abnorm. soc. psychol. 47: 797 (1952)

Cohen, R.: Die testpsychologische Begutachtung im Dienste der Indikationsstellung zur Analyse. Psyche 14: 77 (1960)

Cohler, B.J., Weiss, J.L., Grunebaum, H.U., Lidz, Ch., Wynne, L.C.: MMPI profiles in hospitalized psychiatric patients and their families. Arch. gen. psychiat. 26: 71 (1972)

Conrad, W., Büscher, P., Hornke, L., Jäger, R., Schweizer, H., Stünzer, W. v., Wiencke, W.: Mannheimer Intelligenztests MIT. 2. Aufl. Beltz, Weinheim 1975

Conrad, W., Eberle, G., Hornke, L., Kierdorf, B., Nagel, B.: Mannheimer Intelligenztest für Kinder und Jugendliche MIT-KJ. Beltz, Weinheim 1976

Corman, L.: Le test du dessin de famille. Signification des personnages surajoutés. Rev. neuropsychiat. infant. 13 (1965)

Corman, L.: Der Schwarzfuß-Test. Reinhardt, München 1977

Correll, W., Ingenkamp, K.: Fremdsprachen-Eignungstest für die Unterstufe. Hrsg. von K. Ingenkamp. 2. Aufl. Beltz, Weinheim 1971

Crépieux-Jamin, J.: Die Grundlagen der Graphologie und der Schriftexpertise. Dtsch. Übers. v. W. Stechele. Heidelberg 1927

Cronbach, L.J.: Test "reliability": its meaning and determination. Psychometrika 12: 1 (1947)

Cronbach, L.J.: Essentials of Psychological Testing. 2. Aufl. Harper and Row, New York 1960

Cronbach, L.J., Gleser, G.C.: Psychological Tests and Personnel Decisions. 2. Aufl. Univ. Illinois Press, Urbana 1965

Cronbach, L.J., Meehl, P.E.: Construct validity in psychological tests. Psychol. bull. 52: 281 (1955)

Cronbach, L.J., Rajaratnam, N., Gleser, G.C.: Theory of generalizability, a liberalization of reliability theory. Brit. J. stat. psychol. 16 (1963)

Crown, S.: A controlled association test as a measure of neuroticism. J. person. 16: 198 (1947)

Daniels, J.C.: Figure Reasoning Test (FRT). 6. Aufl. Crosby Lockwood and Son Ltd., London 1971

Davidson, P.O., Costello, C.G. (Hrsg.): N = 1: Experimental Studies of Single Cases. Von Nostrand, New York 1969

Davis, W.E., Becker, B.C., De Wolfe, A.S.: Categorization of patients with personality disorders and acute brain trauma through WAIS subtest variations. J. clin. psychol. 27: 385 (1971)

Deneke, F.W., Hilgenstock, G.: Das Narzißmusinventar. Huber, Bern 1979

Despert, J.L.: Psychosomatic study of fifty stuttering children. Amer. J. orthopsychiat. 16: 100 (1946)

Deusinger, I.M.: Die Frankfurter Selbstkonzeptskalen (FSKN). Hogrefe, Göttingen 1986

Dieterich, R.: Psychodiagnostik. Grundlagen und Probleme. Reinhardt Verlag, München/Basel 1973

Dittrich, A.: Probleme der pharmakopsychologischen Forschung. In: Schraml, W.J., Baumann, U. (Hrsg.): Klinische Psychologie II. Methoden, Ergebnisse und Probleme der Forschung. Huber, Bern/Stuttgart/Wien 1974

Doehring, J.D., Reitan, R.M.: MMPI performance of aphasic and non-aphasic brain-damaged patients. J. clin. psychol. 16: 307 (1960)

Doll, E.A.: Measurement of social competence: A manual for the Vineland Social Maturity Scale. Amer. Guid. Serv., Circle Pines, Minn. 1953 (2. Aufl. 1965)

Dorsch, F.: Das Giese-Test-System. Wolf, Stuttgart 1952

Dührssen, A.: Psychopathie und Neurose. Psyche 3: 380 (1949)

Dührssen, A.: Psychogene Erkrankungen bei Kindern und Jugendlichen. 12. Aufl. Vandenhoeck u. Ruprecht, Göttingen 1979

Dührssen, A.: Psychotherapie bei Kindern und Jugendlichen. 5. Aufl. Vandenhoeck u. Ruprecht, Göttingen 1976

Dührssen, A.: Die biographische Anamnese unter tiefenpsychologischem Aspekt. 2. Aufl. Vandenhoeck u. Ruprecht, Göttingen 1986

Düker, H.: Psychopharmakologische Untersuchungen über die Wirkung von Keimdrüsenhormonen auf die geistige Leistungsfähigkeit. Arch. exp. Pathol. Pharmokol. 202 (1943)

Düker, H.: Der Konzentrations-Leistungs-Test (KLT). Hrsg. von G.A. Lienert. 2. Aufl. Hogrefe, Göttingen 1965

Düss, L.: Fabelmethode. Heft 4 der Studien zur diagnostischen Psychologie. Instit. Psycho-Hygiene Biel, 2. Aufl. 1964, 3. Aufl. 1976

Duhm, E., Hansen, J.: Der Rosenzweig P-F Test. Form für Kinder. Hogrefe, Göttingen 1957

Durkheim, E.: Les règles de la méthode sociologique. Alcan, Pais 1893. 9. Aufl. 1938

Dymond, R.F.: Personality and empathy. J. consult. psychol. 14: 343 (1950)

Effler, M., Werner, R.R.: Erfahrungen mit dem IST-70 von Amthauer an Oberstufenschülern. Diagnostica 23: 37 (1977)

Eggert, D.: Lincoln-Oserretzky-Skala 18 (LOS KF 18). Beltz, Weinheim 1971

Eggert, D.: HAWIVA. Hannover-Wechsler-Intelligenztest für das Vorschulalter. Huber, Bern 1978

Ehrenstein, W.: Beiträge zur ganzheitspsychologischen Wahrnehmungslehre. Leipzig 1942

Ekman, G.: Konstruktion und Standardisierung von Tests. Hogrefe, Göttingen 1955

Emmet, W.G.: Bildertest 2-3. Beltz, Weinheim 1966

Engels, H.: Eine spezifische Untersuchungsmethode mit den Scenotest zur Erforschung der normalen kindlichen Persönlichkeit. Arch. Psychol. Arb. Bildg. 2. Band. Aschaffendorfsche Verlagsbuchhandlung, Münster 1957

Esser, G.: Über den Zusammenhang von Verhaltens- und Leistungsstörungen im Vorschulalter (und Grundschulalter). Phil. Diss. Mannheim 1980

Eysenck, H.J.: The questionnaire measurement of neuroticism and extraversion. Riv. psicol. 50: 113 (1956)

Eysenck, H.J.: The Scientific Study of Personality. London 1958

Eysenck, H.J.: Maudsley Personality Inventory (MPI). Hogrefe, Göttingen 1959

Eysenck, H.J.: Handbook of Abnormal Psychology. Pitman, London 1960

Eysenck, H.J.: Maudsley-Persönlichkeitsfragebogen. Maudsley Medical Questionnaire (MMQ). 2. Aufl. Hogrefe, Göttingen 1964

Fahrenberg, J.: Objektive Tests zur Messung der Persönlichkeit. In: Heiss, R. (Hrsg.): Handbuch der Psychologie, Bd. 6 Psychologische Diagnostik. Hogrefe, Göttingen 1964

Fahrenberg, J., Conrad, W.: Eine explorative Faktorenanalyse graphometrischer und psychometrischer Daten. Z. angew. Psychol. 12: 223 (1965)

Fahrenberg, J., Hampel, R., Selg, H.: Das Freiburger Persönlichkeitsinventar, FPI, revidierte Fassung FPI-R und teilweise geänderte Fassung FPI-A1. 4. Aufl. Hogrefe, Göttingen 1984

Faupel, J.: Experimentelle Untersuchungen zu den psychoanalytischen Abwehrmechanismen. Dipl. Arbeit, Psychol. Instit. Univ. Freiburg/Br. 1970

Filipp, S.-H., Doenges, D.: Entwicklungstests. In: Groffmann, K.-J., Michel, L. (Hrsg.): Enzyklopädie der Psychologie, Themenbereich B Methodologie und Methoden, Serie II Psychologische Diagnostik, Band 2 Intelligenz- und Leistungsdiagnostik. 202-306. Hogrefe, Göttingen 1983

Fine, R.: Use of the Despert Fables (Revised Form) in diagnostic work with children. Rorsch. res. exch. proj. techn. 12: 106 (1948)

Fippinger, F.: Allgemeiner Schulleistungstest für 4. Klassen. Hrsg. von K. Ingenkamp. Beltz, Weinheim 1967

Fippinger, F.: Allgemeiner Schulleistungstest für 3. Klassen. Hrsg. von K. Ingenkamp. Beltz, Weinheim 1971

Fisch, K.: Versuch einer quantitativen Analyse der Handschriftstruktur. Psychol. Rdsch. 24: 44 (1973

Fischer, G.H.: Psychologische Testtheorie. Huber, Bern/Stuttgart/Wien 1968

Fischer, G.H.: Probabilistic test models and their applications: A review. German J. Psychol. 2, 298 (1978)

Fischer, P.A., Schmidt, G., Wanke, K., Petersen, U.: Neuropsychiatrische und testpsychologische Untersuchungen nach Meningeomoperationen. Fortschr. Neurol. Psychiat 36: 1 (1968)

Fisseni, H.J.: Persönlichkeitsbeurteilung. Zur Theorie und Praxis des psychologischen Gutachtens. Hogrefe, Göttingen 1982

Flehmig, I.: Normale Entwicklung des Säuglings und ihre Abweichungen. Früherkennung und Frühbehandlung. 3. Aufl. Thieme, Stuttgart 1987

Flügel, K.A., Stoerger, R.: Modifikation pharmakogen hervorgerufener exogen psychotischer Zustandsbilder durch methansulfonsaures Dihydroergotamin. Arneimittelforschung. 16: 235 (1966)

Fogel, M.L.: The intelligence quotient as an index of brain damage. Amer. J. orthopsychiat. 34: 555 (1964)

Folstein, M.F., Folstein, S.E., McHugh, P.R.: Mini mental state. A practical method for grading the cognitive state of patients for the clinician. J. Psychiat. Res. 12: 189 (1975)

Frank, L.K.: Projective Methods. Charles C. Thomas Publ, Springfield, III. 1948

Frank, L.K.: Toward a projective psychology. J. proj. techn. 24: 246 (1960)

Frankenburg, W.K., Dodds, J.B.: The Denver Developmental Screening Test. J. Paediat. 71: 181 (1967)

Frankenburg, W.K., Dodds, J.B.: The Denver Developmental Screening Test. Manual. Univ. Colorado Press, Denver 1968

Freud, A.: Das Ich und die Abwehrmechanismen. Kindler, München 1964

Freud, A.: Einführung in die Technik der Kinderanalyse. Reinhardt, München/Basel 1966

Freud, S.: Bruchstück einer Hysterie-Analyse. G.W.V. Fischer, Frankfurt a.M. 1905

Freud, S.: Psychoanalytische Bemerkungen über einen autobiograhisch beschriebenen Fall von Paranoia. G.W. VIII. Fischer, Frankfurt a.M. 1911

Freud, S.: Zur Dynamik der Übertragung. G.W. VIII. Fischer, Frankfurt a.M. 1912

Freud, S.: Totem und Tabu. G.W. IX. Fischer, Frankfurt a.M. 1913

Freud, S.: Zur Einführung des Narzißmus. G.W. X. Fischer, Frankfurt a.M. 1914

Freud, S.: Das Unbewußte. G.W. X. Fischer, Frankfurt a.M. 1915

Freud, S.: Das Ich und das Es. G.W. XIII. Fischer, Frankfurt a.M. 1923

Freud, S.: Hemmung, Symptom und Angst. G.W. XIV. Fischer, Frankfurt a.M. 1926

Freytag, G.: Experimentalpsychologie und mathematische Typenanalyse bei Depressionszuständen. Z. Psychol. 166: 241 (1962)

Friedemann, A.: Gruppen-Szondi. Einführung in die Anwendung des Szondi-Tests als Gruppentest. Huber, Bern/Stuttgart 1961

Friedemann, A., Düss, L.: Die Fabelmethode in der Kinderanalyse. Psyche 4: 202 (1950)

Friedrich, G.: Empirische Befunde zur Ontogenese begrifflichen Wissens bei Vorschulkindern - eine Längsschnittstudie. Fakultät für Kultur-, Sprach- und Erziehungswissenschaften Universität Leipzig 1989

Frieling, E.: Psychologische Probleme der Arbeitsanalyse. - Dargestellt an Untersuchungen zum Position Analysis Questionnaire (PAQ). Diss. Techn. Univ. München 1974

Frostig, M., Lefevre, D.W., Whittlesey, J.R.B.: Marianne Frostig Developmental Test of Visual Perception (DTVP). 3. Aufl. Consult Psychol. Res., Palo Alto 1966

Fürntratt, E.: Faktorenanalyse inhaltlicher Motive in van Lennep-Bild-Geschichten Jugendlicher. Psychol. Rdsch. 20: 79 (1969)

Galton, F.: Psychometric experiments. Brain 2: 149 (1879)

Gehring, A., Blaser, A.: MMPI. Deutsche Kurzform für Handauswertung. Huber, Bern 1982

Gehring, T.M., Funk, U., Schneider, M.: Der Familiensystem-Test (FAST): Eine dreidimensionale Methode zur Analyse sozialer Beziehungsstrukturen. Prax. Kinderpsychol. Kinderpsychiat. 38: 152 (1989)

Gehring, T.M.: The Family System Test (FAST). In: Perlmutter, B.F., Strauss, M.A., Touliatos, J. (Hrsg.): Handbook of Family Measurement Techniques 113-114. Sage Publ., Newbury Parc 1990a

Gehring, T.M., Marti, D.: Der Familiensystemtest: Typen familiärer Beziehungsstrukturen. Bull. Schweiz. Psychol. 11: 13 (1990b)

Göllnitz, G., Rösler, H.-D. (Hrsg.): Psychologische Untersuchungen zur Enwicklung hirngeschädigter Kinder. 2. Aufl. VEB Deutscher Verlag der Wissenschaften, Berlin-Ost 1977

Gösslbauer, J.P., Keller, J.A.: Testkritische Überprüfung des Differentiellen Interessentests (DIT). Diagnostica 23: 199 (1977)

Goldscheider, A.: Zur Psychologie und Pathologie der Handschrift. Arch. Psychiat. 24 (1891)

Goodenough, F.L.: Measurement of Intelligence by Drawings. World Book Company, New York 1926

Gough, H.G.: Some common misconceptions about neuroticism. J. consult. psychol. 18: 287 (1954)

Graumann, C.F.: "Social perception". Die Motivation der Wahrnehmung in neueren amerikanischen Untersuchungen (Sammelreferat). Z. exp. angew. Psychol. 3: 605 (1956)

Graw, P.: Bearbeitung der Cattellschen Anxiety-Tests (CAAT) unter besonderer Berücksichtigung der faktoriellen und empirischen Validität. Diss. Univ. Freiburg/Br. 1970

Griessemann, H.: Legasthenie als Deutungsschwäche. Huber, Bern/Stuttgart/Wien 1968a

Grissemann, H.: Arbeitsmappe für Legastheniker. Huber, Bern/Stuttgart/Wien 1968b

Groffmann, K.-J.: Die Entwicklung der Intelligenzmessung. In: Heiss, R. (Hrsg.): Handbuch der Psychologie, Bd. 6 Psychologische Diagnostik. Hogrefe, Göttingen 1964

Groffmann, K.-J., Michel, L. (Hrsg.): Psychologische Diagnostik. Enzyklopädie der Psychologie. Themenbereich B Methodologie und Methoden, Serie II Psychologische Diagnostik. Band 1 Grundlagen psychologischer Diagnostik, Band 2 Intelligenz- und Leistungsdiagnostik, Band 3 Persönlichkeitsdiagnostik, Band 4 Verhaltensdiagnostik. Hogrefe, Göttingen 1982, 1983

Grosz, H.J., Levitt, E.E.: The effects of hypnotically induced anxiety on the manifest anxiety scale and the Barron ego-strenght scale. J. abnorm. soc. psychol. 59: 281 (1959)

Gruhle, H.W.: Gutachtentechnik. Springer, Berlin/Göttingen/Heidelberg 1955

Gubser, F., Spörli, S.: Entwurf eines Manuals der Schweizerischen Verkehrspsychologischen Normaluntersuchung. Manuskript, Zürich 1969

Guilford, J.P.: Psychometric Methods. 2. Aufl. McGraw Hill, New York 1954

Guilford, J.P.: Persönlichkeit. Beltz, Weinheim 1964

Guilford, J.P.: The Nature of Human Intelligence. McGraw Hill, New York 1967

Gulliksen, H.: Theory of Mental Tests. New York 1950

Gutewa, J.: Der Wert psychologischer Tests für die Untersuchung der Wirkung von Medikamenten auf psychische Funktionen. Psychiat. Neurol. 134: 224 (1957)

Gutezeit, G.: Vergleichende Untersuchungen zur Bestimmung der Aktivationshöhe bei lese-rechtschreibschwachen Schülern. In: Duhm, E. (Hrsg.): Praxis der klinischen Psychologie I. 1969

Gutezeit, G.: Projektions-tachistoskopisches Übungsprogramm für lese- und rechtschreibschwache Schüler (P-T-Ue 3). Hogrefe, Göttingen 1977

Gutezeit, G.: Ergebnisse mit der Revision des Hamburg-Wechsler-Intelligenztests für Kinder von 1983 (HAWIK-R) bei Schulern mit schweren Lesestörungen. Z. Kinder-Jugendpsychiat. 17: 70 (1989)

Guttman, L.: Reliability formulas for noncompleted or speed-tests. Psychometrika 20: 113 (1955)

Gwerder, F.: Das Syndrom der leichten frühkindlichen Hirnschädigung. Huber, Bern/ Stuttgart/Wien 1976

Haas, R., Loewer, H.D:: Das motivationspsychologische Signierungssystem nach Graf Hoyos in seiner Anwendung beim Vierbildtest nach van Lennep: Objektivität, klinische und faktorielle Validität. Diagnostica 17: 132 (1971)

Häcker, H.: Zur Situation der psychometrischen Persönlichkeitsforschung: Eine kritische Bestandsaufnahme und empirische Untersuchung zu Persönlichkeitskonstrukten der subjektiven und objektiven Testmessung. Habilitationsschrift, Tübingen 1975

Häcker, H., Schwenkmezger, P., Utz, H.: Über die Verfälschbarkeit von Persönlichkeitsfragebogen und Objektiven Persönlichkeitstests unter SD-Instruktion und in einer Auslesesituation. Diagnostica 25: 7 (1979)

Häkkinen, S.: Traffic accidents and driver characteristics. Helsinki 1958

Halder-Sinn, P.: Psychodiagnostische Wahlverfahren. In: Groffmann, K.-J., Michel, L. (Hrsg.): Enzyklopädie der Psychologie, Themenbereich B Methodologie und Methoden, Serie II Psychologische Diagnostik, Band 3 Persönlichkeitsdiagnostik, 529-563. Hogrefe, Göttingen 1982

Hamilton, M.: A Rating Scale for Depression. J. Neurol. Neurosurg. Psychiat. 23: 56 (1960)

Hammer, E.F. (Hrsg.): The Clinical Applicatiaon of Projective Drawings. Ch.C. Thomas, Springfield, Ill. 1958

Hampton, P.J.: A psychometric study of drinkers. J. consult psychol. 15: 501 (1951)

Hamster, W., Langner, W., Mayer, K.: TÜLUC - Neurologische Testbatterie (Tübinger Luria-Christensen Neuropsychologische Untersuchungsreihe). Beltz, Weinheim 1980

Hardesty, F.P., Priester, H.J.: Hamburg-Wechsler-Intelligenztest für Kinder (HAWIK). 3. Aufl. Huber, Bern/Stuttgart/Wien 1966

Hartley, E.L., Hartley, R.E.: Die Grundlagen der Sozialpsychologie. Rembrandt, Berlin 1955

Hartmann, H.: Psychologische Diagnostik. Kohlhammer, Stuttgart 1973

Hartung, M.L., Bente, D., Schneewind, K.A.: Vergleichende Untersuchungen über die Wirkung antidepressiver und neuroleptischer Pharmaka auf die Konzentrationsleistung. 3. Symp. Deutsch. Arb. gemeinsch. Neuropsychopharmakologie, Nürnberg 1963. Kongreßbericht 1964

Hasemann, K.: Verhaltensbeobachtung. In: Heiss, R. (Hrsg.): Handbuch der Psychologie, Bd. 6 Psychologische Diagnostik. Hogrefe, Göttingen 1964

Hathaway, S.R., McKinley, J.C.: A multiphasic personality schedule (Minnesota). I. Construction of the schedule. J. psychol. 10: 249 (1940)

Hathaway, S.R., McKinley, J.C.: An Atlas for the Clinical Use of the MMPI. Univ. Minnesota Press, Minneapolis 1951

Haug, F.K.: Verwendbarkeit des Hamburg-Wechsler-Intelligenztests für Erwachsene (HAWIE) zur Erfassung von Verhaltensstörungen bedingt durch krankhafte biologische Vorgänge. Ber. 24. Kongr. Dtsch. Ges. Psychol. 372, 1964

Healy, W., Bronner, A., Bowers, A.M.: The Structure and Meaning of Psychoanalysis. Knopf, New York 1930

Heckel, R.V., Holmes, G.R., Rosecrans, C.J.: A factor analytic study of process variables in group therapy. J. clin. psychol. 27: 146 (1971)

Heckhausen, H.: Die Problematik des Projektionsbegriffs und die Grundlagen und Grundannahmen des Thematischen Auffassungstests. Psychol. Beitr. 5: 53 (1960)

Heigl, F.: Indikation und Prognose in Psychoanalyse und Psychotherapie. Vandenhoeck u. Ruprecht, Göttingen 1972

Heimann, P.: On counter-transference. Int. J. Psycho-Anal. 31: 81 (1950)

Heinelt, G.: Bildwahlverfahren. In: Heiss, R. (Hrsg.): Handbuch der Psychologie, Bd. 6 Psychologische Diagnostik. Hogrefe, Göttingen 1964

Heiss, R.: Die diagnostischen Verfahren in der Psychologie. I. Teil. Psychol. Rdsch. 1: 266 (1950)

Heiss, R.: Möglichkeiten und Grenzen einer Diagnostik der Persönlichkeit durch projektive Methoden. Vorträge der 4. Lindauer Psychotherapiewoche 1953. Thieme, Stuttgart 1953

Heiss, R.: Möglichkeiten und Grenzen der diagnostischen Verfahren und deren Beitrag zur Theorie der Persönlichkeit. In: Wellek, A. (Hrsg.): Bericht 19. Kongr. Dtsch. Ges. Psychologie. Hogrefe, Göttingen 1954

Heiss, R. (Hrsg.): Handbuch der Psychologie, Bd. 6 Psychologische Diagnostik. Hogrefe, Göttingen 1964

Heiss, R.: Technik, Methodik und Problematik des Gutachtens. In: Heiss, R. (Hrsg.): Handbuch der Psychologie, Bd. 6 Psychologische Diagnostik. Hogrefe, Göttingen 1964

Heiss, R., Halder, P.: Der Farbpyramidentest. 2. Aufl. Huber, Bern/Stuttgart/Wien 1975

Hellbrügge, Th., Lajosi, F., Menara, D., Schamberger, R., Rautenstrauch, Th.: Münchener Funktionelle Entwicklungsdiagnostik. Fortschritte der Sozialpädiatrie Bd. 4. Urban u. Schwarzenberg, München/Wien/Baltimore 1978

Herrmann, Th.: Sammelreferat zur Geschichte der Berufseignungsdiagnostik. Arch. ges. Psychol. 118: 253 (1966)

Hetzer, H., Tent, L.: Weilburger Testaufgaben für Schulanfänger. Hrsg. von K. Ingenkamp. Beltz, Weinheim 1971

Hewson, L.R.: The Wechsler-Bellevue Scale and the Substitution Test as aids in neuro--psychiatric diagnosis. J. nerv. ment. dis. 109: 158, 246 (1949)

Hiltmann, H.: Kompendium der psychodiagnostischen Tests. 3. Aufl. Huber, Bern/Stuttgart/Wien 1977

Hobi, V.: Alkohol und Fahrverhalten. Schweiz. Apoth.-Ztg. 116: 615 (1978)

Höhn, E.: Enwicklungsspezifische Verhaltensweisen im Scenotest. Z. Psychother. med. Psychol. 1: 77 (1951)

Höhn, E.: Spielerische Gestaltungsverfahren. In: Heiss, R. (Hrsg.): Handbuch der Psychologie, Bd. 6 Psychologische Diagnostik. Hogrefe, Göttingen 1964

Hörmann, H.: Zur Validierung von Persönlichkeitstests, insbesondere von projektiven Verfahren. Psychol. Rdsch. 12: 44 (1961)

Hörmann, H.: Theoretische Grundlagen der projektiven Tests. In: Heiss, R. (Hrsg.): Handbuch der Psychologie, Bd. 6 Psychologische Diagnostik. Hogrefe, Göttingen 1964

Hörmann, H., Moog, W.: Der Rosenzweig P-F Test. Form für Erwachsene. Hogrefe, Göttingen 1957

Hoffmann, E.P.: Projektion und Ich-Entwicklung. Int. Z. Psychoanal. 21: 342 (1935)

Hofstätter, P.R.: Psychologie und Mathematik. Stud. gen. 6: 652 (1953a)

Hofstätter, P.R.: Einführung in die quantitativen Methoden der Psychologie. München 1953b

Hofstätter, P.R.: Fischer Lexikon Psychologie. Fischer, Frankfurt a.M. 1957a

Hofstätter, P.R.: Gruppendynamik. Rowohlt, Reinbek b. Hamburg 1957b

Hofstätter, P.R.: Einführung in die Sozialpsychologie. Kröner, Stuttgart 1963

Holzer, D.: Zur psychologischen Diagnostik der Arbeitsmoral und des Arbeitsversagens bei sozial auffällig gewordenen Jugendlichen. Prax. Kinderpsychol. Kinderpsychiat. 17: 222 (1968)

Horn, W.: Leistungsprüfsystem (LPS). Hogrefe, Göttingen 1962

Horn, W.: Begabungstestsystem (BTS). 2. Aufl. Hogrefe, Göttingen 1972

Horney, K.: New Ways in Psychoanalysis. Norton, New York 1939

Horst, P.: Messung und Vorhersage. Beltz, Weinheim 1971

Houben, A.M.J.: Farbwahl- und Farbgestaltungsverfahren. In: Heiss, R. (Hrsg.): Handbuch der Psychologie, Bd. 6 Psychologische Diagnostik. Hogrefe, Göttingen 1964

Huber, H.P.: Psychometrische Einzelfalldiagnostik. Beltz, Weinheim 1973

Hunt, W.L.: The relative rates of decline of Wechsler Bellevue "hold" and "don't hold" tests. J. consult. psychol. 13: 440 (1949)

Ingenkamp, K., Mielke, H.: Geschichtstest "Neuzeit" (GTN 8-10). Teil I: 1890-1932. Beltz, Weinheim 1966

Ingenkamp, K., Mielke, H.: Geschichtstest "Neuzeit" (GTN 8-10). Teil II: 1933-1965. Beltz, Weinheim 1967

Irle, M.: Berufs-Interessen-Test (BIT). Hogrefe, Göttingen 1955

Irle, M.: Die Klassifikation von Tests. Diagnostica 4: 61 (1956)

Jacobson, E.: The Self and the Object World. Int. Univ. Press, New York 1964

Jäger, A.O.: Dimensionen der Intelligenz. Hogrefe, Göttingen 1967

Jäger, R., Berbig, E., Geisel, B., Goßlar, H., Hagen, W., Liebich, W., Schafheutle, R.: Mannheimer Biographisches Inventar. Hogrefe, Göttingen 1973

Jäger, R.S.: Diagnostische Urteilsbildung. In: Groffmann, K.-J., Michel, L. (Hrsg.): Enzyklopädie der Psychologie, Themenbereich B Methodologie und Methoden, Serie II Psychologische Diagnostik, Band 1 Grundlagen psychologischer Diagnostik. 295-375. Hogrefe, Göttingen 1982

Jäger, R.S.: Der diagnostische Prozeß. Eine Diskussion psychologischer und methodischer Randbedingungen. 2. Aufl. Hogrefe, Göttingen 1986

Jaide, W.: Alters- und geschlechtsspezifisches Verhalten im Scenotest. Prax. Kinderpsychol. Kinderpsychiat. 11/12 (1953)

James, W.S.: Symposium on the effects of coaching and practice in intelligence tests: II. Coaching for all recommended. Brit. J. educ. psychol. 23: 155 (1953)

Jappe, G., John, G., Vogel, H.: Die Testuntersuchung als spezifisches Übertragungsfeld. Psyche 19: 40 (1965)

Jelgersma, G.: Projection. Int. J. Psycho-Anal. 7: 353 (1926)

Jenkins, R.L.: The runaway reaction. Amer. J. psychiat. 128: 168 (1971)

Jochmus, I., Mai, A.: Die psychische Entwicklung diabetischer Kinder und Jugendlicher. Beih. Arch. Kinderheilkd. 66: 19 (1971)

Jung, C.G.: Psychologie und Alchemie. Rascher, Zürich 1944

Jung, C.G.: Psychologische Typen. 8. Aufl. Rascher, Zürich 1950

Jung, C.G., Riklin, F.: Experimentelle Untersuchung über Assoziationen Gesunder. In: Jung, C.G. (Hrsg.): Diagnostische Assoziationsstudien. Journal f. Psychiatrie u. Neurologie 3, 193-215, 1904

Kamratowski, I., Kamratowski, J.: Wortschatztest für Schulanfänger. Hrsg. von K. Ingenkamp. Beltz, Weinheim

Karl, H., Hiltmann, H.: Diskussionsbemerkung zum Aufsatz Rainio, K. und Matikainen, R.: "Eine Faktorenanalyse zum Frabpyramidentest". Z. diagnost. Psychol. 2: 306 (1954)

Katz, H.: Untersuchungen an insolinbehandelten Schizophrenen mit dem Rorschachschen Formdeuteversuch. Monatsschr. Psychiat. Neurol. 104: 15 (1941)

Kaufmann, M.R.: Projection, heterosexual, and homosexual. Psychoanal. Quart. 3: 134 (1934)

Kautter, H., Storz, L.: Schulleistungstestbatterie für Lernbehinderte und für schulleistungsschwache Grundschüler (SBL I). Hrsg. von K. Ingenkamp. Beltz, Weinheim 1972a

Kautter, H., Storz, L.: Schulleistungstestbatterie für Lernbehinderte und für schulleistungsschwache Grundschüler (SBL II). Hrsg. von K. Ingenkamp. Beltz, Weinheim 1972b

Keir, G.: The Progressive Matrices as applied to school children. Brit. J. psychol., statist. sect., 2: 140 (1949)

Kelly, E.L., Fiske, D.W.: The Prediction of Performance in Clinical Psychology. Ann Arbor, Mich. 1951

Kenny, T.J., Clemmens, R.L.: Medical and psychological correlates in children with learning disabilities. J. pediatr. 78: 273 (1971)

Kent, G.H., Rosanoff, A.J.: A study of association in insanity. Amer. J. insanity 67: 37 (1910)

Kern, A.: Grundleistungstest zur Ermittlung der Schulreife. 7. Aufl. Ehrenwirth, München 1971

Kernberg, O.F.: Borderline-Störungen und pathologischer Narzißmus. Suhrkamp, Frankfurt a.M. 1979

Kerschbaum, P.: Psychologische Tests bei Psychosen und Hirnschädigung. In: Schraml, J.W. (Hrsg.): Klinische Psychologie. Huber, Bern/Stuttgart/Wien 1970

Kessler, B.H.: Biographische Diagnostik. In: Groffmann, K.-J., Michel, L. (Hrsg.): Enzyklopädie der Psychologie, Themenbereich B Methodologie und Methoden, Serie II Psychologische Diagnostik, Band 3 Persönlichkeitsdiagnostik. 1-56. Hogrefe, Göttingen 1982

Kiehlholz, P., Goldberg, L., Hobi, V., Reggiani, G.: Teilsimulation zur Prüfung der Beeinträchtigung der Fahrtüchtigkeit unter Alkohol. Schweiz. med. Wschr. 101: 1725 (1971)

Kielholz, P., Goldberg, L., Hobi, V., Ladewig, D., Reggiani, G., Richter, R.: Haschisch und Fahrverhalten. Eine experimentelle Untersuchung. Dtsch. med. Wschr. 97: 789 (1972a)

Kielholz, P., Goldberg, L., Hobi, V., Ladewig, D., Miest, P., Reggiani, G., Richter, R.: Neuere Geräte zur Psychodiagnostik der Fahrtüchtigkeit. Z. Verkehrssicherheit 18: 154 (1972b)

Kind, H.: Das psychiatrische Erstinterview. Nervenarzt 49: 255 (1978)

Kinzel, W.: Das irreversible psychische Defektsyndrom nach Hirntrauma. Eine Übersicht über die literarische Produktion zu einem vielschichtigen Problem. Fortschr. Neurol. Psychiat. 40: 169 (1972)

Kiphard, E.J.: Probleme der sensomotorischen Entwicklungsdiagnostik im Kleinkind- und Vorschulalter. In: Müller, H.-J., Decker, R., Schilling, F. (Hrsg.): Motorik im Vorschulalter. Schriftenreihe des Bundesinstituts für Sportwissenschaft. Band 1. 103-116. Verlag Karl Hofmann, Schorndorf 1975

Kirchhoff, H.: Verbale Lese- und Rechtschreibschwäche im Kindesalter. Psychol. Prax. 14 (1964)

Klages, L.: Handschrift und Charakter. 24. Aufl. Bouvier, Bonn 1956

Klatskin, E.H., McNamara, N.E., Shaffer, D., Pincus, J.H.: Minimal organicity in children of normal intelligence: correspondence between psychological test results and neurologic findings. J. learn. disabilit. 5: 213 (1972)

Klauer, K.J.: Kontenvalidität. Diagnostica 30: 1 (1984)

Kleiner, A.: Göppinger Schuleignungstest. Arbeitsgemeinschaft für Schultests, Göppingen 1972

Kleiner, A., Paff, G., Kleiner, I.: Göppinger Oberschulreifetest. Arbeitsgemeinschaft für Schultests, Göppingen 1973/74

Kleinpeter, U.: Störungen der psycho-somatischen Entwicklung nach Schädelhirntraumen im Kindesalter. VEB G. Fischer, Jena 1971

Klix, F. (Hrsg.): Psychologische Beiträge zur Analyse kognitiver Prozesse. Kindler, München 1976

Klopfer, B.: Developments in the Rorschach Technique. Vol. I. World Book Company, New York 1954

Klopfer, B.: Developments in the Rorschach Technique. Vol. II. World Book Company, New York 1956

Klopfer, B., Davidson, H.H.: Das Rorschach-Verfahren. 3. Aufl. Huber, Bern/Stuttgart/Wien 1974

Knabe, G.: Multidimensionale experimentelle Analysen des Legasthenie-Syndroms. Z. exp. angew. Psychol. 4: 570 (1969)

Knehr, E.: Konflikt-Gestaltung im Scenotest. 2. Aufl. Reinhardt Verlag, München/Basel 1974

Knight, R.P.: Introjection, projection, and identification. Psychoanal. Quart. 9: 334 (1940)

Koch, K.: Der Baum-Test. 6. Aufl. Huber, Bern/Stuttgart/Wien 1972

Köhler, W.: Gestalt Psychology. 2. Aufl. Liveright Publ., New York 1947

König, R.: Handbuch der empirischen Sozialforschung. Enke, Stuttgart 1962

Koffka, K.: Principles of Gestalt-Psychology. 5. Aufl. Harcourt Brace Janovich, New York/London 1962

Kohlmann, Th.: Psychologische Untersuchungen mit Rorschach- und Kraepelin-Versuch an vegetativen Neurosen. Z. diagn. Psychol. Persönl. forschg. 2: 101 (1954)

Kohut, H.: Narzißmus. Suhrkamp, Frankfurt a.M. 1973

Koop, J., Röttger, K.: Der HAWIK-R im Vergleich zu anderen Intelligenztests. Diagnostica 35: 201 (1989)

Koppitz, E.M.: The Bender Gestalt Test for children: A normative study. J. clin. psychol. 16: 432 (1960)

Koppitz, E.M.: Der Bender-Gestalt-Test für Schulkinder. Hippokrates, Stuttgart 1980

Kornadt, H.-J.: Thematische Apperzeptionsverfahren. In: Heiss, R. (Hrsg.): Handbuch der Psychologie, Bd. 6 Psychologische Diagnostik. Hogrefe, Göttingen 1964

Kos, M., Biermann, G.: Die Verzauberte Familie. Reinhardt, München/Basel 1973

Kraepelin, E.: Experimentelle Studien über Associationen. Amtl. Ber. 56. Vers. Dtsch. Naturfor. u. Ärzte. Freiburg/Br. 1884

Kraepelin, E.: Psychiatrie. Ein Lehrbuch für Studierende und Ärzte. 8. Aufl. Barth, Leipzig 1909

Krafft-Ebing, R. v.: Lehrbuch der Psychiatrie auf klinischer Grundlage. 2. Aufl. Enke, Stuttgart 1883

Kramer, H.H., Awiszus, D., Sterzel, U., von Halteren, A., Classen, R.: Depelopment of personality and intelligence in children with cogenital heart disease. J. Child Psychol. Psychiat. All Discipl. 30: 299 (1989)

Kramer, J.: Der Kramer-Test. 4. Aufl. Antonius, Solothurn 1972

Krampen, G.: IPC-Fragebogen zu Kontrollüberzeugungen. Deutsche Bearbeitung der IPC-Scales von Hanna Levenson. Hogrefe, Göttingen 1981

Kratzmeier, H.: Raven-Matritzen-Test. Standard Progressive Matrices (SPM). Beltz, Weinheim 1978

Kraus, J., Selecki, B.R.: Assessment of laterality in diffuse cerebral atrophy using the WAIS. J. clin. psychol. 23: 91 (1967)

Kretschmer, E.: Körperbau und Charakter. 23./24. Aufl. Springer, Berlin/Göttingen/Heidelberg 1961

Kuder, G.F, Richardson, M.W.: The theory of the estimation of test reliability. Psychometrika 1: 151 (1937)

Kuhn, R.: Der Rorschachsche Formdeuteversuch in der Psychiatrie. Karger, Basel 1940

Lamberti, G., Remschmidt, H., Weidlich, S.: Zur Normierung des Diagnosticums für Cerebralschädigung (DCS) für das Kindes- und Jugendalter. Z. Kinder-Jugendpsychiat. 6: 348 (1978)

Landolf, P.: Diskussionsbeitrag zur "Krise der Diagnostik". Schweiz. Z. Psychol. 35: 52 (1976)

Lang, A. (Hrsg.): Rorschach Bibliographie 1921-1964. Huber, Bern/Stuttgart/Wien 1966

Lang, A.: Diagnostik und Autonomie der Person. Schweiz. Z. Psychol. 34: 221 (1975a)

Lang, A.: Diskussionsbemerkung zur "Krise der Diagnostik". Schweiz. Z. Psychol. 34: 247 (1975b)

Langeveld, M.J.: The Columbus. Picture Analysis of Growth Towards Maturity. 2. Aufl. Karger, Basel/München/Paris/London/New York/Sidney 1976

Laux, L., Glanzmann, P., Schaffner, P., Spielberger, C.D.: Das State-Trait-Angstinventar. Beltz, Weinheim 1981

Lazarsfeld, P.F.: Logical and mathematical foundations of latent structure analysis. In: Stouffer, S.A. (Hrsg.): Studies in Social Psychology in World War II. Vol. IV. Princeton 1950

Lazarsfeld, P.F.: Latent Structure Analysis. In: Koch, S. (Hrsg.): Psychology. A Study of a Science. Vol. III. McGraw Hill, New York 1959

Lazarus-Mainka, G.: Einige Daten zur Validierung der Skalen zur Messung der Manifesten Angst (MAS) und zur Messung der sozialen Wünschbarkeit (SDS-CM) für deutsche Verhältnisse bearbeitet nach Lück und Timaeus. Diagnostica 23: 151 (1977)

Leichner, R.: Die Verarbeitung sozialer Information. In: Leichner, R., Jüttner, C. (Hrsg.): Gedächtnis und die Verarbeitung sozialer Information. 62-127. Hain, Meisenheim 1978

Lempp, R.: Frühkindliche Hirnschädigung und Neurose. 2. Aufl. Huber, Bern/Stuttgart/Wien 1970

Lempp, R.: Eine Pathologie der psychischen Entwicklung. Huber, Bern/Stuttgart/Wien 1975

Lennep, D.J. van: The Four-Picture Test. In: Anderson, H., Anderson, G.L. (Hrsg.): An Introduction to Projective Techniques. Prentic-Hall, New York 1951

Lennep, D.J. van: Projektion und Persönlichkeit. In: Bracken, H. v., David, H.P. (Hrsg.): Perspektiven der Persönlichkeitstheorie. Huber, Bern/Stuttgart 1959

Levine, B., Iscoe, J.: The Progressive Matrices (1938), the Chicago Non-Verbal and the Wechsler Bellevue on an adolescent deaf population. J. clin. psychol. 11: 307 (1955)

Liebel, H.: Untersuchungen zur differentiellen Validität der Holtzman Inkblot Technique (HIT). Huber, Bern/Stuttgart/Wien 1973

Lienert, G.A.: Form-Lege-Test (FLT). 2. Aufl. Hogrefe, Göttingen 1964a

Lienert, G.A.: Mechanisch-technischer Verständnistest (MTVT). 2. Aufl. Hogrefe, Göttingen 1964b

Lienert, G.A.: Drahtbietgeprobe (DBP). 2. Aufl. Hogrefe, Göttingen 1967

Lienert, G.A.: Testaufbau und Testanalyse. 3. Aufl. Beltz, Weinheim 1969

Lobrot, M.: Forschungen zur Legasthenie in Frankreich. In: Ingenkamp, K. (Hrsg.): Lese- und Rechtschreibschwäche bei Schulkindern. Beltz, Weinheim 1966

Lockowandt, O.: Frostigs Entwicklungstest der visuellen Wahrnehmung. Manual. 3. Aufl. Beltz, Weinheim 1979

Loevinger, J.: Objective tests as instruments of psychological theory. Psychol. rep. 3: 635 (1957)

Loewer, H.D.: Möglichkeiten und Grenzen von Skalen zur Erfassung von Hirnschädigungsfolgen. In: Duhm, E. (Hrsg.): Praxis der klinischen Psychologie, Bd. 1. Hogrefe, Göttingen 1969

Loewer, H.D., Ulrich, K.: Eine Alternativ-Wahlform des Benton-Tests zur besseren Erfassung von Aggravation und Simulation. Prax. klin. Psychol. Bd. 2. Hogrefe, Göttingen 1971

Loosli-Usteri, M.: Praktisches Handbuch des Rorschach-Tests. Huber, Bern/Stuttgart 1961

Lord, F.M.: Estimating test reliability. Educ. psychol. measmt. 15: 325 (1955)

Lowenfeld, M.: Der Mosaik-Test von Lowenfeld (Lowenfeld-Test). In: Stern, E. (Hrsg.): Die Tests in der klinischen Psychologie. 2. Halbband. Rascher, Zürich 1955

Luce, R.D., Tukey, J.W.: Simultaneous conjoint measurement. A new type of fundamental measurement. J. math. psychol. 1 (1964)

Lück, H.E., Timaeus, E.: Skalen zur Messung Manifester Angst (MAS) und sozialer Wünschbarkeit (SDS-E und SDS-CM). Diagnostica 15: 134 (1969)

Lückert, H.-R.: Stanford-Binet Intelligenz-Test (SIT). Hogrefe, Göttingen 1965

Lüer, G., Cohen, R., Nauck, W.: Eine Kurzform der Vineland Social Maturity Scale für minderbegabte Kinder. Prax. Kinderpsychol. Kinderpsychiat. 15: 101 (1966)

Lüscher, M.: Der Lüscher-Test. Rowohlt, Reinbek b. Hamburg 1971

Macfarlane, J.W.: Critique of projective techniques. Psychol. bull. 38: 746 (1941)

Machover, K.: Personality Projection in the Drawing of the Human Figure. Ch. C. Thomas, Springfield, III. 1948

Malinowski, B.: Geschlecht und Verdrängung in primitiven Gesellschaften. Rowohlt, Reinbek b. Hamburg 1962

Martin, I.: Somatic Reactivity. In: Eysenck, H.J. (Hrsg.): Handbook of Abnormal Psychology. London 1960

Martinius, J.W., Hoovey, Z.B.: Bilateral syncrony of occipital alphawaves, oculomotor activity and "attention" in children. Neuroencephal. clin. neurophysiol. 32: 349 (1972)

Matarazzo, J.D.: Die Messung und Bewertung der Intelligenz Erwachsener nach Wechsler. Huber, Bern 1982

Mattenklott, A.: Diagnostische Urteilsbildung, In: Jäger, R.S., Petermann, F. (Hrsg.): Psychologische Diagnostik. 2. Aufl. 455-468. Psychologie Verlags Union, Weinheim 1992

McCleary, R.A.: The nature of the galvanic skin response. Psychol. bull. 47: 97 (1950)

Mead, M.: Mann und Weib. Rowohlt, Reinbek b. Hamburg 1958

Mead, M.: Geschlecht und Temperament in primitiven Gesellschaften. Rowohlt, Reinbek b. Hamburg 1959

Meili, R.: Figuren von Rybakoff. Huber, Bern/Stuttgart 1955a

Meili, R.: Würfelabwicklungen. Huber, Bern/Stuttgart 1955b

Meili, R.: Durchstreichtest ohne Modell. Huber, Bern/Stuttgart 1956

Meili, R.: Lehrbuch der psychologischen Diagnostik. 4. Aufl. Huber, Bern/Stuttgart/Wien 1961

Meili, R.: Analytischer Intelligenztest (AIT). 2. Aufl. Huber, Bern/Stuttgart/Wien 1971

Meili, R., Rohracher, H. (Hrsg.): Lehrbuch der experimentellen Psychologie. Huber, Bern/Stuttgart/Wien 1963

Meili, R., Steingrüber, H.-J.: Lehrbuch der psychologischen Diagnostik. 6. Aufl. Huber, Bern/Stuttgart/Wien 1978

Mellone, M.A., Thomson, G.H.: Bildertest 1-2. Beltz, Weinheim 1967

Mertens, W.: Psychoanalyse. 3. Aufl. Kohlhammer, Stuttgart 1990

Merton, R.K.: Sozialstruktur und Anomie. In: Sack, F., König, R. (Hrsg.): Kriminalsoziologie. Akad. Verlagsgesellschaft, Frankfurt a.M. 1968

Merz, F.: Tests zur Prüfung spezieller Fähigkeiten. In: Heiss, R. (Hrsg.): Handbuch der Psychologie, Bd. 6 Psychologische Diagnostik. Hogrefe, Göttingen 1964

Michalowicz, R., Slenzak, J.: The Wechsler Intelligence Scale in the diagnosis of central nervous diseases in children. Act. paediat. acad. scient. Hungaric. 12: 279 (1971)

Michel, L.: Allgemeine Grundlagen psychometrischer Tests. In: Heiss, R. (Hrsg.): Handbuch der Psychologie, Bd. 6 Psychologische Diagnostik. Hogrefe, Göttingen 1964
Michel, L., Conrad, W.: Theoretische Grundlagen psychometrischer Tests. In: Groffmann, K.-J., Michel, L. (Hrsg.): Enzyklopädie der Psychologie, Themenbereich B Methodologie und Methoden, Serie II Psychologische Diagnostik, Band 1 Grundlagen psychologischer Diagnostik. 1-129. Hogrefe, Göttingen 1982
Michon, J.H.: Système de Graphologie. Alcan, Paris 1875
Mombour, W.: Verfahren zur Standardisierung des psychopathologischen Befundes. I und II. Psychiat. clin. 5: 73, 137 (1972)
Moreno, J.L.: Die Grundlagen der Soziometrie. Westdeutscher Verlag, Köln/Opladen 1954
Morgan, C.D., Murray, H.A.: A method for investigating fantasies: The Thematic Apperception Test. Arch. neurol. psychiat. 34: 289 (1935)
Moser, U.: Zur Abwehrlehre. Das Verhältnis von Verdrängung und Projektion. Jahrbuch der Psychoanalyse, Bd. 3. Huber, Bern/Stuttgart/Wien 1964
Moser, U.: Modellkonstruktion im Bereich der klinischen Psychologie. In: Schraml, W.J., Baumann, U. (Hrsg.): Klinische Psychologie. II. Methoden, Ergebnisse und Probleme der Forschung. Huber, Bern/Stuttgart/Wien 1974
Moser, U., Zeppelin, I. v., Schneider, W.: Computersimulation eines Modells von neurotischen Abwehrmechanismen. Bull. Psychol. Instit. Univ. Zürich 2: 1 (1968)
Moser, U., Zeppelin, I. v., Schneider, W.: Computer simulatin of a model of neurotic defence processes. Int. J. Psycho-Anal. 50: 53 (1969)
Moser, U., Zeppelin, I. v., Schneider, W.: Computer simulation of a model of neurotic defence processes. Behav. sci. 15: 194 (1970a)
Moser, U., Zeppelin, I. v., Schneider, W.: Discussion of "Computer simulation of a model of neurotic processes". Int. J. Psycho-Anal. 51: 167 (1970b)
Moser, U., Zeppelin, I. v., Schneider, W.: Reply to W.R. Blackmore: Some comments on computer simulation of a model of neurotic defence processes. Behav. sci. 17: 232 (1972)
Mosse, H.L.: The Düss Test. Amer. J. psychother. 8: 251 (1954)
Müller, A.: Verkehrs-Verständnis-Test (VVT). Selbstverlag, Homburg/Saar 1973
Müller, R.: Rechtschreibung und Fehleranalyse. Schule u. Psychol. 6 (1965)
Munn, N.L.: Psychology. Houghton Mifflin, New York 1946
Murray, H.A.: Explorations in Personality. Oxford Univ. Press, New York 1938
Murray, H.A.: The Thematic Apperception Test. Harvard Univ. Press, Cambridge/Mass. 1943
Murstein, B.I.: Assumptions, Adaptation Level, and Projective Techniques. In: Megargee, E.I. (Hrsg.): Research in Clinical Assessment. Harper and Row, New York/ London 1966
Murstein, B.I., Pryer, R.S.: The concept of projection: A review. Psychol. bull. 56: 353 (1959)
Neisser, U.: Kognitive Psychologie. Klett, Stuttgart 1974
Niemeyer, W.: Legasthenie und Milieu - ein Beitrag zur Ätiologie und Therapie der Lese-Rechtschreibschwäche (LRS). Diss. Univ. Hamburg 1973
Norden, I.: Das Binetarium. Intelligenzprüfung nach Binet-Bobertag. 2. Aufl. Hogrefe, Göttingen 1956

Norman, R.D.: A revised deterioration formula for the Wechsler adult intelligence scale. J. clin. psychol. 22: 287 (1966)

Noyes, A.P.: Modern Clinical Psychiatry. Saunders, Philadelphia 1934

Nunberg, H.: Allgemeine Neurosenlehre auf psychoanalytischer Grundlage. 3. Aufl. Huber, Bern/Stuttgart/Wien 1971

Oehrn, A.: Experimentelle Studien zur Individualpsychologie. Psychol. Arbeit. 1: 92 (1896)

Öltjen, P.D.: Bewährungskontrolle einiger psychologischer Leistungstests zur Selektion und Klassifikation von Fernsehprüferinnen. Psychol. u. Prax. 10: 75 (1966)

Olson, W.C.: The Measurement of Nervous Habits in Normal Children. Univ. Minnesota Press, Minneapolis 1929

Paczensky, S. v.: Der Testknacker. Ex. Libris, Zürich 1976

Parin, P.: Die Weißen denken zu viel. Kindler-Taschenbuch No. 2079, München 1977

Parin, P.: Der Widerspruch im Subjekt. Syndikat-Verlag, Frankfurt a.M. 1978

Parin, P., Morgenthaler, F., Parin-Matthè, G.: Fürchte deinen Nächsten wie dich selbst. Psychoanalyse und Gesellschaft am Modell der Agni in Westafrika. Suhrkamp, Frankfurt a.M. 1971

Pascall, G.R., Suttell, B.J.: The Bender-Gestalt Test: Quantification and Validity for Adults. Grune and Stratton, New York 1951

Pauli, H.K., Schmid, V.: Psychosomatische Aspekte bei der klinischen Manifestation von Mamma-Karzinomen. Eine psychosomatische Untersuchung. Z. Psychother. med. Psychol. 22: 76 (1972)

Pfister, M.: Der Farbpyramidentest. Psychol, Rdsch. 1: 192 (1949/50)

Phillipson, H.: The Object Relations Technique. Tavistock Publ. Ltd., London 1955

Piaget, J.: Nachahmung, Spiel und Traum. Ges. Werke Bd. 5. Klett, Stuttgart 1945

Pittrich, H.: Persönlichkeit und Leistung des Hirnverletzten im Arbeitsversuch. Zbl. Ges. Neurol. Psychiat. 107: 21 (1949)

Pophal, R.: Die Schrift und das Schreiben. Der Schreiber. Fischer, Stuttgart 1965

Porot, M.: Le dessin de la famille. Rev. Psychol. Appliqu. 15: 179 (1965)

Preyer, W.: Zur Psychologie des Schreibens. 3. Aufl. Leipzig 1928

Priester, H.J.: Intelligenztests für Erwachsene. In: Heiss, R. (Hrsg.): Handbuch der Psychologie, Bd. 6 Psychologische Diagnostik. Hogrefe, Göttingen 1964

Priester, H.J., Kukulka, R.: Vergleichsuntersuchungen zum HAWIK und Binet-Bobertag und zum HAWIK und dem HAWIE in bezug auf die Intelligenzquotienen und die Benutzung dieser Tests als Paralleltests. Diagnostica 4: 6 (1958)

Prystav, G.: Graphometrische Untersuchung. Phil. Diss. Freiburg 1969

Prystav, G.: Faktorenanalytische Validierung graphometrischer Variablen. Psychol. Rdsch. 24: 248 (1973)

Pulver, M.: Symbolik der Handschrift. 6. Aufl. Orell Füssli, Zürich 1955

Pulver, U.: Die Krise der psychologischen Diagnostik - eine Koartationskrise. Schweiz. Z. Psychol. 34: 212 (1975)

Pulver, U., Lang, A., Schmid, F.W. (Hrsg.): Ist Psychodiagnostik verantwortbar? Huber, Bern/Stuttgart/Wien 1978

Raatz, U.: Neuere Ansätze zur Theorie der Reliabilität. In: Fischer, G.H. (Hrsg.): Psychologische Testtheorie. Huber, Bern/Stuttgart/Wien 1968

Rajaratnam, N., Cronbach, L.J., Gleser, G.C.: Generalizability of stratified parallel tests. Psychometrika 30 (1965)

Rapaport, D.: Diagnostic Psychological Testing. Vol. II. Yearbook Publ., Chicago 1949

Rasch, G.: Probabilistic models for some intelligence and attainment tests. Danmarks paedagogiske institut, Kopenhagen 1960

Rasch, G.: An item analysis which takes individual differences into account. Brit. J. math. stat. psychol. 19 (1966)

Rasch, G.: An informal report on a theory of objectivity in comparison. In: Proceedings of the NUFFIC international summer session in "Het Oude Hof", Den Haag, Juli 14-28, 1966. Leyden 1967

Rauchfleisch, U.: Aussagemöglichkeiten des Minnesota Multiphasic Personality Inventory (MMP) in der klinisch-psychodiagnostischen Praxis: Ergebnisse einer vergleichend-experimentellen Untersuchung an psychisch Gesunden, Süchtigen (Alkohol- und Drogenabhängigen) und Neurotikern. Schweiz. Arch. Neurol. Neurochir. Psychiat. 108: 395 (1971)

Rauchfleisch, U.: Vergleichend-experimentelle Untersuchung zur Persönlichkeitsstruktur von Suchtkranken (Alkohol- und Drogenabhängigen). Psychiat. clin. 5: 27 (1972a)

Rauchfleisch, U.: Soziale und affektive Probleme in der Selbstbeurteilung Verwahrloster - Eine Untersuchung mit dem Problemfragebogen für Jugendliche. Prax. Kinderpsychol. Kinderpsychiat. 21: 246 (1972b)

Rauchfleisch, U.: Zur Frage der diagnostischen Bedeutung der "Diskrepanzen" im Progressiven Matrizentest von Raven. Diagnostica 21: 107 (1975)

Rauchfleisch, U.: Handbuch zum Rosenzweig Picture-Frustration Test (PFT). Bd. 1: Grundlagen, bisherige Resultate und Anwendungsmöglichkeiten des PFT. Huber, Bern/Stuttgart/Wien 1979a

Rauchfleisch, U.: Handbuch zum Rosenzweig Picture-Frustration Test (PFT). Bd. 2: Manual zur Durchführung, Verrechnung und Interpretation des PFT und Neueichung der Testformen für Kinder und Erwachsene. Huber, Bern/Stuttgart/Wien 1979b (2. Aufl. 1994)

Rauchfleisch, U.: Profilblatt zum Rosenzweig Picture-Frustration Test (PFT). Huber, Bern/Stuttgart/Wien 1979c

Rauchfleisch, U., Rauchfleisch-Malisius, R.: Beziehungen zwischen dem Progressiven Matrizentest von Raven und dem Hamburg-Wechsler-Intelligenztest für Erwachsene. Bedeutung dieser Verfahren in der Psychodiagnostik verhaltensgestörter Kinder und Jugendlicher. Prax. Kinderpsychol. Kinderpsychiat. 21: 54 (1972)

Rauchfleisch, U.: Nach bestem Wissen und Gewissen. Die ethische Verantwortung in Psychologie und Psychotherapie. Vandenhoeck u. Ruprecht, Göttingen 1982

Rauchfleisch, U.: Der Thematische Apperzeptionstest (TAT) in Diagnostik und Therapie. Eine psychoanalytische Interpretationsmethode. Enke, Stuttgart 1989

Rauchfleisch, U.: Allgegenwart von Gewalt. Vandenhoeck u. Ruprecht, Göttingen 1992a

Rauchfleisch, U.: Psychotherapie mit aggressiven, dissozialen Kindern, Jugendlichen und Erwachsenen. In: Heinemann, E., Rauchfleich, U., Grüttner, T.: Gewalttätige Kinder. Psychoanalyse und Pädagogik in Schule, Heim und Therapie. 141-211. Fischer Taschenbuch Verlag, Frankfurt a.M. 1992b

Rauchfleisch, U.: Diagnostik, Ethik, Macht und Verantwortung. In: Imoberdorf, U.,

Käser, R., Zihlmann, R. (Hrsg.): Psychodiagnostik heute. Beiträge aus Theorie und Praxis. 19-26. Hirzel, Stuttgart 1992c
Rauchfleisch, U.: Kinderpsychologische Tests. Ein Kompendium für Kinderärzte. 2. Aufl. Enke, Stuttgart 1993
Raven, J.C.: The Advanced Progressive Matrices. 2. Aufl. Lewis and Co. Ltd., London 1971a
Raven, J.C.: Standard Progressive Matrices. 13. Aufl. Lewis and Co. Ltd., London 1971b
Raven, J.C.: The Coloured Progressive Matrices. 11. Aufl. Lewis and Co. Ltd., London 1973
Regel, H.: Einschätzung einiger psychometrischer Verfahren zur Beurteilung der Leistungsbeeinträchtigung. Psychiat. Neurol. med. Psychol. 24: 194 (1972)
Reichardt, M.: Allgemeine und spezielle Psychiatrie. Hrsg. von E. Grünthal und G.E. Störring. 4. Aufl. Karger, Basel/New York 1955
Reinartz. A.: Schulleistungstest lernbehinderter Schüler. Marhold, Berlin 1971
Reinert, G.: Entwicklungstests. In: Heiss, R. (Hrsg.): Handbuch der Psychologie, Bd. 6 Psychologische Diagnostik. Hogrefe, Göttingen 1964
Remschmidt, H., Schmidt, M. (Hrsg.): Neuropsychologie des Kindesalters. Enke, Stuttgart 1981
Rennen-Allhoff, B., Allhoff, P.: Entwicklungstests für das Säuglings-, Kleinkind- und Vorschulalter. Springer, Berlin 1987
Renner, M.: Der Wartegg-Zeichentest im Dienste der Erziehungsberatung. 4. Aufl. Reinhardt, München/Basel 1969
Revers, J.: Der Thematische Apperzeptionstest (TAT). 3. Aufl. Huber, Bern/Stuttgart/Wien 1973
Reynell, W.R.: A psychometric method of determining intellectual loss following head injury. J. ment. sci. 90: 710 (1944)
Richardson, M.W., Kuder, G.F.: The calculation of test reliability coefficients based upon the method of rational equivalence. J. educ. psychol. 30: 681 (1939)
Richman, N.: Is a Behavior Checklist for Preschool Children Useful? In: Graham, P.J. (Hrsg.): Epidemiological Approaches in Child Psychiatry. Academic Press, London 1977
Rieben, L., Roth, S., Schmid-Kitsikis, E.: La crise du diagnostic. Schweiz. Z. Psychol. 34: 206 (1975)
Rieder, O.: Allgemeiner Schulleistungstest für 2. Klassen. Hrsg. von K. Ingenkamp. Beltz, Weinheim 1971
Riemenschneider, L.: Technischer Wortschatz (TWT 7-9). Begabungstest für 7. bis 9. Klassen an Hauptschulen, Realschulen und Gymnasien. Beltz, Weinheim 1971
Ritzel, G., Ritter, G.: Zur Diagnostik hirnorganischer Veränderungen mit Hilfe des Benton-Tests und des Echoencephalogramms. Nervenarzt 43: 465 (1972)
Robins, L.N., Wing, J., Wittchen, H.-U., Helzer, J.E., Babor, T.F., Burke, J., Farmer, A., Jablensky, A., Pickens, R., Regier, D.A., Sartorius, N., Towle, L.H.: The Composite International Diagnostic Interview. Archiv. Gen. Psychiat. 45: 1069 (1988)
Röth, F.: Experimentelle Untersuchungen über Intelligenzstörungen im Durchgangssyndrom. Arch. Psychiat. Nervenkr. 214: 127 (1971)
Rohracher, H.: Einführung in die Psychologie. 7. Aufl. Urban und Schwarzenberg, Wien/Innsbruck 1960

Rorschach, H.: Psychodiagnostik. 7. Aufl. Huber, Bern 1954

Rosenzweig, S.: The Picture-Association Method and its application in a study of reactions to frustration. J. pers. 14: 3 (1945)

Rosenzweig, S.: Apperceptive norms for the Thematic Apperception Test. I. The problem of norms in projective methods. J. pers. 17: 475 (1949)

Rosenzweig, S.: Idiodynamics in personality theory with special reference to projective methods. Psychol. rev 58: 213 (1951)

Rosenzweig, S.: Aggressive Behavior and the Rosenzweig Picture-Frustration Study. Praeger Publ., New York/London/Sydney/Toronto 1978

Roth, E.: Untersuchungen zur Ermittlung der diagnostischen Sicherheit von einfachen Eignungsuntersuchungen. Diss. Univ. Würzburg 1957

Roth, H.: Frankfurter Schulreifetest. 5. Aufl. Beltz, Weinheim 1968

Russel, E.W.: WAIS factor analysis with brain-damaged subjects using criterion measures. J. consult. clin. psychol. 39: 133 (1972)

Ryans, D.G.: Notes on the criterion problem in research with special reference to the Study of teacher characteristics. J. genet. psychol. 91: 33 (1957)

Sarris, V., Lienert, G.A.: Konstruktion und Bewährung von klinisch-psychologischen Testverfahren. In: Schraml, W.J., Baumann, U. (Hrsg.): Klinische Psychologie II. Huber, Bern/Stuttgart/Wien 1974

Saupe, J.L.: Some useful estimates of the Kuder-Richardson formula mumber 20 reliability coefficient. Educ. psychol. measmt. 21: 63 (1961)

Schafer, R.: Psychoanalytic Interpretation in Rorschach Testing. Grune and Stratton, New York 1954

Schafer, R.: Transference in the patient's reaction to the tester. J. proj. techn. 20: 26 (1956)

Schallberger, U., Frischknecht, E., Stoll, F.: Aufgabenanalyse des IST-70 bei Schweizer Jugendlichen. Schweiz. Z. Psychol. 36: 179 (1977)

Schallberger, U.: Benachteiligt der HAWIK-R leistungsschwache Kinder? Diagnostica 37: 120 (1991)

Scharfetter, Ch. (Hrsg.): Das AMP-System. Manual zur Dokumentation psychiatrischer Befunde. Springer, Berlin/Heidelberg/New York 1971

Schenk-Danzinger, L.: Handbuch der Legasthenie. Beltz, Weinheim 1968

Schindler, R.: Grundprinzipien der Psychodynamik in der Gruppe. Psyche 11: 308 (1957/58)

Schlange, H., Stein, B., Boetticher, I. v., Taneli, S.: Göttinger Formreproduktions-Test (GFT). Hogrefe, Göttingen 1972

Schloon, M., Schehlhorn, B., Flehmig, I.: Die Zuverlässigkeit des Denver Entwicklungstests. Z. Entwicklungspsychol. Päd. Psychol. 6: 39 (1974)

Schmettau, A.: Zwei elektroencephalographische Merkmalsverbände und ihre psychologischen Korrelate. EEG, EMG 1: 169 (1970)

Schmid, F.W.: Langs "Krise der psychologischen Diagnostik": Eine Entgegnung aus der Praxis. Schweiz. Z. Psychol. 34: 232 (1975)

Schmidt, J.U.: Theoretische Analyse und Vorschlag einer Kurzform des Differentiellen-Interessen-Test von Todt. Diagnostica 23: 346 (1977)

Schmidt, L.R., Cattell, R.B.: Differentialdiagnosen mit Hilfe objektiver Persönlichkeitstests: Diskriminanzanalytische Untersuchungen zur Depression, Manie, Schizophrenie und Neurose. Diagnostica 18: 61 (1972)

Schmidt, L.R., Häcker, H., Cattell, R.B. (Hrsg.): Objektive Testbatterie OA-TB 75. Testheft. Beltz, Weinheim 1975

Schmidt, L.R., Kessler, B.H.: Anamnese. Methodische Probleme, Erhebungsstrategien und Schemata. Beltz, Weinheim 1976

Schmidt, M.H., Esser, G.: Psychologie für Kinderärzte. Enke, Stuttgart 1985

Schmidt, M.H., Göhring, J., Armbruster, F.: Einschätzung von Verhaltensauffälligkeiten im Einschulungsalter durch Screening-Fragen an die Eltern. Oeff. Gesundh.-Wes. 46: 237 (1984)

Schmidtchen, S.: Psychologische Tests für Kinder und Jugendliche. Hogrefe, Göttingen 1975

Schmidtke, A., Schaller, S., Becker, P.: RAVEN-Matritzen-Test. Coloured Progressive Matrices (CPM). Beltz, Weinheim 1979

Schmidtke, H., Schmale, H.: Arbeitsanforderung und Berufseignung. Huber, Bern/ Stuttgart/Wien 1961

Schmiedeberg, J.: Die Arbeit mit Legasthenikern in Köln. Beginn und Entwicklung. Prax. Kinderpsychol. Kinderpsychiat. 16: 175 (1967)

Schmiedecke-Kaumann, H., Dahl, G.: Der Einfluß von Modefarben auf die Farbwahlen im Farbpyramidentest. Diagnostica 17: 60 (1971)

Schneewind, K.A.: Methodisches Denken in der Psychologie. Huber, Bern/Stuttgart/ Wien 1969

Schneewind, K.A., Schröder, G., Cattell, R.B.: Der 16-Persönlichkeits-Faktoren-Test (16 PF). 2. Aufl. Huber, Bern 1989

Schneider, W.: Intelligenzentwicklung zwischen dem 4. und 8. Lebensjahr. In: Schneider, W., Knopf, M., Stern, E., Helmke, A., Asendorpf, J.: Die Entwicklung kognitiver, motivationaler und sozialer Kompetenzen zwischen dem 4. und 8. Lebensjahr. Max Planck Institut für Psychologische Forschung, München 1990

Scholtz, W.: Testpsychologische Untersuchungen bei hirngeschädigten Kindern. Marhold, Berlin 1972

Schorsch, E.: Sexualstraftäter. Enke, Stuttgart 1971

Schraml, W.J.: Das Psychodiagnostische Gespräch (Exploration und Anamnese). In: Heiss, R. (Hrsg.): Handbuch der Psychologie, Bd. 6 Psychologische Diagnostik. Hogrefe, Göttingen 1964

Schubenz, S., Buchwald, R.: Untersuchungen zur Legasthenie I. Z. exp. angew. Psychol. 11: 155 (1964)

Schuler, H.: Ethische Probleme psychologischer Forschung. Hogrefe, Göttingen (1980)

Schultz-Hencke, H.: Lehrbuch der analytischen Psychotherapie. Thieme, Stuttgart 1951

Schultz-Hencke, H.: Der gehemmte Mensch. 4. Aufl. Thieme, Stuttgart 1978

Schweizerische Gesellschaft für Psychologie: Code déontologique - Ethische Richtlinien. Schweiz. Z. Psychol. 34: 359 (1975)

Schweizerisches Strafgesetzbuch. 4. Aufl. Orell Füssli, Zürich 1962

Schwidder, W.: Grundsätzliches zur Entstehung psychosomatischer Krankheitssymptome. Z. psychosom. Med. 5: 238 (1959)

Scodel, A.: Passivity in a class of peptic ulcer patients. Psychol. monogr. vol. 67, No. 10, whole No. 360: 1 (1953)

Secord, P.F., Backman, C.W.: Social Psychology. McGraw Hill, New York 1964

Sehringer, W.: Der Goodenough-Test. Psychol. Forsch. 25: 155 (1957)

Sehringer, W.: Zeichnerische Gestaltungsverfahren. In: Heiss, R. (Hrsg.): Handbuch der Psychologie, Bd. 6 Psychologische Diagnostik. Hogrefe, Göttingen 1964

Sehringer, W.: Zeichnerische und Spielerische Gestaltungsverfahren. In: Groffmann, K.-J., Michel, L. (Hrsg.): Enzyklopädie der Psychologie, Themenbereich B Methodologie und Methoden, Serie II Psychologische Diagnostik, Band 3 Persönlichkeitsdiagnostik. 430-528. Hogrefe, Göttingen 1982

Sehringer, W.: Zeichnen und Spielen als Instrumente der psychologischen Diagnostik. Schindele Verlag, Heidelberg 1983

Seidenstücker, E., Seidenstücker, G.: Interviewforschung. Allgemeiner Teil. In: Schraml, W.J., Baumann, U. (Hrsg.): Klinische Psychologie II. Methoden, Ergebnisse und Probleme der Forschung. Huber, Bern/Stuttgart/Wien 1974

Seliger, H.-J.: Projektion und Social Perception. Darstellung und Vergleich der beiden Begriffe. Instit. Psychol. Univ. Freiburg/Br. 1970

Schaffer, L.F.: The Psychology of Adjustment. Houghton Mifflin, New York 1945

Shapiro, M.B.: The single case in clinical-psychological research. J. gen. psychol. 74: 3 (1966)

Sherif, M., zit. nach Battegay, R.: Der Mensch in der Gruppe. Bd. I Sozialpsychologische und dynamische Aspekte. 4. Aufl. Huber, Bern/Stuttgart/Wien 1973

Snijders, J.Th., Snijders-Oomen, N.: Snijders-Oomen Nicht-verbale Intelligenztestreihe. 4. Aufl. Wolters-Noordhoff, Groningen 1970

Spearman, C.: "General intelligence" objectively determined and measured. Amer. J. psychol. 15: 210 (1904)

Spitznagel, A.: Die diagnostische Situation. In: Groffmann, K.-J., Michel, L. (Hrsg.): Enzyklopädie der Psychologie, Themenbereich B Methodologie und Methoden, Serie II Psychologische Diagnostik, Band 1 Grundlagen psychologischer Diagnostik. 248-294. Hogrefe, Göttingen 1982

Spörli, S.: Entdifferenzierung als Feldeffekt des Systems Straßenverkehr: Gedanken zu einer personalen Systemtheorie. Schweiz. Z. Psychol. 33: 384 (1974)

Spörli, S.: Diagnostik im Dienst des Realitätsprinzips. Schweiz. Z. Psychol. 35: 49 (1976)

Spörli, S.: Die diagnostische Philosophie innerhalb der schweizerischen Verkehrspsychologie. Schweiz. Z. Psychol. 36: 295 (1977)

Spörli, S.: Kritische Theorie diagnostischer Prozesse - dargestellt am Beispiel Verkehrspsychologie. Huber, Bern/Stuttgart/Wien 1978

Spreen, O.: MMPI Saarbrücken. Handbuch. Huber, Bern/Stuttgart/Wien 1963 (Nachdruck 1977)

Staabs, G. von: Der Scenotest. 8. Aufl. Huber, Bern/Stuttgart/Wien 1992

Stein, M.I.: The Thematic Apperception Test. Addison-Wesley Press, Cambridge/Mass. 1948

Steingrüber, H.: Hand-Dominanz-Test (HDT). Hrsg. von G.A. Lienert. Hogrefe, Göttingen 1971

Stephan, A., Hess, H., Böck, K.: Adaptation und Reduzierung des MMPI Saarbrücken. Psychiat. Neurol. med. Psychol. 23: 695 (1971)

Stephenson, W.: The Study of Behavior: Q-Technique and its Methodology. Univ. Chicago Press, Chicago 1953

Stern, E.: Die Tests in der klinischen Psychologie. Rascher, Zürich, 1. Halbband 1954, 2. Halbband 1955

Stern, W.: Die psychologischen Methoden der Intelligenzprüfung und deren Anwendung an Schulkindern. 5. Kongr. Exp. Psychol. Berlin 1912. Leipzig 1912

Stiemerling, D.: Die früheste Kindheitserinnerung des neurotischen Menschen. Z. Psychosom. Med. Psychoanal. 20: 337 (1974)

Strassmeier, W.: Frühförderprogramme für behinderte und entwicklungsverzögerte Kinder - Evaluation eines kombinierten Diagnose/Förder-Ansatzes. Phil. Diss. München 1979

Strunz, K.: Das Problem der Persönlichkeitstypen. In: Lersch, Ph., Thomae, H. (Hrsg.): Handbuch der Psychologie, Bd. 4 Persönlichkeitsforschung und Persönlichkeitstheorie. Hogrefe, Göttingen 1960

Süllwold, F.: Schultests. In: Heiss, R. (Hrsg.): Handbuch der Psychologie, Bd. 6 Psychologische Diagnostik. Hogrefe, Göttingen 1964

Süllwold, F.: Theorie und Methodik der Einstellungsmessung. In: Graumann, C.F. (Hrsg.): Handbuch der Psychologie, Bd. 7 Sozialpsychologie, 1. Halbband Theorien und Methoden. Hogrefe, Göttingen 1969

Süllwold, F., Berg, M.: Problemfragebogen für Jugendliche. Hogrefe, Göttingen 1967

Sullivan, H.St.: The Psychiatric Interview. Norton, New York 1954

Swensen, C.H.: Empirical evaluation of human figure drawings. Psychol. bull. 54: 431 (1957)

Symonds, P.: Dynamic Psychology. Appleton-Century-Crofts, New York 1949

Szondi, L.: Schicksalsanalyse. 3. Aufl. Karger, Basel 1949

Szondi, L.: Trieblinnäus-Band. Huber, Bern/Stuttgart/Wien 1960

Szondi, L.: Lehrbuch der experimentellen Triebdiagnostik. Bd. I. Textband. 3. Aufl. Huber, Bern/Stuttgart/Wien 1972

Tagiuri, R.: Relational analysis: An extension of sociometric method with emphasis upon social perception. Sociomet. 15: 91 (1952)

Tammm, H.: "Lies mit uns, schreib mit uns". 3 Arbeitshefte für lese- und rechtschreibschwache Kinder. 4. Schuljahr. Beltz, Weinheim 1965

Taylor, I.A.: A personality scale of manifest anxiety. J. abnorm. soc. psychol. 48: 285 (1953)

Tewes, U.: Hamburg-Wechsler-Intelligenztest für Kinder. Revision 1983 (HAWIK-R). Huber, Bern 1983

Tewes, U.: Hamburg-Wechsler-Intelligenztest für Erwachsene, Revision 1991. Huber, Bern 1991

Thorndike, E.L.: A constant error in psychological ratings. J. appl. psychol. 4: 25 (1920)

Thorndike, R.L.: Reliability. In: Lindquist, E.F. (Hrsg.): Educational Measurement. Washington 1951

Thurner, F., Tewes, U.: Kinder-Angst-Test (KAT). 2. Aufl. Hogrefe, Göttingen 1972

Thurstone, L.L.: Primary mental abilities. Psychometr. monogr. 1 (1938)

Thurstone, L.L.: Comment. Amer. J. sociol. 52: 39 (1946)

Thurstone, L.L., Thurstone, T.G.: Factorial studies of intelligence. Psychometr. monogr. 2 (1941)

Tietze, W., Feldkamp, J., Gratz, D., Rossbach, H.-G., Schmied, D.: Eine Skala zur Erfassung des Sozialverhaltens von Vorschulkindern. Z. Empir. Pädagog. 5: 37 (1981)

Titze, I., Tewes, U.: Messung der Intelligenz bei Kindern mit dem HAWIK-R. Huber, Bern 1984

Titze, I.: Über den Zusammenhang von Persönlichkeitsmerkmalen und Intelligenz bei Kindern. Z. Diff. Diagn. Psychol. 10: 91 (1989)

Todt, E.: Differentieller Interessen-Test (DIT). Huber, Bern/Stuttgart/Wien 1967

Tomkins, S.S.: The Thematic Apperception Test. The Theory and Technique of Interpretation. Grune and Stratton, New York 1947

Toulouse, E., Piéron, H.: Technique de psychologie expérimentale. I. Presses Univ. France, Paris 1911

Trebeck, R.: Die Arbeitsanalyse als Grundlage der Arbeitsgestaltung, der Auswahl und Ausbildung von Mitarbeitern und deren Arbeitsbewertung. In: Mayer, A., Herwig, B. (Hrsg.): Handbuch der Psychologie, Bd. 9 Betriebspsychologie. 2. Aufl. Hogrefe, Göttingen 1970

Triebe, J.K.: Eignung und Ausbildung: Vorüberlegungen zu einem eignungsdiagnostischen Konzept. Schweiz. Z. Psychol. 34: 50 (1975)

Triebe, J.K., Fischer, H., Ulrich, E.: Problemstudie zur Informations- und Entscheidungsfindung bei der Auswahl von Bewerbern für den öffentlichen Dienst. In: Studienkommission für die Reform des öffentlichen Dienstrechts. Bd. 10. Nomos, Baden-Baden 1973

Tscherner, K.W.H.: Zur Frage der Übereinstimmung der Testergebnisse von Raven und HAWIK-R. Z. Heilpäd. 41: 108 (1990)

Tverski, A.: A general theory of conjoint measurement. Mich. math. psychol. progr. 1965

Undeutsch, U.: Die Entwicklung der gerichtspsychologischen Gutachtertätigkeit. Hogrefe, Göttingen 1954

Valseschini, S.: La psicomotricità nell'associazione di simboli a numeri e di numeri a simboli in rapporto alla capacità di memorizzare simboli e numeri in soggetti normali ed in mentali. Ricerca su 251 soggetti. Riv. Speriment. Freniat. XCII: 91 (1969)

Valtin, R.: Legasthenie-Theorien und Untersuchungen. Beltz, Weinheim 1970

Vernon, Ph.: The Structure of Human Abilities. Methuen, London 1950

Violon, A., Rustin, R.M.: Etude des critères d'évaluation de la détérioration mentale d'étiologie organique à partir de l'échelle d'intelligence de Wechsler-Bellevue pour adultes. Acta psychiat. belg. 71: 449 (1971)

Vogel, H.: Die klinische Testuntersuchung als soziale Interaktion und die Interferenz zwischen Diagnostik und Therapie. In: Schraml, W.J. (Hrsg.): Klinische Psychologie. Huber, Bern/Stuttgart/Wien 1970

Vogel, H.: Psychoanalytische Diagnostik. In: Battegay, R., Glatzel, J., Pöldinger, W., Rauchfleisch, U. (Hrsg.): Handwörterbuch der Psychiatrie. 2. Aufl. 467-471. Enke, Stuttgart 1992

Wallasch, R.: Hintergrund-Interferenz-Verfahren für den Bender Gestalt Test (HIV). Deutsche Bearbeitung der "Background Interference Procedure" (BIP) von A. Canter. Beltz, Weinheim (1979)

Wallasch, R., Möbus, C.: Validierung und Kreuzvalidierung des Göttinger Formreproduktionstests von Schlange et al. (1972) und der Background Inteference Procedure von Canter (1970) zur Erfassung von Hirnschädigungen bei Kindern zusammen mit zwei anderen Auswertungssystemen für den Bender Gestalt Test sowie weiteren Verfahren. Diagnostica 23: 156 (1977)

Wallner, T.: Theoretische Voraussetzungen für Zuverlässigkeitsuntersuchungen der graphischen Tatbestandsaufnahme. Z. f. Menschenkd. 24: 309 (1960)

Wallner, T.: Neue Ergebnisse experimenteller Untersuchungen über die Reliabilität von Handschriftenvariablen. Z. f. Menschenkd. 26: 257 (1962)

Wallner, T.: Über die Validität graphologischer Aussagen. Diagnostica 9: 26 (1963)

Wallner, T.: Graphologie als Objekt statistischer Untersuchungen. Psychol. Rdsch. 16: 282 (1965)

Wallner, T.: Die grundlegenden Arbeitshypothesen der Schriftpsychologie und ihre Verifikation. Z. f. Menschenkd. 36: 373 (1972)

Warren, H.C.: Dictionary of Psychology. Houghton Mifflin, New York/Boston 1934

Wartegg, E.: Der Wartegg-Zeichentest /WZT). Einführung in die graphoskopische Schichtdiagnostik. In: Stern, E. (Hrsg.): Die Tests in der klinischen Psychologie. 2. Halbband. Rascher, Zürich 1955

Wartegg, E.: Der Wartegg-Zeichen-Test (WZT). 2. Aufl. Hogrefe, Göttingen 1968

Watson, C.G.: Cross-validation of a WAIS sign developed to separate braindamaged from schizophrenic patients. J. clin. psychol. 28: 66 (1972)

Wechsler, D.: Die Messung der Intelligenz Erwachsener. Textband zum Hamburg-Wechsler-Intelligenztest für Erwachsene (HAWIE). Hrsg. von C. Bondy. 3. Aufl. Huber, Bern/Stuttgart/Wien 1964

Wegener, H.: Über die Bedeutung des Bildungsniveaus für die Verhaltensmotivation. Ber. 20. Kongr. Dtsch. Ges. Psychol. Göttingen 1956

Wegener, H.: Die Rehabilitation der Schwachbegabten. Reinhardt, München/Basel 1963

Weidlich, S.: Diagnosticum für Cerebralschädigung (DCS). Huber, Bern/Stuttgart/Wien 1972

Weinmann, S.: Psychische Leistungsstörungen und echoenzephalographische Befunde bei Patienten nach Contusio cerebri. Fortschr. Neurol. Psychiat. 47: 347 (1979)

Weiss, R.H.: Der Grundintelligenztest-Skala 3. Westermann, Braunschweig 1971

Weiss, R.H.: Der Grundintelligenztest-Skala 2. Westermann, Braunschweig 1972

Wellek, A.: Der Stand der psychologischen Diagnostik im Überblick. Stud. Gen. 7: 468 (1954)

Wender, P.H.: Minimal Brain Dysfunction in Children. J. Wiley and Sons Inc., New York/Sidney/Toronto 1971

Wenzl, A.: Theorie der Begabung. Leipzig 1934

Werder, H.: Hirngeschädigten-Diagnostik. In: Battegay, R., Glatzel, J., Pöldinger, W., Rauchfleisch, U. (Hrsg.): Handwörterbuch der Psychiatrie. 2. Aufl. 237-241. Enke, Stuttgart 1992

Wertheimer, M.: Gestaltpsychologie. Zit. nach H. Rohracher: Einführung in die Psychologie. 7. Aufl. Urban und Schwarzenberg, Wien/Innsbruck 1960

Wertheimer, M., Klein, J.: Psychologische Tatbestandsdiagnostik. Arch. Kriminalanthr. Kriminalistik 15: 72 (1904)

Westerhausen, M.: Korrelation zwischen Geburtsgewicht und Hirnschädigung. Med. Tribune (Schweiz) 5, No 6: 24 (1972)

Westmeyer, H.: Logik der Diagnostik. Kohlhammer, Stuttgart 1972

Wewetzer, K.-H.: Der Bender-Gestalt-Test bei Kindern. Z. diagn. Psychol. Pers. forschg. 4: 174 (1956)

Wewetzer, K.-H.: Zur Differenzierung der Leistungsstrukturen bei verschiedenen Intelligenzgraden. In: Wellek, A. (Hrsg.): Bericht über den 21. Kongreß der Deutschen Gesellschaft für Psychologie. 245-246. Hogrefe, Göttingen 1958

Wherry, R.J.: The past and future of criterion evaluation. Personnel psychol. 10: 1 (1957)

Wieczerkowski, W., Nickel, H., Janowski, A., Fittkau, B., Rauer, W.: Angstfragebogen für Schüler. Westermann, Braunschweig 1974

Wikler, A., Dixon, J.F., Parker, J.B.: Brain function in problem children and controls: psychometric, neurological, and electroencephalographic comparisons. Amer. J. psychiat. 125: 634 (1970)

Wilde, K.: Über die Zuverlässigkeit psychologischer Untersuchungsmethoden. Psychol. Rdsch. 2: 187 (1951)

Wilks, S.S.: Sample criteria for testing equality of means, equality of variances, and equality of covariances in a normal-multivariate-distribution. Ann. math. stat. 17 (1946)

Willi, J.: Der Gemeinsame Rorschach-Versuch. Diagnostik von Paar- und Gruppenbeziehungen. Huber, Bern/Stuttgart/Wien 1973

Willi, J.: Anwendung des Gemeinsamen Rcrschach-Versuchs in Ehetherapie und Forschung. Huber, Bern/Stuttgart/Wien 1974

Willkomm, H.-M.: Der Einfluß von Tumorgröße und Hirndruck auf testpsychologische Untersuchungsergebnisse bei unbehandelten und behandelten Hirntumoren. Diss. Med. Fakult. Univ. Hamburg 1967

Wiseman, S., Wrigley, J.: The comparative effects of coaching and practice on the results of verbal intelligence tests. Brit. J. psychol. 44: 83 (1953)

Witkin, H.A.: Psychologische Differenzierung und Formen der Pathologie. Psyche 27: 555 (1973)

Wittchen, H.-U., Schulte, D.: Diagnostische Kriterien und operationalisierte Diagnosen. Grundlagen der Klassifikation psychischer Störungen. Diagnostica 34: 1 (1988)

Wolff, W.: Diagrams of the Unconscious. New York 1948

Wolk, R., Wolk, B.: The Gerontological Apperception Test. Behavioral Publ., New York 1971

Wundt, W.: Grundzüge der physiologischen Psychologie. Leipzig 1903

Yates, A.: Symposium on the effects of coaching and practice in intelligence tests: I. An analysis of some recent investigations. Brit. J. educ. psychol. 23: 147 (1953)

Yates, A.: The validity of some psychological tests of brain damage. Psychol. bull. 51: 359 (1954)

Zeeuw. J. de: De Kleurenvoorkeur in de Psychodiagnostiek. Staatsdrukkerij, Den Haag 1957

Zerssen, D. v.: Die Beschwerden-Liste als Test. Therapiewoche 21: 1908 (1971)

Zerssen, D. v.: Klinische Selbstbeurteilungs-Skalen (KSb-S) aus dem Münchener Psychiatrischen Informations-System (PSYCHIS München). Die Befindlichkeits-Skala - Parallelformen Bf-S und Bf-S' - Manual. Beltz, Weinheim 1976

Zielke, M., Kopf-Mehnert, C.: Veränderungsfragebogen des Erlebens und Verhaltens. VEV. Beltz, Weinheim 1978.

Ziler, H.: Der Mann-Zeichen-Test in detailstatistischer Auswertung. 4. Aufl. Aschendorff, Münster/Westf. 1975

Zimmermann, F., Degen, W.: Erfahrungen mit dem Gemeinsamen Sceno. Prax. Kinderpsychol. Kinderpsychiat. 27: 245 (1978)

Zubin, J., Eron, L.D., Schumer, F.: An Experimental Approach to Projective Techniques. J. Wiley, New York 1965

Sachregister

Friedrich Beese
Was ist Psychotherapie?
Ein Leitfaden für Laien zur Information über ambulante und stationäre Psychotherapie. 5., neubearbeitete Auflage 1991. 87 Seiten, kartoniert. ISBN 3-525-45706-5

Walter Andreas Scobel
Was ist Supervision?
Mit einem Beitrag von Christian Reimer. 3., durchgesehene Auflage 1991. 207 Seiten, kartoniert. ISBN 3-525-45696-4

Karl König
Wem kann Psychotherapie helfen?
1993. Transparent, Band 5. 127 Seiten, kartoniert. ISBN 3-525-01700-6

Ulrich Streeck / Hans-Volker Werthmann (Hg.)
Lehranalyse und psychoanalytische Ausbildung
1992. 173 Seiten, kartoniert. ISBN 3-525-45733-2

Klaus Walter Bilitza (Hg.)
Suchttherapie und Sozialtherapie
Psychoanalytisches Grundwissen für die Praxis. Mit einem Vorwort von A. Heigl-Evers. 326 Seiten, gebunden. ISBN 3-525-45759-6

Wolfgang Schneider / Harald J. Freyberger / Aribert Muhs / Gerhard Schüßler (Hg.)
Diagnostik und Klassifikation nach ICD-10, Kapitel V
Eine kritische Auseinandersetzung. Ergebnisse der ICD-10-Forschungskriterienstudie aus dem Bereich Psychosomatik / Psychotherapie. 1993. Monographie zur "Zeitschrift für Psychosomatische Medizin und Psychoanalyse 17. 274 Seiten mit 11 Abbildungen, 41 Tabellen und 27 Übersichten, kartoniert. ISBN 3-525-45271-3

Udo Rauchfleisch

Schwule, Lesben, Bisexuelle

Lebensweisen, Vorurteile, Einsichten. 1994. Sammlung Vandenhoeck. Ca. 245 Seiten, Paperback. ISBN 3-525-01425-2

Udo Rauchfleisch

Allgegenwart von Gewalt

1992. Sammlung Vandenhoeck. 258 Seiten, Paperback. ISBN 3-525-01419-8

Udo Rauchfleisch

Dissozial

Entwicklung, Struktur und Psychodynamik dissozialer Persönlichkeiten. 1981. Kleine Vandenhoeck-Reihe 1469. 307 Seiten, kartoniert. ISBN 3-525-33455-9

Raymond Battegay / Udo Rauchfleisch (Hg.)

Das Kind in seiner Welt

1991. Sammlung Vandenhoeck. 285 Seiten mit 11 Abbildungen, Paperback. ISBN 3-525-01416-3

Raymond Battegay / Udo Rauchfleisch (Hg.)

Menschliche Autonomie

1990. Sammlung Vandenhoeck. 259 Seiten mit 4 Abbildungen, Paperback. ISBN 3-525-01412-0

Gaetano Benedetti / Udo Rauchfleisch (Hg.)

Welt der Symbole

Interdisziplinäre Aspekte des Symbolverständnisses. 2. Auflage 1989. Sammlung Vandenhoeck 253 Seiten mit 22 teils farbigen Abbildungen auf Kunstdruck, 30 Abbildungen im Text und 1 Tabelle, Paperback. ISBN 3-525-01410-4